월산月山,
지난날의
모습들

정릉 자택 서재에서

큰 딸 이대 졸업식 날

정릉 자택 응접실에서

일본에서 강연회

부부여행(일본)

태국 민속 조사

외솔상 수상식

후미히토(文人) 왕자 부부와 함께

후쿠오카 아시아 문화상 기자회견

남기고 싶은 말

임동권

민속원

프롤로그

아버님의 꿈속에 들어가고 싶습니다.

언제나 저의 곁을 지켜주실 것만 같았던 아버님께서 한 달 남짓 병상에 계시다 홀연히 곁을 떠나셨습니다. 2012년 10월 22일 병원에 입원하시는 아버님을 모시러 갔던 '그 시간'을 다시 돌아봅니다. 평소와 달리 아버님께서 "사진을 꼭 찍고 나서 병원에 가겠다"고 하시기에 제 핸드폰으로 사진을 찍어드렸습니다. 영원히 제 가슴과 제 휴대폰에 담겨있는 그 사진이 마지막 아버님 모습의 사진이었습니다. 아버님은 집에 다시 돌아오지 못할 수도 있다는 것을 알고 계셨나봅니다.

지난해 여름은 유난히도 무더웠기에 아버님의 기력은 많이 쇠잔해 지셨습니다. 추석을 힘겹게 지내시면서 몇 달 먼저 하늘로 가신 어머님이 그립다고 하셨는데, 지금쯤 어머님과 그동안의 못 나누었던 이야기를 나누시며 편히 계시리라 믿습니다. 하지만 저희 남매는 아버님의 그늘이 얼마나 편했는지를 이제야 느끼며 하루하루를 무겁게 보내고 있습니다. 지나온 시간을 밟으며 아버님의 사랑을 되새기고 있습니다.

올겨울은 유난히도 춥기만 합니다. 이제야 마음을 가누고 아버님의 유품을 정리하고 있습니다. 아버님 책상위에 오랫동안 놓여있던 "회혼례를 맞이하며 남기고 싶은 말" 교정지를 읽어 보았습니다. 결혼 60년 기념해인 2009년에 출판하려던 원고입니다. 자식으로 할 수 있는 도리는 유고집으로 출판하는게 최선인 것 같아 그저 죄송스러울 뿐입니다. 아버님께서 힘에 겨워 마무리 짓지 못하신 미완의 글들이 있지만 되도록 가필이나 수정하지 않고 책을 출판하려 합니다.

아버님의 마지막 떠나시던 모습을 아쉬워하며 기꺼이 문상을 오신 분들께 아버님께서 남기고 싶은 말을 전하고자 유고집을 보내드리겠습니다.

이 책은 아버님께서 품으셨던 세상의 풍경입니다. 책갈피 마다 아버님 한평생의 이야기와 살아오신 자취가 그대로 남아있습니다. 수첩에 꼼꼼히 기록으로 남기셨던 옛 자료를 바탕으로 써내려간 기억의 문신들은 많은 분들의 박제된 시간을 추억으로 되돌려 놓을 것입니다.

아버님! 이제 무거운 짐 내려놓고 편히 쉬세요.

제가 아버님의 꿈속에 들어가 못다하신 꿈을 꾸고 싶습니다. 아버님께서는 명예를 소중히 여기셨고 지혜롭게 살기를 항상 강조하셨지만, 저는 철없고 미련하게 살고 있다는 생각에 그저 하늘만 바라볼 뿐입니다.

아버님! 사랑합니다

그리고

존경합니다.

2013년 1월

아들 임장혁 올림

서문

원고를 출판사에 넘기고 교정지를 받은지 2년이 지났다. 그 사이에 나의 신체에 변화가 생겼다.

나는 집 근처에 있는 보라매공원을 매일같이 산책했다. 매일 2~3km를 걷는 것이 일과였다. 그런데 하루는 산책도중 다리 힘이 없어 땅에 주저앉았다. 있을 수 없는 신체의 변화가 왔다. 노화현상이다.

이후 나의 생활에 변화가 왔다. 출입이 불편하니 생활 폭이 좁아지고, 내 신체능력에 자신을 잃게 되니 공간이 제한되고, 꼭 가야할 때는 수행원의 보조를 받아야 했다.

이런 상황에서 마음이 위축되고 저술작업은 불가능해졌다. 교정원고를 책상위에 놓은지 2년 가까이 되었다. 이래서는 안된다. 누군가의 협조를 받아야 했다. 얼마 전에 병문안을 와준 제자 생각을 했다. 옛 서라벌예술대학 문예창작과를 나온 남하현 여사에게 구원을 청했더니 기꺼이 응해줘 수고를 끼치게 되었다. 보잘 것 없는 책이지만 제자의 협조에 의해 세상에 나오게 되었다.

어려서 천방지축 놀기에만 팔렸고, 일제말기 격동의 시절에 징병을 피하고 광산에 증용되어 고난을 겪었다. 해방 후 향학에 뜻을 두어 대학 국문과에서 민요, 민속학을 전공하여 그 길로 일생을 살아왔다. 거칠고 험한 길을 개척하느라 내 딴에는 고생도 했고 보람도 있었다. ……

임동권

차례

1장
나의 성장기

소년시절

첫 상경

일본에 유학

소년항공대에 가라

광산에 징용徵用됨

징병 입대의 점호를 받다

소년시절

나는 1926년 충청도 청양青陽의 정산定山고을의 유교가정에서 7남매 중 3남으로 태어났다. 농사를 많이 지었고, 양조장을 경영하고 있었으며 살림은 넉넉한 편이었다. 아버지께서는 새벽에 주역周易과 진언眞言을 낭독 또는 암송 하셨고, 초하루와 보름날에는 정산 향교에 나가셔서, 향교의 예를 집행하셨다.

명절 때에는 마을 사람과 소작인들을 불러 주식酒食을 대접했고 가을에 농사일이 끝나면 사당패를 불러 놀이판을 벌여 농사를 짓느라 수고했으니 머슴과 소작인들을 위로를 하였다. 나는 어려서부터 풍장소리를 좋아했으며 그럴 때에는 신바람이 났다.

7세가 되어 십리가 넘는 은산恩山 보통학교에 입학을 했다. 내가 태어나고 사는 청양군 장평에는 학교가 없어 이웃 부여군 은산보통학교에 입학한 것이다. 학교에 가니 같은 반에 14세나 되는 아이도 있어 나는 출석부의 끝에 이름이 있었다. 상급생들이 "젖 먹고 왔느냐. 부뚜막에 말려 왔느냐" 등 나를 젖먹이로 놀려댔다.

학교의 공부는 별로 취미가 없고 학교에 간다는 사실이 매우 즐거웠다. 이래라 저래라 간섭 하는 이가 없어 좋았고.. 학교 가는 도중에 금강의 지류인 큰 내 · 작은 내의 두 내가 있어 물장난을 했고 여름에 목욕하고 물고기를 잡기도 했다. 뽕나무밭과 무밭이 있어 오가다가 무도 뽑아 먹어 혼나기도 했고. 오디를 따먹어 입 언저리를 붉게 물들이고 다니기도 했다.

학교에 입학해서 얼마 되지 않아서 시장구경을 갔다. 가까운 곳에 종업원 2천명이 넘은 광산이 은산에 있어 은산 장은 인근 시장 중에 가장 큰 장이 선다.

은산은 신작로가 십자로 되어 있다. 나는 한 신작로 빠져나와 집으로 가는데 같은 마을의 조생원이란 노인을 만났다. 모자를 벗고 꾸벅 절을 했다. 그랬더니 어디 가느냐고 묻기에 집에 가는 중이라 했더니 "이놈아 이 길은 부여로 가는 길이다. 길을 잘못 들었으니 이리 따라 와라" 해서 집으로 오는 길까지 데려다 주어 미아가 되지 않고 무사히 집으로 온 일이 있었다.

은산에서는 3년마다 별신제란 향토축제가 있어 학교도 3일 동안 임시로 쉰다.

신작로 옆에 "도깨비 둠벙"이란 못이 있는데 여기에서 목욕을 하면 도깨비가 물속에서 발을 잡아당겨 죽는다고 해서 아무도 들어가지를 않는다.

우리 마을에서 4, 5인이 학교에 다녔다. 마을에는 두 길이 있어 마을 앞에서 합하는데 아침에는 빨리 이 삼거리까지 가서 기다렸다가 학우들이 모두 모이면 도착한 순서대로 열을 지어 학교를 향해서 출발을 했다. 왜냐하면 1키로 쯤 가서 공동묘지와 서낭당을 지나야 하는데, 귀신이 뒤따라온다고 해서 서로 꽁지를 피하려고 하기에 도착순서대로 가는 것으로 정해 있었다. 소박한 이야기이다.

학교와의 중간지점에 장승이 세 곳에 있다. 신작로에서 10미터쯤 떨어져 있는데 해마다 새로 장승을 세우곤 했다. 장난삼아 돌을 던져 장승 코를 맞추는 심술을 부리기도 했다. 한번은 장승 코를 맞춘 아이에게 "너 인제 큰일났다. 장승이 너 잡아 갈 것이다" 놀렸더니 병이 나서 3일 동안 학교를 결석을 했다.

나의 성장과정에 이러한 일. 즉, 매우 민속적인 환경에서 자랐다고 할 수 있다. 지금은 이러한 이야기를 하면 웃을 일이지만 당시 1930년대 초 만 해도 보편적인 일이었다.

나는 어려서 초등학교시절에 공부하기 위해서 학교에 가지 않았다. 놀러

다닌 셈이다. 성적도 하위권에 속했다. 그러나 내가 좋아하는 과목이 있었다. 지리과목이다. 지도를 몇 시간을 보아도 싫증이 나지 않았고 일년에 한 번 있는 학예회 때는 세계 지도를 걸어놓고 서울에 가는 길, 일본 동경에 가는 길, 미국에 가는 길을 설명하는 역할을 담당했다. 나에게는 지리박사란 별명이 있었다.

6학년이 되어 겨울이 되었는데 누군가의 제의에 의하여 겨울에 양말을 신지 않기로 했다. 나는 기꺼이 동참하기로 했다.

집에서 학교까지는 십리가 더 되는데 양말을 신지 아니하고 학교에 간다는 것은 대단히 어려운 일이었다. 옛날에는 모두 고무신을 신었다. 눈이 발등에 소복이 고이고, 바람은 찼으나 나는 견디어 내기로 했다. 길을 걸을 때는 운동이 되어 그래도 견디었는데. 교실 내 자리엔 송판으로 깔아 있는데다 재수 없게도 관솔 구멍이 있어 여기에서 들어오는 찬바람으로 참을 수가 없었다. 그래서 궁리 끝에 책으로 덮고 그 위에 발을 올려놓았더니 견딜 만 했다. 그렇게 해서 오직 나만 양말을 신지 않고 겨울을 견디었다.

겨울이 지나고 교장실에 불려가서 칭찬과 격려의 말을 들었다. 나는 이러한 경험이 있어 지금도 집에 들어오면 겨울이라 할지라도 양말을 벗고 맨발이다. 교양이 없다는 핀잔을 듣는 일이 있으나 여전히 맨발이다.

한번은 별신제가 있을 때에 구경을 갔다가 헌책을 깔아 놓고 팔기에 그림이 재미있어 5전을 주고 소년구락부少年俱樂部한 권을 샀다. 아문젠과 페루의 남극 북극의 탐험 이야기를 재미있게 읽었다. 그 후 서울에서 중학에 다니는 형님에게 부탁해서 소년구락부란 월간지를 구독을 했다.

첫 상경

나는 5학년 때에 처음으로 서울에 갔다. 서울에서 중학에 다니는 형으로부터 시험공부 준비로 겨울 방학에 집에 갈 수가 없으니 겨울옷을 보내달라는 것이다. 아무도 갈 수가 없어 내가 가겠다고 나섰으나 어려서 안 된다는 것이다. 부모님의 말씀도 일리가 있다. 문명에서 단절된 시골소년이 어떻게 서울에 갈 수 있겠느냐는 것이다. 아직 기차를 본 일도 없고 전기불도 들어오지 않는 시골뜨기를 혼자 보낼 수 없어서 허락을 하지 않았다. 당연한 일이다.

그러나 나는 지리박사이니 잘 갈 수 있다고 포기하지 않고 졸라댔다. 어른은 아무도 갈 수가 없어 드디어 허락이 떨어졌다.

큰 가방을 들고 은산에서 버스를 타고 청양에 왔고, 청양에서 다시 버스를 타고 예산에 왔다. 예산에서 경남선 기차를 타고, 천안에서 경부선 서울행 기차로 갈아탔다.

서울역에 도착하니 밤 12시가 넘었다. 미리 전보를 쳐 놓았는데 마중 나와 있어야 할 형님이 안 보였다. 한 20분쯤 기다렸으나 형은 나타나지 않았다. 형은 명륜동의 경학원經學院교수인 안인식安寅植 선생 댁에 하숙하고 있었다. 댁에는 전화가 없었다.

그러니 이제는 내 능력대로 하는 수밖에 없었다. 손을 번쩍 들었더니 택시가 왔다. 명륜동에 가자고 했다. 생전 처음 타는 택시이다. 택시가 화신백

화점이 보이는 데까지 와서 택시는 밤이 늦어 더 갈 수가 없으니 인력거로 가라면서 인력거를 불러 주었다. 나는 택시 운전수가 밉고 무책임하다고 생각했으나 별 도리가 없었다. 시골에서는 서울에 가면 눈뜨고 코 베어간다는 말을 들어서 두려움이 있었으나 별 방법이 없었다.

인력거를 타고 명륜동까지 와서 인력거꾼이 전등을 들고 이 집, 저 집 다니면서 문패를 보았다. 밤이 깊으니 모두 불이 꺼져 있는데 한 집에 불이 켜 있었다. 밖에서 인적이 있으니 창문을 여는데 형님이었다. 이젠 살았다 싶었다. 외출했다가 늦게 집에 와서 전보를 받았는데 서울역에 나가면 서로 어긋날 것 같아서 집에서 기다렸다는 것이다.

나는 5학년 때에 촌놈이 서울에 와서 택시를 타고. 인력거도 탔다. 이것이 나의 첫 상경기이다. 그 후로 인력거를 탈 기회가 없었다.

지금 내가 생각해도 촌놈 5학년생이 모험을 한 셈이다.

일본에 유학

초등학교를 마치고 고등소학교에 다니다가 일본에 유학을 갔다. 당초에는 일본유학은 생각도 못 했는데 한번은 작문시간에 "가을"이란 주제로 시를 썼는데 교장이 읽어보고 칭찬을 하더니, 우리 집에 까지 와서 "소질을 발휘할 수 있도록 일본에 유학을 보내는 것이 좋겠다"고 권하는 바람에 일본유학이 결정되고, 교장은 "오르간"을 한 대 기부 받는 성과를 거두었다. 예측을 하지도 못한 일본유학이 정해지자 나는 당황하면서도 좋았다.

부여에서 버스를 타고 논산에서 기차로 대전에 갔고, 대전에서 기차를 갈아타고 부산에 가니 해가 지고 저녁이었다. 저녁을 먹고 연락선을 탔다.

나는 배를 처음으로 탔더니 멀미가 났다. 선실 안의 공기가 탁한 데다가 파도에 배가 흔들려 멀미가 나서 견딜 수가 없어 몇 번을 토하고 나니 심히 고통스러워 녹초가 되었다. 밤새 토하고 뒹굴다가 연락선은 새벽에 일본의 시모노세끼下關에 도착하자 이제 살았다 싶었는데 일어날 기력이 없다. 선실에서 밖으로 나오니 신선한 공기에 살 것 같았다. 식당에 갔으나 밥을 먹을 수 가 없었다.

동경행 특급 열차를 탔다. 처음으로 보는 일본의 산수는 아름답고 세도내해內海의 경치도 수려했다. 충청도 시골에서 자란 나는 처음으로 접하는 바다와 섬들의 경치는 매우 인상적이었다.

기차는 20시간 만에 동경 역에 도착했다. 기진맥진한 상태로 만 2일 동안의 고된 여행이다.

하숙은 큰형님의 동서가 동경에 살고 있어 찾아갔다. 반갑게 맞이하여 주었다. 나는 도착하자마자 바로 누웠다. 여독이 풀리지 않아서 5일 동안 병원에 다녔고 입학시험도 치루지 못했다. 내가 원서를 낸 곳은 일본대학 부속 제2 중학교였는데 시험을 치지 못하였으니 학교를 다시 물색을 해야 했다. 막연했다. 원서에는 출신학교장의 직인이 찍혀야 하는데 그 당시의 통신 사정으로 조선에 와서 입학원서에 도장을 받기란 불가능한 일이다.

당혹하고 막연해 있을 때에 형님의 동서 되는 분의 주선으로 야간이지만 슌다이駿台상업하교에 자리가 하나 비어있다는 정보를 가지고 왔다. 나는 더운밥 찬밥을 가릴 때가 아니었다. 원서를 낸 일본대학 제2 중학교에 가서 사정을 말하고 졸업증을 돌려받아서 제출했다. 궁하면 통한다더니 문제가 해결되었다.

동경유학은 재미있고 신이 났다. 도서관이 여러 곳에 있어 나는 언제나 독서를 할 수가 있어 좋았다. 나는 우선 일본대중문학전집 50여 권을 읽었고 다음으로 일본문학전집을 모조리 읽었다. 다음에는 세계문학전집을 읽었다. 나는 독서광이 되었다. 독서를 하니 새로운 세계가 보였다.

3학년 때에 전날 다 읽지 못한 소설 "트르게네프"의 "첫사랑"을 학교에 가지고가서 교과서는 세워놓고 참 재미있게 읽고 있었다. 누가 내 머리를 때리기에 쳐다보니 영어선생님이었다. 중학생이 첫사랑은 건방지다고 교무실에 불려가서 야단을 맞았다. 다음 일요일에 선생님 집으로 오라 했다.

나는 대답을 하고 나와 생각을 하니 째째하게 집으로까지 불러 야단칠 작정인가 싶어 영어선생이 소인으로 보였다.

다음 일요일 생선 두어 마리를 사들고 교사 댁으로 찾아갔다. 선생은 내가 읽은 소설을 묻고 주인공이 누구더냐 줄거리를 말하라는 등 여러 가지를 질문하더니 의외로 "오늘부터 내 서재를 너에게 개방하니 언제든지 와서 활용하라"면서 나를 격려 해 주었다. 고마운 선생을 만나 용기가 나고 더욱 독서를 해서 소설가의 꿈을 키웠다.

진보쬬神保町 네거리에 홍문당弘文堂이란 서점이 있었는데 나는 여기에서 늘 신간서를 샀고, 20분은 소위 "다찌 요미라"해서 서서 책을 읽었다. 그래도 책방주인은 싫어하지 않고 때로는 의자까지 주면서 앉아서 읽으라고 편의를 보아주었다. 멋진 책방주인이었다.

나는 작가가 되기를 꿈꾸었고 문학서적과 명작이라면 닥치는 대로 읽었다. 이 무렵 내 책꽂이에는 8백여 권의 책이 꽂혀 있었다.

한때는 종교에도 관심이 있어 학우, 마산에서 온 목사님 아들 "최익배"군과 토론을 하면서 비 내리는 날 게다를 신고 4km를 걸은 적도 있다.

한번은 춘원 이광수 선생이 명치대학 강당에서 강연이 있다해서 갔다가, 학병을 권하는 발언을 하는 바람에 소란이 나서 겨우 빠져나와 도망친 일이 있다. 시국이 갈수록 험악해지고 학병이니 징용이니 해서 시국이 심상치 않았다.

친구들이 모여 후지산富士山에 등산하기로 하고 비용 10원을 벌기 위해서 인쇄 공장印刷工場에 일주일동안 아르바이트로 갔다가 첫 동경공습을 만나서 등산을 포기했다.

학생회의 문예지로 『만목萬木』이 있었는데 "레미제라블"을 읽고 기고한 일도 있다.

식량배급은 줄고 공습이 시작되자 더 이상 진학이나 체류가 불안했다. 그런데 귀국할 차표가 없다. 군수물자 수송 때문에 기차표도, 연락선 표도 구할 수가 없었다. 한 달만에 겨우 표를 얻어 일본을 탈출하여 귀국했다. 그 과정에는 여러 이야기가 있으나 생략한다.

소년항공대에 가라

귀국해서 집에 있으니 마음이 태평한 것 같았으나 불안감이 있었다. 언제 징병 영장이 나올지 모른다. 외부와의 교통도 없고 정보가 없으니 불안했다. 나는 징병徵兵 3기에 해당하는데 1기는 이미 영장이 나와 전선에 갔다. 무엇인가를 해야 하지 않을까 싶어 서울에 갔다.

정보를 얻기 위해서이다. 친구를 만나 이야기하니 모두 나와 같은 고민을 하고 있었다.

만주로 도망가자고 하니 기차 안에서 모조리 잡힌다는 것이다. 버스로 혜산진惠山鎭쪽으로 가면 어떠하냐고 물으니 헌병들이 미련하지 않아 모조리 잡힌다는 것이다. 탈출하려다 잡히면 일선으로 직송되는데 본인도 어디로 가는지 모르고, 가족에게 통지도 없어 행방을 알지 못한다는 것이다.

실의에 빠져 있을 때에 하루는 경찰서 일본인 주임이 자전거를 타고 우리 집으로 찾아 왔다. 사랑방에서 아버지와 큰 형님과 한 시간 이상 있다가 갔다. 불길한 생각이 들었다.

사랑방에 나갔더니 아버지와 형님이 비통한 모습이다. 나의 예감이 맞았다. 책상에 놓여 있는 종이에 붉은 줄이 쳐있는데 영장이다. 내가 읽어보니 소년항공대 영장이다. 소년항공대란 비행기 이륙만 가르치고 있다는 것이다. 즉 비행기에 폭탄을 싣고 적의 항공모함이나 기지에 돌진해서 폭파시킨다고 들었다. 나이를 먹고 처자가 있는 사람은 주저하거나 나서지 못하는데 나이 어린 20세 미만은 거침없이 나서 이들을 선발해서 보낸다. 소위 가미가제神風특공대이다. 막 중학교를 마친 소년들이 알맞은 소년항공대 감이다. 나는 막 중학을 마치고 돌아 왔으니 좋은 후보일 것이다. 아버지와 형님의 고민스런 표정이다. 형님 말씀에 이번은 병중이라 핑계하고 연기하기로 하였으나 다음이 걱정이라는 것이다.

나는 서울로 가서 친구를 만나 정보를 얻으려 했으나 별 신통한 답이 없었다. 다만 군 수요의 기관에 징용이 되면 유보할 수 있다는 것이다. 징용이란 주로 중국이나 동남아 지방의 군 시설로 끌려가는데, 국내의 군수 물자 생산하는 공장이나 광산에도 징용공 제도를 도입한다는 정보를 얻었다.

광산에 징용徵用됨

내 고향에 중석광重石鑛이라 해서 중석 즉 강질의 철을 생산하는데 종업원이 2,000여 명이 되는 광산이 있는데 가끔 종업원이 일이 고되고 살림이 열악해서 야반도주하는 일이 자주 있다는 것이다.

나는 광산에 들어가기로 했다. 한 달쯤 되어 소식이 왔다. 경리계에 있는 일인 직원이 징병되어 나가서 그 자리가 비어 있다는 것이다. 사람을 통해서 이력서를 제출했다. 한 열흘 쯤 되어 연락이 왔다. 면접시험이 있으니 나오라는 연락이다. 동경유학과 상업학교를 다닌 것이 평가되어 취직이 되었다.

첫 1주일은 현장 견학이라 해서 지하 300미터의 갱坑내도 들어가 보았고 현장을 여기저기 한 바퀴 돌았다. 광부들의 작업여건은 매우 나쁘고 위생조건도 불결했다. 사무실에는 일인 28명에 동포는 나를 합해서 3인에 불과했다.

출근하고 2달이 되었을 때에 서울 본사와 총독부에서 사람들이 오더니 현직 종업원 전원을 징용공徵用工이라 해서 이동을 못하도록 했다. 이런 경우의 징용을 현장징용現場徵用 또는 현원징용現員徵用이라 했다. 나는 이제 부터 징용공이 되었다.

이때부터 고된 일, 궂은 일을 아무 말 없이 해야 했다. 중국이나 남방으로 끌려가지 않고 집에서 다닐 수가 있어 다행이라 생각했다. 일은 고되었으나 불평은 할 수가 없고 오직 현실에 충실 할 수밖에 없었다. 술을 마시지 못했으나 어울리면 대접으로 마셨다. 폭주였다. 동경유학, 소설가의 꿈은 어림도 없는 일이었다.

광산이기에 산에 있고 모두의 얼굴에는 까만 석탄가루가 묻어 처음에는 누구인지 식별하기가 어렵다. 갱坑안의 공기가 나빠 숨쉬기도 어려웠고. 소위 광산병이란 병에 걸려 일찍 세상을 떠나는 일도 있었다.

광산에서의 2년 동안의 징용공 생활은 회상하기도 싫다.

징병 입대의 점호를 받다

1944년 여름 간열점호簡閱點呼의 붉은 영장이 왔다. 당시 나는 징병徵兵 제도 제3기에 속하는데 이들을 미리 소집해서 기초훈련을 하는 제도이다. 1기는 모두 군에 갔고 2기생의 일부는 군에 갔고 나머지는 대기待期중에 있을 때였다. 내가 원하지 않는 전장에 가서 이대로 죽으면 너무 억울하다는 생각이 들었다.

소집지는 부여에 있는 훈련소이다. 중학교 이상 졸업자는 부여에서 훈련을 받았다. 그 자리에는 지금 부여고등학교가 들어 있다.

훈련은 3일 동안인데 달리기, 총 쏘기, 모래포대 나르기 등 기초훈련을 받았다. 머지않아 징병영장이 날라 올 징조였다. 마음이 매우 불안했다.

징용 된지 2년이 되어 일주일 연가年暇를 받아 집에 있었다. 형님이 머지않아 혼인을 하기 때문에 사랑방에 벽지를 바르고 있었다. 저녁 무렵에 광산에 근무하는 동료가 찾아 왔다. 일본이 항복하고 전쟁이 끝났다는 것이다. 믿기지 않았으나 12 : 00시에 일본 천황의 항복 방송이 있었다는 것이다. 우리 마을에는 전기가 들어오지 않아 라디오가 없어 알지 못했다.

이제는 해방이 되어 자유를 얻었으니, 모국에 보탬이 되는 일을 찾아 새로이 나대로 할 일을 구상해야 했다.

나는 서울에 가서 대학에 진학하기로 했다. 부모님도 허락해 주셨다.

2장
나의 학계참여

예산禮山 농업고등학교農高 교사

대학 4학년 때에 6·25사변이 나서 고향에 가 있다가 예산농업중고등학교에 국어과 교사 자리가 비어 있으니 오라는 연락을 받고 1951년 5월에 교사로 취직을 했다. 아직 전시라 사회가 어수선하기는 했으나 교사생활에 열정을 다하여 교안을 작성하고 성실한 교사가 되려고 노력을 했다.

4개월 후에 중학교와 농업고등학교로 분리되었고. 중학교 교사로 한 학기가 지나자 나는 농업고등학교 교사로 발령을 받았다. 사전이라고는 문세영文世榮씨의 『국어대사전』 한권 밖에 없어서 가르치는데 애를 먹었다. 그러나 나름대로 교재를 준비하고 열심히 가르쳤으며 학생들의 호응도 좋았다.

예산농고는 충청남도 서북부의 명문고등학교여서 우수한 학생들이 모여서 서울대의 법과나 상과대·치과대학 등에 들어갔고, 수원농대의 합격자 수의 1할을 차지하는 일도 있었다.

나는 반년이 되니 안정을 찾게 되어 내 전공을 위한 자료수집에 나섰다. 민요. 설화. 방언. 민속자료 등을 수집했고, 주말이면 카메라를 들고 민속자료의 사진을 찍으러 다녔다. 1년 반을 이렇게 하였더니 많은 자료를 수집할 수가 있었다. 이때는 아직 전쟁중이라 여러 제약도 있었으나 허송 세월은 안 했다. 내가 출판한 『예산 민요집』은 이때에 수집한 자료들이다. 지금은 다 없어졌으나 당시에는 예산 근처에도 장승, 솟대가 남아 있어 소중한 민속 자료였다.

한번은 지방신문에 원고를 발표했더니 교장실에 불려가 칭찬을 받은 일도 있다. 내가 서울에 와서 발표한 「민속상으로 본 색채관色彩觀」도 이 때에 초고를 썼다.

나는 1년 8개월 후에 충남대학에서 강의를 맡게 되어 정든 예산농고를 떠나야 했다. 나는 학생들과 정도 들었고 이제부터 고등학교의 교사로 자리를 잡게 될 터인데 학문을 하기 위해서 사표를 내고 대학으로 나갔다.

예산에서 가르친 제자들 중에는 짧은 기간이었으나 지금도 왕래하고 때로는 신세를 지고 있는 제자가 있다.

우리 집은 설날과 스승의 날 아침 6시면 언제나 전화벨이 울린다. 예산농고에서 가르친 두 제자가 한 번도 빠짐없이 문안의 전화를 걸어온다. 온양에 사는 김윤배金允培·김영권金永權의 두 제자이다.

농고에서는 토목과를 다녔지만 서울법대에 들어가 사법고시를 합격하고 오랫동안 검사를 지내던 남문우南文祐 변호사는 명절에 선물을 잊지 않는다. 이제는 법조에서 떠나야 하겠는데, 자서전이라도 남겨야 하겠다고 하기에 격려의 글을 써 보내 위로했다.

내가 담임일 때에 급장으로 반을 잘 이끌어 주던 오동진吳東鎭 한의사가 있다. 내가 근무하던 대학의 정치과에 입학하였는데 1년이 지나더니 국회의원에 나갈 것도 아니고 한의학과에 전학을 희망하기에 주선을 했다. 학업을 마치고 고향에 가서 한의사로 개업을 하였는데 내가 몸이 약하다 해서 가끔 보약을 지어 가지고 오니 신세를 지고 있다.

또 한사람 예산농업학교의 제자에 허연욱許姸旭 치과의사가 있다. 나는 치아가 시원치 못해서 중학교 때부터 치과의 신세를 지고 있다. 나이를 먹을수록 심해져서 드디어 틀니를 했고 가끔 치과에 들려 진찰을 받고 있다. 그런데 치료비를 받지 않으니 미안하기가 짝이 없다.

이상 늘 변함 없는 정의를 보내고 있는 사람들이 모두 충청도 출신들이고, 고등학교시절의 제자란 점이다. 내가 40년 교직 생활 중 교사로 2년도 못되고 1년 10개월 밖에 못 있었는데 사제지간의 우의를 아직도 유지되고 있으니 참으로 고맙다. 잊지 못할 사람들이다.

나의 민요民謠연구

1) 한국민요학회의 창립

나는 대학 재학시절에 민요연구에 뜻을 두고, 틈나는 대로 현장에 나아가 열심히 자료수집을 했다.

일제로부터 해방이 되고 진학을 위해서 서울에 와서 생각 끝에 대학은 국문학과를 택했다. 나는 중학교 때부터 소설가 되기를 원해서 중학교 3학년까지 그 당시의 일본문학전집 · 일본대중문학전집은 다 읽었고. 세계대중문학전집과 세계문학전집을 비롯해서 섹스피어 전집과 러시아문학전집쯤은 거의 다 읽었다. 다만 실락원失樂園, 파우스트, 신곡神曲 등 종교성이 짙은 것은 이해하기 어려웠다.

당시 일본에서는 내가 읽고 싶을 책은 거의 구할 수 있었다. 학교나 공공도서관에 가면 얼마든지 책이 있었고 서점에 들러 2~30분쯤은 서서 읽어도 서점주인이 나무라지 않아서 좋았다. 학교수업은 따라가기만 하면 되었고 닥치는 대로 책을 읽는 독서광으로 지냈다. 이러한 전력이 있어 나는 대학에서 소설가가 되려는 꿈을 가지고 있었다. 그래서 국문학과를 선택 한 것이다.

대학에 들어가서 방종현方鍾鉉 교수를 알게 되었다. 뵐수록 교수의 학덕이 우러러 보여 자주 청량리 관사로 찾아 뵙게 되고 지방으로 방언수집을 가실 때에 두서너 번 따라 갔다. 재미있었다. 한번은 부르시더니 "자네 소설

공부 하지 말고 민요공부를 하게. 소설가는 얼마든지 있는데 민요를 전공하는 사람이 없으니 자네가 한번 해보게"하셨다.

선생께서는 내가 소설가 지망이라는 것은 알고 계시면서 내가 선생님을 따라 다니면서 방언과 함께 민요에 관심을 보이는 것을 보시고 권하시는 말씀이었다. 사실 나는 방언을 기록하면서 민요를 함께 기록했는데 이제까지 내가 접하지 않은 세계가 있었고 소박하고 진실을 꾸미지 않고, 있는 그대로의 마음을 노래하고 있어서 이러한 시의 세계도 있구나 해서 놀라고 있었다. 선생님은 나의 그러한 변화를 벌써 눈치채고 계셨다.

우리의 민요연구는 1933년 김소운金素雲에 의해서 『조선구전민요집』이 나왔다. 당시의 매일신문每日新報의 기자로 있을 때에 학예 면에서 독자들의 투고와 편자가 손수 수집한 것을 합해서 내놓은 2천여 수는 민족 서민문학의 금자탑이라 할 수 있다. 당시 민요집은 1939년 시인 임화林和 편의 문고본 『조선민요선』과 해방 후 1948년 방종현方鍾鉉·김사엽金思燁·최상수崔常壽 3인의 합작으로 『조선민요집성』이 있었다. 일제하에서 경성제국대학에서 민요로 논문을 쓴 사람은 고정옥高晶玉·이재욱李在郁 두 사람이었다. 고정옥 교수는 서울대학 사범대학에서 민요를 강의하고 있어서 나는 1948년도에 청강을 했다. 나는 민요에 빠지기 시작하여 소설에서 민요전공으로 방향을 바꾸게 되었다.

민요의 세계는 황홀했다. 순박하고 진솔하고 가식 없이 마음을 그대로 쏟아 놓은 자연 그대로의 순수한 인간의 세계가 있어 좋았다.

해방 후의 국학國學연구는 매우 활발했다. 우리의 언어·문자·역사를 되찾게 되어 여러 대학에 국어국문학과가 설치되고 뜻있는 만학들이 모였다. 나도 생각이 있어 국어국문학과를 선택하였다. 당시 서울시내의 9개 대학에 국어국문학과가 있어 대학을 돌아가면서 연구발표회가 있었다. 그 7회 연구발표회를 국학대학 국어국문학회서 주최하게 되어 서울대학의 이명구李明九가 「고려속요」를, 고려대학의 박성의朴晟義가 「소설문학」을, 내가 「민요시론」을 발표했다. 학회에서 나의 민요연구 첫 발표였다.

2) 대학진출 민요강의

1950년 6·25사변이 터지고 당시 나는 대학 4학년 재학 중이었는데 고향인 충남 청양에 가 있다가 예산농업고등학교에 교사로 취직이 되었다. 주말이면 틈을 내어 인근 마을을 찾아가 민요와 민속조사를 했다. 이 무렵에 수집한 자료는 후에 예산문화원에서 『예산민요집』으로 출판되었다. 1951. 1. 26일 대전일보에 「이씨조선 부요婦謠편고」를 발표 한 바 있다.

고등학교 교사 1년 9개월 만에 1953년 대전으로 나가 충남대학과 국학대학으로 자리를 옮겨 민요강좌를 개설했다.

휴전이 성립되고 대학들이 서울로 수복하게 되어 국학대학과 숙명여자대학에서 "민요론"강의를 맡게 되었다. 내 연구분야에서는 무엇보다 현장에 가서 자료를 수집하는 일이다. 나 혼자 주말이나 방학 때에 현장에 나가지만 능률이 오르지 않는다. 그래서 학생들의 협조가 있었고 지방의 지식인이나 교육자의 협조를 구하는 일도 있었다. 김소운金素雲의 『조선구전민요집』은 그가 매일신보 학예부원으로 있을 때에 독자들의 제보를 집대성 한 것이다. 협조만 잘 해주면 일시에 전국의 자료를 얻는 효과가 있다. 이런 경우에는 간접수집이란 약점이 있고 제보자에 의한 가필·첨가·탈락의 위험성이 있으나 쓸만한 민요라면 현장에 가서 재확인을 해야 한다.

1955년 12월에 국학대학 국어국문학회에서는 다음과 같은 협조문을 전국의 초등학교 교사에게 발송하고 협조를 부탁한 일이 있다.

謹啓

날씨 차거운 겨을 철에 여러 선생님들의 강녕을 앙축 하옵고 아동교육에 헌신하는 노고에 대하여 만강의 경의를 표하는 바입니다. 동기휴가를 맞이하여 그 동안 교단에서 시달린 심신을 편히 쉬고 휴양해야 할 때에 부탁 말씀을 드리게 됨을 죄송 하옵기 한량 없으나 잠시 시간을 나누어 수고해 주시면 감사하겠나이다.

금번 우리학회에서는 민족문화 보전책의 가장 현실적인 문제로서 민간에 널리 유행되는 민담과 민요를 수집함으로써 기계문명의 급속한 발달의 이면에 쇠퇴하여 가는 민족의 전통적 문화유산을 계승하고 연구함으로써 민족문화 발전에 미력이나마 이바지 하고자 합니다.

이러한 거대한 문화 사업은 외국에서의 예를 보거나 실질적으로 개인이나 한 두 연구회의 힘으로 이루어지는 것이 아니고 거국적으로 전 학술기관의 협력에서만 가능한 일이지만 우리나라의 현실로 보아 도저히 기대할 수 없는 형편이며 그렇다고 이 귀중한 민족문화유산의 소멸을 묵과할 수 없으므로 궐연 분발하여 수집사업에 착수하였으나 전국 방방곳곳을 일일이 행각할 수도 없어 여러 선생님의 손을 빌리게 되었사오니 그 취지를 현찰 하시어 협력하여 주시기를 복망 하나이다.

요지음 농촌에 가면 사랑방의 화로 옆에서 노인들의 흥미진진한 옛날이야기를 들을 수 있고 농부들의 작업이나 부녀들의 길쌈. 아동들의 흥겨운 노래에서 민요를 찾아 낼 수 있으니 이러한 향토문화재의 수집규명은 긴급하고 유익한 일이 아닐 수 없습니다. 교무에 바쁘실 줄 믿사오나 분량의 많고 적고를 막론하고 꼭 보내주실 것을 확신하오며 이만 그치나이다.

부디 강녕 하옵소서.

단기 4288년(1955) 12월

국학대학 국어국문학회

기입요령

1. 수집대상이 되는 민담이나 민요는 창작된 작품이 아니라 실제에 민간에서 이야기되고 노래 불려지고 있는 것에 한한다.

이 무렵 내가 민요자료 수집에 사용하던 카드의 양식은 나대로 다음과 같은 양식을 작성하여 사용했다.

분류 또는 제목	수집지	도	군	면	리	제공자	남·녀,	나이	세
	수집년월	년	월	일		비고(교육정도, 주거이동, 동작 등)			

이 양식은 민요에 국한되지 않고 방언·전설·지명·속담·수수께끼·연중행사 등 민속자료조사에도 널리 활용할 수 있었다.

비고란의 주거이동이란 경주에서 수집하였는데, 알고보니 제보자가 6·25동란 때에 평양에서 월남하였다면 자료의 소재지가 문제가 된다. 연구실에서 자료를 분석할 때에 참고로 해야 한다.

지금 내가 소유하고 있는 민요카드 3만 장과 그 밖의 민속자료 수집 카드는 모두 이 양식을 채택하고 있다.

2. 용지에 있는 제공자는 제 3자로서 여러분에게 자료를 제공해 준 분이며. 보고자는 여러분에게 자료를 가르쳐 준 분을 말합니다.
   그러나 자신이 알고 있는 민담이나 민요를 기입 할 때에는 제공자와 보고자를 겸하게 됩니다.
3. 기록은 어디까지나 제공자의 일언일구에 충실해야 합니다. 지방의 사투리를 표준어로 고치지 말 것이며. 이야기의 순서도 (1) 옛날 옛 적에 (2) 옛날 옛적 고렸때 적에 (3) 옛날 호랑이 담배 먹던 시절에 등을 화자의 말하는 대로 적어 주시요.
4. 비고란에는 주소의 이동이 있었으면 기입해 주시요.

예를 들면 제공자가 현재는 부산에 거주할 지라도 실은 평양에서 이사하였거나 피난와서 살고있으면, 그곳에서 들은 이야기라면 자료의 원 소재지는 부산이 아니라 평양이기 때문에 이러한 경우에는 "평양에서 들은 이야기"라 기입하시오.

5. 기타의 참고사항이 있을 때에는 꼭 기입해 주시요
6. 수집자료는 표지에 다음사항을 기입해 주시오.

제공자	도	군	면	리	성명	남·녀	나이	직업
보고자	도	군	면	리	성명	비고(◦ ◦ ◦학교)		

보내는 곳

서울특별시 서대문구 현저동 56의 82

국학대학 국어국문학회

지금 읽어보니 뜻은 있으나 문장의 서투름이 절실하다. 한국민요의 수집과 연구과정에는 이러한 일도 있었음을 기록해 둔다.

나는 1961년『한국민요집』제1권을 출간했고. 1964년에는『한국민요사』를 저술했다. 이 밖에 민요에 관한 논문을 여러 학술지에 발표를 했다. 이렇듯 민요의 수집 연구에 주력했으며. 그러자 뜻을 같이하는 동학들도 생기고 국문학의 영역에서 서민시가문학으로서의 민요의 위치도 인정을 받게 되었다.

3) 한국일보의 민요수집

1961년 봄에 나는『한국민요집』1의 마지막 교정을 마치고 출판을 기다리고 있을 무렵, 한국일보의 문화부장 예용해芮庸海씨로부터 만나자는 연락이 왔다. 만나 이야기인 즉 한국일보에서 독자로 하여금 각 지방의 민요를 투고케 하여 신문에 게재하고자 하니 투고한 자료를 선정해 달라는 것이다.

신문사가 이와 같이 독자를 통해서 향토문화자료를 수집한 일은, 김소운金素雲이 서물신문의 전신인 매일신보에 근무할 때에 독자로 하여금 지방의 민요를 투고하게 하고 그 자료를 엮은 것이 김소운의『언문 조선구정민요집』이다. 조선일보사에서도 방언과 민요를 독자들이 투고하게 한 일이 있는데, 일사 방종현方鍾鉉교수가 담당하였다. 신문사는 전국에 독자를 가지고 있어 일시에 많은 자료를 수집할 수 있는 여건을 갖추고 있었다.

예용해씨의 요구를 받아들여 한국일보에서 사고社告를 하고, 문화부에 투고된 자료를 나에게 보내오면 나는 그 자료를 검토해서 선정하여 신문사에 보내면 신문에 게재하였다.

신문사로서의 사업취지문으로 "민족의 정서 담긴 오랜 노래가 나날이 사라지는 것을 애석하게 여겨, 수집해서 후손에 전하자는 뜻"을 밝히고 수집 방법 요령은 내가 작성하였으니 다음과 같다.

수집요령

수집대상자는 그 고장의 농부, 촌부(村婦), 나무꾼, 목동, 소년 소녀가 부르는 옛 노래를 대상으로 하며, 학교에서 배운 창가나, 방송되는 유행가는 제외한다.

2. 기록하는 과정에서 첨가나 생략은 하지말고 부르는대로 기록할 것.
3. 사투리나 향토의 고유명사를 그대로 기입할 것
4. 노래와 관련 있는 배경설화(背景說話) 제의(祭儀) 고사(故事) 놀이가 있으면 비고란에 기입할 것
5. 전에 살던 지방에서 부르던 노래일 경우, 그 지명을 반드시 기입 할 것
6. 민요자료를 보고 할 때에는 다음 사항을 꼭 기입할 것
   1) 수집한 년, 월, 일
   2) 제보자의 이름, 주소, 나이
   3) 노래를 들여준 가창자(歌唱者)의 이름 주소, 나이

신문사의 광고가 나가자 1961년 6월부터 투고가 들어오기 시작하여, 11월 말에 신문사의 사정에 의하여 사업을 마쳤다. 그동안 6개월 동안 들어온 자료는 모두 800수에 이르며, 제보자 중에서 10수 이상을 투고한 분이 9명이고, 여러 번 나누어서 수집 되는대로 보내주신 분도 있고, 201수나 투고해 주신 분도 있었다. 그 중에서 10수 이상을 제보해준 사람의 명단은 다음과 같다.

박순호(朴順浩)	201수
권정생(權正生)	96수
이현수(李鉉洙)	20수
배문평(裵文平)	18수
상주(尙州) 국교	18수
김종상	12수
권영희	11수
송 정	10수
서정희	10수

제보자 191명중 가장 많은 자료를 보내준 박순호씨는 현재 원광대학교 교수로 있고, 다음 권정생씨는 여러 번 나누어 보내주었는데, 지금 고향 안동에서 향토문인으로 활약하고 있다고 듣고 있으며, 다음 20수를 보내준 이현수씨는 조선대학 부총장으로 근년에 정년퇴임 한 것으로 알고 있다. 18수를 보내준 배문평 씨는 의정부의 어느 고등학교 교사로 있는 것으로 알고 있다.

여기에서 알 수 있는 것은 이러한 민족문화사업에 관심을 가졌던 분은, 사회에 나아가 모범이 되고 학자, 향토학자, 교육자로 명성을 유지하고 있음을 알 수 있으며 선각자의 지혜와 정열이 있었다.

4) 해외 교류

1969년 우선 "민속학회"를 조직하여 이제까지 등한시 하였던 서민생활문화를 학문의 영역으로 폭을 넓혀 왔고 민요도 민속학의 영역에서 연구되기 시작했다. 민요가 서민시가문학이란점이 중요시되면서. 국문학과 민속학에서 중요한 위치에서 새로운 과제로 떠오르게 되었다.

우리는 민요를 구전문학에서만 다루고 있을 때에 우리 주변민족인 중국과 일본에서는 민요를 독립적인 장르를 설정하고 있었다. 즉 중국에서는 북경대학에 "가요연구소歌謠硏究所"가 있다. 중국의 가요란 민요를 말하며 따라서 민요를 독립된 장르로 설정하여 학술 기관지를 발행하고 있었다. 일본에서는 "일본가요학회日本歌謠學會"와 "일본구승문예학회日本口承文藝學會"가 있어 민요와 설화를 함께 대상으로 하는 학회가 활발한 활동을 하고 있었다. 즉 우리는 민요를 서민시가문학의 범위를 벗어나지 못하고 있을 때에 우리 주변국에서는 민요연구가 한층 깊이 있고 폭 넓게 다루어지고 있어 성과를 거두고 있었다. 이와 같이 중국과 일본에서는 학회가 자주 있고 상호 교류가 있었다. 나는 1981년 6월 일본의 국학원대학國學院大學 "국어국문학회"에서 「한국의 화전가花煎歌」 1981년 6월에 일본구승문예학회日本口承文藝學會에서 「한국의 농요의 주제」에 대해서 발표를 한 바 있다. 또 1983년 5월에 일본가요학회에서 「한국민요의 형식과 운율」을 발표하였고, 1983년 5월에 민요전문지民謠專門誌 월간 『가요문화歌謠文化』에 한국에서는 나와, 일본에서는 우스다臼田 일본가요학회장. 미스미三隅 동경문화재연구소 예능부장과 3인이 "민족문화로서의 민요"를 주제로 좌담회를 가진 바 있다. 1984년 11월에 일본 구승문예학회에서 「한국의 동요」를 발표했고 같은 해 12월에는 일본가요학회에서 「한국의 선녀담仙女譚」을 발표하였더니, 쓰꾸바대학筑波大學의 역사인류학과에서 요청이 있어 "선녀담"을 강연을 한 일이 있다. 이처럼 그들은 주변 민족의 민요 즉 한국민요와 설화에 대해서 관심을 가지고 있음을 알 수 있었다.

이와 같은 상황에서 우리도 민요학회를 구성하여 민요연구를 국문학이나 민속학에게만 의존하지 말고 민요 독자적인 학회를 만들어 가지고 민요를 연구하고 또 주변국의 학회와 대등한 교류를 해야겠다는 생각을 하게 되었다.

또 하나의 이유는 1971년 4월 21일부터 5월 10일까지 20일 동안 대만을 여행했다. 대륙문화에 관심은 많았으나 당시로서는 갈 수가 없으니 단념할 수밖에 없었다. 그러나 대만에 가 있는 이원식 교수와의 서신을 주고받고 보니 대만에는 중국의 문물이 보존되어 있고 대만대학이나 중앙문화연구원에는 모든 자료가 갖추어 있다는 것이다. 그러나 대만에 갈 기회가 없었다.

나는 1961년 10월부터 서라벌예술대학의 학장직을 맡고 있으나 1971년 입학식을 마치고 학장직을 벗게 되었다. 대만의 유지만劉枝萬과는 일본에서 수차 만나 교분이 있고 국립사범대학의 시취봉施翠峰교수, 예술전과대학의 홍서린洪瑞麟은 서라벌예술대학에 내방한 일이 있고 중국민속학회의 루자광婁子匡회장으로부터는 초청을 받고서도 가지 못하였는데 생각하니 이때다 싶어 대만에 갔다. 문화원대학文化院大學 담광대학淡光大學 중국민속학회中國民俗學會에서 강연을 하고 도서관 박물관에서 많은 자료를 보았다. 그 때에 북경대학北京大學에 가요연구회歌謠硏究會가 있고 여기에서 1922년부터 중국 전국의 민요를 수집하여 기관지 『가요연구歌謠硏究』에 수록하였으며 1947년까지 79호까지 나왔음을 알았다.

5) 민요학회

이 무렵 나는 나의 전환기를 준비해야 하겠다는 생각을 하고 있었다. 나는 1991년 9월이면 대학에서 정년퇴직을 하게 된다. 민속학회를 만들고 장기집권을 하고 있는데 정년과 함께 물러나 이제는 후배에 넘길 생각이었다. 민요학회를 지금 만들면 정년 전에 일을 하나 할 수 있고 후배들에 넘겨주자는 생각이 들었다. 그래서 민요학회를 만들어야 하겠다고 생각을 하게 되고, 내가 앞장서기로 했다.

학회를 구성하는데 있어 여러 가지 방법이 있을 수 있으나 수를 채우기 위해서 많은 사람이 모이는 것 보다 순수한 전공자만 모이는 가장 모범적인 학회를 만들고자 민요를 학문으로 하는 사람 위주로 해야겠다고 생각하여

1. 민요로 박사학위를 받은 사람
2. 민요연구의 저술이 있는 사람

3. 대학에서 민요 강의를 하고 있는 사람

위의 여건에 맞는 분을 조사하니 모두 18명이었다. 그래서 이분들에게 안내문을 보내고 학회 발기인이 되어주기를 청했다. 다행이 한사람만 회답이 없고 17인의 발기인 승낙을 받아 1989년 6월 25일 민요학회발기인 대회를 가지게 되었다.

0. 민요학회창립 발기 취지와 발기인 동의 요청서

안녕 하신지요

학문의 분화는 민요를 전공하는 사람들이 모인 학술단체로서 민요학회의 설립 필요성이 요청되고 있습니다.

그간 몇 분으로부터 학회를 만들어 민요연구의 성과를 거두자는 의견이 있었고 또 여러 대학에서 민요강좌가 개설되고 박사 석사논문도 심심하지 않게 나오고 있습니다.

한편 중국의 민간문예학회. 일본의 가요학회에서는 교류를 제의해 오고 있습니다. 그러나 우리 나라에는 아직 민요학회가 없어 모처럼 민요연구에 뜻을 둔 후진의 지도나 외국의 유사한 학회와의 교류가 잘 이루어지지 못하고 있습니다. 그래서 민요학회를 만들어 한국민요연구를 활성화하고 동학끼리 친목도 돈독하게 다지는 뜻에서 민요학회 발족을 위한 발기인으로 귀하의 참여를 요청하는 바입니다.

발기인은 대학인으로 민요로 학위를 받은 분, 민요에 관한 저서가 있는 분, 민요강의를 담당하고 계신 분을 대상으로 명단은 다음과 같습니다.

아무쪼록 이러한 취지를 수용하시어 동봉한 발기인 동의서에 서명해서 6월 15일까지 보내주시면 고맙겠습니다.

동의서가 수합 되는대로 6월 25일(일)에 발기인 모임을 가질 예정으로 있습니다.

발기인 대회에 대해서는 추후 다시 연락 드리겠습니다.

1989년 5월 23일

156-756

서울특별시 동작구 흑석동 221

중앙대학교 문과대학 민속학 연구실

임동권

전화 813-8300

0. 발기인 명단

(가나다 순)

강등학	강릉대	임동권	중앙대
권오성	한양대	임헌도	공주사대
김무헌	한남대	유종목	동아대
김선풍	중앙대	장관진	부산대
김순제	인천교대	정동화	인천교대
김영돈	제주대	조동일	서울대
김영진	청주대	지춘상	전남대
박상규	경원대	최 철	연세대
박순호	원광대	한상수	목원대

0. 발기인 동의서

한국민요학회 설립에 있어 발기인이 되는 것을 동의합니다.

1989년 5월 일

주소 :

성명 :

전화 :

0. 창립총회 안내

그 동안 안녕하신지요.

발기인 동의서를 잘 받았습니다. 참여하시게 되어 반갑습니다.

이제 예고 드린 대로 아래와 같이 창립총회를 가지고자 합니다. 꼭 참석하셔서 좋은 의견을 주시기 바랍니다.

일시 : 1989년 6월 25일 12 : 00

장소 : 서울역 그릴. (별실. 3층) 전화. 754-9391

(역 대합실에서 에스컬레이터를 타고 오름)

1989년 6월 12일

한국민요학회 창립 준비 위원회

0. 총회 결의 사항

학회 명칭 : 한국민요학회

학회 사무소 : 서울 중앙대학교 임동권교수 연구실

임원

학회장 : 임동권 (중앙대)

이 사 :	김무현 (한남대)	김선풍(중앙대)
	김순제(이천교대)	김영진(청주대)
	장관진(부산대)	최 철(영세대)
감 사 :	지춘상(전남대)	정동화(인천교대)
간 사 :	박상규(경원대)	

이상과 같이 하여 한국민요학회는 창립하였다.

이상의 발기인대회의 진행과정의 공문은 학회창립의 과정을 후세에 기록으로 남기고자 『한국민요학』 창간호에 수록해 놓았다.

창립총회의 장소를 대학이나 연구소 같은 데로 정하지 않고 서울역으로 정한 것은 지방에서 오는 회원들의 교통편의를 고려한 것이고 당시 서울역 그릴의 음식 맛이 좋은 편이었다.

여러 일의 진행에는 김선풍 교수의 협조가 있었고 소용되는 비용은 내가 부담했다. 무슨 일이건 꾸미려면 누군가의 수고와 희생이 있어야 한다.

1991년 4월에 학회의 기관지로 『한국민요학』을 창간했고 2년 사이에 회원이 33명으로 늘어났다. 2005년 1월 당시 회원 수 176명에 이르고 회지도 15호까지 발행되어 참신한 논문들이 자주 발표되고 있어 기쁘다.

동양 3국인 한・일・중 3국의 민요연구의 상황을 보면 일본에서는 서민 시가문학의 테두리 안에서 연구되고 있으며, 중국에서는 워낙 국토가 넓으니 자료 집성작업 중에 있다. 그러나 두 나라 사이에서는 교류와 공동발표가 활발한 편인데 주로 일본측에서 적극적인 접근을 시도하고 있는 상황이다. 일본은 재력이 넉넉하니 학자들이 자주 중국에서 광범위하게 자료수집을 진행하고 있는 상황이다.

그러나 한국에 있어서는 국악을 전공하는 회원들이 많이 참여해서 민요를 시가문학으로만 두지 않고 민요의 음악적인 분석이 일본이나 중국과 달라 성과를 거두고 있다. 즉 민요를 시와 악의 종합적인 검토로 새로운 해답을 찾고 있어 종합적인 연구가 진행되고 있어서 민요 본연의 모습에 접근하고 있어 기대 된다.

학회 창립 15년이 지난 지금 생각하면 그 때에 용기를 내서 학회를 창립하기를 잘 했다고 생각되어 후회는 없다.

6) 민요에 관한 저술

그동안 민요에 관한 여러 저술을 했다. 그 중에서 가장 대표적인 저술이 『한국민요집』 1에서 7까지의 편저이다.

대학 2학년 때부터 민요 수집을 시작하여 1953년에 대학에서 민요론 강좌를 가지게 되어, 강의를 하자니 민요의 분류가 절실했다. 1960년 동국문화사에서 『한국민요집』 1을 편집할 때에 카드 7,000장을 가지고 있었고, 이 중에서 2,000여수를 골라 1961년 6월30일에 『한국민요집』 1을 동국문화사東國文化史에서 출판했다. 당시 학계에는 김소운의 『언문 조선구전민요집』과 방종현, 김사엽, 최상수 3인의 공편인 『조선 민요집성』이 있을 정도였다. 애당초에는 동국문화사에서 2, 3집을 계속해서 출판 할 예정이었으나 출판사가 딴 사업에 손을 댄 것이 실패하여 재정난으로 계속 출판이 어렵게 되었다. 나는 지형紙型이라도 찾아야 하겠기에 수소문했으나 찾을 길이 없었다.

1974년 봄에 내 지형을 가지고 있으니 재판을 내고자 하니 동의를 해 달라는 청년이 나타났다. 동국문화사처럼 큰 출판사도 망하는데 이름도 없고 첫 출판이라니 불안했으나 청년의 열의에 믿음이 가서 『한국민요집』 1을 재판하고 2, 3, 4집을 계속하겠기에 동의했다. 그 청년이 지금의 집문당集文堂의 임경환林京煥사장이다.

집문당에 의해서 『한국민요집』 1집이 1974년에 재판되고, 1974년에 제2집, 1975년에 제3집, 1979년에 제4집이, 1980년에 제5집, 1981년에 제6집, 1992년에 제7집이 출판되었다. 7집까지에 수록된 민요의 수는 약 12,000수에 이른다.

대학에서 민요론을 강의하자니 한국민요사를 정리해야겠기에 1964년에 문창사文昌社에서 출판했고, 재판부터는 집문당에서 출판했다.

민요관련 저술과 년대는 다음과 같다.

『한국민요집』 1	동국문화사	1962년
『한국민요사』	문창사	1964년
『한국민요집』 2	집문당	1974년
『한국민요 연구』	선명문화사	1974년
『한국민요집』 3	집문당	1975년

『한국민요선』	세종출판사	1975년
『한국민요집』 4	집문당	1979년
『한국민요집』 5	집문당	1980년
『한국의 민요』	일지사	1980년
『한국민요집』 6	집문당	1981년
『한국부요연구』	집문당	1984년
『여성과 민요』	집문당	1984년
『한국민요집』 7	집문당	1992년
『예산의 민요』	예산문화원	1995년
『한국민요논고』	민속원	2006년

지금 내 민요카드 상자에는 3만 여장의 카드가 있다. 이미 수록된 노래 12,000수와 미수록 약 3,000장이 있다. 이미 민요집에 수록된 12,000수는 지역분류地域分類와 주제主題분류로 나누어 2만 4천장이 있다. 미수록의 자료들은 노래의 가사가 미완성 또는 파편화 한 것이다. 그러나 어느 부분이 탈락했으며, 어느 부분이 왜 첨가 되었는지 민요의 발전과정에서의 변화양상을 연구하는데 자료로 제공되어야 하는데 아직 출판을 못하고, 기회를 기다리고 있다.

나의 민요자료 3만장은 후에 국립민속박물관에 기증할 예정이다.

나의 민속학 연구

1) "한국 민속학 연구회"의 발족

(1) 나의 민속학 입문

1943년 일본에서 중학을 졸업하고 돌아와 광산에 취직했다가 징용되어 암담한 세월을 보내다가 해방을 맞았다. 초등학교 교장이 찾아와 교사로 나와 달라는 권고가 있었으나 사양하고 나의 미래를 위해서 서울에 가서 대학에 진학을 해야겠다고 생각했다. 당시 나는 문인이 되려는 꿈이 있었다.

문인이 되려면 언어가 가장 중요한데 이제까지 배운 일본말은 한 푼 어치도 값이 없고 우리의 언어를 공부해야 하겠다는 생각이 들었다. 그래서 조선어학회가 국문학과를 지원하고 진단학회가 사학과를 지원하여 신설되는 국학대학 국문학과에 입학했다.

해방을 맞아 국학을 배우는 자부와 열이 있었고 보람을 느끼고 있을 때에 방종현方鍾鉉교수를 만나 지도를 받게되어 민간문학의 소중함을 통감하여, 작가가 되려는 오랜 꿈을 버리고 민요연구에 손을 대고 다시 민속학으로 영역을 넓히게 되었다.

1951년 대학 졸업반인 4학년 때에 6・25사변이 일어나 고향에 피난 가 있다가 예산농업고등학교에 취직하여 있다가 1953년 봄에 충남대학교와 국학대학에서 "민요론"강의를 맡게 되었다.

1953년 여름에 휴전이 되어 서울이 수복하여 2학기에 국학대학에서 국내에서 처음으로 "민속학"강좌를 개설하여 내가 담당했다. 국내에서 민속학이 처음으로 개설된 시기를 1954년이라고 발표한 일이 있으나. 소장하고 있는 1953년도의 교수수첩에 의하면 휴전이 성립하고 서울에 수복해서 1953년 2학기부터 개강되었음을 알 수 있어 수정하는 것이다.

국내에서는 처음 있는 과목이라 학장도 고개를 갸우뚱 하더니 "한국학에서 매우 필요한 학문이라면 한 번 개척해 보라"면서 민속학 강좌 개설을 동의해 주었다. 당시 내 나이 28세이었다.

민요를 수집하다 보니 서민의 정서와 민족의 공감이 담겨 있는 민요에 매력을 느끼게 되었다. 그래서 민요수집에 관심을 가지게 되어 이미 출판된 김소운金素雲 편저編著의 『조선 구전민요집』과 임화林和 선選의 『조선민요선朝鮮民謠選』, 방종현 · 김사엽 · 최상수 공편의 『조선민요집성朝鮮民謠集成』을 정독했다.

민요를 공부하자니 방법론의 설정이 있어야 하겠다고 생각되어 고민했다. 민요는 백성들의 노래이니

첫째. 서민문학으로서의 연구방법

둘째. 민요는 노래이니 음악적인 연구방법

셋째. 민요는 서민들의 생활과 정서의 노래이니 민속학적인 연구방법

이 있을 수 있다고 판단되었다.

이 세 가지 방법을 놓고 고민하다가 문학적 방법은 국문학에서도 가능한 일이고, 음악적 방법은 국악國樂에서 접근할 수 있으니, 아직 아무도 시도하지 않은 민속학적방법을 택하기로 했다. 막상 민속학적 방법을 택하기는 하였으나 선행先行한 연구가 없어 우선 국립도서관에 가서 민속학에 관한 도서를 모조리 읽기로 했다. 최남선崔南善 · 손진태孫晋泰 · 송석하宋錫夏 · 김재철金在喆 · 오청吳晴 등과 민속학에 관한 것이라면 닥치는 대로 읽었고 외국의 서적으로는

Burne의 *THE HANDBOOK of FOLKLORE*, 『民俗學槪論』, 岡 正雄 譯

Krohn의 *Die Folkloristisch*, 『民俗學方法論』, 關敬吾 譯

P. Saintyves의 *Manuel de Folkre*, 『民俗學 槪說』, 山口貞夫 譯

등 일역日譯서가 국립도서관에 소장되어 있었고. 일서는 야나기다 구니오柳田國男의 『향토연구鄕土硏究의 방법方法』 등이 있었다. 또 고서점을 뒤져 민속학에 관한 도서를 구입해서 읽었다. 당시 국립도서관장에 경성대학에서 민요를 전공하신 이재욱李在郁선생이 계셔서 고맙게도 특별 열람권을 주시는 등 많은 편의를 돌보아 주셨다.

민속학을 공부하고 보니 민속의 소중함을 더욱 절감하게 되었고. 이미 서구에서는 민족학 · 문화인류학과 함께 민속학이 큰 성과를 거두고 있었다. 우리와 인접한 일본이나 중국에서도 민속학은 독립한 인문과학으로 성과를 거두고 있는데, 왜 우리만 뒤쳐져 학문에서 소외되어 있는가 분발해서 빨리 민속학이 정립 되어야 한다고 판단했다.

예산농고禮山農高에서 교편을 잡고 있을 때에 주말이면 인근 마을에 가서 민속을 조사하고, 학생들과 민요 · 전설 · 동제洞祭 · 서낭당 · 장승 · 두레 · 관혼상제 등의 현장을 답사하는 등 민속조사에 열을 올렸다. 민속을 조사하다가 내가 모르는 새로운 민속자료에 접하면 접할수록 매력을 느껴 민속학에 빠지게 되었다.

고등학교 교사로 있을 때에 서울에서 피난 온 사람으로부터 문헌비고文獻備考 한질 51권을 구입하여 읽었고. 「조선시대의 부요婦謠 편고」를 지방신문에 "월산"이란 익명으로 발표했고 「민속상으로 본 색채관色彩觀」을 탈고하였으나 수복 후 서울에 와서 1955년에 비로소 발표했다.

당시 민속학 전공의 교수가 없어 지도를 받을 수가 없어 독학으로 출발한 셈이고, 논문을 써도 발표할 기관지가 없었다. 민요와 민속에 관한 글을 써서 발표하니 의외에도 원고 청탁도 있고 강연요청도 있어 민속학에 관심있는 동학들도 만나게 되었다. 이외에도 관심있는 동학들이 있음을 알게 되어 반가웠다.

2) 민속학회의 발족

(1) 한국민속학연구회의 발족

1953년 2학기에 국학대학에서 국내 처음으로 민속학 강좌를 개설하여 초기에 수강하여 민속학계서 활약한 사람으로 안병태 · 김태곤 · 이척수 · 송상규 · 박순호 · 박상규 · 하효길 · 안은희 등이 있다.

민속학을 공부하는 지방의 학자들과 연결이 되고 우리 집과 나의 직장인 서라벌예술대학에서 자주 모이다가 학회를 구성하자는 이야기가 종종 있었다. 1960년대에 들어 당시 나는 서라벌예술대학 학장직에 있었기 때문에 모임의 공간을 자유롭게 사용할 수가 있었다.

동호인들의 사적인 모임이지만 우리 민속의 조사와 연구를 위해서 구성체를 갖자는 의견이 모아져 수차 준비모임을 거쳐 1969년 12월 1일에 <한국민속학 연구회>를 발족하게 되였다. 처음부터 "민속학회"라 하자는 의견도 있었으나 나는 우선 "연구회"로 하자고 주장하여 연구회로 발족하게 되었다.

발기인은 임동권 · 김태곤 · 현용준 · 홍윤식 · 김선풍 · 박계홍 · 최길성 · 최범훈의 8명이다. 초대 회장은 임동권, 총무는 김태곤이 맡았다.

창립당시의 회칙은 다음과 같다.

한국민속학 연구회 회칙

一. 총 칙

제1조 본회는 한국민속학연구회라 한다.

제2조 본회는 서울특별시내에 둔다.

단 지방에 지회를 둘 수 있다.

제3조 본회는 우리 나라 민속을 조사 연구함을 목적으로 한다.

二. 사 업

제4조 본회는 위의 목적을 달성하기 위하여 하기의 사업을 한다.

1. 연구회 · 월례회 · 강연회 · 강습회의 개최
2. 민속자료의 수집 · 조사
3. 기관지. 연구 조사보고 및 관계도서 출판
4. 회원의 해외파견 및 해외학자의 초빙. 기타

三. 조직

제5조 본회의 회원은 민속학 연구에 종사하는 자로 하며. 입회는 회원 2인 이상의 추천을 얻어 회장의 승낙을 얻어야 한다.

제6조 본회는 다음의 임원을 둔다.

회장 : 1인

간사 : 1인

회장은 본회를 대표하고 회무를 통괄한다.

간사는 회장을 보좌한다.

제7조 본회의 임원은 총회에서 선출하고 그 임기는 2년으로 한다.

단 중임 할 수 있다.

四. 집회

제8조 본회는 년 1회 정기총회를 하고. 임시총회는 필요에 따라 회장이 소집한다.

제9조 본회는 월 1회의 예회(例會)를 갖고 년 1회의 공개발표회를 갖는다.

五. 재정

제10조 본회의 경비는 회비 찬조금 기타 수입으로 한다.

제11조 본회의 입회비 회비는 별도로 정한다.

六. 부측

제1조 본회의 회원은 회지를 배부를 받고 연구사업에 참여한다.

제2조 본회의 회원으로서 회비를 장기간 체납하거나 연구사업에 불참. 또는 본회의 목적과 위신을 손상시킨 자는 총회의 결의를 거쳐 제명할 수 있다.

제3조 본회의 회측의 변경은 총회의 결의에 따라 변경할 수 있다.

제4조 본회의 회측은 1969년 12월 1일부터 시행한다.

이 회칙은 1970년 1월 학회의 명칭 <한국민속학연구회>를 <민속학회>로 고침에 따라 "민속학회 회칙"이라 개칭하게 되었다. 그 후 학회활동과 연구 영역을 넓히기 위하여 1977년에 보완 개정하여 학회지 제10호에 수록하였다.

학회의 명칭을 고치는 과정에서 <한국민속학회>로 하자는 의견이 있었으나 당시 이미 최상수崔常壽가 "한국 민속학회"란 이름을 사용하고 있었다. 최상수의 한국민속학회는 1957년에 학보 2호를 낸 후 13년간 동면상태에 있어서 학회구실을 하지 못하고 있었으므로 밀고 나아갈 수도 있었으나 구태여 그러할 필요 없다는 생각에서 <민속학회>라 정하였다.

그 후 학회의 발전과정에서 회칙은 몇 번 수정 보안되었다.

학회의 연락처는 잠정적으로 회장의 주소인 아래 주소로 했다.

서울특별시 성북구 정능동 168-35 전화. 92-0650

그 후 내가 중앙대학으로 직장을 옮긴 후로 중앙대학교 민속학연구소 내로 하였다.

'민속학연구회'가 발족한 소식이 알려지자 중앙과 지방에서 입회신청이 많아서 1년 후인 1970년 말에는 회원이 59명이 되었고. 19971년 말에는 회원이 75인이 되었다. 즉 학회발족 2년에 회원 수 75명의 대가족이 되어 전국 각지에 회원이 있게 되어 상호 자료교류가 가능해졌다. 학회 회원은 가입한 순서대로 회원 번호가 있는데, 어느 사이에 지금은 ㄱ.ㄴ.ㄷ 순으로 바꾸어져서 학회의 역사와 초창기에 학회 발전에 기여한 회원이 누구이며, 회원간의 선후배 관계와 학회의 역사를 알 수 없게 되었다. 1969년 발족에서 1년 후인 1970년 말까지 회원 수는 59명이나 되었고 이분들이 학회의 초창기를 이끌어 왔다.

(2) 학회의 회원과 임원

민속학회가 발족하고 학회지가 발행되어 많은 논문이 발표되니 한국학 분야의 학자나 한국학계에서 많은 관심을 가지게 되어 입회를 희망하는 사람들이 늘어나 내가 회장직을 떠나던 1992년에는 학회원수는 400명이나 되었으니 다음과 같다.

입회 번호는 입회 순서대로이니 학회 성장의 역사와 회원들의 공헌도를 이해하는데 도움이 될 것이다.

회원 번호	성명	근무처.	
1.	임동권	서라벌예대	
2.	김태곤	경희대	
3.	현용준	제주대	
4.	홍윤식	원광대	
5.	김선풍	관동대	
6.	박계홍	충남대	
7.	최길성	경남대	
8.	최범훈	청주여사대	이상은 발기인
9.	김영돈	제주대	
10.	진성기	제주 박물관	
11.	지춘상	전남대	
12.	조동일	영남대	

13.	하효길	경주 사적관리소
14.	안병태	서라벌고
15.	정익섭	전남대
16.	김택규	영남대
17.	박순호	원광대
18.	장백일	
19.	김영진	청주대
20.	현길언	제주 오현고
21.	이보형	문화재 관리국
22.	정화영	국악예고
23.	서정범	경희대
24.	인권한	고려대
25.	황희영	중앙대
26.	김해성	서울여대
27.	이상일	성균관대
28.	이영자	동국대
29.	유병덕	원광대
30.	최운식	국제대
31.	소재영	숭전대
32.	홍원기	경희대
33.	김옥순	
34.	이강전	
35.	신진기	
36.	김세중	남사당
37.	최래옥	영생대
38.	안은희	중앙대
39.	허영순	부산 명덕여상

40.	김형주	부산 테레사여고	
41.	김용규	부산 혜화여고	
42.	유택일	부산 테레사여고	
43.	이영자		
44.	이재정	성공회	
45.	김영철	성공회	
46.	김성광	〃	
47.	김안기	〃	
48.	사재동	충남대	
49.	황패강	단국대	
50.	허회숙		
51.	신동일	육군사관학교	
52.	유증선	안동교대	
53.	김광일	한양대	
54.	조철원	지방행정협회	
55.	김종익	우석대	
56.	김기현	고려대	
57.	김승찬	부산대	
58.	성병희	안동교대	
59.	김정업		***이상은 1970년에 입회
60.	윤공보	서라벌고	
61.	문상일	연세대	
62.	윤성순	정신고	
63.	홍현식	전북대	
64.	차기선	France	
65.	윤재천	상명여대	
66.	최인학	명지대	

67.	박춘기	진용서림	
68.	김양기	일본	
69.	김만곤	전주교대	
70.	이현수	경성고	***이상은 1971년에 입회
71.	정의윤	강원교위	
72.	이기원	강원일보	
73.	김영기	〃	
74.	최승윤	강원대	
75.	이종철	문화재 관리국	
76.	양응주	성균관대	
77.	구혜경	용문중	
78.	정상박	부산여고	
79.	조혜정		
80.	이재곤	국립 중앙도서관	
81.	설설경	계명대학	
82.	주채혁	교육개발원	
83.	김효신	France	
84.	이석범	동구여상	
85.	김종해		
86.	정병호	중앙대	
87.	이종호	부산교대	
88.	홍덕우	강원도 문화재과	
89.	임석재	서울대 사대	
90.	방광문	문화재 관리국	
91.	박대순	국립민속박물관	
92.	이윤섭	부산 교대	
93.	천두현	부산 교대	

94.	熊谷治	일본 구주치대	
95.	조병욱	France 유학	
96.	김홍식	명지대	
97.	민제	중앙대	
98.	박민일	강원도 교육위	
99.	김명자	서울신문	
100.	김만희	민화가	
101.	강신표	이화여대	
102.	이정용	USA	
103.	이담주	건국대	
104.	최승범	전북대	
105.	고부자	국제대학	
106.	이수웅	중앙신학	
107.	김동욱	연세대	
108.	강한영	일본 천리대	
109.	황혜성	성균관대	
110.	김상보	봉천여중	
111.	이종석	중앙일보	
112.	신영훈	부산 박물관	
113.	박정세	연세대	
114.	한상복	서울대	
115.	강용권	동아대	***이상은 1974년에 입회
116.	김종태	한양대	
117.	余田幸太	일본(서울대)	
118.	윤서석	중앙대	
119.	이명재	〃	
120.	이선주	이화여대	

121.	이재춘	중앙대 대학원	
122.	최덕원	목포 해양전문대	
123.	박준택	중앙대	
124.	이강오	전북대	***이상은 1975년에 입회
125.	장관진	경남여고	
126.	유종목	부산 건국중	
127.	김성배	동국대	
128.	이융조	연세대	
129.	유동식	연세대	
130.	이광규	서울대	
131.	조의효	민속촌	
132.	문준전	경희대 한의대	
133.	안덕균	〃	
134.	권오성	방송공사	
135.	진옥수	대만 문화원대학	
136.	임돈희	Univ. of Pennsylvania	
137.	이준호	제한 동의학술원	
138.	장주근	경기대	
139.	국수호	서울 예전	
140.	박정혜	성신여중	
141.	박대복	중앙대	
142.	김형주	부안 여고	
143.	김진국	원광대	
144.	김학성	원광대학	
145.	임영자	수도 여사대	
146.	김애린	성균관대	
147.	송상규	중앙대	

148.	전경수	서울대	
149.	박전열	중앙대	
150.	이경복	〃	
151.	박희현	연세대 박물관	
152.	고복남	청주사대	***이상은 1977년에 입회
153.	조갑수	서울 신학대	
154.	Rogerl. Janelli	미국 인디아나 대학	
155.	박양자	퇴계학연구소	
156.	장윤식	미국	
157.	맹택영	청주대	
158.	장기덕	충주 미덕중학	
159.	의수산		
160.	유승옥	성균관대	
161.	백영자	덕성여대	
162.	고광림	인천교대	
163.	김종운	중앙대	
164.	김기설	강릉 간호전문	
165.	김종환	육군 3사관학교	
166.	김동기	서대전 고교	
167.	김숙자	한성대학	
168.	이병옥	고려대 교육대학원	
169.	송영규	불란서 대사관	
170.	한옥희		
171.	안병국	배성여상	
172.	임종수	묵호종합고	
173.	櫻井德太郎	일본	
174.	김두하	민학동지회	

175.	문정옥	성신여대 대학원	
176.	신현숙	〃	
177.	심우성		
178.	Norbert R Adami		***이상은 1979년에 입회
179.	장정룡	중앙대	
180.	진수련	대만	
181.	허판호	경신고	
182.	박용식	인천대	
183.	홍성학	민속촌	
184.	박영숙	을지병원	
185.	허동화	〃	
186.	노석경	민속촌	
187.	장철수	안동대	
188.	유영대	고려대 도서관	
189.	최임규		
190.	이은주	국악예고	
191.	김정숙	중앙대 대학원	
192.	장미라	〃	
193.	김정녀	연세대	
194.	임양순	강원대	
195.	이혜화	의정부 여고	
196.	정영자	중앙대 교육대학원	
197.	이세한	민속 연구원	
198.	신종원	고려대	
199.	김쾌정	한독의약	
200.	임재해	영남대	***이상은 1980년에 입회
201.	박래경	전남대 부고	

202.	박성석	경남 간호대	
203.	김찬주	효성대	
204.	박경자	성신여대	
205.	이재걸	대도국교	
206.	조효순	명지대	
207.	양종승	해서가면극 보존회	
208.	윤병준	충북 문화재	
209.	홍승예	충남대	
210.	김영자	해서가면극 보존회	
211.	김현수	하회탈춤	
212.	강혜숙	청주대	
213.	박미라	중앙대 대학원	
214.	임상혁	민속사진가	***이상은 1980년에 입회
215.	임기중	경기대	
216.	조재덕		
217.	이희우	Gőttingen 대학	
218.	이헌홍	부산대	
219.	박진주	부산	
220.	김광언	민속박물관	
221.	김삼대자	〃	
222.	장숙환	〃	
223.	유희경	이화여대	
224.	김미자	서울여대	
225.	유금호	대유전문	
226.	채종관	군산상고	
227.	박상규	경원 대학	
228.	정진석	숭전대학	

229.	조소영	신경여상	
230.	성효인	부산여대	
231.	최정무	Indiana Univ.	
232.	최광석		
233.	손경자	세종대학	
234.	강수지	서강대학	
235.	이상언	경신고	
236.	서영순	문산여고	
237.	김용서	목포교대	
238.	전홍섭	아산고교	***이상은 1981년에 입회
239.	이남식	영남대	
240.	木立英世	중앙대	
241.	이상은	서울대	
242.	강진옥	이화여대	
243.	龜山慶治	일본. 동붕대학	
244.	최정여	계명대학	
245.	최두식	동아대	
246.	배도식	부산 연여상고	
247.	김몽상	진해상고	
248.	권혁준	동북국교	
249.	최규협		
250.	김의숙	강원대	
251.	장애심		
252.	김석명	고성 중교	
253.	김복계	한국학 대학원	
254.	홍기원	민속원	***이상은 1982년에 입회
255.	堀 哲	일본 중경대	

256.	김정규	전주 우석대	
257.	Dieter Eikemeier		
258.	상기숙	경희대	
259.	강원희	예천 동북교	
260.	竹田 旦	일본 이바라기대	
261.	고광민	제주 민속박물관	
262.	김영탁	영동고교	
263.	정승웅	민속박물관	
264.	이민자	중앙대	
265.	김성기	주문진 수산고	
266.	加藤健司	경기대학	
267.	김춘연	관동대	
268.	황인덕	충남대	
269.	이옥주	세종대	
270.	정종수	민속박물관	
271.	송화섭	원광대	
272.	이홍	〃	
273.	원옥분	산업은행	
274.	이춘기	한양대	
275.	김용덕		
276.	김동률	성산국교	
277.	장장식	난우국교	
278.	이윤자		***이상은 1983년에 입회
279.	坂倉正康	일본 남산대	
280.	손병희	공군 2사관학교	
281.	김현길	충주공전	
282.	윤순	대만 사범대학	

283.	김경수	상지대학	
284.	최경순	상지 전문대학	
285.	강중탁	전주대학	
286.	이영진	대구대학	
287.	오영식	제현고교	
288.	이소라	문화재 관리국	
289.	김창진	상일여고	
290.	김영숙	동양복식 연구원	
291.	박철영	장성여중	
292.	전경욱	민속박물관	
293.	積浩史	일본	
294.	김종대	민속박물관	
295.	염동길	예쁜 튼튼사	
296.	김일진	영남대	***이상은 1984년에 입회
297.	서재명	중앙대	
298.	최리자	전주대	
299.	고재식	중앙대	
300.	민길자	국민대	
301.	이규창	군산대	
302.	윤여송	호남대	
303.	진경희	국악예고	
304.	윤주석	청주대학	
305.	박환용	군산대	
307.	이장섭	영남대	
308.	박경하	중앙대	***이상은 1985년에 입회
309.	박호원	정신문화 연구원	
310.	안종범	경신고교	

311.	이영하	주문진 상고	
312.	김윤식	원광대학	
313.	김재민	진천농고	
314.	최연성	중앙대	***이상은 1986년에 입회
315.	조영배	제주교대	
316.	손광은	전남대	
317.	나승만	전남대	
318.	박현국	원광대	
319.	김종규	오수중학	
320.	송진한	전남대	
321.	송효섭	〃	
322.	板谷徹	일본 와세다대	
323.	나경수	전남대	
324.	이해준	목포대	
325.	김경옥	전남대	
326.	이웅재	중앙대	
327.	양영웅	예일여중	
328.	남근우	일본 쓰쿠바대	
329.	이주호	동의대	
330.	오환일	유한공전	
331.	강등학	강릉대	***이상은 1987년에 입회
332.	정형호	중앙대	
333.	정종진	청주대	
334.	장석연	청주대 부고	
335.	양은주	청주대	
336.	두창구	관동대	
337.	김규남	강릉여고	

338.	박종익	충남대	
339.	라인정	충남대	
340.	천혜숙	안동대	
341.	한양명	〃	
342.	가와가이 신지(일본)	동국대	***이상은 1988년에 입회
343.	김선희	전주대	
344.	서혜경	〃	
345.	김영자	이화여대 대학원	
346.	박선희	전북대	
347.	좌혜경	중앙대 대학원	
348.	김강산	태백문화원	
349.	문무겸	제주중학	
350.	이재환	중앙대 대학원	
351.	송봉화	건국대 대학원	
352.	표인주	전남대 대학원	
353.	이선주	인천 무용단	
354.	현승항	제주 세화고	**이상은 1989년에 입회
355.	이계호	동남 보건대	
356.	이희경	재 일본	
357.	조인숙	다리건축소	
358.	야기도	동국대(일본)	
359.	이경희	반포중	
360.	신찬균	국민일보	
361.	윤광봉	대전대	
362.	이영숙	선화여중	
363.	脇田晴代	일본 오사까 외대	
364.	배원룡	신화여중	

365.	홍순례	중앙대 대학원	***이상은 1990년에 입회
366.	임장혁	일본 쑤바대	
367.	松原孝俊	일본 신전 외국어대	
368.	유청자	안성	
369.	정종모	이화여대 대학원	
370.	고원철	동원 스라이드	
371.	이수자	이화여대	
372.	안현숙	성심여대	
373.	이나후꾸 미미꼬	일본 국제대	
374.	박오례	선미한복	
375.	김귀현	화가	
376.	김순이	제주민속자연사 박물관	
377.	이창식	동국대	
378.	이동철	중앙대 대학원	
379.	고혜경	이화여대	
380.	편무영	일본 쓰쿠바대	
381.	정인진	삼천포 여중	
382.	황춘섭	경희대	
383.	김화경	영남대	
384.	김문선	호남 중	
385.	손영석	중앙대 대학원	
386.	이장우	보성고교	
387.	안동수	〃	
388.	이재현	〃	
389.	고병복		***이상은 1991년에 입회
390.	주인택	광주민속박물관	
391.	김인	전남대 대학원	

392.	이경엽	순천대 조교	
393.	김인회	중앙대 대학원	
394.	김석준	중앙대	
395.	윤승현	안동대 대학원	
396.	이숙희	〃	
397.	배영숙	〃	
398.	김호태	〃	
399.	조동걸	〃	
400.	성기숙	문화재연구소	***이상은 1992도에 입회

1992년도까지 가입한 단체회원은 다음과 같다.

1. 호남대 도서관
2. 동국대학 도서관
3. Univ. Tubingen
4. 제주 민속 자연사 박물관
5, 인하대 도서관
6. 삼성출판 박물관
7. 서울여대 도서관
8. 안동대 도서관
9. 동아대 도서관
10. 전주 우석대학
11. 마사박물관
12. 강원대 도서관
13. 성신여대 도서관
14. 고려대 중앙도서관
15. 인천시립 박물관

학회가 1969년 12월에 발족해서 1992년까지 사이에 임원으로 학회발전에 수고한 회원은 다음과 같다.

회　　장　임동권
부 회 장　김태곤. 김선풍. 지춘상. 성병희. 하효길.
이　　사　김태곤. 김선풍. 김동욱. 김영돈. 박계홍. 정병호. 성병희.
　　　　　장주근. 하효길. 김영진. 지춘상. 이상일. 현용준. 최길성.
감　　사　지춘상. 최래옥. 최덕원.
간　　사　김태곤. 안은희.
**** 부회장 제는 1986년부터 신설 ****

1992.10.31. 경원대학에서 있은 제21회 전국대회가 끝나고 총회에서 임원개선이 있었으니 새 이사진은 다음과 같다.

회　　장　김선풍
부 회 장　성병희. 하효길
이　　사　김영진. 박상규. 박순호. 안은희. 정병호. 최덕원.
감　　사　김용덕. 전경욱
회계간사　이창식
실무간사　정형호

명예회장 임동권

2) 회지 발행과 운영

(1) 학회지 『한국민속학』 발행

학회라면 회원들의 연구성과를 발표할 수 있는 연구지가 있어야 한다.

학회발족을 앞두고 미리 회지의 발행을 준비하여 1969년 12월 1일 학회발족과 동시에 동년 12월에 창간호를 냈다. 혼인과 동시에 아이를 낳은 셈인데 그만큼 학회발족은 이미 추진되어 있었고 문제는 출판에 소요되는 재정이 문제인데 회장이 주선하기로 했다.

학회지의 제호 "한국민속학"의 휘호는 오랜 친구로 국전 서예부 심사위원장을 지낸 학남鶴南 정환섭鄭桓燮옹으로부터 받았다.

학회가 1969년 12월에 발족과 동시에 학회지 『한국민속학』 1호를 내고. 1992년까지 23년 간에 24호를 냈으니 매년 학회지를 내고 한번 더 낸 셈이다. 먼저 있었던 송석하宋錫夏의 "조선민속학회"의 『조선민속』이 3호에 그쳤고, 최상수崔常壽의 "한국민속학회"의 『민속학보』가 2호에 그친 데 비하면, 민속학회는 매년 쉬지 않고 회지를 낼 수 있었던 것은 회원들의 적극적인 참여와 연구가 있었기 때문에 성과를 거둔 것이다.

학회지는 회원들의 연구성과를 발표하는 것이니 학회 활동에 필연적인 것이다. 창간호에 수록된 창간사는 다음과 같다.

창간사(創刊辭)

한국 민속학연구회장 임동권

민속이 환강(歡康)해서 두솔가(兜率歌)를 지었다는 삼국유사(三國遺事)의 기록은 우리 조상들의 생활의 일면을 보여 주거니와 문헌상으로 민속(民俗)이란 용어의 최초의 사용이다.

사람은 성장하면 혼인하기 마련이고 혼인하면 가족이 생기고 가족이 늘어나서 부족이 생기고 부족이 늘어나 민족이 생기고 이러한 역사 속에서 생활의 집약으로서의 민속이 형성되기 마련이다. 따라서 민속은 하루 이틀 사이에 이루어진 것도 아니고 한 사람만의 것도 아니다.

민속이 한 사람의 것이 아니고 민족적 집단(民族的集團)의 것이기에 민속을 통해서 그 민족의 문화나 생활을 바라보는 것은 매우 유익한 방법인데 우리는 이러한 작업이 매우 늦은 셈이다.

서구의 새로운 문명을 받아들이던 시기에 일제(日帝)에 억눌려 있어야 했던 불운한 탓도 있었으나 법학. 경제학. 자연과학. 역사학. 국문학 등에 비하여 늦게 각성(覺醒)했고 뒤떨어져 있었던 것만은 사실이다. 그러나 8.15의 해방과 함께 학문 연구의 자유를 얻게 되어 민속학도 시대의 각광(脚光)을 받게 되었다.

학문발전의 필연적인 추세로 대학에 민속학 강좌가 생겨서 10여 년이 되고 학술지에도 민속학에 관한 논문이 눈에 띄게 되어 제법 움직임이 보이고 있으니 명실(名實)을 갖춘 기관지(機關紙)를 갖지 못하고 있는 것은 아쉬운 일이었다.

일제 말기에 『조선민속(朝鮮民俗)』이 나왔으나 3권에 그치고 말았으며, 1956년에 『민속학보(民俗學報)』가 창간되었으나 2호 밖에 나오지 못했다. 이렇게 2. 3권을 내고서 중단하는 데에는 그만큼 민속지의 지속하기 어려움이 있다는 것이 짐작되나, 한국학(韓國學)의 필요성이 오늘날처럼 고창(高唱)되던 때가 없고 또 민속학 연구 없이는 민족문화의 진수(眞髓)를 이야기 할 수 가 없다는 생각에서 여기 민속학에 뜻을 둔 동학들이 모여 『한국민속학(韓國民俗學)』을 창간하는 바이다.

환경의 어려움에 전철을 밟지 않겠다는 각오도 서있다. 시작이 반이란 말이 있으니 출범(出帆)한 이상에는 앞을 향해서 전진 할 뿐이다.

한국민속학의 당면과제는 기초작업으로서 민속지(民俗誌)의 정리와 아울러 이론을 정립하고 체계를 세우는데 있다. 지방에 산재해 있는 소중한 자료들이 기계문명의 그늘에서 소멸되어 가고 있다. 더욱이 그 동안의 그릇된 교육과 서구 문화를 잘못 소화한 나머지 자신이 전승한 것은 낡고 뒤떨어진 것이고. 바다를 건너온 것은 옳고 바른 것이라고 생각하는 그릇된 판단과 편견 때문에 자신의 것을 잃어 가는 시대풍조가 우리의 민속을 해치고 경시하는 버릇이 생겨서 민속자료는 위기에 있다. 따라서 현지작업을 통해서 빠른 시일 안에 자료를 채집해야하고 채집된 자료는 학계에 발표되어야 한다. 그러나 이제까지는 모처럼 채집된 것도 발표할 기관지가 없었고 여러 사람의 연구자료로 제공할 수가 없었다.

학계의 대세는 현지작업에만 머물 수가 없다. 현지와 연구실에서의 작업을 병행해야 한다. 우리의 형편이 너무나 뒤떨어 있기 때문에 두 가지 일을 동시에 수행해야 할 임무가 우리에게는 부여되어 있다.

씨를 뿌리는 일은 뒷날 수확을 거두기 위해서이다. 우리들의 이러한 작업은 그 작업만으로서도 의미가 있겠으나 그 것보다도 먼 훗날 더 큰 수확을 거두리라는 생각에서 하는 것이다.

1969.12.

학회지의 편집에 있어 학회장의 글을 맨 앞에 게재 하려는 것을 내가 반대해서 집필자의 성姓의 가・나・다 순으로 하기로 했다. 이 원칙은 지금까지 관례로 되어 있는 것으로 알고 있다

학회지에서는 논문이 주로 수록되었으나 논문 외에 자료・서평・휘보・전국대회에 관한 소식도 전하고 있니 창간호부터 24호까지에 수록된 논문 목차는 다음과 같다.

창간호 1969.12

창간사	임동권
諺語소재의 분석	김선풍
아리랑의 기원에 대하여	임동권
불교의식에 나타난 諸神의 성격	홍윤식
한국 巫系의 분야 변천	김태곤
巫가 중세사회에 끼친 영향	박계홍
巫系 전승고	최길성
제주도의 영등굿	현용준
<부록>	
한국 민속학 관계 문헌목록 (1)	김태곤

제2호 1970. 7

민속학과 精神分析學	김광일
박. 시치미고	서정범

백마. 鷄攷 안병태

岩石信仰 전설 유증선

農樂의 채에 대한 음악적 고찰 이보형

제주도 神堂과 堂神 진성기

<자료>

於靑島의 민요 박순호

宮中 무속자료 최길성

제3호 1970.12

부산지방의 産前俗 김승찬 · 허영순

제주도 민요와 石 김영돈

民譚構造의 미학적 · 사회적 의미에 관한 一고찰 조동일

韓末의 宮中巫俗 최길성

<자료>

新採 諺語 김선풍

<부록>

한국 민속학관계 문헌 목록 (2) 김태곤

<書評>

張德順 저. 한국설화문학연구 임동권

제4호 1971. 6

근세 巫覡의 사회적 기능에 대하여 박계홍

英陽 원놀음 성병희

현대 민속학의 대상과 과제 이상일

설화 口述상의 제 문제에 대한 고찰 최길상

<자료>

巫歌 심청전	신동익
<서평>	
김태곤저 韓國巫歌集. 1	임동권
亞洲民俗. 社會生活 專刊	임동권

제5호 1972.10

속담에 나타난 민족성	김선풍
婚俗의 親迎에 대하여	안변태
"조개각씨" 求婚민담 소고	유증선
민간신앙의 構造와 역할	최길성
日本 민속학의 역사와 動向	최인학

제一회 민속학 全國大會

제 1부 연구발표

제 2부 토론회

1. 민속학의 역할
2. 문화재의 보존과 전수

제6호 1972.10

1. 논문	
손돌 전설의 變異類型 연구	설성경
거북 신앙과 그 분포	주채혁
쫓겨난 여인 發福설화	최운식
2. 제二회 민속학 全國大會	
1) 발표요지	
줄다리기에 관하여	최인학
윈놀이의 전파	성병희

神房과 샤만 현용준

제주도의 禁忌語 연구 진성기

민속지리에 대하여 김영진

2) 토론회 록

<資料>

우수영 향토민요

경북 동해안지방의 민간醫療 이재곤

<서평> 임동권

제7호 1974.12

巫歌의 전승변화 체계 김태곤

玉山宮에 대하여 임동권

미신타파에 대한 一考察 최길성

對馬島의 天道信仰 현용준

巫祖 我王公主 考 김정업

花郎語 攷 서정범

處容설화의 구조적 연구 설성경

再生說話의 재생양식 최운식

<자료>

줄타기 민요 박순호

慶北 동해안지방의 민간의료 이재곤

雉岳山 지대의 전설 하효길

書評

彙報

제9호 1976.12.

江陵지방의 閨房歌辭 연구(1) 김선풍

巫俗연구 반세기의 방법론적 연구	김태곤
당골 隱語考	최길성
洞祝文의 형식고	최승윤

제5회 전국대회 발표요지

韓日 婚俗의 비교연구	박계홍
漢陽歲時記에 대하여	박순호
民俗藥의 조사 연구 (1)	안덕균
花盤考	현용준
<資料>	
제주도의 産後俗 (2)	고부자
경북 동해안지방의 民間醫療 (4)	이재곤

제10호 1977.12

處容說話의 형성과 변이과정	김학성
굿 개념과 그 반응의 통계적 분석	이상일
鄕土文化祭의 현대적 의의	장주근
民俗舞踊의 춤사위에 관한 연구	정병호
한국 孝行說話의 성격연구	최래옥
於于野談에 나타난 어우당의 설화의식	최운식

제6회 전국대회 발표요지

동해안의 城隍설화	김선풍
제주도의 婚俗	고부자
전북지방의 草墳에 대하여	박순호
민속과 飮食	윤서석
무당의 신분세습과 巫業계승	최길성
<조사보고>	

角弓과 화살의 제작 박희연

대청댐 水沒地區의 민속조사 (1) 임동권

<부록>

한국 민속학 총목차 (1~9호)

회원명단

第11호 1979. 9

권두언

한국 服飾考證의 재검토 고복남

風角쟁이의 기원과 성격 박전렬

조선시대의 産俗연구 이경복

風角쟁이 음악고 이보형

대청댐 水沒地區의 민속조사 (2) 임동권・민제

아기장사 전설의 연구 최래옥

새(鳥). 龍王船고 하효길

彙報

第12호 1980. 8

路標 장승고 김두하

한국 巫俗의 원형연구 김태곤

한국 漁撈民俗의 一고찰 박계홍

河回 별신 탈놀이 성병희

고대 日官의 성격 신종원

한・일 産育俗의 비교 임동권

꼭두각시 놀음의 대립양상과 사회의식 임재해

世尊굿과 도독잡이의 구조분석 최길성

한국 洪水說話의 변이양상 최래옥

뱃고사의 서낭기에 대하여 하효길

第13호 1980.12

줄타기에 대하여 박순호

山臺놀이의 춤사위 연구 이병옥

횃대고 이종호·이윤섭

한국 民謠에 나타난 생사관 이현수

산기별 食品禁忌 습속 임양순

호국 龍說話의 전승양상과 神人관계 임재해

제9회 민속학전국대회 요지

彙報

第14호 1981.10

한국 服飾用語의 변천적 연구 고복남

민속에 나타난 健康개념 김기설

痘瘡장승 고 김두하

양현령 競義婚孤女와 蹴鞠戲 신동일

<자료>

蒙古 民謠 박상규

松坡山臺놀이의 옛 놀이판과 배경 이병옥

<서평>

김태곤저 韓國巫俗研究 장주근

韓國巫俗의 사회인류학적 연구에 대하여 최길성

－美·日두 여류인류학자에 의한 연구－

第15호 1982. 4

송파의 歲時風俗 김명자

제16호　　1983. 3

제17호 1984. 3.

痘瘡장승고 보충	김두하
한국 傳承童謠의 주제	김영돈
檀君神話와 신선사상의 연원	김용덕
한국민속학의 原論的 기저	김태곤
犧牲說話의 회생양상	박정세
康翎탈춤 연구	양종승
禁忌說話의 연구	장장식
서낭神祭 가면극연구	장정룡
笑話集에 나타난 소화의식에 대하여	황인덕
<서평>	
韓國の村祭(박계홍 저)	依田千百子
<자료>	
만주의 祭詞와 蒙古의 무가	박상규
제12회 민속학 전국대회 요지	
彙報	

제18호 1985. 3.

서울 고모山考	김두하
傳承民謠의 실태연구	박정혜
한국의 移徙풍속	배도식
고려시대 妓女의 類型考	이경복
禁忌의 갈등구조	장장식
강원도의 馬信仰考	장정룡
북청 獅子놀음의 연희양상	전경욱
춤사위고	정병호
제13회 민속학 전국대회 요지	

제19호(月山 任東權박사 華甲紀念 특집호) 1986.10

降神과 제의 수행능력을 중심으로 본

　　　降神巫와 세습무의 상호보완 관계　　최정무

鄕土祝祭의 현실　　정병호

彙報

제20호　　1987. 8.

제주도의 喪俗　　고부자

오돌또기　　김영돈

符籍의 기능론 서설　　김종대

전남 진도에 있어서의 死後婚　　다께다 아끼라(竹田 旦)

說話주인공의 출생과 민간신앙　　박대복

우랄·알타이語族의 무가일면　　박상규

농사와 農謠의 관계　　이소라

민속극의 龍思想攷　　이혜화

比較民俗學에서 본 한·일 민속문화　　임동권

남도 民俗藝術의 특징　　정병호

제주도 民俗音樂의 魔的 기능　　조영배

들돌 신앙고　　최덕원

黃倡舞 연구　　황인덕

彙報

제21호　　1988. 9

蝟島의 도깨비 이야기 譚考　　김종대

전남지방의 周堂맥이 고찰　　나경수

한국민속학의 회고와 전망　　박계홍

村場의 민속적 고찰　　배도식

좌수영 魚坊놀이고　　배도식

한국 조상의 두 얼굴. 조상덕과 조상탓 임돈희

對馬島에 전파된 한문화 임동권

여성민요에 나타난 시집살이와 여성생활의 향방 임재해

판소리 唱者論 전경욱

<자료>

醴泉 洞祭－部落信仰 강원희

제16회 민속학 전국대회 발표요지

휘보

제22호　　　1989. 9

穀靈의 제장과 씨의 계승의 예 남근우

北海祭文에 대한 일 고찰 박상규

堂山神 모티브 설화와 당산제의 고찰 박현국

風水說話의 유형분류 장장식

강원도 서낭信仰의 유형적 연구 장정용

우실(村垣)의 신앙고 최덕원

珍島아리랑타령의 전승에 대한 한 접근 한양명

<薛氏女>전의 극본적 성격 시고 (상) 황인덕

<서평>

任晳宰 편. 한국구전설화 1~4 최운식

<자료>

漢陽 세시기

荊楚 세시기

彙報

제23호(학회 창립 20周年 기념 특집) 1990. 9.

한국도깨비 이야기의 類型分類와 구조에 대한 시론 김종대

長白山祭文에 관한 일고	박상규
일본 伎樂의 연구	박전렬
짚신의 민속적 고찰 (1)	배도식
香娘說話의 연구	이춘기
韓・日 아동놀이의 비교	좌혜경
薛氏女의 극본적성격 비교 (하)	황인덕

*** 아세아 國際民俗學大會 발표요지**

(기조강연) 한국민속학과 아세아 민속	임동권
중국 북방 제 민족의 민간신앙 －샤먼교의 多神信仰－	烏丙安(중국)
中國民俗學이 걸어온 70년	張紫晨(중국)
재중 朝鮮族의 생활과 문화	金錦子(중국)
樹木信仰의 민속	直江廣治(일본)
동아시아에 있어서의 死靈結婚	竹田 旦(일본)
對馬에서 본 日本의 여러 神과 그 源流	永留久惠(일본)
巫俗神話의 사회적 기능	현용준
禁域標識考	지춘상
윷놀이의 사회적 기능	성병희

*** 한국민속학의 20년 反省과 課題**

民間信仰	김태곤
民謠・謎諺	김선풍
民俗藝能	정병호
歲時風俗	임재해
<서평>	
金用淑 저 『한국 여속사』	황패강

<부록>

『한국민속학』 號別 총 목차. 회측. 회원 명부.

彙報

제24호 1991. 9

재중 韓族의 설화연구	김선풍
도깨비 방망이 얻기의 구조와 결말처리	김종대
전남지역의 민속어휘연구	나경수 외
육자백이의 변화과정에 대한 역사적 인식	나승만
짚신의 민속적 고찰 (2)	배도식
敦煌의 세시풍속	윤광봉
延邊에 있어 한민족 民謠의 채집. 연구	임동권
대곡리 岩壁彫刻畵의 민속학적 고찰	임장혁
한국민속학과 학교교육 (1)	편무영
전남 村祭의 축문에 나타난 祭神考	표인주

<자료>

胎教新記

彙報

(2) 운영과 재정財政

조직을 운영하려면 재정문제가 필연적으로 문제가 된다. 앞서의 송석하宋錫夏의 조선민속학회와 최상수崔常壽의 한국민속학회가 지속되지 못하고 단명短命했던 것은 운영할 자금이 없었기 때문이다. 이러한 전례로 보아 학회의 발족에 앞서 나는 부자는 아니지만 재정을 책임을 질 각오를 해야 했다.

학회는 회원들의 회비만으로는 운영이 안 된다. 회비로는 통신비와 학회지 발송비 정도이고 학회지 발간의 인쇄비는 따로 마련이 되어야 했다. 그 책임은 회장이 맡기로 했다. 즉 총무 간사는 회비로 통신비・회지발송비 등 사무적인 비용으로 쓰고, 회지 발간에 소요되는 경비는 외부에서 찬조금이나 지원금을 받아야 하는데, 그 일을 학회장인 내가 맡아야 했다.

당시의 금전출납부에 의하면 아래와 같다.

	적요		입금	지출	잔액
1969년도					
12월15일	찬조금	임동권	50,000		
15일	인쇄비	선일 인쇄			
1970년도					
2월17일	차입금	임동권	70,000		
	1호지 잔금	선일인쇄		100,000	
8월12일	2호지 일부	〃	(임입체)	20,000	
8월20일	찬조금	새한상사	150,000		
	2호지 인쇄비	선일인쇄		120,000	
9월25일	회지대	동남서적	1,000		
		〃	2,000		
	〃	현용준	1,800		
	〃	조동일	200		
	〃	성병희	200		
	〃	김선풍	12,000		
	〃	임동권	20,000		
12월30일	차입금	임동권	20,000		
	3호 인쇄비	선일 인쇄		20,000	27,200
1971년도					
1970년	전년 이월		27,200		
1월30일	차입금	임동권	80,000		
	3호지 잔금	선일인쇄		80,000	
2월 2일	회지대	경인인쇄	13,900		

		박계홍	5,000		
6월19일	회지대	조동일	1,000		
7월19일	〃	통문관	20,000		
9월18일	〃	김태곤	10,000		
30일	〃	박계홍	6,000		
〃	차입금 반제	임동권		70,000	12,600

1972년도					
1971년도 이월			12,600		
2월29일	차입금	임동권	100,000		
〃	인쇄비	선일인쇄		50,000	
5월 5일	〃	〃		50,000	
6월 4일	보조금	문공부	100,000		
〃	회지대		1,600		
	전국대회 식비			14,611	
7월18일	회지대	최길성	5,000		
	대회비			5,000	
20일	차입금 변제	임동권		100,000	
12월 2일	4호지 잔금	선일인쇄		10,000	
	차입금	임동권	11,000		
30일	차입금	〃	50,000		
	5호지 인쇄			50,000	589.

1973년				
이월			589.	
1월 8일	회지대	통문관		39,400
	차입금변제	임동권		31,000
3월31일	차입	〃	80,000	
	5호 잔금	선일인쇄		80,000
4월 4일	회지대	박계홍	1,000	

5월19일	회지 판매		4,000		
8월27일	〃		50,000		
〃	차입금 변제			50,000	
12월15일	찬조금	김택규	50,000		
	(한・일 민속조사)	김태곤	50,000		
		지춘상	50,000		
		현용준	50,000		
		임동권	50,000		
18일	차입금 반환	임동권		160,000	
28일	차입금	임동권	50,000		
	인쇄비	선일인쇄		150,000	3,989-

1974년

이월			3,89-		
11월16일	회지대	통문관	28,800		32,789-

1975년

이월			32,789		
6월17일	차입금	임동권	170,000		
	7호 인쇄비	서울인쇄		170,000	
20일	찬조금	권오성	25,000		
	〃	임동권	25,000		
	차입반환	임동권		50,000	
10월16일	회지판매	통문관	47,680		80,569-

1976년

이월			80,569		
2월10일	회지판매	진성기	2,000		
16일	찬조금		250,000		
	(한・일 민속조사)				

	현용준. 지춘상 최인학. 김태곤 임동권				
	8호지 인쇄비	서울인쇄		248,300-	
3월 5일	회지대	진성기	2,000		
11월 3일		통문관	33,790		
	민속학개론계약	교문관	50,000		169,959-

1977년

이월			169,959-		
6월23일	가수금	임동권	20,000		
	9호지대			250,000	
10월14일	회지대		61,600		
			4,500		6,059

이상의 기록은 학회의 초창기의 금전출납부에 의하였으며 찬조금 받은 상황과 학회지 발행을 위하여, 우선 경비를 입체한 상황은 다음과 같다.

1969년	창간호	찬조금	50,000원	임동권
1970년		차입금	70,000원	임동권
1970년	2호	찬조금	150,000원	김종양(새한상사 사장)
	2호	차입금	20,000원	임동권
1971년	3호	차입금	80,000원	임동권
1971년	4호	차입금	100,000원	임동권
1972년		지원금	100,000원	문화공보부
1972년	5호	차입금	161.000원	임동권
1973년		차입금	130,000원	임동권
1973년	6호	찬조금	250,000원	한·일 공동민속조사 사업을 문화공보부로부터 지원을 받고. 참여한 회원(임동권. 김태곤. 지춘

				상. 현용준. 김택규)의 5인이 지원금중 각 5만원 씩 찬조금으로 내 놓음
1975년	7호	찬조금	170,000원	임동권
1975년		찬조금	50,000원	임동권 · 권오성
1976년	8호	찬조금	250,000원	제2차 한일 공동민속조사 사업을 문화공보부로부터 지원을 받고 참여한 회원(임동권. 김태곤. 지춘상. 현용준. 최인학. 박계홍) 등 5인이 각 5만원씩 학회에 찬조금으로 내놓음
1977년		차입금	20,000원	임동권
1978년		찬조금		김인협(금전제작소 사장) 한 호 제작비 전액 찬조

1976년－9호.

1977－10호

위 차입금은 우선 내가 마련하고 후에 상환키로 했다.

나의 친구인 새한상사의 김종양 사장이 2호 제작비 전액을 부담해 주었고, 7호는 내가 찬조했다. 또 후에 나의 친구, 금전제작소 사장인 김인협씨가 9호의 제작비를 찬조해 주어 고마웠다.

회장은 자금마련의 섭외를 해야 했다. 학회지만은 꼭 발행해야 했으나 돈이 없으니, 우선 급한 대로 내가 입체하고 후에 보조금을 받거나 여유가 생기면 받기로 했다. 그래서 수시로 자금을 마련해야 했고 그렇게 해서 학회지는 꾸준히 나올 수 있었다.

초창기의 상황으로서는 회원들이 내는 회비만으로 학회를 운영할 수가 없었다. 그래서 회지 발행비용 마련은 회장인 내가 담당하여 1969년 12월에 학회의 발족과 동시에 창간호를 냈고 이듬해인 1970년에는 7월에 2호, 12월에 3호, 한 해에 회지를 2권을 발행할 수 있었다.

간사는 회원이 내는 회비로 통신비 · 회지 발송비 · 소모품비로 사용토록

해서 분리 운영하였다. 77년 학회지 10호부터는 회원 수도 늘어 학회의 형편도 좀 나아져서 경리를 간사에게로 통합해서 운영했다.

초기부터 학회지를 쉬지 않고 꾸준히 지속적으로 낼 수 있었던 것은 학회 회원들의 협조가 있어 가능했고. 가난한 학회 살림을 맡아 20여 년 동안 간사로 수고한 안은희 회원의 수고가 많았음을 밝혀둔다.

3) 이사회 회의록

학회의 운영은 이사회의 결의에 의해서 진행되었는데 이사회 회의록은 다음과 같다.

학회 발족당시의 이사회 회의록은 학회 회장이 여러 번 교체하고 인수인계가 과정에서 상실하였다 하니, 1975년 이후의 의사록은 내가 따로 메모한 것이 있어 여기에 기록한다.

1975. 1　장소 : 임동권 댁

신년모임을 가짐

1. 회장　임동권

이사　이상일. 김태곤. 인권한. 김선풍. 김동욱

감사　박계홍. 지춘상

2. 회비 년회비는 1,500원

입회비는 2,000원

3. 민속학 교재 『민속학개론』의 출판을 서둘자

4. 기타　문예진흥원에 민속놀이 조사와 학회지 발행비 보조금을 신청할 것

1975. 7. 3.　장소 : 국립민속박물관

1. 회무 보고

학회지 7호 발행

보조금 사업

개론서 출판

2. 회지 8호 발행 건

3. 전국대회

4. 일본 민속학자의 초청 강연 건

1975. 8.　　장소 : 영양사

1. 회무 보고

2. 월례 발표회

장소　　민속 박물관에서

발표자　　김태곤 – 神竿에 대하여

김선풍 – 강릉농요

3. 전국대회.

1975. 9.13(토)　　장소 : 민속박물관

오전은　개인발표

오후는　토론회

주제 민속과 문학

발표자 – 김동욱. 김열규. 황패강

1975. 9.25　　장소 : 태을 다방

안건 1. 문교부에 건의 – 민속문화의 중요성

2. 전국대회 발표자 선정과 진행

3. 8호지 원고

4. 년회　결산보고

1975.10.18.　　장소 : 민속박물관

안건 1. 회비

년회비 1,500원

입회비 2,000원

재입회비 3,000원

2. 퇴회 장기 회비미납자

3. 회지 8호 준비중

원고 요망

4. 개론서 준비중

5. 기타

주소를 명확히 해 줄 것

발표회에 참여바람

1976.11. 6 제5회 전국 대회

一. 경과보고

1. 월례발표회

2. 신입회원 : 22명 합계 회원 : 135명

3. 개론서 : 신년도 목표로 출판사 교문관과 계약

4. 한일공동 민속조사에 회원참가

임동권. 김태곤. 강용권. 강한영. 박계홍. 지춘상. 최인학. 현용준

5. 회원의 저술출판

홍윤식. 유동식. 현용준. 진성기.

二. 결산보고

三. 기 타

1. 학회지 원고를 제출해 달라

학회지 소화에 협조해 달라

2. 연구발표회에서 발표해 달라

3. 주소 변동은 곧 연락해 달라

4. 명년도 대회는 충북대와 전남대에서 할 의사가 있음을 알려왔다

1977. 8.23. 오후4 : 00 장소 : 태을 다방.

안건 1. 제6회 전국대회건

장소 서울

시기 10월 15일(토)

발표 (30분) 5인

주제 : 민속과 의. 발제 - 김동욱. 유희경. 석주선

식. 발제 - 윤서석. 황혜성

주. 발제 - 김정기. 김영훈. 김홍식 중에서

2. 학회지 10호

논문형식을 가출 것

집필예정자 - 황패강. 지춘상. 김택규. 인권환. 김동욱. 홍윤식. 김광일.

강용권. 조동일. 윤서석. 김홍식. 신영훈. 김영돈. 이보영.

권오성. 장주근. 최래옥. 설성경. 정상박

3. 9월 월례발표

4. 민속학개론 집필 건

1978. 1.27. PM 4 : 00 장소 : 태을 다방

참석자 - 김동욱. 김선풍. 김태곤. 이상일. 인권환. 임동권

안건 1. 입회 송상규

2. 10호지 편집 건

원고를 검토하고 협의

3. 민속학개론은 10월 발간을 목표로 추진할 것

4. 3월부터 월례발표 시작

1978.10.12 PM 6.00 장소 : 태을 다방

참석자 – 임동권. 이상일. 인권한. 김태곤

1. 신입 회원

2. 총회 건

발표신청 12명

사회 1부 : 김선풍

2부 : 김태곤

장소 : 중앙대학

3. 결산

4. 10주년 행사 건

5. 년 회비 3,000원

입회비 3,000원

1978.

전국대회 및 총회

새 임원 회장 : 임동권

이사 : 김태곤. 김선풍. 정병호. 박계홍. 김영돈. 김동욱

감사 : 최래옥. 지춘상

1979. 9.11 PM 18 : 00 초원다방

참석자 : 임동권. 김동욱. 김태곤. 김선풍. 정병호.

안건 : 대회일자 1979. 9.11. 3. 4

장소 : 온양민속박물관, 민속촌 중에서 선정

내용 : 1부. 한국민속학 10년 반성

2부. 개인발표

감사장 : 학회지 1호 발간비를 지원해 주신 김종양씨에게 감사패를 전달할 것

– 중간 1980부터 1986년까지 기록부가 없음 –

1987. 8.24 PM 6.00 장소 식도원

1. 전국대회 일시 : 10월 3일(토)에서 10일 사이

   장소

   개인발표

   주제 토론

   민속예술경연대회의 개선책 (문화공보부의 보조금 사업)

   －대회의 취지와 공과－

   연극분야의 개선책

   민속놀이의 〃

   농악의 〃

   무용의 〃

   민요의 〃

   대회운용의 〃

2. 한국민속학총서

   교문관과 출판 계약

   계약금 50만원

   88년 9월 한, 전질출판

3. 회지 20호

4. 대마도 민속조사 보고

   7월 5일~7월 15일

   11명 참가

1988. 2. 6일 장소 : 교문관 사장실

1. 총서
2. 21호 협의
3. 임시직원(3월부터 총서출간까지)
4. 우편대체 고지서 인쇄

1988. 4.12일 장소 : 식도원

1. 총서 진행보고
2. 박계홍 이사 사망

    조화

    특집

    가메야마(龜山)교수 위문

3. 21호 편집

    150매 이상의 원고는 2회로 연재한다.

4. 전국대회 건
5. 인쇄의 사식 검토
6. 월례발표회는 23일에

1988. 9.27일

안건 : 전국대회

전북대 총장 축사

점심은 총장 연

저녁은 도에서(합석)

발표순서

사회 1. 2부

총회

결산

임원

보고 : 21호 인쇄

요녕(遼寧) 민속학회 초청

계획 – 20주년 기념사업

총서

국제학술대회

학술대회 건

1988.10.20　　전국대회 (전주)

1. 대회사　* 대회를 갖는 기쁨

회원의 연구성과. 학회의 건전한 발전

* 대회를 전북대에서

최승범 회원의 수고가 많음

* 신청자를 다 수용하지 못해서 미안

* 학자는 연구성과를 발표할 의무가 있음

* 발표로 존재. 성과를 공개

2. 총회　* 일년 회고

21호 발간

총서는 명년으로 늦춤

22호는 2월 마감

* 20주년 기념사업

민속학 국제대회

중국과의 교류. 현지조사

아시아 민속학대회

* 결산보고

* 임원개선

* 토의사항

1989. 2　　장소 : 식도원

참석자 – 임동권. 장주근. 김선풍. 하효길

불참자 – 김태곤. 정병호

안건　20주년대회를 토론하고

국제문화협회에 보조금 신청하기로 함

대회주제는 다음에 논하기로 함

* 韓・日・中이 황하문화권의 민속으로

"아세아지역 민속학대회"

* 국제대회는 보조금 신청이 가능

1989. 4.30 PM 4.00　　장소 : 민속박물관

안건 차기 발표회의 일시

22호 편집

20주년 기념대회

학회 20년의 반성

한국민속학의 장래

아세아 국제학술대회

다음 연구발표　박현국

김강산 - 虎食葬

* 이사회는 성원미달로 유회

결석 - 김태곤. 하효길. 장주근. 정병호

1998. 5.16 PM 6.00　　장소 : 식도원

* 민속학회 창립 20주년 기념대회

명칭 - 아시아 민속학대회

주제 - 1. 황해 문화권의 민속문화

2. 한국민속학 20년의 공. 과

3. 개인발표

시기 - 1989. 9.23~24(2일간)

장소 - 서울

참가인원　한국 20명

중국 3명

일본 3명

일반참가 150명 총200명

경비 10,000,000원

* 차기발표. 6월 17일

발표자 : 김선풍. 김강산

* 학술대회 – 中國 : 張紫晨. 烏丙安. 金錦子

日本 : 直江廣治. 竹田 旦. 永留久惠

往復 항공료 宿食. 수당 30만원

주제와 토론 – 한국민속학 20년의 반성과 과제

1. 민간신앙 – 발표 : 김태곤

토론 : 장주근. 최길성. 하효길. 현용준. 김영진

2. 설화 – 발표 : 최래옥.

토론 : 임재해. 최인학. 최운식. 황인덕. 장장식

3. 민요 – 미언 발표 : 김선풍

토론 – 강등학. 장관진. 김영돈. 유종목. 이현수

4. 민속예능 – 발표 : 정병호.

토론 : 이보형. 지춘상. 권오성. 이병옥

5. 세시풍속 – 발표 : 임재해. 김명자. 박순호

* 개인발표 12명 정도

1989. 6.17 장소 : 민속박물관

1. 보조금 교섭상황 보고

문교부. 롯데호텔

2. 외국인 교섭상황

일본 – 3명

중국 – 3명. 초청장 이미 발송했음

안건 – 1. 회순 제1일

제2일

2. 국제대회 한국 측 발표의 건 – 3명

3. 일반발표의 지명 건

4. 사회자

5. 원고는 주제 발표자. 발표자 20매

6. 섭외 – 대외는 회장이

국내발표추진은 김태곤. 김선풍

1989. 9. 7 PM 6 : 00　　　장소 : 식도원

경과보고　문교부 보조금 400만원

외국강사 – 중국 3인

일본 3인

숙소 : 서울관광 호텔

* 국내 원고 제출 상황

* 사회자.

* 프로그램

* 섭외　공항　　출. 입국

숙소　　서울 관광호텔

경리

기록

* 총서

* 22호 발간

* 파티 회원제로 각자부담

세종홀 15,000원

* 분담　회장, 계시, 프랜카드 – 하효길

안내 – 김선풍

진행 – 김태곤

접수 – 안은희. 정형호

1990. 4.11 PM 6 : 00　　장소 : 식도원

* 22호지 발간(20주년 기념호)
* 총서 완간
* 회칙

  회원명부 5년 이상 체납자 제외

  회고사 쓸 것
* 전국대회

장소 : 경원대학

시일 : 10월 13~14일

주제 : 향토예술의 활성화방안

발표자 : 김택규 – 향토축제의 의의. 계승. 창조

지춘상 – 농어촌 향토축제의 활성방안

정병호 – 도시 향토축제의 활성방안

장주근 – 종합토론

참석자 : 임동권. 장주근. 정병호. 김선풍. 하효길

결석자 : 김태곤. 안은회

1990. 9.17. PM 6.00　　장소 : 식도원

보고　23호 발간 비 3,296,400원

결산

84년 이전 미납자 제명.

총서 진행 상황

월례발표회 – 9.22. PM. 2 : 00

중국 민속학회와 교류 건

신입회원 – 2명

안건　전국대회　　장소 : 경원대학

일시 : 10월 13~14일의 2일간

대륙(中蒙)민속특별대회

주제 : 한국민속학에 있어 지방문화

참석자 : 임동권. 김선풍. 정병호. 하효길.

결석자 : 장주근. 김태곤

1990.10.13　　　　장소 : 국립민속박물관 사회교육관

1990년도 1년의 회고와 경과보고

회원 : 일반회원 221명+5명

종신회원 8명

단체회원 14명

회원 368명 중에서 84년 이후 미납자 125명 제명

87년 미납자 10월 30일 한 납부할 것

회지 23호 발간

총서 발간

중국 민속학회와의 교류 협의

자료교환

인적교류

공동연구

감사보고　최덕원

임원개선

10명의 전형위원을 선출하자 - 가결

10명의 전형위원을 선출할 위원으로 하효길 김선풍을 선출

전형위원에서 10명을 선출

박전렬. 지춘상. 김영돈. 정병호. 장주근.

최덕원. 박순호. 성병희. 전경욱. 박대복.

10명의 전형위원에 의해 회장단 선출

회장 임동권

부회장 김선풍. 성병희

나머지 이사 6명은 회장단에서 선출하여 추후 발표

회장단에서 감사로 최덕원 · 박상규 2인을 선출하고 총회의 인준을 받음

1991. 3.23. PM 2 : 00 장소 : 국립 민속박물관

연구발표 : 중국동포 2인 – 각 50,000원

(용정 민속박물관)

협의 – 월례 발표회 각 월별 예정표

회지 : 24호. 마감 5월 30일

중국 여행 : 7월 중순

전국대회 : 순천대학

시기 : 민속예술 경연대회 기간

회원문제

기금문제

참석자 : 임동권. 김선풍. 정병호. 하효길. 장주근.

결석자 : 김태곤. 김진영. 지춘상. 성병희.

1991. 5.18. PM 2 : 00 장소 : 민속박물관

연구발표사례 : 중국동포(연변박물관) 2인 – 각 50,000원

협의 – * 24호 논문제출 마감 : 5월 30일

* 전국대회 시일 : 1991. 10.21~25

장소 : 순천대학

* 중앙대학의 영신아카데미에서 구상하는 "민속촌 설계구상"에 임동권이 담당하고 사례금으로 받은 500만원을 학회에 기부함

* 92년 국제학술회의를 경원대학에서 유치 제의

* 하기 중국 학술조사 : 7.20~7.31(11박 12일)

경비 지원 : 120만원

참석 : 임동권. 김선풍. 하효길. 정병호.

결석 : 김태곤. 장주근

1991. 7. 5 Pm 5 : 00 장소 : 식도원

보고사항 - * 임동권이 영신아카데미에서 받은 500만원 기부금으로 입금

* 중국여행

* 92년도의 국제대회

* 회지 24호 원고마감

안건 - 91년 전국대회

시일 : 10월 20일

장소 : 순천대학

발표 : 개인발표.

주제 : 민속예술대회의 활성화

참석자 : 임동권. 김선풍. 장주근. 정병호. 하효길.

결석 : 김태곤

1991. 9.26. PM 18 : 00 장소 : 식도원

안건 : * 전국대회의 시일 변경 - 1992.10.12~13

진행토의

임원은 꼭 참석할 것

발표자, 사회자 결정

* 월례 발표회 : 삼성 출판문화관

김태곤 이사로부터 1) 2백만원 보조받고 민속예술경연대회를 토의할 필요 있느냐

2) 학회에서 이소라 회원의 발표를 제지하는가

여기에 대하여 이소라 회원은 발표 신청이 들어오지 않았음을 답함

아울러 학회에서는 특정한 회원을 차별하는 일은 없음을 회장이 천명하다

보고 : 빠르면 대회까지 24호를 출간할 수 있을 것 같다.

참석자 : 임동권. 김선풍. 장주근. 정병호. 하효길. 김태곤

1991.10.12 제20회 전국대회　　　장소 : 순천대학교

* 결산보고
* 24호 진행보고
* 국제 민속학대회 예고

　　지원 예산이 확정 되는대로 이사회에서 추진

* 장기체납자 다시 정리 해야 함
* 의결. 년 회비를 2만원으로 인상함
* 요망사항 : 월례 발표

　　전국대회

　　원고제출 – 많은 회원의 적극 참여 요망

1991.12.14.　　　장소 : 가보자

* 24호 발송
* 25호 주비　3월 30일 원고마감
* 장기체납자 정리
* 은산 별신제 한일 세미나 : 소위원회구성
* 보조금으로 민속예술경연대회 주제 발표자에게 10만원을 고료로 지불한다.
* 월례 발표자에게 프린트대로 2만원을 지불한다.

참석자 : 임동권. 장주근. 정병호. 김선풍. 하효길. 박상규

결석 : 김태곤

1992. 1.27 12 : 00　　　　장소 : 프라자

* 86년 이전 회비 미납자 회원 자격정지. 회지발송 중지

* 86~89미납자는 4월30일까지 납부하도록

* 92년부터　년회비 – 20,000원

입회비 – 20,000원

종신회비 – 400,000원

단체회비 – 배 인상에 준 한다

보고 : 은산 별신제 학술회 집행위원은 오늘 참석자 전원 자동적으로 수고해주고 그 외는 후에 보완하겠음

참석자 : 임동권. 김선풍. 정병호. 하효길

결석자 : 김태곤. 장주근(위임)

1992. 6.27 PM 5 : 00　　　장소 : 삼성 출판박물관

월례 : 발표회가 끝나고 이사회를 가짐

안건 : 92년도 전국대회

장소 : 경원대학교 강당

일시 : 1992.10.31~11. 1(금. 토)

* 진행 : 1일 – 일반발표 13~4인

2일 – 한국민속학사를 위한 회고

참석자 : 임동권. 장주근. 정병호 .김선풍. 박상규. 김영진(위임)

결석 : 김태곤. 하효길

1992.10. 7 PM 6 : 30　　　장소 : 식도원

안건 * 전국대회건

발표자 순 결정 12명

사회 : 초일 – 김선풍. 성병희

2일 – 지춘상

* 식사 : 초일 – 중식. 만찬회

* 비회원 발표자에 사례금 50,000원을 지급

* 정립된 기금은 학회 기본재산(예. 회관)형성기금으로만 쓸 수 있고 기타의 명목으로 쓸 수 없다.

1992. 11. 1 경원대학에서 전국대회를 마치고 총회를 가짐.

총회에서 아래와 같이 새 임원을 선출하였음.

회 장 김선풍

부회장 성병희. 하효길.

이 사 김영진. 박상규. 박순호. 안은희. 정병호. 최덕원.

감 사 김용덕. 전경욱

간 사 이창식. 정형호

임동권 전 회장은 학회발전에 공로가 많아 명예 회장으로 추대 함.

이상은 내가 가지고 있는 "회의록 수첩"에서 옮긴 것이다.

1992년 10월 10일의 임원회에서 "정립된 기금을 기본재산(예 : 회관)형성 기금으로만 쓸 수 있고 기타의 명목으로 쓸 수 없다"고 규정한 것은 우리 민속학회를 비롯하여 여러 학회들이 일정한 사무실이 없어 회장이 교체 될 때마다 학회의 주소가 바뀌고, 연락처가 바뀌는 불편함을 덜기 위해서 오피스텔 같은 공간의 필요성을 느끼게 되었다.

내가 그만 둘 무렵 서울대 앞 지하철역 근처에 새로 신축한 오피스텔의 광고가 있기에 가 보았더니 천 이백 만원이면 구입할 수가 있었다. 정립된 기금은 종신회원의 회비와 내가 찬조한 500만원을 합해서 천만원 정도는 되지만 2백만 원의 빚을 후임자에 물려 줄 수가 없어 용기를 낼 수가 없었다. 종신회비는 정기예금으로 고정화 시켜야 하기 때문에 적립해 두었다가 "민속학회 회관"을 마련하라는 뜻에서 기타의 어떠한 명목으로도 쓰지 못하도록 의결했던 것이다.

그러나 그 기금은 그 후 다른 용도로 다 쓰고 지금은 없는 것으로 알고 있다.

참고로 당시 총회에 제출한 1991년과 1992년도 결산서에 의하면 다음과 같다.

1991년 회기별 결산보고

(1990~1991. 9)

수입	항목	지출
6,192,836-	전년 이월금	
2,130,000	회원 회비	
4,000	회지 판매	
1,987,000	속학총서 인지대	
5,000,000	기부금	
	통신비	281,970
	인쇄비	204,410
	회의비	151,000
	용품비	16,140
	강연료	50,000
	정기예금	8,000,000
	현금 (은행)	6,610,516
15,313,836	총계	15,313,836

은행에 8,000,000원의 정기예금이 있어 학회의 재정은 튼튼했다.

1992회기 결산서

(1991~1992.10)

세입	항목	세출
14,610,516.-	전 회기년도 이월금	
2,480,000.-	회원 회비	
25,000.-	회지 판매	
520,000.-	은행이자	
	학회지 인쇄비	4,911,440.-
	통신비	397,470-
	회의비	153,500-
	강연료	250,000-
	감사패	100,000-
	소모품비	21,000-
	현금	11,801,606-
17,635,516.-	총계	17,635,516-

위 현금 중 11,000,000원은 은행정기 예금으로 예치되어 있고, 그 이자수입이 520,000원이다. 이자수입 만으로 경상비를 거의 충당 할 수 있었다.

당시 나의 생각에는 학회의 고정된 사무실로 오피스텔 구입을 구상 하여서였고. 종신회비는 소비하지 말고 고정재산으로 정립해 두어야 한다는 생각이었다.

그러나 이 기금은 모두 소비되어 현재는 적립된 것이 없다는 것이다.

4) 연구활동과 성과

(1) 월례 발표회

학회란 여러 연구자가 모인 조직이기에, 각자가 연구한 성과를 발표해서 의견을 교환하고 토론하고 평가를 하는 기능의 하나이다. 그러하기 매월 또는 몇 달만에 모여 연구성과를 발표하는 것을 월례月例 또는 정례定例발표회라 한다. 그러나 매월 발표를 하기는 어렵다. 매월 발표할 수 있는 공급이 어렵기 때문이다. 그렇다고 연구발표가 없으면 학회의 기능을 상실하기 때문에 회원을 독려해서 하는 수도 있고. 권장을 하지 않아도 스스로 발표할 기회를 요구하는 일도 있다. 민속학회에서는 1970년 5월 16일에 제1회를 시작하여 1992년까지 75회의 발표회가 있었으니 다음과 같다.

제1회 1970. 5.16 장소 : 명지대학

발표자와 제목

이상일 – 독일어권 제국의 민속학 동향

인권한 – 두꺼비전의 근원설화

제2회 1970. 6.13 장소 : 국제대학

발표자와 제목.

박순호 – 강강수월래의 어의고

이보형 – 농악의 채에 대한 음악학적 고찰

제3회 1970.10.17 장소 : 국제대학

발표자와 제목

신동일 – 심청전 형성과정의 민속학적고찰

소재영 – 삼국유사 "외래자"논고

제4회 1970.11. 7일 장소 : 국제대학

발표자와 제목

서정범 – 어의와 샤머니즘에서 본 꼭두각시 놀음

제5회 1970.12. 5 장소 : 국제대학

발표자와 제목

김세중 – 민속극의 진보사상

최래옥 – 설화 구술상의 망각과 환기

– 민담 "구렁덩덩 신선비"를 중심으로

제6회 1971. 7. 3 장소 : 대한성공회 회의실

발표자와 제목.

서정범 – 샤머니즘에서 본 식성

이상일 – 현대민속학의 대상과 과제

– 7호에서 19호까지 기록 상실 –

제20회 1974. 5.24 장소 : 국제대학

발표자와 제목

정병호 – 민속 집단무용의 원형문제

제21회 1974. 6.21 장소 : 국제대학

발표자와 제목

이보형 – 권마성(勸馬聲)

제22회 1974.10.19 장소 : 국제대학

발표자와 제목

지춘상 – 대마도. 일지섬의 민속놀이

박계홍 – 대마도. 일지섬의 민속신앙

김태곤 – 대마도. 일지섬의 신화와 무(巫)

임동권 – 옥산궁(玉山宮)에 대하여

第23회 1975. 3.26 장소 : 국제대학

발표자와 제목

이상일 – 설화의 합리화 과정

다께다 아끼라(竹田 旦) – 일본 민속학계의 현황

第24회 1975. 7. 3 장소 : 국립 민속박물관

발표자와 제목

이정룡 – 미국에 있어서의 샤머니즘 연구의 경향

第25회 1975. 9.13 장소 : 국립 민속박물관

발표자와 제목

김선풍 – 강릉 농요에 대하여

김태곤 – 신간(神竿)의 종교적 원의

– 26회에서 35회까지 기록상실 –

第36회 1978. 6.23 장소 : 국립 민속박물관

발표자와 제목

JANELLI – 한국의 조상숭배

第37회 1978. 9.30 장소 : 국제대학

홍윤식 – 한국불교의례 연구

第38회 199. 5.19 장소 : 국제대학

박전렬 – 풍각쟁이에 대하여

第39회 1979. 6.23 장소 : 국립 민속박물관

심우성 – 위도 띠배굿에 대하여

제40회 1979. 9.29 장소 : 국제대학

정병호 – 마당춤에 대하여

하효길 – 뱃기에 대하여(해안지방의 배고사의 일 고찰)

제41회 1980. 4.26 장소 : 국립 민속박물관

서정범 – 놀이의 의미

박전렬 – 초라니의 민속학적 고찰

제42회 1980. 7. 3 장소 : 국립 민속박물관

신종원 – 고대 일관(日官)에 대하여

이종철 – 유럽의 민속박물관

제43회 1981. 4.29 장소 : 국립 민속박물관

김학성 – 한국고전시가의 연구

박계홍 – 한국 당제와 일본 촌제(村祭)와의 연구

설선경 – 춘향전의 계통연구

임기중 – 삼부인(三符印)에 대하여

최래옥 – 홍수설화에 대하여

제44회 1981. 6.27 장소 : 국립 민속박물관

김태곤 – 민간사고의 원본

제45회 1981. 9.19 장소 : 국립 민속박물관

박계홍 – 한 · 일 당의 비교

나오에 고지(直江廣治) – 동남아의 민간신앙

제46회 1982. 5. 8 장소 : 국립 민속박물관

김명자 – 송파의 세시풍속

문정옥 – 한국 가신의 분류

제47회 1986. 6.26 장소 : 국립 민속박물관

임동권 – 기지(機池市)의 줄다리기에 대하여

제48회 1982.11.20 장소 : 국립 민속박물관

최운식 – 심청전의 설화배경과 형성과정

임동권 – 산신고(山神考)

제49회 1982.12.15 장소 : 국립 민속박물관

김선풍 – 미국 민속학 동향

제50회 1983. 4. 9 장소 : 국립 미속박물관

김태곤 – 유럽 민속박물관의 동향

최인학 – 오끼나와의 민속

제51회 1983. 5. 28 장소 : 국립 민속박물관

정병호 – 도깨비 굿

제52회 1983. 7. 2 장소 : 국립 민속박물관

장정룡 – 관노가면극에 대하여

박대순 – 제주도의 혼속(婚俗)

제53회 1983.12. 3 장소 : 국립 민속박물관

최운식 – 점 잘치는 두꺼비설화의 구조와 의미

임동권 – 포항 모포(牟浦) 줄다리기

제54회 1984. 4.28 장소 : 중앙대학교

전경욱 – 북청 사자놀이

이춘기 – 향낭(香娘)설화와 삼한십유(三韓拾遺)의 대비고찰

제55회 1984. 5.26 장소 : 중앙대학교

이소라 – 칠리섬의 별신제

최래옥 – 백제 말기 설화의 분석

제56회 1985. 3.23 장소 : 국립 민속박물관

박전렬 – 정월의 내방신 신앙의 사자무의 사례를 중심으로

정종수 – 한국의 복장제(復葬制) 연구

제57회 1985.10.19 장소 : 국립 민속박물관

김선풍 – 춘천 외수레바퀴에 대하여

임동권 – 일본 민속학회의 동향

제58회 1986. 6.21 장소 : 국립 민속박물관

이병옥－송파 산대놀이의 연희적 가치

박전렬－일본 민속학회의 동향

제59회 1987. 4.18 장소 : 국립 민속박물관

안덕균－한약의 가미론에 대하여

장장식－비형랑 도화녀 설화에 대하여

제60회 1987. 5.30 장소 : 국립 민속박물관

나경수－전남지방의 주당맥이에 대하여

하야시 마사히꼬(林雅彦)－일본의 그림풀이

제61회 1987.12.12 장소 : 국립 민속박물관

김종대－위도의 도깨비 이야기에 대한 일 고찰

유종목－의식민요

제62회 1988. 4.23 장소 : 국립 민속박물관

전경욱－사랑가의 형성과 변이양상

제63회 1989. 4.29 장소 : 국립 민속박물관

박현국－익산 구룡리의 당산제에 대하여

김강산－호식장(虎食葬)에 대하여

제64회 1989. 6.17 장소 : 국립 민속박물관

정병호－강강술래 고

김선풍－한국 민속놀이의 몇몇 특징에 대하여

제65회 1989.12. 2 장소 : 국립 민속박물관

박전렬－기악(伎樂) 재고

김금자－중국 소수민족의 구비문학과 민속의 관계

제66회 1990. 9.22 장소 : 국립 민속박물관

송영규－선녀와 Fee

김의숙－민속제의의 형성

제67회 1990.12. 8 장소 : 국립 민속박물관

이창식－디딜방아 액막이 놀이에 대하여

김선풍－재중 한족의 구비문학연구

제68회 1991. 3.23 장소 : 국립 민속박물관

김종대－도깨비 방망이의 구조와 결말처리 양상

전경욱－함남 북청의 가무놀이 돈돌날이

우정석－연변민속의 특징에 대하여

제69회 1991 4.20 장소 : 국립 민속박물관

이창식－보부상놀이와 그 노래의 연행양식

장정룡－영동지방 인물신화의 특징고찰

제70회 1991. 5.18 장소 : 국립 민속박물관

장장식－풍수설화에서의 명당과 발복 관념

황인덕－논산지방의 합두레 풍장고

정영진(연변)－발해 문화유적 조사. 발굴 개황

김옥현(연변)－연변에 있는 동포들의 민속 및 변화 발전

제71회 1991. 6.22 장소 : 국립 민속박물관

송영규－프랑스의 세시풍속

하효길－서해안 풍어제의 형태비교

제72회 1991.11.16 장소 : 국립 민속박물관

최덕원－현대시의 민속적 소재

김기창－국어과 교육에 있어 구비문학 제재 양상 연구

제73회 1991.12.14 장소 : 국립 민속박물관

최삼룡(연변)－연변설화의 특징에 대하여

정병호－신사(神社)예능과 사회적 기능

제74회 1992. 5.23 장소 : 삼성 출판박물관

김석준－점(點)과 점(占)의 관계

강신극(연변)－흑룡강 민속과 설화문학 연구

이룡득(연변)－연변 설화문학에 대하여

제75회 1992. 6.27 장소 : 삼성 출판박물관

박현국 - 삼계(三界)설화의 상징성

토론자 - 하효길

임동권 - 일본의 鬼室神社祭

토론자 - 장주근. 박전렬

월례 발표회는 1970년 5월에 시작하여 1992년 6월까지 75회의 발표회가 있었으니 매년 3, 4회의 발표회를 한 셈이다. 자료보존을 소홀히 하여 7회에서 19호까지와 26회에서 35호까지의 자료를 망실하여 기록이 남은 것이 없어 기록하지 못하여 자책한다. 혹시 자료를 보존하는 회원이 있으면 보완해 주기를 바란다.

발표자는 회원에 국한하지 않고 중국 연변의 동포 민속학자가 귀국하면 청해서 발표를 했고 또 일본의 학자가 내한한 기회에 발표를 청해서 교류하고 폭을 넓히는 일을 시도했다.

(2) 전국대회

회원들의 왕성한 연구열과 그 성과를 발표할 기회로 월례발표회가 있으나 다 충족하지 못하므로 매년 전국대회를 가지기로 했다. 전국대회를 개최하려면 많은 인원이 모이기 때문에 장소가 문제다. 경우에 따라서는 숙식을 마련해야 하기 때문에 대회를 유치해 줄 곳을 찾아야 한다. 점심을 먹어야 하고, 발표회가 끝나면 저녁 만찬회를 가져 모처럼 만난 회원끼리 환담할 기회를 마련해야 한다. 그래서 전국대회는 발표자와 개최할 장소를 선정하는 문제가 있다.

민속학 전국대회는 1972년 제1회를 시작하여 1992년 21회까지의 상황은 다음과 같다.

제1회 민속학 전국대회

일시 1972. 6. 4

장소 UNESCO 회관

1부

개회선언 김태곤

개 회 사 임동권(학회장)

연구발표 사회 인권환(고려대)

9 : 30~9 : 55	속담에 나타난 민족성	김선풍(고려대)
9 : 55~10 : 20	한국민간신앙의 사회적역할	최길성(문화재관리국)
10 : 20~10 : 45	충북동신제의 지리학적 고찰	김영진(청주대)
10 : 45~11 : 10	전설의 지역성	최래옥(신일고)
11 : 10~11 : 35	음악으로 본 이조말 민속예능인	이보형(국악예고)
11 : 35~12 : 00	내륙지역의 부락제	박계홍(충남대)
12 : 00~12 : 25	고싸움의 연희형태	지춘상(전남대)
12 : 30~13 : 30	중식	

제2부 토론회

13 : 30~14 : 00 치악산 서낭제 기록 슬라이드 상연

14 : 00~17 : 00

주 제 – 1. 민속학의 역할

2. 문화재의 보존과 전수

사 회 임동권

토론자	김광일(경희대)	지춘상(전남대)	김태곤(원광대)
	최길성(문화재관리국)	김택규(영남대)	현용준(제주대)
	문상희(연세대)	황패강(단국대)	이상일(성균관대)

제2회 민속학 전국대회

일시 1973. 5. 9(토)

장소 중앙대학교 세미나룸

제1부

개회사 임동권(학회장)

연구발표 사회 이상일(성균관대)

9 : 30~ 9 : 50	제주도의 금기어 연구	진성기(제주민속박물관)
9 : 50~10 : 10	민속지리에 대하여	김영진(청주대)
10 : 10~10 : 30	거북신앙과 그 분포	주첩한(교육연구원)
10 : 30~10 : 50	줄다리기에 대하여	최인학(동경교육대)
10 : 50~11 : 10	한국풍신의 구조적 연구	설성경(연세대)
11 : 10~11 : 30	남도 들놀이에 대하여	지춘상(전남대)
11 : 30~11 : 50	신방과 샤만	현용준(제주대)
11 : 50~12 : 10	원놀이의 전파	성병희(안동교대)
12 : 10~12 : 30	한국민속극에 있어서 길놀이고	김세중(서라벌예대)
12 : 30~ 2 : 00	중식	

제2부

2 : 00~4 : 00 토론회

주 제 : 민속자료의 채집방법

사 회 임동권(중앙대)

토론자 김태곤(원광대) 박계홍(충남대) 유증선(안동교대)
이상일(성균관대) 인권환(고려대) 지춘상(전남대)
현용준(제주대)

4 : 00~5 : 00 슬라이드 상연

6 : 00~7 : 00 중앙대 총장 초대연

제3회 민속학 전국대회

일시 1974.11.16

장소 분도회관

제1부 연구발표

개회사 임동권(학회장)

사 회 김태곤(원광대)

10 : 10~10 : 30	무조 아왕공주에 대하여	김정업(조선대)
10 : 30~10 : 50	재왕설화의 재상양식	최운식(중앙신학)
10 : 50~11 : 10	처용전승의 구조적 연구	설성경(연세대)
11 : 10~11 : 30	줄타기에 대하여	박순호(군산수산전)
11 : 30~11 : 50	무로서의 화랑어 고	서정범(경희대)
11 : 50~12 : 10	화청과 선염불	이보형(연세대)
12 : 10~12 : 30	동화의 비교연구	최인학(동경교육대)
12 : 30~14 : 00	중식	

제2부

2 : 00~4 : 00

주 제 민속학의 국제적 유대

사 회 이상일(성균관대)

발표자	김열규(서강대)	이효재(이화여대)	임동권(중앙대)
토론자	김태곤(원광대)	박계홍(충남대)	인권환(고려대)
	지춘상(전남대)	최인학(동경교대)	현용준(제주대)
	황패강(단국대)		

4 : 00~5 : 00 총회

제4회 민속학 전국대회

일시 1975.10.18

장소　한국 민속박물관

제1부

개회사　임동권(중앙대)

사　회　김태곤(한양대)

10 : 10~10 : 30　삼척 줄다리기에 대하여　김선풍(관동대)

10 : 30~10 : 50　속칭 나제통문 주변부락의
민속생활에 대한 비교고찰　박계홍(충남대)

10 : 50~11 : 30　풍자면에서 살핀 강원도 수수께끼　김정업(조선대)

11 : 30~11 : 50　전북 성신앙에 대하여　박순호(군산수전)

11 : 50~12 : 10　민담과 제주무가의 공시적연구　설성경(연세대)

12 : 10~12 : 30　방언에서 본 만파식적와 문무왕능의 배경　서정범(경희대)

12 : 30~12 : 50　채표에 대하여　김영진(청주대)

12 : 50~14 : 00　중식

제2부 토론회

14 : 00~16 : 00　토론회

주　제 민속과 문학

사　회 이상일(성균관대)

발표자　패관문학연구의 문제점　김동욱(연세대)
구미에 있어서의 민담의 연구방법　김열규(서강대)
민속과 신화　황패강(단국대)

16 : 00~17 : 00　총회

제5회 민속학 전국대회

일시　1976.11. 6

장소　국립 민속박물관

개회사　임동권(학회장)

제1부

사회　인권환(고려대)

10 : 10~10 : 30	낙산사 유람가에 대하여	김선풍(관동대)
10 : 30~10 : 50	한 일 산속의 비교	박계홍(충남대)
10 : 50~11 : 10	세시기에 대하여	박순호(군산수전)
11 : 10~11 : 30	민속약 연구	안덕균(경희대)
11 : 30~11 : 50	전남지역의 당제	지춘상(전남대)
11 : 50~12 : 10	홍수설화에 대하여	최래옥(신일고)
12 : 10~12 : 30	화반고	현용준(제주대)
12 : 30~14 : 00	중식	

제2부 토론회

주　제　민속과 종교

사　회　이상일(성균간대)

민간신앙	김태곤(원광대)
기독교	유동식(연세대)
신흥종교	이강오(전북대)
불교	홍윤식(원광대)

16 : 00~16 : 30 총회

제6회 민속학 전국대회

일시　1977.10.15

장소　국립 민속박물관

제1부

9 : 20~9 : 30 개회사 임동권(중앙대)

사 회 김태곤(원광대)

9 : 30~10 : 00 제주도의 혼속 고부자(국제대)

10 : 00~10 : 30 무당의 신분세습과 무업계승 최길성(경남대)

10 : 30~11 : 00 동해안의 선황신화 김선풍(관동대)

11 : 00~11 : 30 전북지방의 초분에 대하여 박순호(군산수산전)

11 : 30~12 : 00 효자 호랑이 신화 최래옥(영생대)

12 : 00~12 : 30 어우야담의 설화성에 대하여 최운식(국제대)

12 : 30~14 : 00 중식

제2부

주 제 민속과 생활

사 회 임동권(중앙대)

민속과 의생활 김동욱(연세대)

민속과 식생활 윤서석(중앙대)

민속과 주생활 장명욱(서울대)

16 : 30~17 : 00 총 회

제7회 민속학 전국대회

일시 1978.10.28

장소 중앙대학교 학생회관

9 : 20~ 9 : 30 제1부 **연구발표회**

개회사 임동권(학회장)

사 회 김선풍(관동대)

9 : 30~10 : 00 한국 산신의 성격변화 최래옥(영생대)

10 : 00~10 : 30 민가 평면구조의 사적분류 김홍식(명지대)

10 : 30~11 : 00	출토복식을 통해 본 고증문제점	고복남(청주대)
11 : 00~11 : 30	바리공주 신화의 분석	최길성(경남대)
11 : 30~11 : 50	위도 띠배놀이에 대하여	박순호(원광대)
12 : 00~12 : 30	당제의 구조와 기능	박계홍(충남대)
12 : 30~13 : 30	중식	

제2부　사회 김태곤(원광대)

13 : 30~14 : 00	매향에 대하여	강용권(동아대)
14 : 00~14 : 30	전북 익산전설의 한 분석	김학성(원광대)
14 : 30~15 : 00	진도의 통과의례	지춘상(전남대)
15 : 00~15 : 30	무당춤에 대하여	정병호(중앙대)
15 : 30~16 : 00	풍각쟁이 음악	이보형(문화재 관리국)
16 : 00~16 : 30	강원도 민요의 특질	김선풍(관동대)
16 : 30~17 : 00	총회	
17 : 30	중앙대학교 총장 초연	

제8회 민속학 전국대회

일시　1979.11. 3~4일

장소　한국민속촌

19 : 00~19 : 10　토론회

개회사　임동권(학회장)

주　제　한국민혹학연구의 10년 반성

사　회　임동권(중앙대)

민간신앙

구비전승　김선풍(정신문화원)

예　　능　지춘상(전남대)

통과의례　김영진(청주대)

토론자 김동욱(연세대) 김영돈(제주대) 박계홍(충남대) 이상일(성균관대)
권 환(고려대) 정병호(중앙대) 최래옥(숭전대) 최인학(명지대)
홍윤식(원광대)

제2부 연구 발표회

사 회 박계홍(충남대)

9 : 30~9 : 50	출가 해녀의 노래	김영돈(제주대)
9 : 50~10 : 10	고대 출산제의의 한 유형	김학성(원광대)
10 : 10~10 : 30	하회 별신굿놀이에 대하여	성병희(안동대)
10 : 30~10 : 50	송파 산대놀이의 재담과 원형에 대하여	이병옥(송파 산대놀이)
10 : 50~11 : 10	들놀음의 구조	정상박(동아대)
11 : 10~11 : 30	한국 홍수설화의 변이양상	최래옥(숭전대)
11 : 30~11 : 50	한국민속의 도둑에 관한 의식구조	최길성(계명대)
11 : 50~12 : 10	양마 시고	현용준(제주대)
12 : 10~12 : 00	"슈로됴천녹"의 민속자료적 가치	황폐강(중앙대)
12 : 30	폐회	

제9회 민속학 전국대회

일시 1980.10.12

장소 온양 민속박물관

제1부

9 : 30~9 : 40	개회사 임동권(학회장)	
	사 회 김선풍(관동대)	
9 : 40~10 : 10	한국민요에 나타난 생사관	이형수(경성고)
10 : 10~10 : 35	사당패에 대하여	박전렬(중앙대)
10 : 35~11 : 00	지리 민속학	김영돈(청주대)
11 : 00~11 : 25	설화변이 요인고	최인학(명지대)
11 : 25~11 : 50	호국 용설화의 신인관계	임재희(안동대)

11 : 50~12 : 15 해안지방 뱃고사의 형태 의의 하효길(민속박물관)

12 : 15~12 : 40 제당의 위치에 대하여 박계홍(충남대)

제2부

사 회 김태곤(경희대)

14 : 00~14 : 25 한국 신발발달의 유형 이종석(중앙일보)

14 : 25~14 : 50 무속악기 "울쇠"에 대하여 진성기(제주민속박물관)

14 : 50~15 : 15 허혼에 관한 고찰 강룡권(동아대)

15 : 15~15 : 40 제주도의 인물 전설고 현길언(제주대)

15 : 40~16 : 05 한 · 중 · 일 삼국의 조령관 비교연구 김택규(영남대)

16 : 05~16 : 30 상례의 구조 장철수(안동대)

16 : 30~17 : 00 총회

17 : 00 폐회

제10회 민속학 전국대회

일시 1981.10.31~11. 1

장소 부산 동아대학교

제1부

14 : 00~14 : 10 개회사 임동권(학회장)

사 회 김승찬(부산대)

14 : 10~14 : 35 판소리의 formula에 대하여 이헌홍(부산대)

14 : 35~15 : 00 한 · 몽고 애정민요에 대하여 박상규(경원대)

15 : 00~15 : 25 민요 정형화에 관한 고찰 장관진(부산대)

15 : 25~15 : 50 상여소리에 대하여 유종목(동아대)

15 : 50~16 : 15 한국시구에 있어 세시풍속의 의미 임기중(경기대)

16 : 15~16 : 40 박물관 견학

17 : 30~19 : 00 동아대학교 총장 초연

제2부 1981.11. 1

사 회 정상박(동아대)

9 : 00~9 : 25	전설의 역사적 성격과 연구	임재해(안동대)
9 : 25~9 : 50	신화에 대한 관점재고	최래옥(숭전대)
9 : 50~10 : 15	설화 장르론 시론	이상일(성균관대)
10 : 15~10 : 40	뱀, 뱀신 설화의 일 고찰	현길언(제주대)
10 : 40~11 : 05	주막의 민속적 고찰	배도식(대연여상)
11 : 05~11 : 30	남원 삼동굿 놀이와 지네밟기	박순호(원광대)
11 : 30~11 : 55	굿에 있어서의 춤의 기능	김정녀(연세대)
11 : 55~12 : 20	한국가면극의 구성요소 분석	이병옥(인창고)
12 : 30~13 : 00	총회	
13 : 00	폐회	

제11회 민속학 전국대회

일시 1982.10.16~17

장소 한국민속촌

제1부 1982.10.16

14 : 00~14 : 10	개회사 임동권(학회장)	
	사 회 김태곤(경희대)	
14 : 10~14 : 35	만주의 혼인민요	박상규(경원대)
14 : 35~15 : 00	동남해안의 어로민속	김몽상(진해상고)
15 : 00~15 : 25	점의 설명성	임돈희(동국대)
15 : 25~15 : 50	전북의 장승에 대하여	박순호(원광대)
15 : 50~16 : 15	도시민속학의 가능성에 대하여	박계홍(충남대)

16 : 15~16 : 40 무점(巫占)의 실태 상기숙(국제대)

16 : 40~17 : 05 한국민속의 해석방법 시고 최래옥(한양대)

18 : 00~19 : 00 석식

제2부 1982.10.17

9 : 00~ 9 : 25 설화의 존재양식과 갈래 임재해(안동대)

9 : 25~ 9 : 50 무안(武安) 용놀이 연구 배도식(대연여상)

9 : 50~10 : 15 세시풍속의 순환 의미 김명자(안동대)

10 : 15~10 : 40 발탈 연희에 대하여 정병호(중앙대)

10 : 40~11 : 05 한일 조상숭배의 비교연구 竹田旦(일본 이바라키대)

11 : 05~11 : 30 한국 무명칭의 어의 이상언(경신고)

11 : 30~11 : 55 한국 어촌의 당제형태 하효길(민속박물관)

11 : 55~12 : 20 임방(任埅)의 화애문기에 대하여 김동기(충남대)

12 : 00~12 : 50 총회

13 : 00 중식

제12회 민속학 전국대회

일시 1983.10.17

장소 안동대학

개회사 임동권(학회장)

축 사 이기백(안동대학장)

제1부 사회—정병호(중앙대)

9 : 40~10 : 05 금기설화의 유형 장장식(경희대)

10 : 05~10 : 30 한국설화에 나타난 도선(道仙)사상 김용덕(한양대)

10 : 30~10 : 55 설화와 속담의 구조 김선풍(정신문화연구원)

11 : 20~11 : 45 금현감호(金現感虎)설화의 주인공 임재해(안동대)

11 : 45~12 : 10 점 잘치는 두꺼비 설화 최운식(최운식)

12 : 05~12 : 35 만주의 제사(祭詞)와 몽고의 무가(巫歌) 박상규(경원대)

12 : 30~14 : 00 중식

제2부 사회–성병희(안동대)

14 : 00~14 : 25 전북의 줄다리기 박순호(원광대)

14 : 25~14 : 50 제신(祭神)의 표상에 대하여 박계홍(충남대)

14 : 50~15 : 15 신안 도서의 당제 최덕원(순천대)

15 : 15~15 : 40 민간 속신어(俗信語)의 해석방법 최래옥(한양대)

15 : 40~16 : 05 서낭신제 가면극의 한 고찰(考察) 장정룡(강릉대)

16 : 05~16 : 30 한국 전승동요의 주제 김영돈(제주대)

16 : 30~16 : 55 농촌사회에 있어서의 노동관행

17 : 00~17 : 30 총회

제13회 민속학 전국대회

일시 1984. 9.20

장소 청주대학교

제1부

개회사 임동권(학회장)

축 사 김명회(청주대학 총장)

사 회 안병희(안동대)

연구발표

09 : 40~10 : 00 영동지방의 금기어에 대하여 김기설(강릉 간호대)

10 : 00~10 : 20 호남지역의 장승 이종철(광주 박물관)

10 : 20~10 : 40 취락의 형성 이남식(안동대)

10 : 40~11 : 00 풍수지리의 입장에서 본 마을의 공간개념 이영진(영남대)

11 : 00~11 : 20	박문수설화의 성격분석	최래옥(한양대)
11 : 20~11 : 40	동해안 무속조사 연구의 어제와 오늘	박진주(부산산업대)
11 : 40~12 : 00	백암산 국기제(國祈祭)의 민속신앙적 의의	박경래(전남대부고)
12 : 00~12 : 20	만주 제문의 일예	박상규(경원대)
12 : 20~12 : 40	한국의 이사풍속	배도식(부산 대연여상)
12 : 40~14 : 00	총장 초대연	

2부 사회－김선풍(전신문화 연구원)

14 : 00~14 : 20	전북의 솟대고	박순호(원광대)
14 : 20~14 : 40	제천(祭天)형식과 변천	김영진(청주대)
14 : 40~15 : 00	마을공동체의 성격과 전승양식	임재해(안동대)
15 : 00~15 : 20	서울 고모산 고	김두하(민학동지회)
15 : 20~15 : 40	고려시대의 기녀(妓女)에 대하여	이경복(중앙대)
15 : 40~16 : 00	강원도의 말(馬)신앙	장정룡(중앙대)
16 : 00~16 : 20	한・중・일의 조상숭배의 비교연구	임돈희(동국대)
16 : 20~16 : 40	춤사위고	정병호(중앙대)
16 : 40~17 : 00	설화 금기의 의미	장장식(경희대)
17 : 00~17 : 30	총회	
18 : 00	충북 도지사 초대연	

제14회 민속학 전국대회

일시 1985. 11. 9~10

장소 한국민속촌

제1부

14 : 30~14 : 40	개회사 임동권(학회장)	
	사 회 김선풍(관동대)	
14 : 40~15 : 05	정읍 원백암(元白岩) 당제소고	송화섭(원광대)

15 : 05~15 : 30 강신무와 세습무의 상호 보완관계 최정무(인디아나대)

15 : 30~15 : 55 potlach와 건전한 가정의례 임돈희(동국대)

15 : 55~16 : 20 전북의 기(旗)놀이 박순호(원광대)

16 : 20~16 : 45 설과 보름민속의 대립적 성격과 유기적 상호관계 임재해(안동대)

16 : 34~17 : 05 희생인물전설에 반영된 한(限)의 본질과 특성 박정세(연희대)

17 : 30~18 : 30 석식

제2부 토론회

사 회 장주근

18 : 40~19 : 10 향토축제의 현실 정병호(중앙대)

19 : 10~19 : 40 향토축제의 과제 김태곤(경희대)

19 : 40~21 : 00 자유토론

제3부 사회-박계홍(충남대)

09 : 00~09 : 25 전설의 비극성과 상상력 장장식(경희대)

09 : 25~09 : 50 세시풍속의 분류 시고 김명자(안동대)

09 : 50~10 : 15 강릉지방 지명유래 상징 김기설(관동대)

10 : 15~10 : 40 도깨비 인식도 조사결과분석 최래옥(한양대)

10 : 40~11 : 05 학산 오독떼기 및 꺾음 오독떼기 이소라(문화재관리국)

11 : 05~11 : 30 계모설화에 대하여 최운식(국제대)

11 : 30 총회

*** VTR 관람

몽고족 춤

ainu족(族)의 제의(祭儀)

제15회 민속학 전국대회

일 시 1986.11. 8~9

장 소 전남대학교

제1부

14 : 00~14 : 10	개회사 임동권(학회장)	
	사회 장주근(경기대)	
14 : 10~14 : 35	전설과 무속의 한풀이 양식	박정세(연세대)
14 : 35~15 : 25	하제 칠성풀이 굿	이규창(군산대)
15 : 00~15 : 25	양양(襄陽) "패다리놓기"에 대하여	최림규(동우전문대)
15 : 25~15 : 50	농사와 농요의 관계	이소라(문화재 관리국)
15 : 50~16 : 15	민속신앙어의 분류	장장식(경희대)
16 : 15~16 : 40	평장법(平葬法)의 풍수지리학적 연구	김용덕(한양대)
16 : 40~17 : 05	들돌(擧石) 신앙	최덕원(순천대)
17 : 05~18 : 00	총회	
18 : 00	리셉션	

9일 제2부 사회－김선풍(관동대)

09 : 00~09 : 25	소(牛)의 민속	최래옥(한양대)
09 : 25~09 : 50	민속지와 민속학	김택규(영남대)
09 : 50~10 : 15	민속학과 운영상의 제 문제	성병희(안동대)
10 : 15~10 : 40	다천사(多泉寺) 작법에 대하여	박순호(원광대)
10 : 40~11 : 05	부적의 기능론	김종대(민속박물관)

제3부 사 회－지춘상

토론회 주제－남도문화의 특징

11 : 10~11 : 25	남도의 무속(巫俗)	김태곤(경희대)

11 : 25~11 : 40 남도의 민속예술 정병호(중앙대)

11 : 40~11 : 55 남도의 당제 박계홍(충남대)

11 : 55~13 : 00 자유토론

11 : 30 중 식

제16회 민속학 전국대회

일시 1987.10.17~18

장소 민속촌

제1부

14 : 00~14 : 10 개회사 임동권(학회장)

사 회 성병희(안동대)

14 : 10~14 : 35 정읍지방의 도깨비굿 박순호(안동대)

14 : 35~15 : 00 풍수설화고 강중탁(전주대)

15 : 00~15 : 25 패배형 설화에 나타난 돌의 의미 김기설(관동대)

15 : 25~15 : 50 고대 신화의 구조와 그 현장 김선풍(중앙대)

15 : 50~16 : 15 altai어(語)에서 본 민속어원 고 박상규(경원대)

16 : 15~16 : 40 진도 여제(癘祭)에 대하여 나경수(전남대)

16 : 40~17 : 05 전남의 농요(農謠)권 나승만(전남대)

17 : 05~17 : 30 출생의례복에 나타난 한국인의 인식 고부자(단국대)

17 : 30~18 : 30 석식

제2부

토론회 사회 - 지춘상(전남대)

주 제 민속예술 경연대회의 개선방향

19 : 00~19 : 20 민속예술 경연대회의 공과 장주근(경기대)

19 : 20~19 : 40 무용 민속놀이 부문 정병호(중앙대)

19 : 40~20 : 00 민요부문 권오성(한양대)

20 : 00~20 : 20 농악부문 이보형(문화재관리국)

20 : 20~20 : 40 가면극부문 이병옥(경기대)

20 : 40~21 : 30 자유토론

18일 제3부 사회 - 하효길(민속박물관)

09 : 00~09 : 55 익산 기세배놀이에 대한 고찰 송희섭(원광대)

09 : 55~10 : 20 좌수영 어방놀이 고찰 배도식(대연여상)

10 : 20~10 : 40 조상 덕과 조상 탓 임돈희(동국대)

10 : 40~11 : 10 속리산 대자제(大自祭) 천왕제에 대하여 김영진(청주대)

11 : 10~11 : 35 한국민속학의 회고 전망 박계홍(충남대)

11 : 35~12 : 00 총회

12 : 00 중식

제17회 민속학 전국대회

일시 1988.10.20

장소 전북대학교

제1부

09 : 30 개회사 임동권(학회장)

09 : 35 축 사 전북대학 총장

사 회 김선풍(중앙대)

09 : 40~10 : 05 집터 다지는 노래의 유형 이소라(문화재관리국)

10 : 05~10 : 30 문호장과 문호장굿 천혜숙(안동대)

10 : 30~10 : 55 곡령(穀靈)의 재생관념과 계승의례 남근우(일본 쓰쿠바대)

10 : 55~11 : 20 초기 한국민속학 연구 임돈희(동국대)

11 : 45~12 : 10 삼국사기 삼국유사에 보이는 샤마니즘 用上新二(동국대)

12 : 10~12 : 35 만주 북해제문에 대한 일 고찰 박상규(경원대)

12 : 30~14 : 00 중식

제2부 사회 – 김태곤(경희대)

14 : 00~14 : 25 진도 아리랑타령의 정승에 대한 일고찰 한양명(안동대)

14 : 25~14 : 50 설(薛)씨녀의 희곡적 성격 황인덕(충남대)

14 : 50~15 : 15 민속사전 편찬의 의의와 문제점 김용덕(한양대)

15 : 15~15 : 40 도미(都彌)설화의 전승고 정상박(동아대)

15 : 40~16 : 05 굿의 치병영험 박순호(원광대)

16 : 05~16 : 30 박곤(朴坤)장군설화의 연구 김승찬(부산대)

16 : 30~16 : 55 설화에 의한 미적범주의 확장 임재해(안동대)

17 : 00~17 : 30 총회

第18회 민속학 전국대회

일시 1989. 9.23~24

장소 전북대학교

제1부

주 제 한국민속학 20년의 반성과 과제

사 회 하효길(민속박물관)

09 : 00 개회사 임동권(학회장)

09 : 10~09 : 35 민간신앙 김태곤(경희대)

09 : 35~10 : 00 설화 최래옥(한양대)

10 : 00~10 : 25 민요, 미언(謎諺) 김선풍(중앙대)

10 : 25~10 : 50 민속예능 정병호(중앙대)

10 : 50~11 : 15 세시풍속 임재해(안동대)

11 : 15~12 : 30 종합토론 사회 김영진(청주대)

12 : 30~14 : 00 점심

(토론자)

하효길　현용준　박상규　박대복　장정용　장주근　최길성　강등학
나경수　최운식　박전렬　황인덕　이보형　이병옥　권오성　정상박
박순호　김택규　임돈희　김영돈　유종목　김명자

제2부

14 : 00~14 : 25　건국신화를 통해 본 한민족의 타계관　나경수(전남대)
14 : 25~14 : 50　만주문 "장백산 제문"고　박상규(경원대)
14 : 50~15 : 15　기우제의 상징성　김의숙(강원대)
15 : 15~15 : 40　제주 설화의 이원성　현길언(제주대)
15 : 40~16 : 05　넋두리의 어원을 통해 본 신관(神觀)　서정범(경희대)
16 : 05~16 : 30　청안(淸安)국사당의 성격　김영진(청주대)
16 : 30~16 : 55　우실(村垣) 신앙고　최덕원(순천대)
17 : 00~17 : 30　총회

제19회 민속학 전국대회

일시　1990. 10. 13~14
장소　국립중앙박물관

제1부　한국민속학에 있어서의 북방문화

사　회　성병희(안동대)
10 : 00　개회사　임동권(학회장)
10 : 10~10 : 40　몽고의 민간신앙　김태곤(경희대)
10 : 40~11 : 10　몽고의 설화와 상징　김선풍(중앙대)
11 : 10~11 : 40　라마교에 대하여　최길성(계명대)
11 : 40~12 : 10　몽고의 석인(石人)　임동권(중앙대)
12 : 10~13 : 30　중식

제2부　사회 – 장주근(경기대)

13 : 00~14 : 00　몽고의 음악　권오성(한양대)

14 : 00~14 : 30　몽고의 무용　정병호(중앙대)

15 : 00~15 : 30　돈황(敦煌)의 복식　고부자(단국대)

15 : 30~16 : 00　돈황의 세시풍속　윤광봉(대전대)

16 : 00~17 : 00　종합토론　사회 – 지춘상(전남대)

17 : 00~17 : 30　총회

10월14일 제3부　사회 – 최덕원(순천대)

09 : 00~10 : 00　보살이라고 불리우는
민간종교 직능자에 대하여　用上新二(동국대)

10 : 00~10 : 30　해녀 입어(入漁)에 따른 관습과 습속　김영돈(제주대)

10 : 30~11 : 00　동국세시기의 저자와 그 성립　松原孝俊(神田外大)

11 : 00~11 : 30　altal제어(諸語)에서 본 청산별곡의 후렴해석　박상규(경원대)

11 : 30~12 : 00　광주 무등산 천제(天祭)와
사직단장승제 고찰　박경래(전남대)

12 : 00~12 : 30　전남 촌제의 축문에 나타난 신제 고찰　표인주(전남대)

제20회 민속학 전국대회

일시　1991.10.12~13

장소　순천대학

제1부　주제–민속예술경연의 발전

사회　성병희(안동대)

14 : 00~14 : 10　개회사　임동권(학회장)

14 : 10~14 : 30　민속예술경연대회의 과거, 장래　임동권(중앙대)

14 : 30~14 : 50　출연종목의 구성 연희에 대하여　정병호(중앙대)

14 : 50~15 : 10	농악, 민요의 구성 연희의 향상	권오성(한양대)
15 : 10~15 : 30	대회의 시기, 장소	신찬균(국민일보)
15 : 30~15 : 50	대화와 지방문화	김선풍(중앙대)
15 : 50~16 : 10	발굴의 제 문제	박순호(원광대)
16 : 10~16 : 30	대회에의 제언(提言)	김영진(청주대)
16 : 30~17 : 30	종합토론	사회 – 장주근(경기대)
18 : 00~19 : 30	총장초청 리셉션	

13일 제2부 사회 – 김태곤(경희대)

09 : 00~09 : 20	완도 장좌리 당신에 대하여	나경수(전남대)
09 : 20~09 : 40	설화 "꿩과 선비"의 민중의식	박정세(연세대)
09 : 40~10 : 00	구지가의 의식구조와 의미	유종목(동아대)
10 : 00~10 : 20	가무(歌舞) 유희요의 기능과 의미	이창식(동국대)
10 : 20~10 : 40	지방 제어에서 "샤만"계 명칭고찰	박상규(경원대)
10 : 40~11 : 00	가덕도의 민간요법	김승찬(부산대)
11 : 00~11 : 20	삼설양굿	최덕원(순천대)
11 : 20~11 : 40	돌하르방의 명의 논의	김영돈(제주대)
11 : 40~12 : 00	명석(鳴石)	정상박(동아대)
12 : 00~12 : 20	전립 벙거지와 사모의 변천	이보형(문화재 관리국)
12 : 20~13 : 30	점심	
14 : 00~18 : 00	낙안(樂安)민속마을, 송광사(松廣寺)답사	

제20회 민속학 전국대회

일시 1992.10.31일~11. 1

장소 경원대학

제1부　사회 – 김선풍(중앙대)

10 : 00	개회사　임동권(학회장)	
10 : 10~10 : 35	산유가(山有歌)에 대하여	이소라(문화재 관리국)
10 : 35~11 : 00	차전놀이의 사회적 의식	한양명(안동대)
11 : 00~11 : 25	농가요람(農家要覽)과 속신관념	이창식(동국대)
11 : 25~11 : 50	해안지방 도깨비 신앙의 전승양상	김종대(문화재 연구소)
11 : 50~12 : 15	한국 민요자료의 분포실태와 활용	좌혜경(제주대)
12 : 15~13 : 30	점심	

제2부

13 : 30~13 : 55	당 신화에 나타난 원혼(冤魂)	표인주(전남대)
13 : 55~14 : 20	장독간의 민속	배도식(동아대)
14 : 20~14 : 45	강원도 지역의 “산맥이” 신앙고찰	장정룡(강릉대)
14 : 45~15 : 10	한국민요 어휘를 통한 년대 측정	박상규(경원대)
15 : 10~15 : 35	당산목과 마을구조의 상관관계	최덕원(순천대)
15 : 35~16 : 00	옥구 탑동농요	박순호(원광대)
16 : 00~16 : 25	휴식	
16 : 25~17 : 30	총회	
18 : 00	경원대 총장 초대 리셉션	

제3부　사회 – 성병희(안동대)

주제　민속학사 정립을 위한 회고

09 : 30~10 : 00	야유 오광대 연구	강용권(동아대)
10 : 00~10 : 25	장승연구	김두하(민학동지회)
10 : 25~10 : 50	민속무용연구	정병호(중앙대)
10 : 50~11 : 15	민간신앙 연구	장주근(경기대)
11 : 15~11 : 40	가면극 연구	이두현(서울대)

11 : 40~12 : 05 민요연구 임동권(중앙대)

학회를 꾸려나가는 데에도 누군가의 대외적인 섭외력이 있어야 했다.

전국대회를 하려면 몇 가지 문제가 있다.

주제 선정, 현지와의 교섭, 때에 따라서는 경비의 조달 등 섭외의 문제가 있다.

주제선정과 발표자의 선정도 문제이다. 개인 발표의 경우에는 회원 각자가 연구 성과를 발표하면 되지만, 학문적 성과를 위해서 주제를 설정할 경우, 민속학 연구의 과거의 반성, 당면한 과제, 미래에 대한 지향을 토론할 필요가 있었다. 회원들의 그 동안의 성과에 따라 주제를 주고 의뢰를 하게 된다.

회원들이 중앙에 집중되어 있고 지방에서 개최하는 경우, 중앙에 있는 회원들이 대거 이동을 해야 하기 때문에 숙식에 문제가 있다. 그리고 초청해준 대학에서의 리셉션 정도는 기대하게 된다. 대개 초청한 대학의 총장의 초청연은 있었으니 현지 회원의 섭외력도 필요했다.

대학에서 장소를 제공하는 것이 상례이기에 수업에 지장이 없어야 하고, 발표자들도 강의에 지장이 없어야하기 때문에 여름과 겨울 방학 때가 가장 적기이다.

전국대회를 1972년에 시작하여 내가 학회장을 그만 둘 1992년까지 21회나 개최하였는데 개최 장소별로 보면 다음과 같다.

민속촌 5회

민속박물관 3회

중앙대 2회

국립박물관 2회

온양민속박물관, 유네스코회관, 분도회관, 안동대, 동아대, 전남대, 청주대, 순천대, 경원대에서 각 1회 개최장소를 가장 많이 제공해 준 곳은 한국민속촌으로, 내가 자문의원으로 있었던 점도 있으나 당시의 맹인제 사장의 각별한 호의에 의한 것으로 감사한다. 민속촌에서 개최할 때는 2일 동안으로 하고, 따라서 1박을 하는 것을 원칙으로 하고 식사를 제공해 주었다. 나머지 30명을 수용할 수 있는 승방僧房을 내어주어, 회원들이 서로 환담을 하면서 밤늦도록 담론할 수 있어 인상에 남는다.

1987년 10월의 제16회 대회 때에는 19 : 00부터 21 : 30까지 연구발표를 했고 토론을 하는 의욕적인 학회활동을 했다.

온양 민속촌에서도 1회 있었는데 중식을 제공해 주었다. 온양 민속박물관은 설립자, 계몽사 김원대 회장의 청에 의하여 계획 수립 때부터 참여했고, 설립 취지문을 써 준 인연이 있다. 지나고 보니 주변의 많은 분들의 신세를 지고 살아 왔다.

(3) 국제대회

가. 아세아 국제민속학대회

민속학회가 1969년에 발족하여 창립 20주년을 맞이하는 1989년 전국대회와 동시에 아시아 국제민속학대회를 개최하기로 했다. 학회발족기만해도 아직도 경제난과 사회가 혼돈한 시기라 어려움이 많았으나, 20년이 지나니 사회도 안정되고 국내에서 민속학의 폭이 넓어졌다. 한국학 학계에서도 확고한 위치가 인정되어 회원수도 300명이 넘고, 해외조사와 교류도 이루어져서 한국의 민속학도 아세아권 내에서 활발한 교류도 있게 되었지만 특히 아세아권 안에서의 교류는 절실해졌다.

우리는 중국으로부터 문화를 수입했고 소화하여 일본에 전달한 예가 많아 전파론傳播論적 관점에서, 우리의 주변민족의 문화와의 관련을 한번 살펴볼 필요가 있다고 생각하여 “아세아 국제민속학”대회를 구상하게 되었다.

우리는 그 동안 일본과는 왕래가 있었으나, 북방과는 오랜 동안 오갈 수가 없어 교류가 없었다. 그러나 다행히 정치적인 문제가 풀려 서로 왕래가 가능해 졌으니 한・중・일의 민속학자가 한자리에 모일 수 있게 되었으니 민속학회의 20주년을 맞아 중국과 일본의 민속학자를 초청해서 학자끼리의 교분을 두텁게 하고, 학문의 교류를 가지고자 했다. 다행이 중국과 일본의 민속학계에서 기꺼이 호응하여 처음으로 아시아의 3국의 민속학자가 한 자리에 모이게 되었다.

국제학회를 주최하자면 많은 경비가 소요되는 것이 문제이다. 외국의 학자를 초청하자면 왕복 항공료와 체류하는 동안의 호텔숙박료를 제공해야 하는데 학회는 그러한 자금이 없었다. 한국의 민속학회는 일본도 중국도 아직 하지 못한 3국의 민속학자를 한 자리에 모이게 하자는 발상인데 자금이 없다. 그래서 궁리 끝에 문교부의 지원을 받기로 했다.

문교부를 찾아갔다. 취지를 설명하고 이 기회에 한국의 전통문화를 적어도 아세아 권에서 확실한 자리를 확보할 필요가 있음과 우리보다 국력이 나은 중국과 일본에 앞서 학회를 주최할 역량을 보이자고 역설했다. 어렵게 "결과는 장담 할 수 없지만 신청서를 내 보라"는 동의를 받았다.

"민속학 국제 학술대회 지원 신청서"를 제출하고 교섭 끝에 400만원의 지원을 받았다. 당시의 문교부 학술지원금으로서는 큰 돈이었다.

학술대회를 위하여 서류가 남아 있으니 다음과 같다.

1. 학술연구조성비 신청서
2. 경비총괄 명세서
3. 중국학자 초청서 (3인)
4. 일본학자 초청서 (3인)
5. 우빙안(烏丙安)교수와의 서신

오교수는 중국민속학회 부회장으로 요녕대학僚寧大學 교수로 초청장을 보냈더니 독일에 가서 연구중인데도 대회에 참가하겠다는 연락이 왔다.

명칭은 "아세아 국제민속학대회"로 하고 시일은 1989년 9월 24일 국립박물관 사회교육관에서 개최했다. 대회의 진행은 다음과 같았다.

亞細亞 國際民俗學大會

日時 : 1989. 9.24

場所 : 國立博物館 社會敎育館

9 : 20	開會	司會 – 金善豊(한국). 竹田 旦(일본)
9 : 30~10 : 10	基調講演	任東權(한국)
10 : 10~11 : 00	樹木信仰의 民俗	直江廣治(일본)
11 : 00~11 : 10	休息	
		司會 – 金泰坤(한국). 張紫晨(중국)
11 : 10~12 : 00	中國 東北諸民族的信仰民俗	烏丙安(중국)
12 : 00~12 : 30	巫俗神話의 社會的機能	玄容駿(한국)
12 : 30~13 : 30	點心	
		司會 – 鄭昞浩(한국). 烏丙安(중국)
13 : 30~14 : 20		張紫晨(중국)
14 : 20~14 : 50	東亞細亞에 있어서의 死靈結婚	竹田 旦(일본)
14 : 50~15 : 20	禁域標識考	池春相(한국)
15 : 20~15 : 30	休息	
		司會 – 張籌根(한국). 直江廣治(일본)
15 : 30~16 : 20	對馬島에서 본 神神과 그 源流	永留久惠(일본)
16 : 20~16 : 50	在中國 朝鮮族의 生活과 文化	金錦子(중국)
16 : 50~17 : 20	윷놀이의 比較民俗學的 考察	成炳禧(한국)
17 : 30~18 : 00	綜合討論	
18 : 30~20 : 00	파티	

일본과 중국에서 대표적인 민속학자들이 참석하여 학계의 주목을 받았고 성황을 이루었으나 유감스럽게도 중국민속학회 부회장인 장자신張紫晨의 부득이 한 일로 참석하지 못했다. 한달 전에 나와 일본 동경에서 만나 참가를 요청하였더니 한국에 오게 되었다면서 좋아하였는데 불참해서 서운했으나, 출국하지 못할 일이 생겼다는 전문傳聞이다. 1981년 일본구승문예학회日本口承文藝學會에 나는 발표요청을 받고 참가했는데 중국에서는 가지賈芝씨가 오기로 되어 있었다. 나는 중국 민요학자를 만날 수 있어 기대를 했는데 유감스럽게도 불참한 일이 있었다.

그후 장자성張紫晟씨로부터 김금자金錦子교수를 통해서 사과의 연락이 있었고, 한국에 오기를 갈망하는 요청이 있어 국제교류재단에서 어렵게 초청승인을 받아 초청장을 보내려고 할 때에 부음訃音이 와서 한국방문을 실현못한 일이 있다.

민속학회가 주체한 국제대회는 한국민속학이 주변민족의 민속학과의 관련을 모색할 수 있다는 당위성을 인식하게 되었고 한국민속학의 위상을 높여 주는 계기가 되었으며, 우리의 재정만 허용되면 자주 개최할 수 있었으면 했다.

국제대회란 외국의 손님을 맞이해야 하기 때문에 막대한 경비가 든다. 나는 기금을 마련을 하기 위해서 동분서주 해야 했다.

나. 제2회 국제민속학대회

제2회 국제민속학대회는 인권한 교수가 학회장을 맡고 있을 때의 일이다. 1997년은 "문화유산의 해"이기에 문화유산의 의미를 국민에게 선양하는 조직체로 "97 문화유산의 해 조직위원회"가 구성되었고 나는 그 부위원장을 맡고 있었다. 그래서 "문화유산 조직 위원회"로부터 학술대회의 경비지원을 받아 "제2회 국제민속학대회"를 개최하게 되었고 내가 대회장을 맡게 되었다.

이번 대회는 예산이 넉넉해서 많은 민속학자들이 참석하는 대대적인 학술대회로 구상하고 해외에서도 많은 학자를 초청하여 2일 간에 걸쳐 대회를 진행하였으니 다음과 같다.

第2回 國際民俗學大會

主題 : 亞細亞地域 文化遺産의 保存과 傳承

時日 : 1997年 8月 23~24日

場所 : 果川 호프 호텔

主管 : 民俗學會

主催 : '97 文化遺産의 해 組織委員會

後援 : 韓國文化藝術振興院

◦ 日時 : 1997. 8.23~24日

◦ 場所 : 13F Seminar Room

第1日

司會 - 姜膽鶴(江陵大)

09 : 00~09 : 20	登錄	
09 : 20~09 : 40	開會辭	任東權(大會長)
09 : 40~10 : 00	韓國民俗學의 形成. 展開. 課題	印權煥(學會長)
10 : 00~10 : 30	日本における民俗學の成立と展開	竹田 旦(創價大學)
10 : 30~11 : 00	論蒙古族現代民俗學的形成與發展 -以內蒙古爲中心-	色音(中央民族大學)
11 : 00~11 : 30	中國民俗學發展的 幾段階	劉鐵梁(北京師範大學)
11 : 30~11 : 40	休息	
11 : 40~12 : 20	綜合討論	
12 : 20~13 : 20	點心	

司會 − 劉永大(高麗大)

13 : 20~13 : 50	蒙古民族的 馬崇拜	邢莉(中央民族大學)
13 : 50~14 : 10	重要 無形文化財의 保存狀況	任章赫(文化財管理局)
14 : 10~14 : 40	民俗文化財の保護制度とその變遷	大島 曉雄(文化廳調査官)
14 : 40~15 : 10	創建中華民族文化長城將無形資産爲有形財富 − 周魏峙(文學藝術家聯合會主席)	
15 : 10~15 : 20	休息	
15 : 20~16 : 00	綜合討論	
16 : 00~16 : 20	氈笠과 農樂의 象毛	李輔亨文化財專門委員)
16 : 20~16 : 50	韓國における都市民俗學	島村恭則(翰林大學)
16 : 50~17 : 20	韓國에 있어沖繩硏究	崔仁宅(宮崎大學)
17 : 20~17 : 50	琉球・韓國・日本の祭りの比較	伊藤 好英(慶應大學)
17 : 50~18 : 00	休息	
18 : 00~18 : 40	綜合討論	

第2日

第一發表場 13F Seminar Room

司會 − 金容德(漢陽大學)

09 : 30~10 : 00	巫俗의 生命力	金錦子(中央民族大學)
10 : 00~10 : 30	日本における 民間信仰概念の成立と展開	鈴木岩弓(東北大學)
10 : 30~11 : 00	淨土敎の文化と巫俗の日韓比較	日向一雅(明治大學)
11 : 00~11 : 20	차사본풀이類型 巫歌의構造와意味	崔元午(서울大學)
11 : 20~11 : 30	休息	
11 : 30~12 : 30	綜合討論	
12 : 30~13 : 30	點心	

司會 – 鄭炳憲(淑明女子大學)

13 : 30~13 : 50	굿에 나타난 和解精神과 共生的世界觀	林在海(安東大學)
13 : 50~14 : 10	言語와 巫歌를 통해서 본 韓・蒙文化의 樣相	朴相圭(暻園大學)
14 : 10~14 : 30	도깨비 信仰의 類型과 傳承樣相	金宗大(國立民俗博物館)
14 : 30~15 : 00	鬼室集斯の墓碑と祭祀について	胡口 靖夫(國學院大學)
15 : 00~15 : 10	休息	
15 : 10~15 : 40	在日韓國人の民族性の變遷と日本社會	鄭早苗(大谷大學)
15 : 40~16 : 00	東亞細亞 神話比較	金憲宣(京畿大學)
16 : 00~17 : 00	綜合討論	
17 : 00~17 : 30	閉會辭	
17 : 30	晚餐	

第二發表場

場所 : 8F Crystal Room

司會 : 朴銓烈(中央大學)

09 : 30~09 : 50	無形文化財의 現實과 指定	鄭尙圤(東亞大學)
19 : 50~10 : 20	東アジアの十五夜藝能	永松 敦(民俗藝能博物館)
10 : 20~10 : 50	傳統的な出産習俗調査からの一考察 – 日本、そして韓國 –	吉村典子(廣島大學)
10 : 50~11 : 20	地域傳統文化活化と映像	松平 誠(女子榮養大學)
11 : 20~11 : 30	休息	
11 : 30~12 : 30	綜合討論	
12 : 30~13 : 30	點心	

司會 : 金東箕(建陽大學)

13 : 30~13 : 50	論道敎的民族性	盧國龍(中國社會科學院)
13 : 50~14 : 10	中國藏族의 風俗과 韓國風俗의 比較研究	李敬惠(安養大學)
14 : 10~14 : 30	韓・中 歲時風俗과 歌謠의 比較	張正龍(江陵大學)

14 : 30~14 : 50	民俗劇에 나타난 悲劇的特性研究	沈相敦(高麗大學)
14 : 50~15 : 00	休息	
15 : 00~15 : 30	尾巴老李的傳說 初探	葉 濤(山東大學)
15 : 30~15 : 50	農樂隊 잡새놀이의 演劇性과 祭儀性	朴鎭泰(大邱大學)
15 : 50~16 : 50	綜合討論	
17 : 30	晩餐	

이상이 학회에서 발표한 학자와 연제演題이다. 2일 동안 한국 15제, 일본 11제, 중국 7제, 총 33인의 한·중·일 3국의 민속학자들이 한자리에 모여 33연제를 발표하고 토론하였으며, 아직 일본이나 중국에서 하지 못한 민속학 아세아 국제대회를 한국에서 처음으로 한 셈이다. 학자간의 교류와 학문의 교류를 한국이 주최하여 한국민속학의 위상을 높이는데 큰 기여를 한 셈이다.

학술대회는 성황리에 종료했다.

(4) 은산恩山 별신제別神祭의 한韓·일日 학술대회

무형문화재 제8호 강강술래와 제9호인 은산 별신제는 1966년 2월 15일에 무형문화재로 지정되었다. 그 작업을 문화재위원으로 내가 담당했다. 무형문화재는 여러 분야가 있는데 나는 민속학을 전공하기 때문에 주로 민속분야를 조사하기로 하고, 다음은 강릉 단오제, 안동 차전놀이 등을 조사하려고 계획을 가지고 있었다.

은산 별신제를 지정한 다음 일본을 여행하다가 교토京都의 동쪽에 위치한 비파호琵琶湖근처에서 귀실집사鬼室集斯를 제사하는 귀실신사鬼室神社를 들른 일이 있었다. 그 후로 의문이 생겼다. 귀실집사는 복신福信장군의 아들이라 하는데 아버지인 복신장군은 은산 별신당에 모셔 있고 그 아들은 일본에서 신으로 모셔 있다니, 무슨 사연이 있어 왜 그렇게 되었는가 하는 의문이 있었다.

은산 별신당의 정면 벽에는 중앙에는 산신山神, 좌左에는 복신장군, 우右에는 토진대사土進大師를 모셔 있는데, 토진은 백제의 고승高僧 즉 도침道琛의 와전으로 본다. 복신장군과 도침대사는 백제부흥을 위하여 협력한 사이였으나 후에 분열하는 불행이 있었다. 복신장군은 왕족으로 일본에 있다가 조국 백제가 위급할 때에 귀국해서 백제 부흥을 위하여 싸운 충신이다. 아버지는 조국에 아들은 일본에 있어야 했던 사정이 궁금했다. 그래서 문제를 풀기 위해서 언제인가는 한·일 학자들의 공동작업이 있었으면 했다.

1991년 여름에 이어령 문화부 장관과 정재훈 문화재 관리국장과 자리를 같이하게 되어 문화재 지정문제 이야기가 나왔다. 내가 복신장군과 귀실집사와의 부자관계를 이야기를 하고 한·일 합동 학술회의 필요성을 이야기 하였더니. 장관과 국장이 좋은 발상이라면서 예산지원을 약속해 주었다.

나는 곧 "은산 별신제 한·일 학술대회"를 구상하기로 했다. 은산 별신제는 격년제로 하는데 다행히도 다음해 즉 1992년이 별신제를 거행하는 해로, 기왕이면 그 시기에 맞추어 학술대회를 하고 별신제를 참관할 수 있으면 더욱 효과적이라 생각하여 일을 서둘러야 했다.

학술회의 시기는 별신제에 맞추어 하기로 하고 발표자 선정에 들어가 국내에서는 그 동안 연구실적과 발표된 논문을 참작하여 선정했다. 문제는 일본측 연사였다. 백제사를 전공하거나 별신제를 본 학자, 향토축제를 전공하는 학자를 대상으로 명단을 작성하여 일본에 가서 교섭하기로 했다. 한국과의 교류사交流史로 업적이 많은 우에다 마사아끼上田正昭를 고려했으나 당시 학장學長직에 있어서 3월은 졸업식, 입학식으로 도저히 나갈 수가 없다고 하여 초청을 못하였다. 그 밖의 예정한 학자들은 참석하기로 하고 시일, 장소, 논제, 발표자를 정하였으니 다음과 같다. 참가자의 숙식, 교통비, 강연사례 등 비용 일체는 보조금으로 부담했다.

명칭 : 은산 별신제 한·일 학술대회

일시 : 1992년 3월 28~29일. 2일간

장소 : 부여읍. 부여 군민회관

주최 : 은산별신제 보존회

주관 : 민속학회. 은산별신제 한 · 일 학술대회 집행위원회

후원 : 문화재 관리국

恩山 別神祭 韓 · 日學術大會

1992. 3.28(第1日)

9 : 00~9 : 20	登錄		
9 : 20~9 : 25	開會辭	大會長	任東權
9 : 25~9 : 35	祝辭	文化財 管理局長	鄭在燻

第1部 司會 : 池春相

9 : 35~10 : 10	<基調講演> 恩山別神祭의 諸 問題	任東權
10 : 10~10 : 45	百濟文化의 日本 傳播	安承周
10 : 45~10 : 55	休息	
10 : 55~11 : 30	日向의 師走祭와 傳說	天野武(日本)
11 : 30~12 : 05	恩山別神祭의 民俗學的 考察	金善豊
12 : 05~12 : 40	恩山別神祭와 日本의 村祭	竹田 旦(日本)
12 : 40~13 : 40	中食	

第2部 司會 − 成炳禧

13 : 40~14 : 15	百濟復興運動과 福信		盧重國
14 : 15~14 : 50	鬼室集斯에 對하여		鄭早苗(日本)
14 : 50~15 : 25	百濟復興運動과 道琛		成周鐸
15 : 25~14 : 00	百濟와 日本		井上秀雄(日本)
16 : 00~16 : 10	休息		
16 : 10~17 : 40	綜合 討論	司會	張籌根
	討論者 : 金鎬一逸	井上秀雄	

史在東	成周鐸
申光燮	安承周
黃仁德	金善豊
李鍾哲	天野 武
玄容駿	竹田 旦
朴銓烈	鄭早苗
梁起錫	盧重國

18 : 00~20 : 00　晩餐.

VTR 觀覽

恩山 別神祭

師走祭

鬼室神社祭

第2日(3月29日)

別神祭 參觀

*** 別神祭 日程表

場所 : 扶余郡 恩山面 恩山里 別神堂.

3.26	7 : 00~8 : 00	물 봉하기. 조라 술 담그기
3.27	9 : 00~15 : 00	진대 베기
3.28	9 : 00~15 : 00	꽃 받기
3.29	15 : 00~16 : 00	上堂(供饋와山神祭)
	21 : 00~24 : 00	本祭
3.30	10 : 00~12 : 00	上堂굿
	14 : 00~16 : 00	下堂굿
3.31	19 : 00~20 : 00	獨山祭

강연회講演會에는 귀실신사鬼室神社가 있는 일본 일야정日野町에서 정장町長 일행이 참석했고 많은 청중이 모여 뒤의 입석도 초만원을 이루었다.

5) 국제교류

(1) 일본 민속학회와 교류

일본 민속의 기초를 닦은 사람은 야나기다 구니오柳田國男인데 1975년에 생탄生誕 백주년 기념대회를 하였으니 1875년생으로 대학에서 농학農學을 전공하고 1900경부터 민속학에 관심을 가지고 있었을 것이다.

우리보다 일직 서구문화를 수용했고 상민常民의 학으로 성장한 민속학은 새로운 학으로 성장하여 각 분야에서 많은 성과를 거두고 있었다.

나는 1963년 8월 10일부터 30일까지 20일 동안 해방 후 처음으로 일본에 갔다. 내가 서라벌예술대학 학장으로 근무하고 있었는데, 국내에 유일한 예술대학으로 교과과정 편성, 갖추어야 할 실습기구, 교육목표 등에 있어 여러 가지 문제가 있었다. 그래서 우리보다 먼저 예술교육을 실시하고 있는 일본의 예술교육계를 시찰하고자 동경예술대학과 일본대학 예술학부에 사전연락을 하고 시찰차 간 것이다.

내가 동경에서 중학을 마치고 1943년 말에 귀국하였으니 20년만의 동경은 올림픽을 1년 앞두고 가는 곳마다 공사판이고 어수선했다.

동경예술대학은 오랜 전통이 있어 목조건물 복도를 걸어가는데 삐걱 소리가 나지만 선배들이 옛 회상거리라 하여 수리를 하지 않고 그냥 두고 있다는 말은 여운이 있었다. 동경예술대학은 음악과와 미술과만 있는데, 일본대학 예술학부는 연극영화과, 사진과, 문예창작학과가 있어 서라벌예술대학과 유사해서 자매결연을 추진하기로 합의를 보았다.

여행목적은 거의 끝나기에 일본 민속학회와 접촉하기로 했다. 수소문 끝에 동경교육대학에 일본민속학회 사무처가 있는 것을 알았다. 동경교육대학은 원래는 "동경고등사범학교"였는데 전후에 "동경교육대학"이 되고, 지금은 쓰쿠바筑波로 이전하여 쓰쿠바대학이 되었다.

일본민속학회로 찾아가 학회 간사로 있는 다께다竹田교수를 만나 일본 민속학회와 민속학계에 대한 이야기를 들었다. 회원 수도 많고 지방에는 지방나름의 민속학회가 있어 민속학 연구가 매우 활발한 것을 알았다. 이것이 나와 일본민속학과의 첫 만남이고 다께다교수와는 오늘날까지 45년간의 교분을 유지하고 있다. 10월에 일본민속학회가 있으니 와서 발표해 달라는 요구가 있었으나 응하지 못했다. 당시는 외국여행이 쉽지 않고 여권을 받기가 매우 까다로운 시기였고 외환은 100불밖에 환전할 수가 없었다.

동경에서 민요연구가 후꾸시마福島 惣一郎. 오시마大島建彦씨를 만났고 야나기다柳田문고가 있는 세이죠成城대학의 민속 자료관을 견학했다.

1971년1월에 미국에 다녀오다가 일본에 들렀으나 다께다교수만 만났다.

1971년 5월에 중국민속학회의 초청을 받아 대만에 다녀오다가 동경에 들러 미리 약속된 오쓰가大塚민속학회에서 "한국의 민속학연구의 동향"이란 연제로 강연을 했다. 내가 일본민속학계의 동향을 궁금해하듯이 일본측에서도 한국의 민속학계의 움직임을 알고 싶어했다. 오쓰가 민속학회란 동경교육대학이 있는 곳의 지명이 오쓰가이기에 그 이름을 따서 동경교육대학의 민속학회를 오쓰가 민속학회라 부르고 있다. 이 자리에서 일본민속학회장 와까모리 다로和歌森太郎, 사꾸라이 도꾸다로櫻井德太郎, 나오에 고지直江廣治, 가메야마 게이이찌龜山慶一, 미야다 노보루宮田 登 등 여러 민속학자를 만나 발표회가 끝난 다음 식사를 하면서 장시간 대화를 했다.

1975년 일본민속학회가 주관하는 "야나기다 구니오柳田國男 생탄生誕 백주년기념百周年紀念 국제학술대회國際學術大會"에 초청되어 "자연과 문화"란 주제로 발표하였고 많은 사람을 만났다. 학회가 끝나고 지춘상池春相, 일본의 다께다竹田, 미국의 도-슨교수, 독일의 노-만교수 등과 같이 오끼나와沖繩에 가서 일주일 동안 민속조사를 했다. 나는 후로 2005년까지 일본에서 100

여 회의 학술강연을 했으니 다음과 같다.

1963. 7.	동경교육대학의 일본 민속학회를 처음으로 방문 다께다(竹田) 간사를 만남	
1971. 5.	大塚민속학회에서 강연	연제 – 한국민속학연구의 동향
1975. 7.	柳田國男 탄생 100주년기념 국제학술대회에서 강연	연제 – 자연과 문화
1973. 7	일본국제교류기금으로 大塚민속학회와 공동으로 대마도 일지민속조사	
1976.10.	天理大學 조선학회에서 강연	연제 – 설화와 민요의 교섭
1977.12.	筑波大學에서 간담회	연제 – 한국민속학회의 현황과 과제
	駿台學園에서 강연	연제 – 대마도의 천도신앙
	大塚민속학회에서 강연	연제 – 한국의 민간신앙
1978. 4.	奈良大學 국제민속학대회에서 강연	연제 – 한국의 민간신앙과 불교
1978.12.	駿台학원에서 강연에서 강연	연제 – 한국의 민요
1979. 7.	桐棚大學에서 강연	연제 – 한국 민속학연구의 현황
12.	日本大學에서 5일간 집중강의	연제 – 한국의 세시풍속과 민속
	韓日古代史 심포지움에서 강연	연제 – 한일 산속의 비교
1981. 6.	일본 口承文藝學會에서 강연	연제 – 한국의 민요
	九州大學에서 강연	연제 – 한일고대문화의 교류
	昭和女子大學에서 강연	연제 – 고대 한·일문화교류의 제 문제
	동경 韓國文化院에서 강연	연제 – 한국의 세시풍속
	武藏音樂大學에서 강연	연제 – 한국의 민속악
8.	川西市居留民團에서 강연	연제 – 한국문화의 특증
1982. 5.	日本儀禮文化學會에서 강연	연제 – 한국의 의례와 신앙
	일본 地名연구소에서 강연	연제 – 한국 지명연구의 현황
11.	大塚민속학회에서 강연	연제 – 한국에 있어 민속문화의 연구
	大阪 건국고등학교. 교원연수회에서 강연	연제 – 한국고대문화의 특징

	伊勢 민속학회	연제－한국민속학의 현황
1983. 5.	일본 歌謠學會에서 강연	연제－한국민요의 형식과 운율
	中京大學에서 강연	연제－한・일 고대문화교류의 제 제
	일본 地名연구소에서 강연	연제－柳田學과 한국민속학
7	駿台학원 輕井莊에서 강연	연제－한국문화의 이해
1984. 6	日本神社廳 연수회에서 강연	연제－한국의 祭儀
7	對馬 鄕土연구회에서 강연	연제－대마도의 기초문화
8~85. 8	일본 국제교류기금 초청으로 1년간 일본체류	
11.	筑波大學에서 강연	연제－한국의 仙女譚
	國學院大學에서 강연	연제－한국 선녀담의 비교
	國學院大學 간담회에서 강연	연제－한국의 문학사 5회
12.	福井工業大學에서 강연	연제－민속문화의 비교
	昭和女子大學에서 강연	연제－한・일고대문화의 교류
	日本口承文藝學會에서 강연	연제－한국의 동요
	國學院大學에서 강연	연제－한국설화의 대륙성
1985. 1.	國立歷史民俗博物館에서 강연	연제－한국민속학회의 동향
2.	明治神宮 祈年會에 강연	연제－한국의 洞祭
3.	日本庚申學會에서 강연	연제－한국의 庚申신앙
	동경 한국문화원에서 강연	연제－한국의 동물문화
4.	일본 地名學會에서 강연	연제－한국에 있어서의 지명연구
.	桐朋大學에서 강연	연제－천도신앙에 대하여
	駿台학원에서 강연 5회	연제－한국문화사
5.	國學院大學에서 강연 7회	연제－한국고전문학 특강
	東京 韓國文化院에서 강연	연제－일본 안의 한문화
	〃	연제－한국의 세시풍속
	〃	연제－민요와 마음과 생활
	大阪사이엔스 클럽에서 강연	연제－민속문화와 전파

6.	日本民俗學會에서 강연	연제 – 한국민속에 있어서의 닭
	日本口承文藝學會에서 강연	연제 – 한국농요의 특징
	國學院大學에서 강연	연제 – 한국의 花煎歌(踏歌)
	國學院大學에서 강연	연제 – 한국의 민요와 儀禮
	稻毛神社에서 강연	연제 – 한국의 민속과 의례
7.	崎玉文化센터에서 강연	연제 – 한국의 민속과 예능
	岡山民俗學會에서 懇親會	연제 – 한국의 민속학과 학회
	女性 民俗同好會에서 강연 6회	연제 – 한국의 여성생활
1986. 4.	産經新聞 主催 經團連에서 강연	연제 – 한국 민속학에서 본 양국관계
	京都新聞 主催 실크홀에서 강연	연제 – 한국 민속학에서 본 일본문화
	大阪 朝日新聞 主催 朝日生命에서 강연	연제 – 한국 민속학에서 본 일본문화
	東京 한국문화원에서 강연	연제 – 한국 민속학에서 본 양국관계
	京都 한국학원 教員硏修에서 강연	연제 – 한국문화의 특질
1987. 7.	對馬 상공회관에서 강연	연제 – 한국에서 본 對馬민속
1988.12.	大塚민속학회에서 강연	연제 – 한국민속학의 과제
1989.11.	奈良大學 아시아 민속학대회에서 강연	연제 – 한국에서 본 대마도 민속
1990.11.	神田外國語大學에서 강연	연제 – 닭의 문화
1992.10.	東京都立大學에서 강연	연제 – 민속학에서 본 한일 고대문화의 교류
	京都 국제문화센터에서 강연	연제 – 민속학에서 본 渡來人
	石川縣 中島町문화센터에서 강연	연제 – 구마가부도(熊甲)제와 한국
12.	동경 한국문화원에서 강연	연제 – 민속학에서 본 한일 고대문화의 교류
1993. 7.	廣島市 문화 포롬에서 강연	연제 – 한・일 민간신앙의 비교
1994. 4.	出石市 天日槍학술대회에서 강연	연제 – 한국에서 본 天日槍
1995. 5.	岡山縣 牛窓教育위원회에서 강연	연제 – 통신사에 대하여
6.	學習院大學 아시아 문화 심포지움에서 강연	연제 – 한국의 稻作文化

	學習院大學 동양문화연구소에서 강연	
		연제－한국에 있어 비교민속학의 현황
9.	일본 外務省 아시아傳統文化 國際會議에서 강연	
		연제－한국 무형문화재의 보존현황
1996.11.	宮崎大學에서 강연	연제－師走祭와 백제문화의 전파
	南鄕村 문화센타에서 강연	연제－師走祭와 백제문화
	京都國際交流會館에서 강연	연제－古代 韓・日樂儀의 交流
1998. 1.	東北大學 종교학 연구소에서 강연	연제－한국의 조상숭배
1999. 2.	동경 한국문화원에서 강연	연제－한국의 族譜
	동경 한국 YMCA에서 강연	연제－天日槍의 神境의 유래
	駿台학원에서 강연	연제－한국의 氏族과 족보
8.	東北大學 宗敎學연구소에서 강연	연제－한국의 墓制와 展望
11	沖繩藝術大學 아시아史學會에서 강연	연제－漂流記에 나타난 琉球
2002. 5.	駿台학원에서 강연	연제－일본 神境의 系譜
2002. 8.	對馬 雨森芳州會에서 강연	연제－대마도 석탑의 계보
2002.11.	愛知大學 국제커뮤니케이션 학회에서 강연	연제－朝鮮通信使와 唐人踊
2003. 9.	羽曳野市 文化會館	연제－平安遷都와 百濟文化
2004. 9.	東京 王子俱樂部	연제－"꿩 대신 닭"
2005.10.	福岡 아시아 文化賞식에서	연제－玄海灘을 건너온 文化
	(秋田) 일본 歌謠學會	연제－金素雲의 업적
11.	東北大學 國際심포지움	연제－한국의 山과 神
11.	九州大學 한국학연구소 다문화심포지움에서	연제－韓國의 茶文化

이상 93회인데, 일본대학에서의 집중 강의 5회와 여성 민속동호회 6회를 합하면 104회의 강연을 한 셈이다. 강연의 내용은 주로 한국문화의 일본에의 전파와 그 영향을 다루었다.

나는 1963년에 시작하여 2005년까지 30년 동안 84회나 일본에 갔는데,

놀거나 관광을 위해서 간 일은 없고 학술회의 아니면 한국에서 일본에 전파한 문화를 추적하는 작업을 했다. 나의 저서 중 『일본 안의 백제문화』·『대장군신앙의 연구』·『통신사와 문화전파』·『한·일 궁중의례의 연구』·『한국에서 본 일본의 민속문화』는 바로 그러한 작업이다.

2003년 이후 2년 반 동안 일본여행을 하지 못하였는데, 강연 요청도 있어 온천여행을 겸해서 청하는 대로 응할까 한다.

(2) 한·일 공동학술조사

가. 1973년도의 일차 조사.

민속학연구에 있어 현상을 분석하는 일도 중요하나 언제 어디에서 유입되었으며 언제 주변으로 전파하였는가 하는 문제의 역사성 연구도 매우 중요하다.

민속학은 현장에 가서 기록하고 분석하는 일을 해야 하는데 국제정세가 허용하지 않아 우리는 갈 수 없는 곳이 있었다. 아직도 우리는 같은 민족이면서 이북에 가서 민속조사는 할 수가 없다. 그래서 한국민속학의 영역은 좁을 수밖에 없었다.

자유롭게 갈 수 있는 일본과의 교류는 가능했다. 우리는 고대에 우리문화가 일본에 전파한 문제에 관심이 있었고, 일본에서는 자기네 문화의 원류源流를 찾기 위해서 한국의 민속문화에 관심이 있었다. 이러한 발상에서 70년도에 들어 공동조사를 하자는 의견이 교환되었다. 그래서 사업추진의 위해서 의견을 모으고 방법을 모색하기로 했다.

실제 검토에 들어가니 제일 문제되는 것이 경비이다. 당시 우리는 아직 발전도상국에 속하여 해외 조사를 한 일이 없고 연구자 각자가 자비로 가기도 어려운 실정이었다. 그래서 나는 정부에 해외조사비 보조를 요청하기로 하고, 우리들의 일본조사의 경비를 일본측에서 부담해 줄 것을 협의했다. 조사의 방법은 다음과 같이 합의했다.

1. 조사시기는 여름철로 하고 년 차로 합동해서 상호 왕래한다.

1차년(1973년)은 일본 조사단이 한국에 와서 남해안지방을 조사

2차년(1974년)은 한국 조사단이 일본 대마도와 일기(壹岐)섬을 조사

3차년(1975년)은 일본 조사단이 제주도를 조사.

4차년(1976년)은 한국 조사단이 일본 평호(平戶)섬과 북 구주(北 九州)조사

2. 조사원의 수는 5명 또는 6명으로 한다.

3. 조사원의 선정은 각 측에 일임한다.

위와 같은 구두 합의에서 구체화하기 위하여 확인서를 작성하였다.

* 확인서

금번 한국과 일본의 민속학자들이 서로 제휴하여 "한・일 공동 민속조사요강"에 따라 긴밀한 협력아래 공동조사를 실시하고 따라서 양국의 민속학 연구를 일층 비약적으로 발전시키려고 계획하였습니다. 이 계획이 완전하게 달성 될 수 있도록 각각 전력을 다 할 것을 여기에 확인합니다.

1973년 8월 1일

일본측 단장	동경교육대학 교수	와까모리 다로
한국측 단장	서라벌예술대학 교수	임동권

* 한일공동 민속조사 요강

1973. 8. 1

1. 목적

한국과 일본과는 예로부터 교류가 있어 하나의 문화권을 이루어 왔다고 할 수 있다.

현재까지의 민속문화에 있어서도 양국간의 교류가 있었던 사실을 인정할 수 있다. 금후의 민속학 연구에 있어 인근 제국을 살피지 아니하고 국내에만 머물러 있어서는 비약적인 발전을 기대할 수가 없다.

이러한 점을 참작하여 한・일 양국의 민속학자가 서로 상대국을 방문하면서 공동조사를 실시하여 비교민속학적 입장에서 연구를 진행하고자 하는 것이다.

2. 조사계획

1973년도　일본 학자들이 한국에 와서 민속조사
시기 : 9월 10일부터 10월 19일까지
조사지 : 전라남도. 경상남도 해안 지방

1974년도　한국학자들이 일본 대마도. 壹岐島 조사

1975년도　일본학자들이 한국 제주도 조사

1976년도　한국학자들의 일본 히라도(平戶島)와 北九州지방을 조사

3. 조사단원

한국측 : 임동권(단장)
김택규. 현용준. 김태곤. 지춘상. 최인학.

일본측 : 和歌森 太郞(團長)
直江 廣治. 櫻井 德太郞. 竹田 旦. 龜山 慶一. 宮田 登. 萩原秀三郞

이상 대로 하지만 때로는 조사자가 교체되는 일도 있었고, 문장을 바로 잡은 곳도 있다.

제1차 조사 일을 수일 앞두고 문제가 생겼다. 조사단의 간사인 다께다竹田교수가 혼자 왔다. 문제가 생겼다는 것이다.

조사준비는 순조롭게 진행되고 있는데 단장인 와까모리和歌森교수에 문제가 생겼다는 것이다. 와까모리 교수는 일본 민속학계의 원로인 동경교육대학이 쓰쿠바로 이전하는데 있어 반대파의 중심 인물이었다. 이전 반대에는 배후에 좌익 조직이 있어서 좌익의 거물로 오해를 받고 있으니 반공국가인 한국에 가면 체포 될 것이니 제자들이 한국에 못 간다고 막고 있다는 것이다. 그래서 한국에서 신분 보장을 해 달라는 것이다.

난처한 일이 생겼다. 예상하지 못한 일이 생긴 것이다. 다께다 교수가 온 날이 금요일이다. 밤에 묘책은 없을까 생각하여 토요일 아침에 문화공보부

를 찾아가 차관실에서 담당 국·과장과 해결의 묘책을 협의했다. 문화부가 특정인물을 신분보장은 한 일이 없으며 할 수도 없다는 것이다. 여러 의논 끝에 묘안으로 "한일 민속학자들이 합동으로 현지에서 민속조사를 하니 협조해 달라"는 공문을 경상남도와 전라남도지사에 내 주기로 했다. 그 자리에서 공문을 기안하고 결재를 받은 공문 사본을 들고 나와 다께다 교수에 보여주고 일본에 국제전화를 한 후 예정대로 처음 있는 한·일 합동 민속조사가 진행되었다.

공문 원본이 있으니 다음과 같다.

문화공보부

1973. 9.10.

문재. 이 1080-

수 신　　수신 처 참조

제 목　　민속 학술조사 협조 의뢰

민속학회에서는 한·일 양국의 민속학자가 협동하여 귀관내의 민속답사를 다음과 같이 실시할 예정이오니 적극 협조하여 주시기 바랍니다.

조사 예정일정.

1. 전남·경북·전남　　73. 9.10~10.20

2. 제주도　　74년 초

첨부　조사단명단　1부

조사예정지　1부 끝

문 화 공 보 부　장　관

수신처　전라남도 지사. 경상북도 지사. 경상남도 지사. 제주도 지사.

*** 조사자 명단은 앞서의 확인서 대로이다.

민속조사는 일정과 조사지는 다음과 같다.

9.10일 竹田교수. 和歌森교수. 直江교수. 龜山교수 도착

日本大使館. 文化公報部 방문

景福宮. 國立博物館 見學

9.11일 光州 도착

教育委. 博物館견학

9.12일 宮田. 萩原씨 도착 합류

全南의 光山郡. 莞島郡. 海南郡. 務安郡. 珍島郡. 求禮郡

慶尙道에서는 晋州. 忠武. 咸安. 大邱. 安東지방에서 민속조사를 하고 10월 20일에 출국했다. 합동조사이기에 양국 조사단이 동행했으나 특히 전남지방에서는 현지 출신인 지춘상 교수가 안내역을 맡아 수고가 많았고 경상도에서는 최인학 교수가 안내역을 맡아 많은 수고를 했다.

나. 1974년 2차 년도의 일본 대마도對馬島조사

한・일 공동 민속조사 사업의 1차 연도는 일본측이 한국에 왔기 때문에 2차 연도는 우리가 일본에 가서 조사를 해야 하는데 문제는 조사에 필요한 경비가 문제였다. 일본은 물가가 터무니없이 비싸서 사비로 감당하기 어려웠다. 그래서 학술조사에 필요한 경비의 지원금을 받아야 했다. 궁리 끝에 문화공보부에 지원금을 요청하기로 했다

수신 : 문화공보부장관 1973년 11월 7일

제목 : 한・일 공동 민속조사 지원 의뢰

한국의 고대문화는 일본의 고대문화 형성에 결정적인 영향을 주었으나 이에 대한 조사 연구의 본격적인 추진이 없었음으로 한국과 일본의 민속학자가 공동으로 양국의 민속을 조사・연구할 필요성을 느끼고 협의하여

1. 본 민속학회와 일본 동경 교육대학의 민속학회는 제휴하여 한・일 공동 민속조사단을 구성하고 6개년 계획을 세워
2. 제1차 년도인 1973년 9월에 일본의 민속학자 7인이 내한하여 전라남도. 경상도 일대의 민속을 조사 한 바 있고, 12월에는 제주도 민속을 조사할 예정입니다
3. 한・일 공동민속조사 계획 의하여 1974년도에는 한국의 민속학자들이 일본에 건너가서 한국의 고대문화가 일본의 민속문화에 영향을 준 상황을 조사, 연구할 예정인 바
4. 본 학회는 기금이 없어, 민속문화의 우수성을 증명하고 민족의 긍지를 높이는 모처럼 실시되는 국제적인 학술 조사, 교류가 난관에 봉착하였으므로 취지를 참작하시어 지원해 주시기 바랍니다.

다 음

1. 한・일 공동민속조사 계획서 1 부
2. 한・일 공동민속조사 요강 1 부

민속학회장 임 동 권

위 지원금 신청서 조사 계획서에는 취지와 조사예정표, 조사원 명단과 신청하는 조사비 5,386,200원에 대한 상세한 설명서가 첨부되어 있다.

위에 대한 회신이 없어 1972년 2월 10일과 1974년 7월 4일에 문화공보부 장관에게 다시 지원의뢰 공문을 발송했다. 그 결과 다음과 같이 지원승낙의 회신이 왔다.

문화공보부

문화 1067-6325 1974. 5.24

수신 : 민속학회 임동권

제목 : 한일 공동민속조사 지원

1. 1974. 2.10자 귀하가 제출하신 한・일 공동 민속조사 지원의뢰에 대한 회신

입니다.

2. 귀 민속학회의 한 · 일 공동민속조사시에 필요한 경비 중 일부를 다음과 같이 지원코저 하니 세부 사업 계획서(예산포함) 및 청구서를 제출하여 주시기 바랍니다.

가. 지원내역

항공료 5명 80,000 – 400,000원

숙박비 6명 50일 – 750,000원

계 – 1,150,000원

나. 지원조건

1) 본지원액은 목적 이외의 사업에 사용할 수 없음

2) 본 지원 사업은 종료 후 즉시 지원금 정산서 및 사업 결과서 보고서를 제출할 것

3) 상기 사항을 불이행 시는 관계 법령에 의거 환수 조치 함. 끝

문 화 공 보 부 장 관 (직인)

당시로서는 학회에 해외조사비 지원이란 획기적인 것이었으나 평가 해 준 문화공보부에 감사했다. 물론 약속대로 조사보고서를 제출했고 다음과 같이 연구발표회도 했다.

연구 발표회

일시 : 1974년 10월 19일 (토) 14 : 00

장소 : 국제대학

제목 : 일본에 있어서의 민속조사

지춘상 – 대마도 · 일기도의 민속놀이

박계홍 – 대마도 · 일기도의 민속신앙

김태곤 – 대마도 · 일기도의 신화와 무(巫)

임동권 – 玉山宮에 대하여

*** 대마도 조사에는 김택규 교수 대신 박계홍 교수가 참여했다.

한・일 합동 민속조사는 3차 년인 1975년에는 일본의 학자들이 제주도 조사를 했고 4차 년인 1976년에는 한국 측에서 일본 평호도平戶島와 북 구주九州를 조사했다. 이러한 작업을 통해서 민속학자 개인끼리의 교분이 생기고. 상호 교류하는 계기가 되어 학회에도 전공에 따라 자주 왕래하는 계기가 되었다.

다. 한・일 공동 대마도 민속조사

일본민속학회와 대마도 민속조사를 한 후 보고의 논문이 자주 나오자 대마도문제에 관심을 갖는 민속 전공자들의 수가 늘어 대마도 학술조사를 하자는 제의가 자주 있었다. 그래서 현지의 향토사, 민속학을 전공하는 학자들과 합동하여 "한・일 공동 대마도 민속조사단"을 구성하고 1987년 여름에 현지에 갔다.

한・일 공동 대마도 민속조사단

1. 주제 : 문화사적으로 본 대마도의 민속문화
2. 공동조사
3. 조사 기간 : 1987. 7. 5~1987. 7.16 12일 동안
4. 조사단원 : 임동권(단장)
   이소라. 김명자. 고부자. 정상박. 최승범. 홍성학. 이종호.
   천두현. 이규창. 국수호. 안은회. 이규호 이상 13명

일본측에서는 대마도 대표적인 향토사학자 나가도메永留 久惠씨를 비롯하여 9명이 적극적인 협조가 있었다. 대마도에 있는 동안 대마도 향토사학회 회원들이 교대로 차를 가지고 와서 우리 일행을 태워주고 안내하고 점심 식사대는 자기네 것은 꼬박꼬박 내는 고지식함이 있어 매우 미안하고 고마

웠다. 나와 나가도메永留씨와는 오랜 교분이 있고 2년 전에 한국에 왔을 때에 남한산성南漢山城에 가보고 싶다기에 내 차를 운전기사까지 딸려 하루종일 마음대로 쓰라고 빌려준 일이 있는데 그 보답이란 것이다. 보스 중심의 일본사회를 알 수 있었다. 여비가 남아 향토사학회에 얼마던가 찬조를 하고 남은 돈을 회원들에게 돌려준 일이 있다.

그 후 다시 대마도에 가자는 의견이 있었는데 회원들이 일어를 몰라 나는 통역꾼이 되어야 해서 사양을 했다.

조사 일정은 다음과 같았다.

1987년 7월 5일 서울 발 대마도 도착. 시내견학

7월 6일 萬松院. 시내 유적 답사
대마도 맨 북쪽의 상 대마도로 감

7월 7일 와니우라(鰐浦)・한국 원망대・유적조사
할머니들에서 家神・산속 조사.

7월 8일 고분・돌탑・고사(古祠) 둘러보고
저녁엔 할머니들로부터 産俗・의상・조왕신 등 조사

7월 9일 天神祭堂 견학.
저녁엔 할머니들로부터 신앙 의상 등 조사

7월10일 木坂신사 조사. 仁位 일대답사

7월11일 鷄知일대 민속조사.
민속자료관 견학

7월12일 阿蓮의 제사습속 조사

7월13일 天道民俗조사
밤에 할머니들로부터 家神. 産俗조사

7월14일 각자 보충자료 수집.
저녁에 현지의 조사협조자와 합동. 의견교환

7월15일 조사단은 해산하고. 귀국할 사람과 더 여행할 사람으로 나누어 짐. 위 대마도조사는 민속학회로서는 처음 있는 해외 조사 이었다.

1984년 나의 제안을 받아주어 서울신문사에서 지원하여 "대마도對馬島 · 일기도壹岐島 학술조사단"을 구성하여 한국과 일본 사이에 있는 두 섬을 조사한 일이 있다.

명칭과 조사 단원 다음과 같다.

명칭 : 일본 대마도 · 일기도 종합학술조사단

조사자와 조사 분야는 다음과 같다.

團長 任東權 - 民俗

단원 崔永禧 - 歷史. 文獻

鄭永鎬 - 佛敎. 美術

李炳銑 - 言語

金光彦 - 物質文化

崔夢龍 - 考古

서울신문사의 취재팀

潘永煥(편집 부국장)

黃圭鎬(문화부 차장)

李光泰(사진부 차장)

申浩仁(사업국부국장)

조사 일정

1984. 6.26~7.16. 20泊 21日

이 때의 조사 결과는 서울신문사에서 1985. 5.28에 <일본日本 대마도對馬島 · 일기도壹岐島 종합학술조사綜合學術調査 보고서報告書>가 발행되었다.

나는 그 후 1996년 여름에 대마도에 들렀고, 2002년 8월에는 통신사 행사를 조사하기 위해서 대마도에 간 일이 있다.

일본 민속학계의 여담으로 내가 만난 몇 학자의 인상이다. 나오에 히로찌直江廣治, 사쿠라이 도쿠타로櫻井德太郞, 다케다 아키라竹田旦, 비후화남肥後和男, 토이 타쿠지土井卓治, 이노우에 히데오井上秀雄, 우에다 마사아키上田正昭, 오바야시 타로大林太良, 요시노 히로코吉野裕子 등은 전형적인 학자풍이고, 와카 모리타로和歌森太郞, 굴덕충窟德忠, 우스다 징고로우臼田甚五郞는 호걸형이고, 애주가로는 카마타 시게오鎌田茂雄, 카메야마 게이이치龜山慶一이다. 한번은 굴덕충窟德忠과 카마타 시게오鎌田茂雄이 정릉 우리집에 찾아 왔을 때에 집에서 담근 인삼주를 처음 마시고 찬미하였다. 후에 들은 이야기인데 공항에서 고려인삼주를 두 병을 사서가지고 가다가 일본 입국과정에서 문제가 생겼다. 술은 한 병에 한해서 허용되는데, 두 병이라 세관에 걸려 세관원 앞에서 서서 한 병을 마시고 입국했다는 이야기이다.

4) 대만의 중국민속학회

1964년 4월에 대만 문화원대학 한국문화연구소로부터 명예연구교수의 위촉이 왔다. 성균관대학의 이원식 교수가 그 당시 대만에 가 있어서 한번 오라는 권유가 있어 가고 싶었으나 당시 서라벌예술대학의 학장직을 맡고 있어서 짬을 내지 못하고 있었다.

1967년 대만 문화원대학의 시취봉施翠峰 교수와 예술전과대학의 홍서린洪瑞麟교수가 한국에 와서 나를 찾아왔고 중화국악회中華國樂會 이사장 양재평梁在平씨가 나를 찾아와서 서라벌예술대학과 국립국악원에서 연주를 했다. 이렇듯 대만과 교류의 길은 터졌는데 초청은 받았으나 틈을 내지 못했다.

1971년 학장임기를 마치고 중국민속학회 이사장 루자광婁子匡의 초청을 받아 처음으로 1971년 4월 21일부터 5월 10일까지 20일 동안 대만에 갔다. 담강대학淡江大學·문화원대학文化院大學·중국민속학회에서 강연을 했다. 통역은 이원식 교수가 수고를 했다.

민속학회에서 강연을 마치고 간담 하는 시간에 루婁이사장이 내가 증정한 나의 저서 『한국민속학 논고』를 들고 나와 그 중 「한국원시 종교사」, 50쪽의 논문에 실린 228의 인용문 예를 들며 높이 평가해 주어서 무안했다.

대만에는 중국의 대학자들이 공산주의를 피하여 와 있어서 위풍이 당당한 모습이 있었다. 그 중의 호탕한 노학자가 한국의 영화를 보았다면서 "내가 이제까지 본 중에서 여주인공인 문희文姬가 최고의 미인이라" 하기에 "우리 대학의 재학생이라" 하였다. "내 한국에 갈 터이니 만나게 해 주겠느냐"고 하기에 "그리 하마"고 말했더니 내 손을 두 손으로 꾹 잡고 파안대소하는 노학자도 있어 대륙 호걸의 기풍이 있어 호감이 갔다.

대만은 처음인지라 고궁박물관故宮博物館을 관람하였는데 장蔣관장의 호의로 지하에 있는 유물遺物수장고를 관람했다. 2차 대전 종결 후 공산당에 집권하자, 장개석 정부가 1946년대에 북경의 고궁박물관의 유물을 군함에 실어 가지고 왔다. 그 당시의 포장을 아직도 풀지 않은 채 쌓여 있었다. 지하유물고에 들어가려면 서명을 해야하는데 한국인으로는 이선근李宣根박사의 이름이 있었고 내가 80번으로 사인한 것으로 기억한다.

장관장의 초대 오찬회가 있었는데 손님들은 대륙에서 피난 온 저명한 대학자 10인과 12시에 시작한 오찬회가 3시가 넘어 겨우 끝이 났다. 나는 4시에 대남臺南으로 가려는 비행기를 놓쳤다. 중국인들은 먹는 데는 시간을 초월하는 여유가 있음을 알았다.

다음 날 남쪽으로 가서 대남臺南・병동屛東을 거쳐 산지문山地門에서 고산족高山族 마을을 조사했고, 노추장老酋長 내외가 혼인 때에 입었다는 옷을 보여주기에 사정해서 구입했다. 이 추장의 혼복婚服은 소중하기에 후에 국립민속박물관에 기증했다.

동쪽으로 화련花蓮지방을 여행하여 고산족高山族의 민속 문화를 조사했다. 고산족이 사는 마을을 보고 싶었으나 출입이 금지되어 단념했는데, 우연히 고산족 출신의 젊은 택시 기사를 만나 험한 소로를 달려 산 중턱에 사는 고산족마을 구경하고 민속조사를 했다.

1981년 1월에 두 번째로 대만에 가서 문화원대학과 중앙문화연구원中央文化研究院에 들렀고, 유지만劉枝萬교수와 대만대학의 진기록陳奇錄교수를 만났다. 민족학연구소民族學硏究所에서 중국 본토의 자료를 볼 수 있는데다 북경대학 가요연구회歌謠硏究會의 회지 『가요歌謠』를 처음으로 열람할 수 있어 좋았다. 소흥紹興에서 왔다는 나와 성씨가 같은 임소정任紹廷씨를 만나 반가웠다.

유지만劉枝萬 교수와는 여러 인연이 있다. 1978년 나라奈良에서의 국제 민속학대회 때에 원흥사元興寺의 같은 승방僧房에서 3일 동안 같이 지난 일이 있다. 또 일본 의례문화학회儀禮文化學會가 발족하면서 일본의 의례에는 대륙 즉 중국과 한국의 영향이 있었을 것이란 생각에서 중국에서는 유지만, 한국에서는 나를 초대하여 1982년에 동경의 메이지기념회관明治記念會館에서 강연을 같이 한 인연이 있다. 한국을 다녀간 일이 있고, 1997년 한국에서의 두 번째의 국제학술대회 때에 초청을 했으나 미국에 있는 아들집에 가기로 되어 있어 참석을 못했다.

민속학회民俗學會 이사장理事長 루자광婁子匡씨와 이야기하는 중에 한국, 중국, 일본의 민속학자가 모여 아시아 민속학회를 구성하자는 말을 했더니, 대찬성이라면서 자기는 일본과는 연결이 없으니 나에게 일임한다는 것이다.

나는 일본을 거쳐서 귀국해야 하기에 동경에 들려 "아시아 민속학회"를 만들자는 제안을 했더니 찬성의 의사를 표시했다. 그러나 3개월 후에 연락 오기를 장차 중국 본토와의 관계가 있으니 보류한다는 답이다. 즉 중국이 개방해서 교류할 때에 대만과 협동했다고 하면 껄끄러운 일이 있을 것을 생각해서 일본이 주저하는 바람에 성사가 이루어지지 못 했다. 그 소식을 대만에 알렸더니 매우 서운해하는 답이 왔다.

1984년 동경에서 중국 민속학회 부 이사장 오병안烏丙安 교수와 1989년에 역시 중국민속학회의 부 이사장인 장자신張紫晨 교수를 처음으로 만났을 때에도 3국의 협의체를 구성하자는 의견을 냈더니 대 찬성이었다. 그러나 일본측이 소극적이어서 성사는 되지 못했다.

1988년에 임동권任東權 · 이원식李元植 · 루자광婁子匡 3인의 공편共編으로 대만에서 『한국한적민속총서韓國漢籍民俗叢書』 10권을 출판했다. 내용은 삼국유사, 동국세시기 등 한국의 옛 민속을 내용으로 한 고전을 집성을 했다.

5) 중국민속학회와 교류

1980년대까지는 냉전시대라 중국과의 연결은 없었다. 그러나 내가 1984년에 일본의 국제교류기금의 초청으로 일년 동안 일본에 가 있을 때에 집에서 소포가 왔다. 그 동안 집으로 온 우편물을 모아 소포로 보내 온 것이다. 그 중에 북경의 중앙 민족대학의 김금자金錦子 교수의 편지가 있었는데 자기는 한족韓族이라며 스승인 북경사범대학의 장자신張紫晨 교수가 나의 저서 『한국민속학논고韓國民俗學論攷』를 주며 그 중 일부를 번역하라는 것이다. 그래서 비로소 내 이름을 알았다면서 교류를 희망하는 내용이다. 그 후로 서신왕래가 있었고 내 저서를 몇 권 보냈다. 그 후 1989년에 한국민속학회 주최로 아세아 국제 민속학 대회를 개최하게 되어 중국에서 장자신張紫晨 · 오병안烏丙安 · 김금자金錦子의 3인을 초청했다. 그러나 장자신張紫晨은 사정이 있어 못 오고 오병안烏丙安은 마침 독일에 가 있었는데 만사를 제쳐놓고 서울에 왔고, 김금자金錦子 교수도 와서 발표를 해 주었다. 왕복여비는 우리가 부담을 했다. 김금자 교수는 한국에 오기를 희망하기에 내가 주선해서 국제교류기금의 도움으로 1년 동안 체류한 일이 있고, 그 후로 여러 번 한국을 다녀갔다.

1990년에 들어 중국이 개방을 하자 몽골도 개방이 되어 초청을 받아 사업가의 도움으로 몽골에 가게 되었다. 조사단은 다음과 같이 5인으로 편성했다.

단장 임동권 (민요. 설화)
정병호 (무용. 놀이)

김태곤 (민간신앙)

김선풍 (속담. 수수께기)

권오성 (음악)

이 밖에 개인자격으로 중앙대학의 류근조柳謹助 교수와 중앙일보사의 문화부 기자가 동행을 했다.

당시는 중국에 가려면 홍콩에 가서 중국비자를 받고, 북경에 가서 몽골비자를 받아야 했다. 몽골비자가 1주일이나 걸린다기에 내몽골 올도스 사막砂漠으로 갔다. 마침 중국무용협회장이 안내를 자청하였다. 그는 몽골 족으로 자기 고향을 안내하겠다는 호의를 받아드려 포두包頭, 동승시東勝市와 사막에서 6일 동안 민속조사를 했다.

북경으로 돌아와 비자가 나와 있어서 몽골 수도 울란바토르로 가서 차를 빌려 먼데는 못 가고 주로 가까운 곳에서 민속조사를 했다. 이때에 조사한 보고서는 『몽골 민속』이라 해서 출판되었다.

그 당시만 해도 중국에서의 민속조사란 어려웠다. 외국인은 여행이 제한되어 있었고, 김태곤 교수와 나는 민가의 부엌에 들어가 사진을 찍었다고 카메라를 압수하기에 사정 사정해서 카메라는 돌려받았으나, 필름은 모두 빼앗기는 일이 있었다.

북경으로 돌아와서 김금자 교수의 안내로 여러 학자를 만날 수 있었다. 그러나 오래 체류할 수가 없어 제한된 여행이었다. 비자 기한이 되었으니 홍콩에 가서 비자를 다시 받으라는 것이다. 홍콩에 와서 김선풍 교수만은 비자를 다시 받아 다시 중국에 들어갔고 일행은 귀국했다. 김선풍 교수의 젊음과 패기가 좋았다.

1992년 12월 4일부터 17일까지 중국여행의 기회가 있었다. 중국 동남대학의 동방문화연구소로부터 초청이 왔다. 나는 전연 모르는 연구소인데 초청이 왔기에 별로 관심이 없었다. 그러나 사연인즉 내가 일본의 쓰쿠바대학의 『비교민속학』에 「닭鷄의 민속」을 발표하였는데, 그 논문을 읽고 초청하는 것이라며 일주일 동안 집중강의를 요청하며 체류중의 경비는 모두 부담하겠으니 와달라는 것이다. 다만 서울과 상해上海간의 항공료만 부담하라는 것이다. 당시로서는 매우 파격적인 초청이다. 나는 생각 끝에 일주일은 집중강의를 하고, 일주일은 강소성江蘇省 안의 시골에 가서 민속조사를 할 기회를 달라고 요청했다. 왜냐하면 당시 아직 외국인들의 농촌여행은 제한을 받고 있어서 민속을 조사한다는 것은 도저히 불가능 한 일이었다. 중국의 대학에서 민속조사를 하는데 나는 수행하는 것이라면 될 것이라 생각하여 이 기회를 놓치지 말아야 한다고 생각했다. 20여일 후 내 요청을 받아들인다는 서신과 함께, 우리나라로 말하면 문교부에 해당하는 중화인민공화국 국가교육위원회에서 30일간의 초청장이 왔다.

나는 요청대로 강연을 마치고 연구소장 도사염陶思炎 교수와 일어日語 교수가 통역을 맡아 양자강楊子江 이남의 강소성江蘇省 일대를 여행하는 행운이 있었다. 주로 무석無錫·상주常州·태호太湖지방을 답사했다. 가는 곳마다 지방 당위원회黨委員會에서 차를 제공해 주어 편하게 시간을 절약 할 수가 있었다. 미안한 것은 나는 국가에서 초청한 외국손님이라 호텔에서 자는데, 중국교수들은 여관에 가서 자는 것이 매우 미안했다.

내가 남경에 온다는 소식을 듣고 중국 사회과학원 문학연구소에서 북경에 와달라는 요청이 있어 북경에 가서 강연과 학술교류 좌담회에 참석하고, 처음으로 원로元老 종경문옹鍾敬文翁을 댁宅으로 가서 만났다. 옹의 유유자적하는 대인지풍大人之風이 좋았다. 그후로 1995년의 말문화[馬文化] 조사할 때와, 1996년 아주민속학대회亞洲民俗學大會 때에도 만났다. 둘이 담화하는 중에 도시민속학 이야기가 나와 "한국에서도 젊은 학자들에 의해서 이야기되고 있으나, 5천년의 역사가 있는 한국으로서의 급선무는 전승문화를 소멸하기 전에 빨리 기록해야 한다"는 말을 했더니 매우 공감하면서 예정도 없이 사범대학에 와서 특강을 하라는 요청이 있어 강연을 했고, 중국에 갈 때마다 옹翁을 만났다. 종경문옹은 내 고희 논문집에 92세의 나이에 축시를 보내와 고마웠다. 중국 학계에서 백세 축하연을 준비하는 중 급서急逝했다는 연락을 받고, 큰 별을 잃은 심정이었으며 그의 제자, 민속박물관의 정연학 박사가 장의에 참석하러 간다기에 그 편에 조의를 전달했다.

그밖에도 중국의 민속학자로 도립번陶立璠·기연휴祁連休·유괴립劉魁立·조건민趙建民·고국번高國藩·유철량劉鐵梁·형리邢莉·하학군賀學君·원리苑利를 비롯하여 많은 분들이 생각난다.

1995년 8월에 말[馬]문화 조사차 상해·계림·서안을 거쳐 내 몽골까지 정형호鄭亨鎬 군과 동행하였는데 북경에서부터 원리苑利·김인희金仁喜와 합류했다. 이 때에 내몽골 행정 중심지인 호화호특시呼和浩特市에서 경마競馬를 새마賽馬라 하는 것으로 보아 말달리는 경마도 원래는 신에 바치는 푸닥거리, 즉 기마민족의 오신娛神의 일종임을 알 수 있었다. 이때의 내몽골 조사에서는 말 문화·초원문화草原文化에 대한 많은 것을 얻었다.

몽골의 악기에 마두금馬頭琴이라 해서 거문고의 머리부분에 말머리 모양이 조각되어 있기에 구입하여 마사 박물관에 기증하여 지금 전시되고 있다.

중국에 있어 하나 문제되는 것은 연변延辺의 조선족의 문제가 있다. 일제에 항거하기 위해서 망명한 독립투사의 후손과 생활난으로 새 천지를 개척하기 위하여 국경을 넘어간 후손들이 이곳 연변 일대에 터를 잡아 지금은 조선족 자치주가 되어 있다. 이국에서 고향을 그리며 옛날 고향에서 불렀던 민요를 불러 향수를 달랬으니, 한국민요의 연장선에서 이해하고 연구되어야 한다. 그러나 정치 체제가 달라 연구의 어려움이 있었다.

1984년으로 기억하는데 제25회의 민속예술경연대회가 충주에서 있었는데 심우성沈雨晟씨가 심사원 자리에 있는 나를 찾아와 "연변에서 온 동포 학자가 나를 만나기를 원한다"기에 나는 놀랐다. 당시로서는 왕래가 불가능한 곳에서 왔다니 바로 대답하기를 주저하였더니 당국의 보호 아래에 있으니 걱정 말라기에 소개받은 분이 정길우鄭吉雲씨이다. 나는 뒷자리로 옮겨 첫 대면을 했다. 민속가民俗家·작가作家란 명함을 받았고 약 30분 정도 대화를 했다. 내가 처음 만난 지도층에 속하는 중국동포였다.

두 번째가 1990년 북경에 갔을 때에 내가 온다는 소식을 듣고 연변대학의 도서관장 임범송任範松씨가 찾아왔다. 같은 임씨라 찾아 온 것이다. 그후 한국에 오기를 원하기에 국제교류기금을 통해서 3개월 동안 체류했고, 그 후로는 인연이 생겨 자주 한국에 왔다.

그 후 중국의 사회사정이 나아지게 되어 민요, 민속학에 관심이 있는 학자들이 자주 오게 되어 그 쪽의 상황을 알 수 있게 되었다. 이룡득李龍得·최삼룡·주칠성·이승숙·김천일·임상태·우정석·김영원·김욱현·정영진·김산덕·강신자·이록순 외에 많은 분들이 찾아 와 만났고 민속학회에서 발표를 해 주신 분도 있다.

이렇듯 연변의 여러 동포를 통해서 자료를 얻었고. 1991년 9월『한국민속학』24호에「연변에 있어 한족민요의 채집과 연구」를 발표했다.

1991년 8월14일부터 20일까지 러시아의 사하린에 간 일이 있다. 한국 민운가협회에서 이북과 예능공연을 사하린에서 개최하기로 합의를 보고. 그 운영과 진행을 맡아 달라는 요청이 왔다. 사하린에는 아직 가 본 일이 없으니 좋은 기회라 싶어 동의했다. 일본 홋카이도北海道의 원주민인 아이누족族의 축제인, 구마마쓰리熊祭는 시베리아 북방족의 제의로 우리의 단군신화의 웅신熊神과 관련이 있을 것이라 생각되어 관심이 있었다. 북해도와 시베리아를 연결시키는 중간지점인 사하린에 가면 실마리를 찾을 수 있을 것 같아 기대를 했다.

그러나 호사다마好事多魔라 하더니 공식 행사가 끝나고, 이제부터 내 작업을 하려는 때에 모스코바에서 정변이 나고, 주변 분위기가 매우 험해졌다. 공항이라도 폐쇄되면 큰일이라 서둘러 귀국을 했다.

근래에는 우리의 경제사정도 나아지고. 국제정세도 풀려 북은 시베리아, 몽골, 내몽골, 중국으로 영역을 넓혀서 운남, 돈황 등 어디든 마음대로 여행할 수 있게 되어 비교민속학의 폭도 넓어졌다.

이제 나는 가지 못하지만 젊은 세대의 장래에 큰 성과를 기대 한다.

나의 국악國樂사랑

1) 민요연구에 있어서의 국악

1947년 대학에서 민요를 전공하기로 택했다. 해방직후의 혼란 속에서 나는 진로를 민족문화에 도움이 되는 것을 선택해야 하겠다는 생각을 하게 되었고 마침 지도교수이신 방종현 교수께서 "남들이 하지 않는 민요를 연구하라"는 권고가 있어 나는 민요연구를 택하게 되었다.

민요를 전공하면서 연구 방법론을 정하는 문제에 봉착했다.

첫째, 민요는 노래이다. 따라서 민요연구의 음악적 방법이다. 그런데 음악적 연구는 도저히 자신이 없었다. 나는 음치에 가까워서 애국가의 음정조차 제대로 맞추지 못하니 민요를 음악적으로 연구한다는 것은 불가능한 일이다.

둘째, 민요는 서민의 마음에서 우러나는 민족 공동의 시이다. 따라서 국문학에 있어 서민시가로 분류하여 연구할 수 있다. 나는 애초에는 소설가가 되려는 꿈을 가지고 있었고 국문학과에 다니고 있으니 가능하리라 생각했다. 그런데 당시 서울대 사대에서 고정옥 교수가 서민문학으로서의 민요를 강의하고 있어서 나는 다른 방법을 모색하게 되었다.

셋째, 민속학적 방법이다. 민요는 학식이 높고 세련된 시인이 지은 노래가 아니라 서민들의 마음에서 생각나는 대로 불러진 노래이기에 만인의 생활정서가 담겨 있어서 민속학적 방법이 가능하다고 생각되었다. 그래서 "민속학적 방법에 의한 한국민요의 연구"라는 거창한 생각을 하였으나 민속학은 당시 한국의 학계에서는 새로운 분야여서 대학에 강좌도 없고 이렇다 할 학자도 없었다. 민요를 연구하면서 아울러 민속학 전반에 손을 대게 되었다.

내가 비록 음치에 가까워 남들처럼 선창은 못하지만 소리 즉 국악에 대한 관심과 애착은 남에 뒤지지 않는다고 생각한다. 민요는 소리에 의해서 지탱되어 전승되고 있기 때문이다. 민요는 만인이 각자의 정서를 소리내어 불러지고 있어서 누구에게나 공감을 주어 생명을 유지하고 있기에 민속학적 접근이 있어야 했다.

나는 충청도 농촌에서 태어나 성장했다. 정초에 농악을 치기 시작하여 가을 추수를 마칠 때까지 농악소리를 듣고 자랐다. 밥을 먹다가도 농악소리가 나면 뛰어 나아갔고 신바람이 났다. 농악은 내 마음을 사로잡았고 풍장을 치는 흉내를 내면서 율동을 하며 즐겼다.

2) 서라벌예술대학에 국악과 설치

1964년 문화재위원을 위촉받게 되어 무형문화재 분과에 소속되었다. 즉 국악, 무용, 연극, 공예기술, 신앙, 세시놀이, 민속자료 등을 다루는 분과이다. 보존 전수의 가치가 있는 것을 선정하여 민족문화유산을 보존 전수하는 일에 참여하게 되었다. 나는 국악을 민족음악으로 전승해야함을 인식하고 그 발굴 지정에 동참하였다. 특히 국악의 의미 가치에 대한 인식을 더하게 되었다.

나는 우리의 현실이 서양음악에 눌려 제대로 빛을 보지 못하는 민족전래의 국악교육의 필요성을 절감하고 있기에 당시 내가 서라벌예술대학 학장으로 재임하고 있을 때라 국악과를 설치했다. 주변에서 반대의사도 있었으나 재단과 교수회를 설득하여 1963년 국악과 증설의 허가를 받았다. 당시 양악을 위주로 하는 음악과는 30여 대학에 있었으나 국악과는 불과 4곳 뿐이어서 엄청난 불균형이었다.

신설한 국악과의 방향은 민속악에 초점을 맞추도록 했다. 우리의 국악은 크게 나누어서 정악과 민속악으로 분류된다. 당악이 우리나라에 들어와 궁중악이 되고, 국가의식에 연주되는 악을 정악이라 한다. 엄격한 의미에서는 외래악에 속한다. 외래악이라 해서 배제하자는 것이 아니고 또 하나의 악 즉 민속악은 우리의 생활정서에서 자생하고 절대다수의 국민들이 참여한 농악, 무악, 민요 등을 말한다. 우리의 생활정서에 맞고 우리의 생활사와 더불어 성장하고 전승된 진정한 민족음악이기에 마땅히 보존 육성해야 하는데 양악에 눌려 천시 당하는 데는 참을 수가 없었다. 민속악의 보존 육성 계승은 한 시대의 사명이라 생각하여 민속학을 위주로 하는 국악과로 방향을 설정했다. 민속학을 공부하다보니 민속악의 소중함이 더욱 절실했다. 그러나 나의 의욕과는 달리 정원 40명을 채울 수가 없어 음악과의 국악전공으로 축소하게 되었다.

3) 국악교육에 참여

1971년 3월 10년간의 대학의 학장직에서 물러나 평교수로 돌아와 편하게 있을 때에 박헌봉 옹으로부터 만나자는 전갈이 왔다. 박옹과는 문화재위원회에서 같은 분과에 소속되어 있어서 자주 만나는 편이었다. 국악분야에서는 성경린, 김천홍, 박헌봉 세 분이 있었고 김기수, 장사훈, 유기룡씨도 거쳐갔다. 아무래도 정악 쪽의 발언이 세고 민속악 쪽은 약한 편이었다. 그럴 때면 박옹은 협조를 요청해왔다.

나는 기회 있을 때마다 민속악을 두둔했다. 민속악이야말로 진정 민족음악이기 때문이다. 그러면서 한편으로 국악인들의 자질향상에 대한 의견을 말했다. 아악 쪽에서 민속악을 얕잡아 보는 데는 이유가 있었다. 아악은 제도상의 교육기관으로 국립국악원이 있고, 국악고등학교가 있고 대학에 국악과가 있어 고등학교, 대학에서 정악 교육을 실시하여 국악인을 양성하고 있는데, 민속악은 제도의 테두리 밖에서 스승과 제자사이에 전승되고 교육되고 있어서 시대가 요구하는 학문으로써의 기초지식을 갖추지 못하고 있어 얕잡아보는 경향이 있었다. 오묘한 경지의 훌륭한 기능을 가지고 있으며, 국가지정의 무형문화재는 민속악이 압도적으로 많은데 국가나 사회에서 푸대접을 받아야 했으니 억울했다. 여기에서 벗어나려면 제도에 맞는 학교교육을 받아야 하고, 교양도 갖추어야 한다고 생각했다. 한 번은 TV에서 국악연주 장면이 나오는데 고수가 마룻바닥에 앉아 반주를 하고 있기에 방송국장을 잘 아는 터라 바로 전화로 항의하였더니 그 이후로는 국악연주도 반듯이 방석에 앉아 연주하게 되었다. 작은 일이지만 1960년대 만해도 그러한 실정이었고 이러한 일을 하나하나 고쳐나가야 했고, 국악인은 스스로 자질향상에 노력해야 한다고 생각했다.

박옹을 만났더니 국악예술학교를 맡아 달라는 것이다. 당시 국악교육을 위주로 하는 중·고등학교로 국립국악학교와 사립으로는 한국국악예술학교가 있었다. 국립은 정규고등학교인데 사립 국악예술학교는 박옹이 오랜 동안 교장으로 있었다. 그러나 아직 각종학교라 검정시험을 보아 합격하기 전에는 대학에 진학할 자격이 없었다.

나는 국악교육에는 관심이 있었지만 학교를 맡아 경영을 할 생각은 전혀 없었다. 내가 이제 겨우 행정직에서 벗어나 자유롭게 연구할 자유로운 시간을 가지게 되었는데 새삼 중·고등학교의 경영은 맡을 수가 없었다. 내 연구생활에도 지장이 있을 것이 뻔했다. 정중히 사양하고 돌아 왔다.

수일이 지나 성금연, 한영숙, 박귀희, 김소희 등 국악인들이 집으로 찾아왔다. 성금연, 한영숙, 두 분은 서라벌예술대학에 강사로 있었기 때문에 안면이 있었고 박귀희는 무형문화재 가야금 병창의 기능보유자로 인정되어 있어서 알고 있었고, 그가 운영하는 운당여관은 순 한국식 숙박시설을 갖추고 있어서 한국문화를 찾는 학자들을 안내한 일이 있었다.

세 분의 이야기는 국악예술학교를 맡아달라는 것이다. 전번에 박헌봉 옹의 이야기와 마찬가지로 학교 운영의 전권을 맡길 것이니 교장으로 와 달라는 것이다.

나는 학자로 남고 싶지 경영자가 되려는 생각은 없었고 특히 대학을 떠날 수가 없음을 누누이 설명하고, 내가 민속악에 대한 애정과 관심은 변하지 않고 지원할 것이니, 국악의 지도자를 국악계 내에서 찾으라고 권했다. 일행은 대학과 겸임해도 좋으니 맡아달라고 간청했으나 나는 승낙할 수가 없었다.

며칠이 지나 문화재관리국장 허련씨로부터 만나자는 전갈이 왔다. 용건은 국악예술학교의 예능교육이 잘 되어야 한국의 예능을 해외에서 선양할 수가 있다면서 국악학교를 맡아 달라는 것이다. 국악인들의 손이 허련 국장까지 동원하고 있음을 알 수 있었다.

사실 그 당시는 해외공연의 대부분을 국악예술학교가 맡고 있었다. 따라서 국악학교의 예능 교육이 잘 되어 있어야 해외에서 국위를 선양 할 수가 있었다. 국가의 중요한 행사에 국악예술단으로 인수되었다. 1960년대에는 국악예술학교의 활동은 두드러졌고 국위선양의 비중이 매우 커서 높이 평가되고 있었다. 허련 국장은 그 점을 강조하면서 예술대학학장 10년의 경험으로 국악교육의 향상을 위해서 맡아 달라는 것이었다. 관리국으로서도 필요한 지원은 하겠다는 것이다.

며칠 후 이제까지 물심양면에서 학교를 지원하고 이사로 있는 김용주, 문영희, 박영권씨와 만나게 되고, 설립자 박헌봉 명의의 재산과 경영권 일체를 양도한다는 권리양도증서를 박귀희씨가 가지고 왔다. 나는 숙고 끝에 서라벌예술대학 이사회의 양해를 얻어 1971년 11월에 국악예술학교 교장을 겸직하게 되었다. 당시 나에게 제시된 권리양도증서는 다음과 같다.

권리 양도증서

국악예술학교장 임동권 귀하

금번 귀하가 국악예술학교장에 취임함에 따라 학교에 속한 재산 일절과 경영권 전부를 양도 합니다.

1971년 11월 10일 (수입인지)

국악예술학교 설립자 박헌봉 (인)

(별지. 인감증명)

국악의 교육의 중요성과 국가 사회에의 공헌도를 감안해서 나대로의 구상을 하게 되었다. 그 동안 대학에만 있다가 고등학교를 운영하자니 문제점도 있으나 점차 개선하기로 하고 학생들의 개성발휘와 기능향상에 주력하기로 했다.

맨 먼저 손을 댄 것이 학생들이 대학에 진학 할 수 있는 자격을 확보해야 하겠기에 교육위원회에 교섭해서 학력시험을 실시해서 각종학교지만 대학진학의 자격을 인정받았다.

일을 맡고 나니 생각하지 못한 일이 노출되기 시작했다. 오래 관행으로 있었던 일이 표면화되어 생각하지 못한 요구가 여기저기에서 있었다. 학교발전에 공로가 있으니 공로금의 요청이 있었고 필요하지도 않는 부서를 신설하자는 등 요청이 있었으나, 고등학교에서는 필요하지 않음을 자세히 설명하고 불응하였더니 거센 역풍이 부는 일도 있었다. 대학에서는 상상 할 수 없는 일이 노출되기 시작했다. 학교는 공적인 기관인데 마치 사기업처럼 운영할 수는 없다.

일년이 지나자 피로를 느끼기 시작했다. 나는 공부에도 지장이 있었다. 내가 왜 이러한 일로 시달려야하는가 허무해서 내가 있어야할 자리는 아니라는 생각이 들어 그만두기로 했다.

내가 그만두니 박귀휘 씨와 박헌봉 씨 사이에 법적인 다툼이 있었고, 분규 수습을 위해서 교육위원회로부터 관선이사가 나왔고, 일년 후 관선이사회와 박귀희 씨로 부터 다시 학교를 맡아달라는 요청이 수차 있었다. 나는 진절머리가 나서 거절했다. 나는 나의 소중한 시간을 보람없이 그렇게 소비하고 싶지 않았다.

이사회로부터 경영권을 일체 양도한다는 제의가 수차 있었고, 이사진 구성도 일임한다는 다음과 같은 권리양도증서를 박귀희씨가 가지고 왔다.

권리양도증서

재단법인 국악학원 (인지)

이사장 임동권 귀하

금번 귀하를 추대하여 재단법인 국악학원의 이사장에 취임함에 따라 국악학원 및 동 법인이 경영하는 한국국악예술학교의 재산과 운영권 등 모든 권리를 양도합니다.

1979년 3. 2

재단법인 국악학원

설립자 오계화 (인)

전번에는 교장직이었는데 이번에는 재단을 인수하는 것이니 매일 나가지 아니해도 되어 대학에 미안할 것도 없기에 동의하고 취임했다.

이사진은 국악계에서 박귀희, 김소희, 두 분을 유임시키고 나머지는 김정환 교수, 김영수 변호사, 김윤재 학원장, 이복녕 선생 등 저명인사로 이사진을 구성하고 교장도 새로 선임했다.

학교의 정상적인 교육을 하는 일과 이사장으로서 할 일은 재단법인에서 학교법인을 만들고 정규 고등학교로 개편하는 일이었다. 시설을 보완하는 일과 교육과정을 기준에 맡도록 개편해서 1984년 12월 17일자로 "학교법인 국악학원"의 승인을 받고 학교 명칭을 "서울 국악예술 고등학교"로 하였다. 이제는 당당한 학교법인이 되었고 정규고등학교가 되었으니 오랜 숙원을 성취하였고 성악과 1, 기악과 2, 무용과 3 학급의 모두 18 학급으로 학생수, 1,044명을 수용할 수 있게 되었다.

이 무렵 나에게는 몇 가지 과제가 있었다. 첫째는 교지와 교사가 협소해서 확장하는 문제이다. 국악예술고등학교에서는 국가와 사회의 요청에 따라 공연을 자주 하는데 연습할 강당이 없었다. 그래서 서울시와 교섭하여 지원을 받기로 하고, 학교 구내에 있는 문화재 관리국의 선수회관을 매수하기로 했다. 그러나 관의 건물인 전수회관은 팔면 정부수입으로 들어가야 하므로 삼성동의 지금의 문화재 전수회관을 학교법인 명의로 신축하고 준공 후에 구내에 있는 전수회관과 교환하는 절차를 밟았다. 이렇게 해서 강당과

연주실을 확보하게 되었다.

둘째는 교지문제이다. 학교의 자리가 원래는 능의 재실이 있던 곳이라 협소해서 운동장을 넓힐 수가 없고, 앞은 도로이고 뒤는 당시 중앙정보부가 차지하고 있어서 확장이 불가능했다. 그래서 사방에 손을 뻗쳐 교지를 물색하던 중, 과천시 문원동에 큰 도로 가까이 6만평의 임야가 있어 소유주와 교섭해서 3만 평을 기증 받기로 했다. 우선 3만평이면 전문학교나 단과대학을 만들 수 있어 미래에 희망을 가지게 되었다. 과천시장은 교육기관이 오는 것을 환영하고 행정에서 필요한 일은 협조하겠다는 언질을 받아 그린벨트 내에 교사신축 허가를 건설부와 협의하는 중이었다.

셋째는 예술의 전당 안에 민속악 전용의 건물을 하나 확보하는 것이다. 관에서는 국립국악원은 문화부 소속의 기관이니 책임을 다하려고 하나 사학에 대한 관심은 없었다. 그러나 나는 이 기회에 민속악을 위한 건물을 지어달라 요청했다. 민속악을 푸대접하는 것은 형평을 잃은 것이고 또 국가에서 지정한 무형문화재는 민속악이 압도적으로 많은데 전용 건물하나 없다는 것은 불공평함을 지적하고 민속악의 중요성을 설득하여 서광이 보일 무렵 내가 학교를 떠나게 되어 과천의 교지와 민속악당 문제는 수포로 돌아갔다.

4) 대학에 국악과의 증설

국악교육에 참여해 보니 국악의 앞날을 위해서 해야 할 일이 있었다. 학생들을 국제무대에서 공연할 수 있도록 훈련시키고 또 교사들의 해외연수를 위해서 길을 터놓아야 하겠다는 생각이 들었다. 돈 안들이고 목적을 달성하기 위하여 일본 동경의 슌다이駿台 고등학교와 자매결연을 맺었고, 내가 손이 닿는 국학원대학國學院大學, 학습원대학學習院大學, 호소가와학원細川學園, 교토京都의 한국학교, 나라奈良의 천리대학天理大學과 교섭해서 항공료만 우리가 부담하고 현지에서의 숙식비, 교통비를 일본측에서 부담하기로 협조하여 2년간 해외연주회를 가졌다. 해외공연을 통해서 한국국악예술학교 교사와 학생들의 국제적 안목을 넓히고 기능을 훈련 향상하는데 큰 효과가 있었다. 그러나 이 사업은 98년도에 내가 학교를 떠나게 되어 중단되었다.

대학에 국악과를 증설하는 것은 대학 자신의 문제이나 국악 교육에 있어서는 매우 절실한 문제이었다. 그 이유는 이러하다.

모처럼 공을 들여 국악인을 양성하였으나 대학에서의 수용능력은 적고 대다수의 학생의 진로는 막혀있다. 진로가 막혔으니 생존하기 위해서 경연석 즉 잔치자리에 나아가서 연주하여 그 적은 수입으로 생계를 유지할 수밖에 없었다. 전승된 민족음악의 중흥을 위해서 공들여 양성한 보람도 없어 젊은 국악인들이 의욕을 잃게 되고, 모처럼 전통음악교육으로 훈련된 국악인들이 익힌 기능으로 국가 사회에 공헌을 하고자 해도 그러한 기회가 없으니 무슨 대책이 있어야 하겠다는 생각이 들었다.

우리는 어려서 학교에 들어가 음악 하면 서양악기인 피아노로 학습을 했으나 우리의 악기인 장고, 북, 꽹과리, 징에 대해서는 배운 적이 없다. 즉, 서양식은 배웠으나 우리의 전통음악에 대한 교육이 없었다. 우리의 오랜 민족음악은 도외시되고 외래음악에 취하여 전력하고 있으니 이것은 분명 모순이며 잘못된 교육이다. 이러한 음악관에서 국악은 서양악에 밀려 뒷전에서 푸대접을 받고 있음을 자각하게 되었다. 이러한 생각은 일찍부터 느끼고 있었으나 국악교육기관을 운영하게 되니 더욱 절실했다.

이 문제를 해결하려면 먼저 교육제도부터 고쳐야 하겠다고 판단했다.

문교부의 편수국을 찾아가 그 시정을 요청했다. 편수관의 설명에 의하면 중·고등학교의 교육과정에는 한국의 가곡을 30% 배정하여 교육하도록 되어 있다는 것이다. 즉 음악교육은 양악 70% 한국음악 30%를 교육하도록 배정하였으나 다만 일선 학교에서 실천하지 않고 있다는 것이다.

중·고등학교를 찾아가 국악교육의 실태를 알아보니 국악교육은 하는 곳이 한 곳도 없음을 알았다. 그 이유는 교사를 채용할 때에 국악 30%보다 70%인 양악을 담당 할 교사를 채용한다는 것이고, 양악전공의 교사는 수업시간에 들어가 알지 못하는 국악을 가르치지 않고 양악을 수업한다는 것이 실정이다. 또 국악교사 자격증을 가지고 있는 사람을 구하기 어렵다는 것이다. 문교부서는 30%나 배정했으니 자기네 할 일은 다 했다는 것이지만 교육현장에서는 양악교사는 자기가 잘 아는 양악교육을 하지만 전공도 아니고 또 모르는 국악교육은 할 수가 없어 국악교육은 하지 않고 있으니 문교부의 지침은 아무 효과 없는 제도이다.

그래서 문교부에 국악시간 배당을 50%로 올리면 민족음악교육도 될 것이고 일선 학교에서도 국악전공 교사를 채용할 것이니 개선을 제의했다. 그러나 아무런 반응이 없었다.

우리가 길러낸 제자들의 장래 길을 터주고, 또 국악교육의 효과를 거두자면 대학에 국악과를 많이 두어 능력 있는 국악인을 지식인으로 양성하여 국악교사 자격증을 주어 민족음악으로서의 국악을 양악과 대등하게 교육하고, 국악의 학문적 위상을 높여야 하겠다고 생각했다. 내 생각의 성과를 거두자면 제도의 개선이 있어야 하겠다고 판단하여 이제는 문교부의 고등교육국을 찾아갔다. 민족예술로서의 국악의 의미를 설명하고 국악교육의 필요성을 누누이 설명했다. 그러나 별로 관심이 없어 효과를 거두지 못 했다. 인식이 부족하니 실천할 수가 없었을 것이다. 국악계에서도 이 문제로 반론하는 사람이 없으니 현상유지에 만족하는 관리로서 움직이지 않는 것도 무리는 아니었다. 그래서 나는 딴 방법, 새로운 통로를 모색하기로 했다.

1981년 대통령 교육특별보좌관으로 있는 이상주씨를 청와대로 찾아갔다. 이 보좌관과는 자주 만나지는 못하였으나 안면이 있고 교육연구소에 있을 때에 공석상에서 몇 번 만났는데 교육관이 뚜렷했고 이론이 정연했으며 교육행정가로서의 식견이 있고 추진력이 있다는 인상을 받았다.

인도에서는 민족음악을 90%나 교육하고 있으나 우리는 불과 30%에 불과한데 그것도 실천하지 못하고 있는 현실이니 해결책으로 여러 대학에 국악과를 설치하여 국악을 지식으로 승화시키고 중·고등학교에서 주어진 30%를 교육할 수 있는 인재, 즉 국악교사를 양성할 수 있도록 조처해 줄 것을 건의했다.

며칠 있다가 연락이 와서 국내외의 자료를 가지고 가서 설명했고, 다시 연락이 있어 가서 보충 설명을 했다. 문제를 신중하게 다루고 있다는 인상을 받았다.

십여 일이 지나 국악교육의 강화를 위한 지침이 확정되어 문교부에 하달되었다는 연락이 왔다. 오래 전승되고 민족의 애환이 배어있는 국악이 이제 학문에서 제대로 평가를 받게 되고 많은 국악인을 배출할 수 있게 되었으니 반가운 일이다. 일이란 결정권자가 이해하면 쉽게 풀어 성과를 거둘 수 있으나 결정권자 이해하지 못할 때에는 성과를 거두지 못하는 것이다. 국악교육 문제는 담당 부서인 문교부의 이해부족으로 성과를 거두지 못하였으나 이상주 교육특보의 판단에 의해서 오랜 숙제가 해결되었다. 대학에서의 국악교육은 이렇게 해서 여러 대학에 국악과가 설치되고, 서구문화의 그늘에 가려 빛을 보지 못한 국악이 이제부터는 민족음악으로 인정을 받고 대학에서 교육되는 성과를 거두게 되었다. 고마운 일이다.

국악교육학교를 운영하는 나로서는 우선 졸업생들이 대학에 진학할 수 있는 폭을 넓히게 되었고, 국악을 학문으로 자리 매김하게 되어 보람있는 일을 했다고 생각한다. 특히 근래에 국악의 새로운 창작곡이 나오고 연주단도 여러 곳에 생겨 신나고 우아한 곡을 듣고 있으려면 국악교육의 문호가 넓어져 신진들을 많이 배출한 결과라 생각되며 국악이 민족음악으로 자리 잡고있어 고맙고 반가운 일이다.

5) 중앙대학교에 국악과 신설

나는 국악과를 신설할 것을 건의하여 총장의 동의를 받았다. 그 과정은 중앙대학교 일본 연구소 기관지인 『일본연구』 16호에 발표한 바 있으니 요약하면 다음과 같다.

1980년 4월 총장으로부터 일본연구소를 신설하니 그 소장을 맡으라는 것이다. 나는 너무나 의외의 제의였고, 내 전공에도 맞지 아니하며 그 당시 나는 인문학연구소장을 맡고 있어서 두 연구소를 겸임하면 남들이 장 자리 좋아한다는 비웃음을 살 것이고 일어교수가 있는데도 내가 그 자리를 맡으면 곱지 못한 눈총을 받을 것이 뻔한 것 같아서 정중히 사양했다.

두 번째 불려가서도 사양했고 세 번째 부름을 받고 고민거리가 되었다. 옛날 선비들도 삼고지예三顧之禮면 응하는 것이 도리라 여겼으니 나는 피할 수가 없게 되었다. 그래서 나는 (1) 연구소 운영의 예산을 확보해 줄 것 (2) 민속학과 국악과의 두 학과를 신설하자는 제의를 했다. 총장은 그 자리에서 승낙을 했다. 나는 내 청을 다 수용해주어 일본연구소를 맡게 되었다.

나는 다음 학기부터 국악과와 민속학과의 신설에 취지서를 쓰고 교과과정을 짜서 제출했다.

총장은 승인했지만 사무 부서에서는 곱지 않은 눈으로 보는 사람도 있었다. 국악과를 추진 중에 교무처로부터 양악위주인 음악과에서 부정적인 이의가 제시되어 "소리꾼 기생출신도 강사가 될 것이니 불가하다는 항의가 있다"고 고충을 털어놓았다. 민족음악을 계승 발전을 위해서는 국악교육이 꼭 있어야한다. 국악을 아악과 민속악으로 분류하여 아악은 서울 대학을 비롯하여 몇 대학에서 주력하고 있으니 이제부터는 버림 받아온 민속악民俗樂에 주력해야 한다고 믿어 국악과를 신설하되 민속악위주로 방향을 설정하고 교과과정도 그렇게 짜놓고 있었다.

양악으로부터 반가워하지 않을 것이란 생각은 했으나 반대하고 나선다면 자칫 포기할 지도 모르는 일이기에 "그러면 국악과 신설을 반대하는 교수와 나와 공청회를 열자"고 제의하고 강력하게 추진을 하여 국악과를 신설하는데 성공했다. 대학에서 조차 자문화自文化에 대한 인식이 이렇듯 부족한 것이 우리의 현실이다.

중앙대학의 국악과는 여러 전공을 나누어 학과가 되고, 국내에서 유일하게 "국악대학"이라 단과대학으로 발전하고 있어 반가우며 초창기에 떼쓴 보람이 있다.

내가 제의한 민속학과는 내 전공을 살리고 싶었고 또 우리의 전통문화의 연구에는 민속학이 중추역할을 해야하며, 민속학과가 지방에 하나 있을 뿐 수도에는 없으니 특수학과로 육성이 가능하다고 생각했다. 문교부에 신청을 했으나 당시의 사회 환경이 학생운동에 농악을 치며 앞장 서 선동한다고 해서 당국의 눈초리가 곱지 못했다. 그래서 승인을 받지 못하고 1990년에 겨우 인가를 받았다.

이렇게 해서 시간은 걸렸으나 내가 소망한 국악과는 재임 중에 신설되고, 민속학과는 정년 후에 신설되어 민족문화연구에 기여하고 있어서 보람을 느낀다.

6) 국악교육에서 손을 떼다.

그러나 1988년 봄에 학교분규가 발생했다. 치졸한 언사에 자존심이 상하는 일이 종종 있었고 이러한 환경, 이러한 사고의 수준에서는 내가 있을 자리가 아님을 알게 되었다. 설득을 해도 소용이 없고 두고두고 고생할 것을 생각하니 정이 떨어져 숙고한 끝에 국악교육에서 손을 떼기로 했다.

나는 재단법인을 인가 받았고, 각종 학교를 정규 고등학교로 승격 시켰다. 이러한 일은 학교 발전을 위해서 누가 해도 해야 할 일을 하였으니 후회는 없다. 이젠 아무 미련 없이 운영자가 아닌 오로지 학문의 길을 전념해야 하겠다는 판단아래 경영을 포기하고 국악교육에서 손을 떼어 포기하기로 했다.

돌이켜 보니 나는 국악을 짝사랑한 셈이고 많은 시간을 허비했음을 알게 되었다. 그러나 내가 한 일이 민속악 발전에 기여했음은 자부하고 있으며, 일부 국악인들의 지성도에 대해서는 여전히 회의가 남아 있어 아쉬움을 아직 청산하지 못하고 있다.

그러나 국악사랑은 나의 소신이기에 TV나 방송에서 국악 프로를 즐겨 시청하고 국악 테이프를 많이 가지고 있어 자주 감상하고 있다.

그리고 보면 나는 아직 국악사랑에서 벗어나지 못하고 있는 셈이다.

나와 백제문화연구원

5·16 이후 신라문화연구가 활발해 져서 문화계와 산업계에서도 많은 성과를 거두고 있었다. 정계에 영남세가 압도적으로 우세해서 활발하다. 신라문화제 등 향토문화의 연구나 선양에 있어 많은 성과를 거두고 있었다. 이러한 상황에서 백제문화권에서도 향토문화의 개발을 위시하여 선양에 기여하자는 이야기가 솔솔 나오더니 1979년 5월 9일에 뜻을 같이하는 유지들에 의해서 발기되어 "백제문화연구원"이 발족하게 되었다.

김종필金鍾泌 공화당 의장을 총재로, 명지대학 유상근兪尙根 총장을 이사장으로 하고 내가 집행부인 원장직을 맡게 되었다.

나는 처음부터 원장직에 관심이 없었다. 다만 고향의 일이고 이러한 연구소의 필요성은 느끼고 있었기에 발기인의 한 사람이었다. 나는 황수영黃壽永 동국대 총장을 적극 추천했다. 황선생은 국립박물관장을 역임한 우리나라 역사 미술계의 원로이시다. 그러한 권위있는 분이 맡아야 연구원이 살고 대외적으로 명분이 선다고 역설했다. 장내에서는 두 사람 중의 한 사람이 맡으라는 것이다. 서로 양보한 통에 결론이 나지 않았다.

황 선생이 나보고 잠시 밖에 나가자 하기에 둘이 별실로 갔다. 황 선생은 "이제 내가 총장이 된지 한 달도 못되어 어디에 도장을 찍어야 할지도 아직 모르는데, 외부에 직을 갖는다는 것은 재단에 대해서 면목이 없는 일이니 제발 원장을 맡아 달라"는 것이다. 황선생이 회장에 들어와 사퇴의사를 밝히고 나를 추천하여 본의 아니게 내가 백제문화연구원 초대 원장을 맡게 되었다. 사무소를 남산에 있는 명지대학 부속건물에 두고, 사무장과 여직원 한사람으로 출발했다.

백제문화를 연구하자면 많은 전공자에게 연구비를 주어 과제를 연구하게 하고 논문집을 내야 하는데 기금이 없으니 우선 연구발표회를 시작하기로 했다.

한 일년이 지나 일본에 있는 백제문화를 찾아 나서기로 하고 10여 명이 일본답사를 했다. 현장답사는 그런대로 성과가 있었고 자주 하는 것이 성과를 거둘 수 있다고 판단했다.

그동안 발표한 글을 모아 논문집을 내고 싶은데 출판비가 없다. 김용태 위원을 방문하여 실정을 호소했고 공화당 의장 실로 김종필 총재를 찾아가 협의도 했으나 바로 해결될 가능성은 없어 보였다.

그러는 중에 박대통령의 시해사건이 발생했고 정국의 혼란이 있게 되자 자금줄이 단절되어 직원 월급을 주기 어렵게 되었다. 새로운 방향을 모색해야 하는데 나는 그러한 재주는 없다. 그래서 나는 사퇴하기로 했다.

얼마 후에 임원들의 교섭으로 동아건설에서 지원을 받기로 하고 이숭녕 박사를 원장으로 모시게 되어 연구활동이 본격화하였으며 많은 연구논문집을 간행하여 성과를 거두었다. 그러나 동아건설이 부실해서 연구원은 다시 난관에 봉착했으나 국회부의장을 지낸 조부영 씨의 노력에 의하여 재정비되고 활발한 연구활동을 하고 있어 고맙다.

나의 일본日本 연구

나는 그 동안 일본과 관련되는 글을 많이 썼고 저서도 냈다. 저서 2권, 공저 2권. 내 저서 중 일본에서 5권이 번역되었다. 저서 중 번역되지 않은 것이 2권이 있다. 집계하면 다음과 같다.

		발행년도	번역출판 년도
著書(日文)	『朝鮮의 民俗』	1969	
	『韓・日民俗文化의 比較研究』	2003	
共著(日文)	『民俗學 古代 韓國 日本』	1988.	
	『渡來 神 天日槍』	1995.	
譯書(日譯)			
『韓國의 民俗과 傳承』			1984
	原著. 韓國民俗學 論攷	1971	
『韓國의 民話』			1995
	原著. 한국의 민담	1972	
『日本안의 百濟文化』		1988	1994.
『大將軍信仰의 研究』		1999	2001.
『通信使와 文化傳播』		2004	2004.

번역되지 않은 일본연구서

『韓日 宮中儀禮의 比較研究』 1995

『韓國에서 본 日本의 民俗文化』 2004

『일본에 살아있는 백제(百濟)유적』 2004

일서(日書)를 번역한 책

야스다 더구다로(安田 德太郞) 지음

『인간의 역사』 중 제1권. 식(食)과 성(性)의 발단

제3권. 여자의 전성(全盛)시대 위의 2권을 번역했다

이 외에도 일본의 현지조사 보고의 논문이 많이 있다. 이러한 글을 쓰기 위해서 85회나 일본여행을 자주 하였고(중앙대학 시절을 참조하시기 바람), 일본의 여러 대학과 학회에서 강연, 연구발표를 한 것이 105회에 이른다.

왜 일본을 자주 왕래하였는가.

내가 북방에 관심을 둔 것은 우리 민속 문화의 고향을 찾기 위해서 였으며, 일본을 자주 찾은 것은 우리 문화의 전파지傳播地 즉, 우리문화가 일본에 무엇이, 언제, 어떻게 전파하여 현재 어떠한 상황에 있는가 궁금해서 관심을 가지게 되었기 때문이다. 일본은 일본대로 독창적인 문화가 있지만 일본문화 중에는 한국에서 영향 받은 문화가 많음을 알게 되면서 전파론傳播論적 관심을 가지고 접근하게 되었다.

일본의 민속문화에 접근하자면 몇 가지 여건이 필요했다. 첫째 시간이요. 둘째 물가가 비싼 일본에서의 체류하고 현지조사차 여행할 연구비 조달이요. 셋째 일본의 고전古典과 문어체文語体인 소로문候文을 읽을 능력이 있어야 한다. 넷째 그 분야에 관한 학자와의 교류와 친분이 필요했다.

첫째의 일본에 나들이 할 시간의 문제인데, 대학교수는 매일 출근하는 것이 아니니 시간표를 잘 짜면 금・토・일의 3일을 활용 할 수가 있다. 또 다행히 학회에서의 학술 발표회가 주말을 이용하는 일이 많아서 활용 할

수가 있었고, 또 여름과 겨울에 한 달이 넘는 긴 방학이 있어 현지조사에 활용할 수가 있어 좋았다.

둘째의 조사경비는 지금처럼 정부에서 지원이 없었던 시대이니 국내조사는 신문 잡지와 기업체에서 발행하는 사보에서 청탁을 받아 조달을 하는 방법을 취했다. 국내조사는 그것으로 가능했으나 국외여행의 경비는 턱없이 부족했다.

셋째의 조사비의 문제는 나는 해외로 강연 또는 학술 발표 차 나아갈 때에는 주최측의 초청이 있는 경우에 갔고, 강연료를 받아 여비로 충당할 수가 있었다. 내가 가장 많은 강연료를 받은 것은 50분 강연에 50만 엔을 받은 것이 3회 있었다. 당시 대학교수 월급이 40만 엔 정도인데 50만 엔은 나로서는 큰 도움이 되었다. 내가 한국에서 문화훈장을 받았으니 일본의 문화훈장 수상자와 같은 강연료를 준다는 것이다.

일본의 고전인 일본서기日本書紀, 고사기古事記와 풍토기風土記와 각 지역의 향토지鄕土誌를 읽어야 한다. 일본에서는 1980년경부터 각 지역에서 향토지를 정리하였는데 문체가 중세기中世紀의 문어체文語体인 소로문候文이다. 나는 다행히 이 문제를 해결할 수 있고 만엽집萬葉集과 중세기中世紀의 각 지역의 향토지鄕土誌도 볼 수가 있어 일본 중세기의 민속기록을 접할 수가 있었다.

넷째의 사계의 전공 학자를 만나는 일은 가능했다. 해방 후 1963년에 처음으로 일본에 갈 일이 있어 틈을 내어 일본 민속학회를 찾아가서 당시 간사를 맡고 있는 다께다竹田교수를 만난 것을 시작으로 민속학계의 많은 학자를 만나게 되었다. 그들도 한국의 민속문화에 관심을 가지고 있어 교류를 했고, 공동조사와 학회가 있을 때에는 초청해 주어서 왕래가 잦았다. 그래서 폭 넓은 교류가 가능했다. 나는 그들이 필요했고 그들은 내가 필요했다. 그래서 빈번한 왕래가 있었고 교분을 쌓을 수가 있었다.

나의 일본에서의 저서가 2권, 일본 학자와의 공저가 2권이고 나의 저서가 일본에서 번역된 것이 5권이 있다. 나는 『한·일 궁중의례宮中儀禮의 연구』도 일본에서 번역되기를 원하나 번역 출판사의 사장의 말에 의하면 황실문제가 있어 불가능 하다고 했다.

나는 일본에서 1940년대에 선풍적인 인기가 있었던 야스다 도꾸다로安田德太郞의 『인간의 역사』 전 6권 중 1권 『여성의 전성시대』와 3권 『혼인 풍속사』를 번역한 일이 있다. 민속학을 폭 넓게 공부하려면 인류학의 지식이 필요하다는 생각에서였다.

일본에서 번역된 저서 중 『일본 안의 백제문화』 『대장군신앙의 연구』 『조선통신사의 연구』는 사명감을 가지고 쓴 저서이다.

고대의 백제문화가 일본에 큰 영향을 주었다는 말은 많은 사학자들이 주장하고 있으나, 민속문화의 관점에서의 논증論證은 별로 없었다. 그래서 나는 문화 전파와 민속학적 관점에서 큐슈九州 난고우무라南鄕村에 전승하는 "시하스 마쓰리師走祭"와 비아꼬琵琶湖 동쪽 히노日野에 전승하는 오니무로신사鬼室神社의 제의를 문제삼아 논증하는데 주력했다. 무심코 시골에서의 연중행사로 전승하는 제의에서 백제문화의 전파요소를 입증했다. 아들 귀실집사는 일본에서 신으로 제사되고, 아버지 복신福神은 장군으로 무형문화재 제9호인 은산恩山 별신제別神祭의 주신으로 전승하고 있음을 입증하고자 했다.

일본 벽촌을 여행하다가 석대石臺에 "대장군"이란 기록을 보고 나는 바로 우리의 장승인 "천하대장군"이 연상되어 추구하였던 바, 과연 연관성이 있음을 알게 되어 저술하였다. 대장군은 교토京都와 그 이서以西에 전파하고 있으며, 주로 백제인이 살던 지방에 분포되어 있음을 알게 되었다. 답사의 결과 전국에 780여의 대장군이 있음을 알게 되어 분포도를 작성하는데 주력을 했다.

일본 학계에서는 아직 이러한 작업이 없었다. 교토京都지방의 대장군을 조사하니 환무桓武천황이 교토로 수도를 옮기고 궁성진호신宮城鎭護神으로 궁성 사방四方에 대장군을 세웠음을 알 수 있었다. 환무천황은 백제 여인의 몸에서 태어났으며, 소년시절을 외가인 백제인 가정에서 성장하였기 때문에 왕이 되어 모계母系의 신인 천하대장군을 궁성宮城수호신으로 삼았음을 알 수 있었다.

일본에 사신으로 간 소위 통신사通信使의 연구는 그 동안 여러 역사학자에 의해서 성과를 거두었다. 그러나 주로 역사적인 교류사와 통신사가 일본에 남긴 문적文籍에 관한 연구가 주였다.

나는 일본에 전승되고 있는 가라꼬 오도리唐子踊에 관심을 가지고 접근했다. 일본 춤과 다른 춤이란 말이 일본인 입에서 나오고, 한국이나 중국의 춤이란 말도 있다. 나는 가라꼬 오도리가 전승되는 현지를 찾아가 보았다. 첫 인상이 경상도 오광대五廣大춤과 전라도의 동자童子춤과 유사점이 있음을 알 수 있었다.

나는 그 이유를 통신사 일행의 구성원에서 찾을 수 있었다. 통신사 일행은 500명 전후였다. 서울에서는 정사, 부사를 비롯하여 백여명이 출발해서 부산까지 가는 도중에 관리를 충원했다. 당시는 배를 타고 가야하기 때문에 경상도와 전라도에서 노를 저을 사공 2, 3백 명을 충원하여 갔다.

가는 도중에 풍파를 만나거나 홍수가 일어 길이 막히면, 안정 될 때까지 며칠이고 쉬어야 했다. 풍파를 만나 대마도에서 한 달이나 쉬는 일도 있었고, 세도내해瀨戶內海를 지나다가 태풍을 만나 10여 일을 체류하는 일도 있었다. 이러한 때에 여독을 풀기 위해서 사공들은 고향이 그리워 향수를 달래면서 술을 마시고 고향에서 하던 노래와 춤판이 벌어졌을 것이다. 이국인의 춤과 노래는 일본의 현지민들에게는 신기해서 큰 구경거리가 되었으며 흥이 날 때에 이국인들의 노래와 춤을 모방해서 노래하고 춤추었을 것이다. 이것이 오늘날까지 가라꼬 오도리唐子踊라 해서 축제 때에 전승되고 있다.

통신사에는 양반 관리들만이 아니라 무식한 배 젓는 사공들의 숫자가 훨씬 많았음을 알아야한다.

이제까지의 통신사연구는 주로 통신사가 남긴 유물이나 문적文籍에만 주력하고 절대 다수인 서민 뱃사공들을 미처 생각하지 못하였던 것이다. 즉 민속학적인 접근이 없었던 것이다. 통신사 연구는 전파론傳播論적 관점에서 바로 민속학적 접근도 있어야한다.

대장군신앙과 통신사 문제는 현장을 답사해서 확인하는데 많은 시간을 소비해야 했고 일본에서 선행先行 연구의 업적이 있으면 참고가 될 터인데 일본에서는 이 분야에 대한 연구가 거의 없어 내가 아니면 할 사람이 없을 것 같아 나로서는 사명감 같은 것을 가지고 작업을 했다.

이상의 3권의 책은 나오자마자 다께다竹田교수에 의해서 번역되고 출판되어 고맙다.

日本に於ける 著書・共著書・譯書

1. 著書

朝鮮の民俗	岩崎美術社	1969
韓日民俗文化の比較研究	岩田書院	2003

2. 共著

民俗學より見た古代の韓國と日本	學生社	1988
共著者 : 櫻井德太郎・直江廣治・任東權		
天日槍	但馬.理想の都の祭典委員會	1995
共著者 : 松前健・上田正昭・任東權・原口正三・金關恕		

3. 著書の日本での飜譯

韓國の民俗と傳承(原著名 : 韓國民俗學論攷)	櫻楓社	1976
譯者 : 熊谷治・依田千百子		
韓國の民話(原著名 : 韓國의 民譚)	熊山閣	1995
譯者 : 熊谷治		
日本の中の百濟文化(原著名 : 日本안의 百濟文化)	第一書房	2001
譯者 : 竹田 旦		
大將軍信仰の研究(原著名 : 大將軍信仰의 研究)	第一書房	2001
譯者 : 竹田 旦		

朝鮮通信使と文化傳播の研究(原著名 : 通信使와 文化傳播) 2004

譯者 : 竹田 旦

4. 韓書の日譯

韓國の民俗大系(原著名 : 韓國民俗綜合調査書) 國書刊行會

共譯 : 任東權・竹田 旦

全羅南道編	1988
全羅北道編	1988
慶尙南道編	1989
慶尙北道編	1990
濟州道編	1992

5. 日書の韓譯

結婚의 風俗史(原著名 : 安全德太郎,『人間の歷史』 3) 1962

性과 食의 風俗史(原著名 : 安全德太郎,『人間の歷史』 1) 2004

日本發表 論文目錄

鄕土民俗誌(各道別)	韓國文化(連載)	15
年中行事(各月別)	/	36
民俗槪觀	學園社	96
民謠(アリランの起源・農謠・童謠・民謠の形式と音律)	駿台紀要	51
山の神と祭儀	儀禮文化	13
仙女と樵の民話	櫻楓社・東アシア民族說話の比較研究	8
分與の民俗	竹田旦博士退官紀念論叢	18
桃枝民俗	駿台紀要	10
風水	學生社・日本古代史講座	24
鵲考	駿台紀要	17

祖先祭祀	東北大學・宗教學研究室	12
韓國の墓制の展望	東北大學・宗教學研究室	10
鶏の民俗	筑波大學・比較民俗研究	11
古代における女性の地位	駿台紀要	10
韓國の民間宗教と佛教	吉川弘文堂・東アジアにおける民俗と宗教	15
/ 綱 引	韓國文化	5
/ 扇	/	10
/ 稻作文化	熊山閣・アシアの稻作文化	28
山岳神とムーダン	福岡・九州シンポミジユム	41
菖蒲考	筑波大學・比較民俗研究	5
天日槍－その身分と神寶	/ /	20
玄海灘に殘る韓國文化	小學館・海と列島の文化 3	30
對馬の天道神	駿台紀要	15
師走祭りの現地調査	日本學報	39
師走祭りと百濟文化	三一書房・百濟王族傳說の謎	20
生月島の出産習俗	平戶諸島の民俗	4
韓國と琉球の交涉	エドノス 13	8
韓・日民俗文化の交涉	中京大學社會科學研究 4	20
旅の思い出	北都書房・民族を結ぶ心	12
漂流錄でみた琉球	アシア 社會學 沖縄大會	11

(民俗概觀の內容)

1. 序說　2. 飮食　3. 喪禮・祭禮　4. 婚禮
5. 家族生活 社交　6. 姓名・地名　7. 曆　8. 諺・傳說
9. 民話　10. 占卜　11. 風水　12. 巫俗
13. 神と鬼神

제주도 출장

1978년 봄으로 기억한다. 문공부로부터 연락이 왔다. 가보니 정문기鄭文基 박사와 나를 불렀다. 정박사는 나보다 연상이고 어류학魚類學의 권위자이며 고려대학에 재직하고 문화재 위원으로 계셨다.

대외적으로 기밀을 요하니 발설을 하지 말라면서 제주도에 출장 가 달라는 것이다. 이야기인즉 제주도를 개발했을 때에 나에게는 "제주도의 향토문화에 어떠한 영향을 끼치며, 어떠한 대책이 필요한가"하는 문제이고, 정박사에게는 "제주도 개발이 해양과 어류魚類에 어떠한 영향을 미치며 어떠한 대책이 필요한가"하는 문제를 현지에 가서 조사해 달라는 것이다.

그게 무슨 기밀이기에 비밀로 하느냐고 물었더니 개발 문제가 미리 새어나가면 토지 수용 문제에 차질이 있고 또 토지 브로커들의 토지매수로 혼란이 생긴다는 것이다.

문화부의 담당과장의 안내로 정박사와 제주도에 갔다. 섬을 일주하고 한라산도 정상까지 올라가 보았고, 많은 사람들을 만나 이야기를 듣고 했다.

새로운 문물이 들어오면 전통문화는 타격을 받아 소멸하거나 퇴색하는 것은 당연할 것이며, 다만 여기에 대비해서 조속한 시일내에 수집 기록을 해서 보존을 해야 한다. 제주도는 개발되어야 할 것이며, 제주도 나름의 전통문화를 원형대로 보존하기란 어려울 것이니, 학계가 나서서 기록 보존할 것과 원형을 볼 수 있는 생활자료 전시관, 또는 민속박물관의 설치를 서둘러야 한다. 소박하고 순진한 현지민이 조상 대대로 물려받은 논과 밭을 잃고 이사를 가야하니 어디에 가서 무엇으로 어떻게 살 것인지 대책이 없다. 그래서 개발이 되면 여기에 시설되는 호텔이나 여러 업종에서 우선적으로 채용해서 생계를 마련할 수 있도록 대책이 있어야 하겠다고 판단했다. 보상금은 받았다 하지만, 소유였던 땅에 지은 호텔의 종업원이 되어 걸레질이나 하고, 빗자루 들고 마당을 쓸다보면 화가 치밀 것이니 여기에 대한 대책이 있어야 하겠다. 즉, 전통적인 생활양식을 보존할 것과 생계대책의 두 가지 의견을 제출했다.

부지사의 안내로 준공을 앞둔 항몽순의비抗蒙殉義碑에 갔다. 들어가는 길에 서울 거리에서 까는 4각형 붉은 시멘트 블록이 쫙 깔려 있어 마음에 들지 않았다. 부지사가 의견을 묻기에 "도시 거리도 아니고 제주도에는 독특한 화산암이 얼마든지 있는데 아쉽다"고 말했다.

비의 옆에 중앙에서 보내 왔다는 분향로焚香爐가 놓여 있어 "왈가왈부하고 있는데 어떻게 하면 좋겠느냐"고 물어 왔다. 정박사는 "나는 모르니 임선생이 답 하시요"하고 답을 나에게 밀었다.

나는 생각 끝에 "분향은 신영神靈이 있는 경우에 하는 것인데, 이곳은 순의한 것을 기념하는 기념탑이니 분향은 안 해도 무방하다."고 말했다. 내가 잘못 판단한 것인지 분향로는 지금도 비 앞에 놓여 있다.

얼마 후에 신문을 보니 준공식에 대통령이 참석하고 지시에 의하여 향로를 다시 가져다 놓았다는 것이다. 이선근 문화재 위원장이 안내한 기사를 봤다. 그 후에 이박사를 뵙고 향로 이야기를 했더니 "그렇게 됐어"하고 웃었다.

제주도에 다녀온 얼마 후에 중문단지中文團地 개발이 발표되었다.

경주 신라문화제

신라의 고도古都인 경주에서는 역사에 걸맞는 신라문화제新羅文化祭가 있다. 각 지방이나 도시에서는 향토축제로 여러 행사가 있는데, 경주에서는 신라 문화제, 부여 공주에서는 백제문화제가 있어 그 지역의 역사에 어울리는 축제를 하고 있다.

문공부에서 나와 장사훈張師塤박사와 함께 경주에 출장을 가 달라고 했다. 상부에서 신라 문화제를 한국의 대표적인 축제로 만들고자 하니 현지에 가서 시정할 것과 고증을 해 달라는 것이다.

신라문화제 3일 전에 장박사와 함께 경주에 내려갔다. 미리 예비지식을 가져야 했고, 과거의 행사의 역사를 알기 위해서 실무자를 만날 필요가 있었다.

행사를 주관하는 경주시 담당직원을 만났고, 행사를 총괄하는 사람을 만났으며, 행사에 참여하는 각 학교의 담당자와 시민의 의견도 들었다.

예비조사를 마치고 행사를 참관했다. 역사적 의미 있는 행사이기에 온 시민들이 참여하는 거시적인 행사이나 문제점이 있음을 파악되었다.

마지막으로 행사를 관람하고 다음 몇 가지 문제를 지적할 수 있었다.

무엇보다 개회식이 문제였다. 시장이 등단해서 개최자로서 긴 개회사를 했다. 다음 도지사의 축사는 더 길었고, 다음 교육감의 축사도 길었고, 다음 국회의원의 축사는 더 길었다. 운동장에는 학생들이 정렬해 있었는데 한쪽에서 소란스러웠다. 두 시간이 넘는 축사에 여학생이 일사병에 쓰러진 것이다. 문제점은 다음과 같다.

첫째, 주최자인 경주 시장이 올라가서 "이제부터 신라 문화제를 시작 하겠습니다" 선언하고 북을 세 번 치고 내려와라. 도지사. 교육감 국회의원의 축사는 빼라.

둘째, 학생을 동원하지 말라. 수백명의 학생을 동원하였으니 수업에 지장을 주었고, 일사병에 쓰러지는 불상사가 일어나는 것이다.

셋째, 행렬에 계백(階伯)장군을 포박해서 끌고 다니며 조롱하는데, 그렇게 되면 백제문화제에서는 신라의 장군을 포박해서 끌고 다닐 것이다. 지금 우리는 동서가 서로 화합을 해야 하는데, 젊은 세대에까지 적개심을 고취하는 일을 삼가야 한다.

넷째, 복식과 복색을 다시 한 번 고증을 받을 것

다섯째, 악(樂)도 한 번 더 고증을 받을 것

이상과 같이 의견을 제시하였더니 시장이 "이렇게 했다가는 시장의 목이 당장 달아난다"고 했다. 지방행정의 어려움이 보여 딱하다는 생각이 들었다.

여하튼 우리는 본 대로 느낀 대로 중앙에 보고하겠다고 말했다.

다음해에 시정여부를 살피려 참관 했더니 맨 먼저 시장이 단상에 올라가 "이제부터 신라 문화제를 시작하겠습니다" 외치고 내려와서 "에이 이제 살겠다" 중얼거리며 넥타이를 확 푸는 모습을 보고 당당하고 장하다는 생각이 들었다.

3장
나의 대학교수 시절

6 · 25 동란과 수난
국학대학 교수
국학대학 관선이사장
서라벌예술대학
여담餘談
중앙대학 교수
잦은 외유外遊와 민속조사
여러 대학에 민속학출강

6 · 25 동란과 수난

1950년 6월 25일 북의 남침이 시작되었다. 그러나 방송에서는 수도방위는 만전을 기하고 있으니 시민은 안심하라는 방송을 믿고 있다가 3일 후에 인민군이 서울에 들이 닥쳤다.

한강 다리가 폭파되고 피난 갈 수도 없었다.

나는 난리가 난 5일인가 후에 청량리 일사 방종현 교수님 댁으로 찾아갔다. 선생님은 어떻게 지내고 계신지 궁금하고 안부가 걱정이 되었다. 대문을 들어서니 사모님께서 삽을 들고 마당에 서 계셨다. 선생님께서는 인민군이 들어오기 전날 심악心岳 이숭녕李崇寧교수와 같이 집을 나가시어 수원에 계시다는 인편에 연락이 있었다는 것이다. 일단 난은 피하시었으니 안심이 되었다. 당시 청량리에 서울대학 관사가 있었고 관사 맨 끝 막다른 집이 일사 선생님 댁이고 몇집 건너에 심악 교수 댁이 있었다. 나는 심악 교수의 강의도 듣고 있었으나 당시는 일사 선생님 댁만 드나들었다.

사모님의 말씀은 무슨 일이 닥쳐올지 모르니 선생님에 관한 서류와 중요한 연구자료를 땅에 묻겠다는 말씀이다. 당시 선생님 댁은 사모님과 아직 어린아이들 뿐이어서 노동력이 없다. 그래서 내가 삽으로 땅을 파고 항아리를 묻고 사모님이 자료를 넣은 다음 흙으로 덮고 그 위에 잔디를 입히고 왔다. 그 후로 나도 피난길을 떠났으니 다시 찾아뵙지 못했다.

나는 "전주全州가 해방[당시는 인민군에 의해서 점령(占領)을 해방이란 용어를 썼다] 되었다"는 방송을 듣고 고향으로 피난을 갔다. 서울서 충청남도 청양군 장평면 분향리까지 4일 걸려 걸어서 갔다. 고향 길은 매우 불안했다. 5·30 국회의원 선거에 장형이 국회의원으로 출마한 일이 있기 때문에 우리 가족이 반동분자로 몰릴 가능성이 있었다. 고향에서 여러 고초는 있었으나 극복하고 지내다가 1951년 5월에 예산 농업 중·고등학교에 교사로 직장을 가지게 되었다.

부산에 전시연합대학이 개설되었다는 신문기사를 읽었고, 서울대학교도 개강했다는 소식을 들었고, 일사 선생님께서 건재하심을 알게 되었다. 나는 반가움에 곧 서신을 올려 문안을 드렸다. 선생님께서 답장이 왔고 땅을 파고 자료를 감추는데 협조해 줘서 고맙다는 말씀도 있었다.

1952년 여름에 선생님으로부터 부산에 오라는 전보가 왔다. 주말에 휴가를 받아 부산에 갔다.

3년 만에 뵙게 되어 감개무량했다. 스승은 건강하셨다.

선생님은 "교사 훈련도 했고 민요연구를 계속 하려면 대학으로 진출해야 한다. 숙명여자대학에서 사람을 구하고 있으니 가라"는 것이다. 나는 당황했다. 대학 진출은 아직 생각도 못 하였으나 3월부터 국내에서 처음으로 "민속학"강좌를 하게 되었다.

지금 남들이 나보고 민속학자라 한다. 앞서 말한 것처럼 민요를 주 전공으로 하는데 연구의 방법론으로 민속학적 방법을 채택하였다. 민속학을 독학으로 시작하고 보니 무궁무진한 자료들이 그대로 방치되어 있었다. 시대의 변화에 따라 소중한 민족문화재가 나날이 소멸되고 있어 분발하여 민속학을 시작하여 나의 전공이 넓어진 것이다.

스승이 떠나신지 벌써 50년이 지났다. 그러나 미소 짓는 자애롭고 온화한 스승의 모습은 나에겐 아직도 훤히 보인다. 그래서 일사 선생님은 나의 영원한 스승이시다.

나의 학문적 성과는 오로지 일사 선생님의 지도에 기초한 것이다. 그래서 늘 스승의 은덕에 감사할 뿐이다.

국학대학 교수

나는 해방이 된 다음해에 국학대학 국문학과에 입학하여 4학년 때에 6·25사변이 나고 학교가 부산에 피난 가서, 1951년에 겨우 졸업을 했다. 국학대학 국문학과의 제1회 졸업생이다.

난리 통에 고향에 있다가 1951년 5월에 예산농업중학교에서 1953년 3월까지 1년 10개월 동안 교편을 잡았고, 1953년에 충남대학교 강사가 되어 대전으로 자리를 옮겼다. 대전에 갔더니 우연히도 국학대학이 임시교사가 부산에서 대전으로 옮겨왔기에 모교에 인사차 갔더니 모교에서도 강의를 맡으라는 요청을 받았다. 민요론民謠論과 일반국어를 맡게 되어 제1회 동문으로 모교에 진출하게 되었다. 충남대학교에 출강하기 위해서 대전에 간 것이 우연히도 모교와 인연을 갖는 행운을 얻게 되었다.

나는 열심히 강의 준비를 했고 열을 쏟아 대학강사 생활을 시작했다. 그러나 피난 시절이라 문헌자료가 없어 한계가 있었다. 대전시내엔 도서관이 하나도 없었다. 대학은 충남대가 있었으나 신설대학이라 도서는 빈곤했고. 국학대학도 피난살이에 도서관이 없었다. 홍익대학도 대전에 와 있으나 사정은 마찬가지이었다. 그래서 역사가 있는 공주사범대학의 도서관을 찾았으나 신통하지 못했다.

대전에 나가 두 대학에서 강의하는 행운을 얻었으나. 두 대학의 강사에 불과해서 수입이 고등학교 때보다 적어 살림은 어려웠다. 나의 그런 형편을 알고 한달 후에 국학대학에서 전임강사 발령을 내주어 월급을 타게 되어 생활안정이 되었다.

한 학기가 지나 여름방학이 되면서 정전협정停戰協定이 합의되어 전쟁이 그치게 되었다. 이제는 상황이 싹 달라졌다. 모두 안정을 되찾아가고 대학도 서울로 복귀하여 2학기부터 서울에서 개강하게 되었다. 그리고 이사비용은 학교에서 모두 부담한다는 것이다.

나는 모교를 따라 서울로 왔다. 당시는 학기제 강의가 아니라 1년제 강의이기에 충남대학은 2학기의 한 학기 동안 기차를 타고 출강을 했다.

서울 생활은 어수선하고 매우 바빴다. 살집도 구해야 했고 우선 가족이 올 때까지 하숙을 하기로 했다. 학교도 난리에 상처 입은 곳의 공사가 있었고, 교수실도 부족해서 공사로 소음이 그치지 아니했다. 그러나 복구에 활기가 넘쳐 희망에 차있었다.

나는 1953년 2학기부터 민속학 강의를 맡기로 했다. 아직 한국에서는 민속학 강좌가 없는데 학장과 교무처장도 주저하기에 "한국학을 위주로 하는 국학대학에는 꼭 있어야할 과목임"을 설명하니 국학대학의 설립 취지에 맞는다고 인정하여 국내에서 처음으로 민속학을 개강하게 되었다. 국문과에서는 필수과목이고 사학과에서는 선택과목으로 했다. 강의안을 만들기 위해서 매일 같이 국립도서관에 가서 자료를 수집하고 강의안을 작성했다. 내 자신이 지금 생각해도 매우 의욕적이었다. 밤잠을 자지 않고 강의 준비에 정열을 쏟았다. 모교는 나를 믿고 민속학을 대학에 도입하는 모험을 했으니 나로서는 매우 고마워 지금도 감사하고 있다. 즉 모교가 나를 키워준 것이다.

1954년 1학기부터 숙명여자대학과 서라벌예술대학에 출강을 했고, 1956년 10월에 조교수 발령과 동시에 국문학과 학과장을 맡게 되었다. 국학대학이 국문학과 · 역사학과의 두 학과로 출발했는데 책임을 느껴 더욱 열심히 강의를 했다. 당시 국문학과에는 백철 · 서정주 · 김진수 · 양주동 · 이숭녕 · 이희승 · 김춘동 · 조용욱 · 이혜구 등 내가 재학시절에 배운 권위 있는 원로교수들이 포진하고 있었다. 나는 스승 앞에서 고분고분하게 지냈다.

1958년 초에 서라벌예술대학으로부터 교무과장을 맡아달라는 제의가 왔다. 나는 일언지하에 거절했다. 서라벌예술대학의 설립자가 국학대학 출신이었다. 그러나 나는 주간부에 다녔고 설립자는 야간부 출신이라 학생시절에는 만난 적이 없었다. 나는 은혜 입은 모교를 떠날 수가 없었다. 수차 교섭을 받았고 백철白鐵교수의 권유가 있어 겸직을 해서라도 맡아 달라기에 국학대학의 양해를 얻어 서라벌예술대학을 겸직을 하게 되었다. 당시에는 두 대학을 겸직할 수가 있었다. 양주동 박사는 인기가 좋아 3~4대학을 겸임을 하고 있었다.

그러다가 1961년 10월에 서라벌예술대학 학장이 되었다. 그래서 모교인 국학대학을 사직하려 했더니 강의만은 계속 나오라기에 고맙게 알고 출강해서 민속학과 민요론의 강의에 정열을 쏟았다.

1962년 동문들의 청으로 동창회 총회에 나갔다가 본의 아니게 동창회장을 맡은 일이 있다.

내가 대학의 학장직에 있어 대학경영을 다소 알고 있으니, 어려운 고비에 모교의 정상화를 위해 일하라는 뜻이었으나, 재단의 실수와 부정이 너무나 커서 이미 학교의 운명은 기울어져 있었다.

국학대학 관선이사장

1964년 봄 문교부 고등교육국장으로부터 전화가 왔다. 국학대학에 관선이사를 파견하기로 하였으며, 나도 그 이사로 선정하였으니 그리 알라는 것이다. 국학대학의 운영에 문제가 있다는 이야기는 듣고 있었으나, 내가 그 뒤처리를 해야 하는 관선이사가 되는 것은 반가운 일이 아니었다. 그래서 사양한다는 말을 했더니 이미 장관의 결재를 받고 통지하는 것이니 그리 알라는 것이다.

나는 부담이 되었다. 왜냐하면 국학대학은 나의 모교이다. 전쟁 말기에 동경에서 중학을 졸업하고 고향에 와서 군수물자인 중석重石을 생산하는 관산鑵山에 징용徵用 되어 징용공으로 해방을 맞이했다.

해방이 되자 진학하고자 서울에 와서 우리의 언어와 문자를 공부하고자 진단학회가 사학과를, 조선어학회가 국문학과를 주도하여 국학대학國學大學을 신설한다는 말을 듣고 국학대학 국문과에 들어가 졸업하였으니 나의 모교이다. 나의 모교인 국학대학의 운명을 결정하는 관선이사가 된다는 것은 반가운 일이 아니다. 모교의 임종에 참여하고 싶지 않았다. 그러나 이미 장관의 결재가 났고 다음날 아침 신문 조간에 관선이사 명단이 발표되었다.

관선이사회의 이사는 학계, 국회의원, 법조인으로 구성되었고 업무 기한은 3개월이다. 3개월 안에 임무를 마쳐야 한다. 기존의 대학, 사업가, 사립학교 재단 등에서 신청이 있었으나 결론을 내지 못하고 임기가 다 되었다. 이사장이 무척 술을 좋아하시는 분이라 뒷이야기가 많았다.

임무를 다하지 못하였으니, 제2차의 관선이사회를 3개월 연장하기로 했다. 전 이사장은 빠지고 한 사람이 보충되었다.

제2차 이사회의 첫 이사회에서 이사장을 선출하는데 나를 지목했다. 나는 극히 사양했다. 이사 중에서 나이도 제일 어리거니와 모교의 일이니 모교의 운명을 좌우하는 중책을 맡기 싫었다. 동문이기에 한번 잘못하면 일생을 두고 질타를 받을 것이라 사양했다. 그러나 결국은 나에게 관선 이사장으로 낙점이 되었다.

나는 제1차 이사회에서의 경험에서 몇 가지 문제를 시정해야 하겠다는 생각을 했다.

첫째, 관선이사이기에 업무를 마치면 학장을 비롯하여 이사전원이 사퇴해야 한다는 의결을 했다.

왜냐하면 1차 이사회 때의 경험으로 이 기회에 재단이 바뀌어도 이사로 잔류하고 싶어 하는 눈치가 보였고, 특히 학장도 임시직으로 관선이사 중에서 보직을 맡고 있는데 계속 잔류하고자 하는 눈치가 보였다. 관선이사가 그러한 다른 생각이 있으면 일을 공정하게 처리할 수가 없다고 판단해서 역설하여 통과 시켰다. 이러한 결의를 했음에도 불구하고 새 재단이 들어왔는데도 학장이 사표를 내지 않고 버티는 추태가 있었다.

새 재단을 물색하는데 복잡한 문제들이 있었다. 문교부에서 제시한 공탁금을 깎자고 하고, 부실한 계획서를 가지고 와서 큰소리 하는 등 여러 문건이 제시되었다. 그 중에서 K대학과 S의과대학으로 문제를 압축하였다.

K대학은 재벌이 운영하고 정계에서도 당당한 분이 설립하였으나 학과가 국학대학과 겹치고 국학대학보다 사회적으로 높이 평가되지 않았다. S의과대학은 학과가 겹치는 것이 없고 병합하면 종합대학이 될 수 있어 호의가 있었다.

이사회에서 종합대학을 만드는 명분도 있고, 학과의 중복이 없으니 모든 직원의 신분이 보장되는 의과대학으로 병합하기로 하고 문교부의 승인을 받았다. 두 대학이 병합해서 우석대학교가 되고 2년 후에 다시 고려대학과 병합을 했다.

모교의 운명을 결정하는 일을 담당하여 고민도 있었고 동문이기에 후에도 욕을 먹지 않으려고 나로서는 최선의 판단을 했다. 병합 후 어쩌다 동문을 만나 "그 때에 독자 생존을 하지 못하고 왜 병합을 했느냐"는 질문을 받을 때에 당시의 학교 실정을 다 설명하기가 고민스러울 때가 있다.

당시 관선이사로 내 주장을 잘 이해해주고 옳은 선택을 하도록 지지해준 분이 당시 고려대학교 교수이며 후에 국무총리를 지내신 현승종玄勝鍾이사이다. 지난 일이지만 지금도 고맙게 생각한다.

서라벌예술대학

1) 학장이 되다

1954년으로 기억한다. 백철白鐵 교수로부터 신설된 서라벌예술대학의 국문학사 강좌를 맡아 달라는 요청이 있었다. 백철 교수는 대학시절의 나의 스승이시고, 국학대학에 교수로 있으면서 서라벌예술대학의 문예창작과를 창설하고 지도하고 계셨다.

당시 우리나라에는 예술대학이 없을 때인데 서라벌예술대학은 장차 4년제 대학으로 승격시킬 것을 전제로 문예창작과, 연극영화과, 음악과의 3과로 출발하였다. 문예창작학과는 시인, 소설가를 육성할 것을 목표로 하였고, 연극 영화학과는 연기자와 영화인 양성을 목표로 하였으니 매우 이채로운, 개성이 강한 학교였다. 당시 나는 국학대학의 조교수로 국문학사를 담당하고 있었고, 숙명여자대학에 출강하고 있어 강의 준비에 바빴으나, 스승의 권유도 있고 또 미래를 내다보는 예술교육의 창조적이고 이채로운 공감이 있었다. 그래서 나는 기꺼이 출강하기로 했다.

1957년에 초급대학으로 승격 인가를 받았고 미술과, 공예과를 신설하여 국내유일의 예술교육의 종합대학이 되었다. 설립자는 김세종金世琮씨로 초대학장은 윤백남尹白南씨이고, 2대 학장은 염상섭廉尙燮선생이 수고를 하셨다. 해방 후의 신설대학들이 사회의 혼란 속에 운영에 어려움이 많았으며 그 고난은 서라벌예술대학에도 있었다.

1961년 5 · 16 군사 쿠데타가 나고 사회에 큰 변화가 일어났으니 대학에도 회오리바람이 불어 8월에 20여 대학에 책임을 물어 학장, 총장의 승인이 취소되었는데 서라벌예술대학도 학장의 인가 취소를 당했다.

9월 신학기가 되어 학장선임을 재단의 동의아래 교수회의에서 선출하게 되었는데, 투표결과 내가 압도적으로 표를 얻어 학장으로 선출되었다. 뜻밖의 일이었다.

학장을 재단에서 임명하지 않고 교수회에서 투표로 선출하기로 정해지자 몇몇 선배 교수로부터 수고하라는 권유가 있었다.

당시 내 나이 36세였고, 서라벌대학과 국학대학의 겸임교수로 있기는 하였으나, 우리나라에 예술대학이 하나밖에 없어 사계의 당당한 대표적인 예술가들로 교수진이 편성되어 있는데, 이제 나이 36세의 젊은 교수가 학장직은 어울리지 않는다고 판단되어 극히 사양했다. 그러나 이미 투표가 끝났으니 나의 요구는 수용되지 않았다.

그래서 우선 재단이사장을 만나 다음 두 가지를 제의하였다.

첫 째, 학생의 등록금은 학장의 결재 없이 지출하지 못한다.

둘 째, 설립자의 입장에서 내가 마땅하지 않을 때에는 직접 나에게 말해달라. 사학은 설립자의 설립취지가 있으니, 설립취지에 맞지 않을 때에는 언제든지 그만 두겠다.

이 두 가지를 제시한 것은 첫째는 사학에서 제일 문제되는 것은 재단에서 학생 등록금을 마음대로 가져다 사업을 한다든가 해서 학교 재정의 혼란이 있는 경우가 많아 교 · 강사의 월급도 강사료도 제때에 주지 못하는 경우가 종종 있었다. 이러한 일은 있어서는 아니 된다고 생각했다.

사학은 설립자의 거룩한 설립취지가 있다. 그 뜻은 성취 되어야한다고 생각한다. 따라서 학장이 하는 일이 설립취지에 어긋나면 사학은 보람이 없다. 나는 설립취지를 존중하는 뜻에서 재단에서 권한이 있어야 한다고 생각했다. 매우 소극적이며 허약한 생각이라 나무라는 이도 있겠으나, 나는 그렇게 판단했다.

나는 학장취임식에서 한 말이 생각난다.

"나는 영웅이 되려고 하지 않을 것이며, 따라서 영웅이 되지 않을 것이다."

지금 생각해도 잘한 말이다. 영웅이 되려고 몸부림쳐서 성취하는 일도 있으나, 나는 정상적인 일, 마땅히 해야 할 일을 해야 한다고 판단했기에 이러한 평범한 말을 했다. 그러나 현상유지만으로 성취가 없을 수도 있으니 그 점은 명심해서 전진 후퇴를 현명하게 판단을 해야 한다.

사학의 운영에는 어려움이 많았다. 설립자가 큰 재벌이거나 기업체인 경우에도 운영에 어려움이 있는데 설립자의 새로운 예술교육에의 아이디어는 좋았으나 재정은 어려움이 있어 교·강사의 급료를 제때에 지급하지 못하는 형편이었다. 그래서 우선 은행에 찾아가 구좌를 개설하고 대부를 받아 취임 첫 달부터 급여지불을 정상화 시켰다. 학교는 돈암동 산1번지의 1만 5천평에 자리 잡았는데 불하계약을 맺고 5년 안에 상환키로 했다. 재단도 교직원도 대환영을 했다.

예술분야의 교육영역을 넓히고, 학교운영 재정의 안정을 위해서 학생 수를 증원하기로 했다.

1962년에 야간부를 인가를 받아 문예창작과, 연극영화과, 음악과, 회화과, 무용과, 공예과를 신설하였고 1964년에는 방송과, 사진과, 국악과를 신설하여 학생수가 총 1천명이 되어 재정적으로 다소 안정을 찾게 되었다. 후에 연극영화과를 사회수요에 따라 연극과, 영화과로 분리하였다.

예술대학의 기능상 공연할 강당이 필수여서, 1천명을 수용하는 강당을 신축하여 수업과 행사를 다양하게 할 수 있게 되었다. 연극영화과, 음악과, 국악과의 공연장으로 활용하는 한편, 예술대학생의 공통필수과목으로 전교생이 음악감상 수업을 실시할 수 있게 하였다. 또 문예창작과에서는 수시로 문학의 밤을 개최하여 학생 문학운동에 기여하게 되었다.

1964년에 4년제 대학으로 승격하여 서라벌예술대학은 비록 규모는 작은 예술단과대학이지만 한국 예술교육의 선구적인 역할을 했다는 자부가 있다.

몇몇 대학에 음악과, 미술과는 있었으나 소설가, 시인을 양성하는 문예창작학과, 배우, 성우, 무대예술 등 기능인을 양성하는 연극, 영화학 교육도 서라벌이 효시이다. 영화인, 방송인, 사진작가를 양성하는 교육도 서라벌 예술대학이 효시로 선구적인 역할을 한 점은 높이 평가되어야 한다.

일반대학에서는 신춘문예에 입선하는 학생이 있으면 큰 잔치를 벌이는데 서라벌 문예창작과에서는 많을 때에는 한번에 5명이나 등단한 해도 있었으니 한국 예술교육의 개척자요 선구자로 평가되어야 한다.

2) 해외 교류

1963년 일본의 일본대학 예술학부와 자매결연을 맺었다. 일본에 있어서는 예술교육의 역사도 오래인데 우리나라에서는 서라벌예술대학이 처음이니, 우리의 교육방법이 잘하는 것인지 또는 오류를 범하고 있는지 재검토하기 위하여 일본대학과 동경예술대학을 방문하기로 했다. 동경예술대학은 역사는 오래이나 미술과, 음악과의 두 학과 밖에 없고, 일본대학 예술학부는 다양해서 우리와 교과과정이나 운영이 유사한 점이 많아 학술교류를 하기로 하고 자매결연을 맺게 되었다.

나는 종전직전인 1943년에 동경유학을 마치고 귀국했다가 20년 만에 일본에 갔고, 모교인 순다이駿台 고등학교에 들렀다가 대학 부설 고등학교인 서라벌고등학교와도 자매결연을 맺었다.

1969년에는 미국의 로스앤젤레스에 있는 콜롬비아 대학과 자매결연을 맺었다. 미국에는 많은 예술교육기관이 있어 다양했으나 콜롬비아 대학을 선택한 것은 우리의 욕구를 충족시켜 줄 수 있는 여건을 가추고 있기 때문이었다. 콜롬비아 대학은 로스앤젤레스에 있었고. 세계 영화제작의 중심지라 할 수 있는 할리우드가 있었다. 할리우드에서 필요로 하는 인재양성을 목표로 콜롬비아 대학이 있었다. 따라서 연기자 양성을 비롯하여 조명・음향・미술・의상・무대장치 등 다양한 연기・영상교육이 실시되고 있어서 서라벌예술대학의 교육에 많은 자료를 제공받을 수 있다고 판단했다. 교육자료의 교환, 교수 학생의 교환, 정보의 교환 등에 합의하여 자매결연을 맺은 것이다.

대만에 우리의 예술대학에 해당하는 예술전과학교가 있어 시취봉施翠峰 홍서린洪瑞麟 양재평梁在平 교수가 한국에 와서 대학을 둘러보고 자매결연 제안이 있었으나 내가 다음해에 대만에 가서 학교를 둘러보고 회답하기로 하였다. 그 후 양재평 교수의 서라벌대학과 국립국악원에서 연주회를 내가 주선한바 있다. 당시 서라벌예술대학의 미술과는 대만에서 유학 온 학생이 있었다.

대만과의 관계는 1971년 3월에 내가 학장직에서 물러나게 되어 성과를 거두지 못했다. 그 후 나는 1971년 5월에 첫 대만방문을 했고 그 후 4회나 대만에 간 일이 있으나 나의 연구에 필요한 중국 대륙의 자료를 얻을 수가 없어 대만대학과 중앙연구원을 통해서 수집하기 위해서 였다.

3) 부설연구소 설치

예술대학의 기능을 향상시키기 위하여 연구소를 부설하기로 했다. 당시 문교부의 방침으로 학생연구소는 필수였기에 설치하고, 나는 나대로 생각이 있어 민족예술연구소를 두기로 했다.

나는 민속학을 전공하고 있어 민속자료의 교육에의 활용의 절실함을 느끼게 되었다. 예를 들면 탈춤이다. 탈춤은 지난 시대의 서민연극이다. 탈 제작은 공예기술이며, 탈이나 옷의 색채는 미술, 공예, 기술에 해당한다. 연극학사에 있어 필수의 과정이여야 하는데 아무 곳에서도 관심을 두지 않고 있어 애석했다. 나는 문화재위원을 맡고 있어 이러한 자료의 소중함을 알고 있는데 아무 곳에서도 수집 보존하는 곳이 없다. 그래서 국내 유일의 예술대학에서 사명감을 가지고 해야겠다고 판단했다. 그래서 민족예술연구소를 부설하고 내가 소장직을 맡았다. 우선 교실 한 칸에 탈이며 국악악기, 생활

기구 등 관련 있는 민속품을 수집, 진열했다. 탈은 국내는 물론 아시아 전반으로 폭을 넓혀 수집했다.

이때에 수집한 자료들은 중앙대학교와 병합하여 중앙대학 박물관의 기초가 되였다.

연구소의 또 하나의 사업은 인간문화재인 기능보유자를 초빙하여 전래의 기능을 공예과 학생들에게 전수 교육을 시키는 일이다. 그러나 애로는 대학 강사료로 인간문화재를 초빙하기 어렵고, 조교를 두어야 하기 때문에 문화관리국의 재정지원이 필요했다. 다행이 지원을 받아 나전칠기장螺鈿漆器匠의 김봉룡金奉龍, 매듭장每緝匠인 김희진金喜鎭 씨를 초빙하여 공예과의 필수과목으로 하였다.

이 때에 한국의 전통 문양과 색채와 기능을 배운 학생들에 의해서 공예계에 공헌하였다.

그러나 이 연구소는 내가 학장을 사임한 후에 폐쇄 되었다.

4) 제주도 항공 수학여행

학생들이 비행기 타는 수학여행을 실시했다. 당시 수학여행이라면 기차 버스를 타고 경주, 부여 등 고적을 찾아 수학여행을 하는 것이 상식이었다. 그러나 나는 어느 대학교에서도 실시하지 않는 비행기 타는 수학여행을 실시했다.

나는 하와이에 여행 갔을 때에 혼자라 택시를 타자니 돈이 들어 경비 적게 드는 관광여행의 방법을 찾았다. 호텔 직원과 이야기하는 중에 일본 여행단의 요청으로 큰 버스를 예약했는데 자리 여유가 있을 것이란 정보를 들었다.

버스가 오고 일본인 젊은 여성들의 관광단 일행이 버스에 탔다. 나는 인솔자인 듯 한 사람에게 사정을 말하고 동의를 얻어 버스에 탔다. 일행은 모두 젊은이들인데 알고 보니 시골 읍 소재지 정도 도시의 양재학원 5개월 코스의 교육을 마치고, 수료 기념으로 하와이에 왔다는 것이다. 나는 부러웠다. 우리나라에서는 일류 대학에서도 해외여행은 꿈도 꾸지 못하는데 시골 양재학원의 원생들이 5개월 코스를 마치고 해외여행을 하는 일본 젊은이들이 부러웠다. 나는 교육방법의 하나를 배웠다.

1970년 학생들의 수학여행을 항공편으로 제주도에 보내기로 했다. 그 뜻을 밝혔더니 처음에 교수도, 집행할 학생과에서도 위험시했다.

취지문과 여비를 계산하여 학부형에게 보내고 동의서를 받은 학생에 한해서 실행하기로 했다. 항공료가 있으니 여비는 비싸지만 대부분의 학생들이 동의서를 제출해 왔다. 그리고 공항에는 부모들이 나와 비행기 타고 여행하는 아들딸을 환송하는 일도 있었다. 나는 남들이 하지 못하는 일, 어느 대학에서도 하지 못 하는 일을 한 자부심과 긍지를 학생들에게 심어주기 위해서 주변의 충고는 있었지만 모험을 실행한 것이다. 젊은이에게는 더러는 으쓱하는 자부와 통쾌감을 줄 필요가 있다. 그래야만 인생에 자신만만해진다.

당시엔 아직 큰 비행기가 없어 120명을 수송하는데 3편으로 나누어 1진은 아침 편, 2진은 정오에, 3편은 오후에 떠나야 했다. 나는 마지막 편이 제주에 도착하여 무사 도착의 전화를 받고 그제야 안심하고 귀가했다.

얼마 전에 50대의 제자를 우연히 만나 이야기 중에 비행기 타고 제주도 여행간 일을 말하면서 당시로서는 획기적인 일로 기를 살려주어 고마웠다는 말을 듣고, 지난 일이지만 모험의 효과는 아직도 남아 있구나 싶었다.

5) 명사의 특강

대학의 학년초 1주일은 시간낭비가 심하다. 첫 1주는 수강신청을 하고 교무과, 학생과, 도서관의 실무자들이 나와 사무적인 업무소개를 하느라 시간을 허송하게 된다. 학생들은 대학에 들어와 잔뜩 긴장과 기대를 하고 있는데 매일 사무적인 이야기만 듣게 되어 허탈해지고 실망하게 된다. 그래서 나는 학년 초 1주일을 명사의 특강을 하기로 했다. 책이나 신문에서 본 저명한 명사들의 특강을 하고, 오후에는 학교의 실무적인 일을 전달하기로 했다. 당시에 특강을 맡아주신 분과 연제는 다음과 같다.

대학생활의 방법	학장(學長)
국가와 대학생활	이선근(李瑄根)
독일의 대학생활	안호상(安孝祥)
예술과 대학생활	이은상(李殷相)
정치와 대학생활	이효상(李孝祥)
학문과 대학생활	양주동(梁柱東)

이상이 해마다 단골강사인데 못 나오실 때에는 백철白鐵 유치진柳致眞 선생이 나오셨다.

저명인사들의 강연이기에 처음 맞는 명사 앞에 학생들은 긴장해서 정숙했다. 성숙한 대학생을 만들기 위해서 매년 특강을 실시했다.

6) 모든 예술은 서라벌과 통한다.

대학 본관과 강당 사이에 넓은 잔디밭이 있었다. 잔디밭에서 학생들은 담화하고 때로는 낮잠을 자기도 한다. 휴식 공간으로 좋기는 한데 공간이 아까웠다. 그래서 예술대학을 상징하는 조각상을 세우기로 했다. 주제는 예술의 각 분야를 상징하는 것으로 하고 미술과에서 맡기로 했다.

조각상은 3인의 인물이 서있는 자세인데 문학·연극·미술·음악·공예·무용 등을 상징하는 조각이다.

나는 제막식 때에 축사를 겸해서 "모든 길이 로마로 통하듯 모든 예술이 서라벌과 통한다"고 말 한 바 있다. 서라벌예술대학은 국내 유일의 예술 종합대학이기에 그런 호언을 했다.

7) 음악감상을 필수과목으로

예술가라면 누구에게나 해당되는 공통 과목으로 숙고 끝에 “음악감상”을 선택하여 전교생의 필수과목으로 선정했다. 음악가는 물론이고 문인・연기자・미술가・무용가・공예인・방송인・사진가 등 모두에 해당하는 기초는 음악에 대한 교양이라 판단하여 음악감상을 전교생의 공통 필수과목으로 선정했다.

1주일 전에 다음에 감상할 곡목을 선정해서 미리 게시하였다. 미리 수강 준비를 하도록 하여 학생들이 예술가로서의 기초 교양을 갖도록 했다. 학생들로 하여금 내 전공만이 아니라 폭넓은 예술인으로 성장시키려 시도했다. 음악감상시간은 800명 수용하는 강당 안이 조용하고 잔잔한 음악소리만 들렸다.

8) 사진과의 신설

나는 서라벌예술대학을 예술 종합대학으로 성장시키기 위하여 방송과와 사진과의 증과신청서를 문교부에 제출했다. 방송과목은 이제까지는 연극과에서 담당했으나, 방송문화도 다양해져서 독립을 시켜야 한다고 판단하였다. 또 국내에는 없으나, 외국에서는 사진학의 발달로 성과를 거두고 있었다. 그래서 방송과・사진과를 신설하기로 하고 문교부에 신청서를 냈다. 방송과는 승인이 났는데 사진과는 허가되지 않았다. 그래서 문교부를 찾아갔더니 고관이 하는 말이 “셔터만 누르면 사진이 되는데 대학에서 무슨 교육이 필요 하느냐”는 것이다.

문교부가 저러니 다음 일년 동안 일본・필리핀・미국 등의 사진학과의 자료를 수집하고, 사진 예술학・사진화학・사진기계학 등의 자료를 수집하여 제시하고, 국전에도 사진분야가 신설 되어 있음을 역설하여 다음해에 겨우 사진학과 증설 승인을 받았다.

사진과를 신설하고 학생들이 얼마나 지원할까 내심 걱정을 하였는데 의외에도 정원의 3배의 지원자가 있었고 가정 생활수준도 높은 편이었다. 국내에서 처음이니 학생들의 많은 관심이 있어 반가웠다.

방송학과와 사진학과를 신설하고 2년이 지났는데 모 대학에서 사진학과, 방송학과의 신설신청을 제출했다는 정보가 들어 왔다. 나는 어렵게 얻은 우리의 독점학과를 빼앗길 수 없다고 판단하여 불쾌했다.

나는 고심 끝에 한 방법을 생각해 냈다. 나는 전직원들에게 다음 일요일은 출근하라는 지시를 하고 나대로 수집한 자료를 주면서 법과・상과 두 학과의 증과 신청서를 작성하여 문교부에 제출했다. 차관으로부터 오라는 연락이 왔다. 예술대학에서 왜 법과, 상과를 두려는 것이냐는 질문이 있기에 나는 "예술대학의 학과를 일반 대학에서 빼앗아 가는데 예술대학에 법과, 상과를 두면 안 되느냐"고 떼를 썼다. 담당과장을 불러 확인하더니 "그것 반려해"하고 지시했다. 이렇게 해서 일단은 막았는데 그 후에 여러 대학에서 사진과를 두었다.

9) 목석 같은 사나이

대학 본관의 동쪽에 단층으로 피아노 렛슨동이 있고. 동북쪽의 별관에는 사진과, 공예과의 실기실이 있었다. 그 중간에 공간이 있어 여학생들이 모여 환담하고 노래하는 장소로 되어 있었다. 나는 그 옆을 지날 때마다 여학생들이 "목석 같은 사나이가 나를 울려요"하는 노래를 자주 불렀다. 한번은 과장회에 참석하기 위해서 지나가는데 역시 "목석같은 사나이가 나를 울려요"하는 노래를 또 부르고 있었다. 회를 시작하기 전에 "우리대학은 음악과도 있는데 왜 늘 목석같은 사나이 노래만 부르느냐? 레퍼토리가 빈곤하지 않은가"하고 말했더니 과장들이 모두 크게 웃었다. 그러면서 "그게 학장님 보고 하는 노래라"는 것이다. 날보고 여학생들이 목석같은 사나이란 별명을 붙였다는 것이다. 그래서 나도 웃었다.

예술인은 감수성이 예민하다. 그 예민한 젊고 예술을 전공하는 여학생들의 눈에 나는 멋없는 사나이로 보였던 것이다.

교수는 목석같은 사나이로 보이는 것이 오히려 그런 대로 편했다.

10) 학장직에서 물러나다

1971년 3월 입학식을 마치고 나는 9년 5개월이나 지킨 학장직을 물러났다. 학장자리를 너무 오래 지켜 장기집권을 한 셈이다.

36세의 어린 나이로 학장이 되어, 젊으니 대학 학장회의 간사 일을 맡아야 했고, 그 어려운 시대에 사립대학의 학장이기에 학생정원의 규정을 어기기도 했고, 재단에서 해야 할 교지 불하의 대금을 학사비에서 지출해야 했고, 사립학원의 현실에서 재단이 하는 일에 묵인하는 일도 있었다.

또 나는 원래에 교육행정가는 아니고 학자의 길을 걸어 왔으니 오래 비워둔 연구실로 돌아가야 했다. 생각해 둔 저서를 집필도 해야 하겠기에 원래의 자리로 돌아가야 했다.

이 무렵 사건이 하나 돌발했다. 신입생의 등록금을 송두리째 재단에서 무단으로 가져간 것이다. 입학금 마감 날에는 은행의 등록 집계를 보고 받고 퇴근하는데, 총무과로부터 은행에서 아직 통보가 없다면서 집계 되는대로 전화하겠다기에 퇴근했다. 다음날 출근해서 총무과장으로부터 재단에서 등록금을 모두 가져갔다는 보고를 받았다. 당황스러웠다. 있어서 안 될 일이 발생한 것이다. 직원들이 술렁이기 시작했다. 이러한 경우에 학장으로서 할 일은 법적 조치를 취해야 하는데 나는 난관에 봉착했다.

나는 장고 끝에 학장 자리에서 물러나기로 했다. 법적 조치를 하자니 더 큰 문제가 발생할 것이고 대학의 존폐문제까지 있을 가능성이 예상되었다. 설립자가 저지른 일이니 스스로 해결을 맡겨야 한다고 판단했다. 허약한 판단이다. 그래서는 아니 된다는 조언도 있었으나 나는 포기하는 길을 택하기로 했다.

3월 1일 입학식을 마치고 교수회를 소집하여 학장 사임을 발표했다. 그동안 젊은 학장을 잘 협조해준 여러 교수에게 감사의 뜻을 말하고, 나는 담담한 기분으로 사임을 하고, 평 교수로 돌아갔다.

다음날 나는 그동안 가지 못한 정릉 뒷산으로 등산을 했다. 상쾌했다.

그 후 설립자가 운영하는 서라벌예술대학은, 1년 3개월 후에 중앙대학에 병합되었다.

교수・학생은 중앙대학으로 적을 바꾸게 되어 안정을 가지게 되었으나, 국내 유일의 종합예술교육 대학으로 군림했던 서라벌예술대학의 이름은 영영 사라져 서운했다.

여담餘談

내가 학장을 그만두고 가을이 되어 추석이 돌아왔다. 추석이 지나 며칠 후에 학교에 나가니 교수실에서 차례로 화제가 올랐다. 늘 학교에서 보내던 정종과 고기를 보내지 않아서 차질이 있었다는 것이다.

나는 어려서 자라면서 "가능한 한 베풀어야 한다" 말을 가훈처럼 자주 듣고 자라왔다. 농촌의 소지주였기에 가을에 소작인이 소작료를 가지고 오면, 아버지께서는 가정형편을 물으시고 어렵거나 가족이 병석에 있으면 얼만가를 되돌려 보내는 것을 자주 보았다. 여름 복날에는 머슴들에게 하루 휴가를 주고, 개를 한 마리 사주면 일꾼들은 개를 잡고 술을 마시며 하루를 흥겹게 놀도록 하였다. 설날이면 마을 사람들이 하루를 즐기도록 술과 음식을 마련하려 농악을 치고 흥풀이를 하게 하였으며 이때에 사당패를 불러 놀도록 했다.

아버지, 어머니 생신 날에는 마을 사람들을 불러 아침 대접을 했다. 이때에 나는 동네 40여 호를 집집마다 찾아다니면서 "오늘 아침은 우리 집에 오셔서 잡수세요" 어려서 나는 참 신나게 달음질 한 일이 지금도 생생하다. 이렇게 자라서 기회 있으면 남에게 베풀어야 한다고 알고 있다.

내가 학장이 되어 첫 추석날이 되었다. 나는 담당과장에게 교수 댁에 정종 한 병과 쇠고기 3근씩 보내도록 했다. 추석 차례에 제수로 쓰라는 것이다. 비용은 학장의 판공비에서 지출토록 했다. 설 때도 마찬가지로 술 한 병과 고기 3근씩 꼭 보냈다. 그리고 설 때면 교직원을 우리 집에 초대하여 신년 잔치를 했다. 이러한 일을 재직 중 해마다 계속했다.

한 번은 부여에 갔다가 백마강에서 잡은 잉어와 메기를 사 가지고 와서 탕을 해서 저녁에 잔치를 했더니, 그 날 김동리 교수가 집에 가는 도중에 쓰러졌고, 술을 좋아하시는 이승학 교수는 집이 북아현동인데 통금이 다 된 시간에 종로 화신 백화점 앞에 쪼그리고 앉아 있다가 경관의 안내로 집에 갔다는 이야기가 학교에서 화제가 된 일이 있다.

추석과 설의 명절에 제수로 쓰라고 정종 한 병과 고기 3근을 꼭 챙기다 보니 이런 후문도 생겼다.

내가 학장을 그만 둔 첫 추석에 각 교수 댁에서는 늘 술과 고기는 학교에서 보내오는 것이니 미처 준비를 안 했다. 그런데 밤이 되도록 아무소식이 없어 당황했고, 어느 댁에서는 탕과 제주를 올리지 못했다는 후문이다. 일이 이렇게 되니 각 교수 댁에서 아쉽고 수군댈 수밖에 없었다. 정종 한 병과 고기 3근의 위력이 이렇게 클 줄이야 나도 미처 몰랐다.

그 후에도 여러 교수들로부터 칭찬을 받은 일이 있다. 이럴 때면 으레 충청도가 붙어 "충청도 양반이라 달라"하는 말을 들었다.

이러한 이야기는 내가 잘했다는 것을 자랑하기 위해서 하는 말이 아니다. 나라 건, 단체 건, 조직의 장은 직책을 이용해서 내 실속을 차릴 것이 아니라 남에게 베풀 줄 알아야 한다는 것이다. 내가 학장을 그만 둔 후에도 두고두고 명절의 술 한 병, 쇠고기 3근 이야기를 들었다.

그럴 때마다 세상사는 방법을 다시 한번 생각하게 된다. 그래서 나는 내가 수집한 모든 자료와 도서를 사회에 환원하는 의미에서 국립 민속박물관에 기증한 것이다.

자, 짧은 인생 가능한 욕심 없이 베풀고 살자.

중앙대학 교수

1) 인문학연구소

1972년 서라벌예술대학이 중앙대학과 병합하여 나는 예술대학 문예창작학과에 소속되어 있었는데, 국문학과의 황희영 교수로부터 국문학과로 적을 옮기라는 권유를 받았다. 나는 내 전공을 위해서 옮기는 것이 좋으리라 생각하여 동의를 했다. 그래서 함께 문리대 학장을 만나 신학기부터 국문학과로 소속을 옮기기로 했다.

나는 당시 숙명여대·고려대·성균관대학에 출강하여 민속학을 강의하고 있었고. 후에 연세대학·성신여대·단국대학·성심여대에서 민속학을 강의했으나 전임으로 있는 문예창작학과에서는 민속학 강좌가 없었다. 국문학과로 옮기면서 민속학과 민요론을 강의할 수가 있어 좋았다. 내 주 전공을 살릴 수 있어 열심히 했다.

1977년에 문리과대학이 주축으로 한 중앙대학 인문학연구소의 임원 개선이 있었다. 교수실에 많이 참석하라는 게시가 있었으나 나는 별로 관심이 없어 수업에 들어갔다. 수업을 하는데 연구소의 총회에 참석하라는 연락이 왔다. 그러나 나는 나 한사람 없어도 연구소의 총회에 지장이 없을 것 같아 수업을 계속 했다. 한 10분쯤 지나 다시 총회에 나오라는 연락이 왔다.

나는 중앙대학에 온지 얼마 안 되는데 두 번이나 연락을 받고 가지 않을 수 없어 학생들의 양해를 얻고 총회에 참석했다. 나는 처음 참석하는 인문학

연구소의 총회이다. 몇 안건을 토론하고 바로 임원 선거 투표에 들어갔다.

개표가 시작되었다. 이게 웬일 인가. 처음부터 <임동권, 임동권>하는 것이다. 나는 원하지도 아니했고 또 나에게 사전 협의도 없이 내 이름의 연속이다. 사회자는 개표 결과로 당선선언을 했다.

나는 당혹스러웠다. 나는 10년이란 오랜 동안 학장이란 행정직을 맡은 경험이 있지만 대학에 있어 행정직은 공부할 시간을 뺏기는 자기희생이라 생각했다. 이제 겨우 행정직을 벗어났으니 공부를 해야 하겠다고 생각하고 있는데 연구소 소장을 맡아 또 시간을 뺏기고 싶지 않았다. 그래서 사양하다가 결국은 어리석게도 인문학 연구소장직을 1981년까지 4년 동안 맡게 되었다.

맡은 이상 연구소의 제 기능을 다 하고 싶었으나 예산이 없어 겨우 1년에 한번 논문집을 내는데 그쳤다. 대학에서 지원은 없고 당시는 외부에서 연구비를 주는 곳이 없었다. 문교부에도 찾아갔으나 예산이 없다는 것이다.

내가 아는 한국을 전문으로 하는 일본의 국서간행회國書刊行會란 출판사에 가서 한국학을 위주로 백 여 권을 기증 받아 왔다. 포장과 발송비는 내가 부담을 했다가 1년이 지나서 돌려받았다.

대학에 있어 연구소장은 명예로운 자리인데 겨우 1년에 한 번의 회지를 내는데 그쳤다. 후세에 남을 일 하나 하지 못하고 무위도식하고 임기를 마쳤으니 미안할 뿐이다.

2) 일본연구소장

(1) 일본연구소의 태동

1980년 4월 임철순 총장으로부터 비서실을 통하여 만나자는 연락이 왔다. 무슨 일인가 궁금히 여기면서 총장실로 들어갔다. 총장은 반가이 맞으면서 우리대학에 일본연구소를 신설하고자 하는데 어떻게 생각하느냐는 질문이었다. 나는 일본연구소를 개설하는데 내 의견이 필요치 않을 것으로 생각되었으나 그래도 직장의 상사가 의견을 묻는 것이니 대답을 해야겠다고 생각했다.

그 당시 중앙대학교에는 일어일문학과 설립인가를 받았고, 이미 일어일문학과를 둔 대학 가운데는 일본학 관련연구소를 둔 대학도 있으니, 중앙대학교에서 연구소를 두어서 안 될 까닭이 없었다. 총장이 연구소를 두고자 했을 때에는 그에 대한 포부와 검토가 있었을 것이라 판단되고, 또한 일본학 연구에 도움이 되리라고 믿어 연구소는 많을수록 좋으니 일어일문학과를 위해서라도 연구소를 설치함이 좋을 것이라고 대답했다.

내가 대답하자마자 총장은 나에게 소장직을 맡아달라는 것이다. 나는 당황했다. 내 전공은 일본학이 아닐 뿐 아니라 일어일문학과에는 전공하는 교수도 있는데 왜 하필이면 전공자 아닌 나를 지목하는지 알 수가 없었다. 이 직책은 일어일문학과 교수가 해야 할 자리라고 생각했고, 연구소의 발전에도 지장이 있을 것이라 생각이 들었다. 또 하나의 이유는 당시 나는 인문학연구소장을 맡고 있었기 때문에 한 사람이 두 연구소의 소장을 겸임한다는 것은 모양새도 좋지 않을 뿐 아니 내 능력도 모자람을 알고 있기에 정중히 사양을 하고 연구실로 돌아왔다.

십여 일이 지났다. 하루는 강의를 마치고 연구실에 돌아오니 조교가 강의가 끝나는 대로 총장실로 오라는 전갈이다. 나는 일본연구소 문제는 지난번 사양으로 끝났을 것이고 무슨 일이 또 있는가 싶어 총장실로 갔다. 일본연구소를 맡아달라는 지난번과 같은 말이었다. 나는 난감했다. 그 일은 이제 끝난 일로 생각했는데 다시 청하니 매우 난처했다. 현재 맡고 있는 인문학연구소도 대학에서 지원이 없어서 연구사업은 엄두도 내지 못하고 일년에 한 번 얄팍한 책자를 발간하는게 고작인데 일본연구소까지 맡는 일은 영 내키지 않았다.

그뿐인가 학교에서 배당된 조교가 없어서 내가 개인적으로 월급을 주며 일을 시키고 내 원고의 정리와 카드작성을 거들게 하고 있었다. 예산도 없는 연구소를 또 하나 맡으면 내 부담이 더 커지는데 아무리 생각해도 예하고 대답할 수가 없었다. 그 날도 권유에 응하지 못하고 총장실을 나왔다. 권해도 불응하는 나를 불쾌하게 여길 것이라 생각하니 마음이 무거웠다. 대학의 소속원의 한 사람으로서 총장의 제안을 받아들이지 못해서 매우 미안했다. 내 마음의 한구석에는 지원할 예산도 없으면서 연구소만 만들면 무슨 의미가 있겠는가 싶어 도저히 응할 수가 없었다.

일주일이 지났다. 비서실에서 총장이 다시 만나자는 전갈이 왔다. 두 번이나 완곡하게 사양했으니 이제는 총장도 생각을 다시 할 것이라 생각했는데 아직도 사람을 물색하지 못했는가 싶었다. 총장실에 가는 것이 마음에 들지 않았다. 내 전공도 아니고 내 힘에도 부치고 또 남들이 석연치 않게 볼 수도 있는 자리에 가고 싶지 않았다. 혹시 딴 일로 부르는 것은 아닐까 하는 생각도 들었다. 그러나 인선이 끝났으면 학내에 소문이 돌았을 것인데 그러한 소문이 없는 것으로 보아 아직 미정인 상태로 있는 것 같았다. 그렇다면 이번에도 권한다면 어떻게 할 것인지 문제였다. 세 번이나 권고를 받고도 사양한다는 것은 거절함이 되는데, 내가 대학을 떠나면 모르되, 상사의 권고를 세 번이나 사양할 수는 없을 것이 아닌가 생각되었다.

이 때에 내 머리에 스치는 것이 있었다. 내가 대학에 다닐 적에 학장이신 위당爲堂 정인보鄭寅普 선생께서 감찰위원장이 되어 대학을 떠나시게 되었다. 이때에 우리들 학생대표들이 학장실로 몰려가서 '선생님 제발 대학을 떠나지 마시고, 저희들을 저버리지 마십시요'하고 애원을 한 일이 있었다. 이때에 나도 그 중의 한사람이었다. 우리들의 이야기를 다 들으시고 한참 생각하시다가 말문을 여셨다.

'여보게, 젊은이들. 낸들 왜 대학을 떠나고 싶겠는가. 두 번까지는 사양을 했는데 세 번 권유를 받고 다시 생각을 했네. 우리가 해방이 되어 독립을 해서 새로 국가를 건설하고 나 같은 사람도 참여하라고 삼고지례三顧之禮로 부르니 백성으로서 나아가서 부름에 응하는 것이 마땅하다고 여기게 되었네' 라고 말씀하시는 그분의 선비철학에 더 이상 만류하지 못한 일이 생각이 났다.

나는 마음을 정리하고 세 가지 문제를 제의하기로 하고 총장실에 들어갔다. 아니나 다를까 자리에 앉자마자, 수고스러우나 일본연구소의 소장직을 맡아 달라는 것이다.

첫째, 당시 인문학연구소의 소장직을 맡고 있었다. 모든 연구소가 총장이 소장을 임명하고 있었는데 인문학연구소만은 유일하게 문리과대학의 교수회에서 투표에 의해서 선출하고 있었다. 막상 연구소를 맡고 보니 예산도 없고 조교도 없어서 연구를 진행할 수가 없었다. 연구소라는 간판만 내걸었지 연구소로서의 기능을 충실히 하기 어려운 상황이었다. 이러한 상황에서 유명무실한 또 하나의 연구소의 책임을 맡는 일에 마음이 허용되지 않았다.

더욱이 나는 한국학을 전공하고 있으며 일본학이 전공이 아닌데 왜 하필이면 나를 지목하게 되었는지 이해할 수가 없었다. 만일 내가 맡으면 일본연구소의 성격을 의아하게 여기게 될 수도 있고, 또 내가 주제넘게 전공도 생각하지 않고 이것저것 다 맡는다는 비난도 있을 것이므로 매우 주저되었다. 연구소 소장이라고 해서 공연히 일은 더하고 오해를 받고 싶지 않았다. 그래서 일본학 전공자도 아닌 나를 왜 지명하는가를 물었다.

'우리대학은 독립운동을 하던 임영신 이사장께서 설립하셨는데 젊은 총장이 일본연구소를 설치했다고 하면 사람들이 변절했다고 보는 사람도 있을 것이니 그렇지 않다는 것을 보이기 위해 완고한 한국학을 전공하는 교수가 맡아 달라'는 것이다. 나는 총장이 일본연구소 설치에 고민이 있었다는 것을 알았다.

둘째는 연구소를 운영하려면 연구에 필요한 예산이 있어야 하고 대외교류에도 참여해야 하고 일본의 학자를 초빙하여 학술대회도 해야 하고, 연구지도 발간하고, 조교도 두어야한다. 그러자면 그에 상응하는 예산이 있어야 하는데 뒷받침을 해주시겠습니까 하였더니 일본연구소는 대학에서 정책적으로 만드는 것이니 예산은 걱정하지 말고 맡아 달라는 것이다.

셋째는 대학에서 나에게 이러한 요청을 한다면 나도 이 기회에 제안을 해야겠다고 생각하여 내가 평소에 생각하고 있던 민속학과와 국악과의 신설을 제의했다.

외국에는 여러 대학에 민속학과가 있어서 전통문화 연구와 계승에 주력하고 있으며 미국은 자기네 전통문화가 없는 나라에서도 여러 대학에 민속학과를 두어 생활문화를 연구하고 있는데 우리는 민속문화 연구의 필요성을 주장하면서 전통적인 생활문화를 연구하는 민속학과가 없다. 그래서 늘 아쉬웠고 기회 있을 때마다 민속학연구의 필요성을 주장해 왔던 터였다.

또 국악의 발전에 늘 관심을 가지고 있었다. 우리의 음악교육은 서양음악 위주여서 우리의 전통교육은 소홀히 한 나머지 악기하면 피아노나 오르간은 알면서 장고, 북, 꽹과리, 징 등 우리의 전통음악을 소홀히 했다. 이것을 시정하기 위해서는 국악교육을 강화해야 한다고 믿고 주장해 왔다. 그래서 이 두 학과의 신설을 역설하고 건의했다. 총장은 즉석에서 내 의견을 받아들여 두 학과를 곧 신설할 것을 약속해 주었다.

내가 내세운 문제가 다 수용되니 나는 더 이상 사양할 수가 없어서 일본학연구소를 맡기로 했다. 총장실을 나오면서 민속학과와 국악과의 신설의 길이 열렸음을 기뻐하면서도 두 연구소를 맡게 되었으니 따가운 눈초리를 면하지 못할 것을 생각하니 난감했다.

이렇게 해서 일본학연구소가 탄생되었다.

(2) 초창기의 일본 연구소

우선 사무소는 내가 쓰는 인문학연구소를 그대로 쓰기로 하고 사무는 내 개인조교에 수고를 끼치기로 했다. 우선 규약을 만들어 1980년 12월 1일자로 실시키로 하고 연구소의 방향을 설정하는 등 여러 자료의 수집정리에 한 학기를 보냈다. 조교도 배치해 주지 않고 예산도 집행해주지 않으니 일을 할 수가 없어서 답답했다. 정책연구소라기에 그 말만 믿고 맡았는데 도무지 일의 진전이 없었다. 총장은 지시를 했다고 하는데 사무처에서는 차일피일하고 집행되지 않았다. 독촉을 하면 반가워하지 않는 눈치이다. 그래도 좌절할 수는 없으니 꾸준히 설득해야 했다.

1년이 지나 1982년 초에 일본학의 학술대회를 기획하여 계획서를 작성하고 어렵게 결재를 받았다. 일차적으로 일본의 학자를 초청해서 일본학의 실체를 논하게 하고 종합토론을 통해서 이후의 연구소의 활동방향 설정에 기여하고자 했다. 그래서 문학, 역사학, 인류학, 민속학에서 한 사람씩 4인을 초정하고 여기에 국내의 학자들이 참여해서 토론하는 구상을 가지고 있었다. 그런데 총장의 결재는 났으나 예산집행은 감감 무소식이었다. 학생데모의 소용돌이에 휘말려 연구소보다 어려운 문제들이 산적해 있었고 수업이 정상적으로 이루어지지 못하고 파행적인 상황이 계속 되었다.

그러는 사이에 대학에는 태풍이 불었고 임철순 총장은 사임하고 이석희 총장이 새로 부임하게 되었다. 학사진행이 정상을 찾게 되어 일본학 학술대회는 다시 추진하여 1982년 말에 결재를 받아 1983년 가을에 대회를 열기로 정했다. 국제대회는 적어도 1년 전에 준비를 해야 하기 때문에 먼저 초청자를 선정하고 교섭을 해야 했다. 이때에 총장이 나에게 될 수 있으면 일본의 저명한 대학의 고명한 교수를 초청하면 좋겠다는 의견을 보내왔다. 나는 내가 구상하는 다음과 같은 학자들의 명단을 총장께 보냈다.

인류학 오바야시 다로大林太良(동경대학 교수), 역사학 이노우에 다쓰오井上辰雄(쓰쿠바대학 교수), 민속학 미야다 노보루宮田登(쓰쿠바대학 교수), 문학 우스다 진고로臼田甚五郎(고쿠가쿠인대학 대학원장) 등 권위 있는 사람들이다. 기왕 초청할 바에야 중진들을 모시고 싶었다. 총장은 만족하여 잘 추진하라면서 한편으로는 중진들과 과연 교섭이 잘 이루어질까 걱정하는 것 같았다.

나는 그날 밤에 모두에게 국제전화를 걸어 참가동의를 얻어냈다. 워낙 바쁜 사람들이고 강연이나, 집필계획이 있었을 것이기에 한 두 사람은 차질이 있을 수 있을 것이라고 생각했으나 다행히 스케줄을 재조정하면서까지 나의 초대에 응해 주었다. 평소의 교분이 효과를 본 셈이다. 이렇게 해서 일본학 학술대회는 우여곡절 끝에 개최할 수 있게 되었다.

(3) 제1회 국제학술대회

학술대회 날짜를 10월 8일로 정하고 준비에 들어갔다. 막상 일을 시작하고 보니 어려운 문제가 하나 둘이 아니었다. 조교 배정문제, 초청장 작성, 원고의 수집, 발표장의 문제며 숙소의 예약, 교통 문제와 차량배치, 발표요지의 인쇄 등 손이 모자라니 일일이 뛰어다니며 바쁜 나날을 보냈다.

발표 두 달을 앞두고 다시 몇 가지 어려움도 있었다. 초청자들에 대한 각종 예우가 차질이 생겼다. 대학본부에서 책정한 예산으로는 진행하기가 매우 힘들게 되었다. 그러나 모처럼 초대한 분들을 너무 소홀하게 대접할 수도 없어서 고민하다 일본대사관을 찾아갔다. 취지를 설명하고 양국의 문화교류에 유익한 사업이니 지원해 줄 것을 요청했다. 예산을 연초에 편성하기에 너무 늦었다면서 검토할 시간여유를 달라는 것이다. 삼일 후에 전화가 왔다. 소정의 신청기간에 신청하지 않았기에 많이 도울 수는 없고 경비의 일부를 지원하겠다는 것이다. 그것만으로도 보탬이 되니 고맙게 여길 수 밖에 없었다. 나머지 부족한 것은 어떻게든 마련하여 대회를 집행하여 유종의 미를 거두어야겠다고 생각했다.

일본에서 발표자가 모두 도착했고 대회는 차질 없이 진행되었다. 한 가지 걱정은 국내의 학계에서 얼마나 관심을 가지고 참여해 줄 것인지 궁금했다. 국내홍보를 별로 못해서 걱정이 되었다.

1983년 10월 8일 9시, 개장은 아직 한 시간 전부터 사람들이 모이기 시작하고 10시 개회할 무렵에는 대회장인 중앙대학교 본관 3층의 세미나룸은 만석이 되어 빈 자리가 없었다. 일본의 역사학, 고전문학, 문화인류학, 민속학에 관심이 있는 많은 학자들이 참석하여 흐뭇했다. 여러 주제로 확대하였으니 산만할 것이라 생각했으나 일본문화를 이해하는데 핵심이 되는 분야를 망라하였고 또 일본의 저명한 학자들을 초청하였기 때문에 많은 사람들이 참가하였던 것이다.

(4) 일본연구소의 장래를 기대하면서

대회가 끝나고 다음날 부여 답사에 나섰다. 외국에서는 학술대회가 끝나면 외국에서 온 발표자를 위해서 관련된 유적지나 관광지를 안내하는 것이 상례로 되어 있기 때문에 부여를 답사하기로 계획을 세워 두었다.

가는 도중에 점심을 먹게 되었다. 오바야시 교수가 불고기를 가위로 잘라주는 곳으로 가자는 것이다. 전에 한국에 왔을 때 불고기 집에 갔더니 손님 앞에서 거침없이 가위로 썩썩 썰어주는 그 소박하고 대륙적인 모습이 인상적이었다는 것이다. 인류학자다운 관찰이라고 생각을 했다. 모두 찬성을 하여 가위로 불고기 썰어주는 식당을 찾아갔다.

불고기가 나오고 큰 가위를 들고 중년 아주머니가 거침없이 갈비살을 숙련된 솜씨로 썩썩 썰었다. 모두가 감동의 표정으로 보고 있었다. 일본 사람들은 깔끔한 것이 특징인데 그 거친 동작을 수용하는 눈치였다. 한국 사람 중에는 그러한 접대법에 불만스러워 나무라는 사람도 있는데 일본에서는 볼 수 없는 새로운 문화를 접하기를 원하고 즐기고 있으니 학자란 남의 생활문화도 편견없이 수용하는 여유가 있음을 보여 주었다.

부여에서는 궁궐터와 백제탑 그리고 부소산에 올라가서 사비루와 낙화암, 고란사를 구경했다. 그런데 이날 큰 사건이 생겼다. 박물관에 들렀더니 미얀마를 방문하던 우리 대통령 일행이 폭발물 테러 사건이 일어나 대통령은 무사하지만 수행중인 많은 각료들이 죽었다는 것이다. 국제적인 큰 사건이었다. 숙소로 돌아오니 라디오와 텔레비전의 뉴스에 계속해서 보도되고 거리의 사람들도 흥분된 모습이 역력했다.

저녁에는 술도 한잔 할 예정이었는데 많은 각료들이 죽어 나라가 온통 슬픔에 잠겨 있으니 그럴 수도 없었다. 그러한 사정을 설명하고 술 없는 만찬을 하는데 술 좋아하는 우스다 교수는 매우 서운한 눈치였다.

다음날 일행은 서울로 돌아왔다. 일본 학자들도 떠나고 걱정 많았던 제1회 일본학 학술대회는 끝이 났다. 결산을 하니 예상하던 대로 결손이 있었으나 그 뒤치다꺼리는 나의 몫이었다.

1984년 나는 9월 학기부터 1년 동안 연구차 일본으로 떠나게 되었다. 나는 이 기회에 짐을 벗어야겠다고 생각하고 1984년 7월에 황성규 교수에게 소장직을 인계하고 훨훨 떠날 수 있게 되었다.

4년 반 비전공자인 나에게서부터 전공자인 일어일문학과 교수에게로 소장직이 옮겨가게 되었다. 이제와 생각해도 본의 아니게 책임을 맡아 학교로부터 약속은 받고서도 구체적인 지원이 적었다는 핑계로 큰 성과를 거두지 못하고 임기를 보내게 되었으니 미안한 생각이 든다.

2001년으로 중앙대 일본연구소는 창립 20년을 맞이하였다. 어느 때보다도 국내외적으로 일본학의 심화된 연구의 필요성이 역설되고 있는 새로운 시대에 와 있다.

그간 일본연구소의 연구원도 확보되었고, 연구업적도 상당히 축적되었으며, 그 성과는 연구지인 『일본연구日本硏究』에 발표되었다. 국가적으로 보아도 일본학 연구에 대한 여건이 이전보다 개선되었으며, 전문연구 인력도 확보되었다고 생각된다. 이후로도 중앙대학교 일본연구소를 통하여 일본학연구에 보다 좋은 연구가 이루어지기를 바라고 성과를 거두기를 기원하면서 창립 20주년을 축하하고자 한다.

잦은 외유外遊와 민속조사

나는 1963년에 첫 외유를 했고, 그 후로 자주 외유를 한 셈이다. 내가 놀러 간 것이 아니라 대학에서의 연구발표회, 관련학회에서의 연구 발표회 또는 학술조사를 위해서 자주 외유를 했다. 나의 전공은 한국의 민속학이지만 한국민속학과 관련되는 문제를 추구하기 위해서 주변 국가를 여행 또는 학술조사를 해야 했다.

나는 엉뚱하게 나는 어디에서 왔는가에 관심을 가지게 되어 북에서 남으로 이동해 온 것을 확신하게 되었다. 서울의 앞에 남산이 있고, 경주에도 남산이 있고, 대구에서는 남쪽에 있는 산이 남산이 아니라 앞산이라 하고. 부여에서는 남향한 산이 배남쟁이, 북향한 산은 뒤뚜기라 한다. 이런 점으로 보아 앞은 남·앞·배가되고 뒤 또는 등 쪽은 북쪽으로 되어 있다. 이것은 북방민족이 살기 좋은 유토피아를 찾아 남으로 남으로 이동하는 과정에 생긴 방향의식임을 알게 되었다. 우리는 남쪽을 향한 자세에서 앞과 뒤가 정해지고. 따라서 풍수설에서 동쪽은 좌청룡. 서쪽 즉 우 쪽은 백호가 되었다. 생활문화도 그렇게 해서 남진南進했을 것이다.

그러나 우리는 우리문화의 근원지인 북 쪽에는 정치적인 대립으로 갈 수가 없었다. 한민족의 출발지인 만주·중국·몽골·시베리아엔 갈 수가 없었다. 그러나 우리의 땅을 통과해서 일본에 전파한 지역엔 자유로운 왕래가 가능해서 일본을 자주 찾게 되었다. 우선 대마도를 시작하여 일본의 본토와 유구琉球, 북해도北海道의 아이누 족族 조사를 위해서 사할린에 까지 답사를 해야 했다. 조사의 결과는 예측한 대로 적중했다.

내가 이제까지 외유를 한 것은 여행수첩을 살펴보니 모두 85회인데 그 대부분이 중앙대학 재직시의 일이다. 나의 전성기라 할 수 있는 48세에서 65세의 정년을 맞이할 때까지 중앙대학에 재직하고 있었기 때문이다. 연도별 외유한 회수는 다음과 같다.

1. 1974년 7월 일본 대마도 민속조사
2. 1975년 7월 오끼나와 민속조사
3. 1976년 7월 히라도(平戶島)민속조사
4. 9월 천리(天理)대학 조선학회에서 강연
5. 1977년12월 동경 문리과대학 학술강연
6. 1978년 4월 나라(奈良)대학. 국제 민속학대회 주제 발표
12월 슌다이(駿台)교 특강. 민속조사
7. 1979년 7월 동붕(桐朋)대학 특강
8. 12월 일본대학(日本大學) 집중(集中)강의 7일간
9. 1980년 4월 백제문화 유적조사 10일간
10. 1981년 1월 대만 문화원대학 특강
11. 6월 일본 구주(九州)대학 강연
소화여자대학 특강
구승(口承)문예학회 강연
무사시음악(武藏音樂)대학 특강
12. 8월 국제 민속학대회에서 발표
13. 1982년 5월 의례(儀禮)문화학회 강연
14. 7월 미국 서부 일대 여행
15. 11월 일본 오쓰가(大塚)민속학회 강연
이세(伊勢)민속학회 강연
긴끼(近畿)민속학회 강연

16. 1983년 5월 중경(中京)대학 강연

일본가요학회 강연

일본민족학대회 참석

일본가요학회 강연

17. 준태학원 강연

구사쓰(草津). 아사마(淺間)일대 민속조사

18. 1984년 1월 대만 학술조사

5월 일본 일본 가요학회 강연

6월 신사청(神社廳) 궁사(宮司) 연수회 강의

서울신문사 주최. 대마도(對馬島) 학술조사(23일간)

19. 1984년 8월 일본 국제교류기금 초청으로 1년간 일본체류

11월 쓰쿠바(筑波)대학 강연

12월 후꾸이(福井)대학 강연

1985년 2월 이와기(岩棋)문화센터 강연

7월 오까야마(岡山)민속학회 강연

20. 동남아 마닐라. 말레이시아. 태국. 싱가폴. 홍콩 민속여행

1985년 11월 일본 천리대 자료관에서 작업

21. 1986년 4월 동경 경단연(經團聯)에서 강연

경도 실그 홀 강연

오사까 조일생명(朝日生命)홀에서 강연

22. 1987년 1월 학습원대학 강연. 연전시회

23. 6월 국악 일본 공연

24. 7월 민속학회. 대마도 민속조사

25. 10월 태국 세계 민속예술 아시아 지역대회 참석

홍콩 · 대만을 여행

26. 1988년 7월 일본 세계 민속예술 아시아 지역대회 참석

27. 12월 궁중의례 연구 차

28.	1989년 1월		국상조사 연구 차
29.	2월		국상조사 연구 차
30.	5월		국상조사 연구차
			준태학원 강연
31.	10월		중국민속학회 부 이사장과 교류 협의 차
32.	11월		나라(奈良)대학에서의 아세아민속학대회 발표
33.	1990년 9월		귀실(鬼室)신사 조사차
34.	11월		간다(神田)외국어 대학 강연
35.	1991년 1월		사주제(師走祭)조사
36.	8월	러시아	사하린 민속조사
37.	10월	일본	간다(神田) 외국어대학 강연
38.	11월		슌다이학원 60년 기념제 참석
39.	1992년 1월		은산 별신제의 학술 교류 협의 차

이상이 내가 중앙대학에 재직하고 있을 동안의 외유外遊이다.

가능하면 방학을 이용해서 여행을 하였으나, 다 그러하지 못하여 수업 중에 여행을 해야 하기 때문에 미리 보강수업을 하거나, 귀국해서 보강을 했으나 그래도 다 채우지 못하여 학생들에게 미안했다. 동료 민제 교수가 보강을 해주는 일도 있어, 지금도 고마움을 잊지 않고 있다.

한번은 오전 12시까지의 수업을 11시까지만 하고 한 시간 일찍 수업을 마치면서 "실은 오늘 내가 2시 비행기를 타고 일본에 가서 6시에 강연을 해야 한다. 그러니 양해해 달라"고 실토했다.

수업을 마치고 공항에 가려고 버스 정류장에 갔더니 여학생 둘이서 나를 따라 아직 한 번도 보지 못한 공항구경을 하겠다는 것이다.

버스 안에서 이야기인데 11시까지 수업하고, 일본에 가서 6시에 강연을 한다는데 대하여 꿈같은 이야기라는 것이다. 당시만 해도 외국 가기가 어려운 때라 학생의 생각에는 신기했던 것이다. 나도 하루 미리 가서 강연을 하면 좋지만 수업을 결강하지 않고 두 가지 일을 하자니 그럴 수밖에 없었다. 그것이 학생으로서는 신기했던 것이다. 바쁜 중에도 공항에서 차를 한잔하고 비행기에 올랐다.

중앙대학 재직 중에 이처럼 많은 외유를 했으나 모두 학술교류에 참여한 것으로 학생들에게 미안하기는 했으나 후회는 없다. 정년퇴직 후에도 아직도 학술교류를 위한 나의 외유는 계속되고 있다.

중앙대학 재직 중에 학생들을 데리고 방학 때면 민속조사를 자주 다녔다. 월정사月精寺·강릉과 동해안 일대·태백시·청주댐·충주댐 예정 지역 등 여러 곳은 다녔다. 춘향전 노정기路程記를 따라 현지 답사도 했다. 도로의 변화로 어렵기도 했으나 그런 대로 서울 남대문에서 출발하여 임실任實까지는 차편을 이용했고 임실 구화들부터는 걸어서 춘향제春香祭날에 남원에 당도했다. 추억에 남는 일이다.

다음엔 일동장유기日東壯遊記를 따라 일본 답사도 하고 싶었으나 실행하지 못하고 정년 퇴임을 했다. 당시는 불가능 했으나 오늘날 같으면 연암燕岩의 열하일기熱河日記를 가지고 중국에 가는 것도 국문학도로서는 흥미 있는 일이라 생각한다.

학생들과 민속조사 일기는 다음과 같다.

1976. 9.18~23.	안동. 부석사(浮石寺)일대
12.18~25.	보은군 회남면 일대. 수몰예정지구
1977. 2.13~18.	보은군 회남면 일대.
7.10~15.	제천군 청풍(淸風) 일대 수몰예정지구
1982. 1. 6~10.	밀양. 고성. 동래. 청도. 일대
1986. 4.27~30.	월정사. 소금강 일대
1987. 5.17.	소래. 풍어(豊漁)굿
7. 5~18.	일본 대마도(민속학회원 12명)
1988. 8. 7~10.	태백시 일대

11.20~24. 태백산. 두타산(頭陀山)일대

1990. 4.30~5. 2. 춘향전(春香傳) 로정기 답사

위와 같은 민속 답사를 통해서 민속문화의 소중성과 민속학 연구에 있어 현장이 중요함을 인식시키고자 했다.

여러 대학에 민속학출강

수복 전에 국학대학과 충남대학이 있는 대전에 있을 때에는 민속학 강의는 없었고 1953년에 휴전협정이 되어 서울에 와서 국학대학에서 민속학 강좌를 가지게 되었다. 이어서 1954년부터 숙명여자대학교와 서라벌예술대학에 출강하게 되어 민속학을 강의하게 되었다. 처음에는 민속학이 새로운 학문이라 대학의 국문학과에서도 별로 관심이 적었다.

그렇다가 민속학에 관심을 가지게 된 두 가지 일이 있었다. 하나는 내가 『현대문학』에 발표한 「민속상으로 본 색채관色彩觀」과 "문화인류학회"에서 발표한 「도깨비고考」란 논문을 발표하였더니 의외로 여러 곳에서 관심을 표시해 왔다.

「민속상으로 본 색채관」은 내가 예산농업학교에 재직하고 있을 때에 집필한 논문이다. 고등학교 교사는 밤에는 완전히 내 개인시간으로 활용할 수가 있었다. 내가 문헌비고 전질을 가지고 있었고 학교 도서관을 뒤지고 현장에 다니면서 자료를 수집하여 집필하였으나 부족한 것은 서울에 수복하여 완성하였다. 하루는 『현대문학』의 주간으로 있는 조연현趙演鉉씨와 이런 저런 이야기를 하다가 「민속 상으로 본 색채관色彩觀」을 이야기하였더니 현대문학에서도 필요하니 원고를 달라기에 주어 1956년 6월 『현대문학』 18·19호에 나누어 게재했다. 현대문학에 발표된 후로 문의가 오고 학계에서도 관심을 가지게 되어 강의 요청도 있어 반가웠다.

1957년경 문화인류학회에서 「도깨비 고」를 발표하였더니 그 날 석간에 여러 신문에 강의 내용이 기사로 보도되었다. 나로서는 의외의 성과였다. 우리 집 대문에 동네 아이들이 "도깨비 선생 집"이란 낙서를 하였다. 「도깨비 고」 논문은 1963년 11월 29일. 서라벌예술대학 학보에 발표하였다.

아직 학계에서 별로 관심을 두지 않은 분야에 대한 글들이 발표됨에 따라 민속학에 대한 관심이 높아져서 강의 요청이 있었다.

국학대학·서라벌예술대학·숙명여자대학 외에 성균관대학·고려대학·연세대학·단국대학·성신여자대학·성심여자대학 등에서도 민속학강좌가 개설되어 바쁘게 뛰어 다녀야 했다. 초창기에는 사람이 없어 부지런히 출강했으나 이제는 안동대학과 중앙대학에 민속학과가 있고, 또 해외에서 민속학을 전공하고 돌아 온 민속학자들이 있어 성과를 거두고 있으니 반갑고 미래를 기대할 수 있다.

4장
문화계에 참여

문화재위원 34년

문화재 보호재단 이사 34년

민속예술 경연대회

서울시의 문화정책에 참여

설날의 공휴일 지정

수상受賞 이야기

월산月山 민속학술상民俗學術賞을 제정

문화재위원 34년

1) 강강술래

1962년 문화재원회 전문위원 위촉장이 오더니, 2년 후인 1964년에 문화재위원 위촉장이 왔다. 일본에서는 오래 전부터 문화재위원회가 있어 문화재를 발굴 · 지정 · 보호 · 관리하고 있는 것은 알고 있었으나, 우리나라에서도 이러한 제도가 생겨 다행이고 나의 전공이 민속학이니 기꺼이 참여하기로 했다.

나는 제2분과 즉, 무형문화재위원회에 소속되었다. 지금은 12분과위원회가 있지만 당시는 유형문화재와 무형문화재의 두 분과위원회 밖에 없었던 것으로 기억한다.

위원회에 나가보니 사계의 원로급 인사들이라 모두 나이가 많아 내가 제일 나이 어렸다. 우선 문화재 보호법을 읽었고 나는 내 전공의 민속 현장에 갈 수가 있어 좋았다.

내가 문화재 지정을 위한 첫 작업은 우수영의 강강술래였다. 노래와 춤이 어울려 정월 대보름 달밤에 아낙네와 큰 애기들이 집단으로 가무 하는 모습은 장관이며 우아하고 멋이 있었다.

강강술래에 대해서는 이미 노산鷺山 이은상 선생께서 임진왜란 때에 기원했다는 설을 주장 하셨는데, 조사 할수록 강강술래의 역사는 올라가 원시시대에 달밤에 놀던 부녀들의 놀이임을 알 수 있었고, 이순신 장군이 의병술

疑兵術로 활용했음을 알게 되었다. 강강술래는 주로 전라남도 남해안과 도서 지방의 향토놀이이며 옛날에는 머슴아이도 참여했다는 것을 알게 되었다. 또 강강술래가 섬진강을 넘어 동쪽으로는 영남문화의 벽을 허물지 못하였는데 북으로는 압록강 입구의 용암포龍岩浦에도 전파되어 있는 것은 조기잡이 어부들에 의해 전파되었음을 알 수 있게 되었다. 즉 조기잡이 철이 되면 황해도와 평안도 서해안의 어부들이 영광靈光까지 내려 왔다가 조기 떼를 따라 연평도延平島 백령도白翎島를 거쳐 북상할 때에 영광에서 배운 강강술래 노래와 놀이를 영암포까지 운반한 것이다. 전라도 충청도에서 온 배들은 연평도 쯤에서 대개 되돌아 간다.

강강술래는 달밤에 여인들이 서로 손과 손을 잡고 원을 그리며 춤을 추는데, 목청 좋은 한 사람이 선소리를 하면 나머지 사람들은 받음 소리로 복창한다. 정초의 달밤의 공기는 차지만, 신바람 나는 노래와 춤은 추위도 잊고 흥의 삼매경에 빠지게 한다.

우수영의 김길림金吉林과 김금자金今子의 두 사람을 기능보유자로 하고 1966년 2월 15일에 무형문화재 제8호로 무형문화재 분과위원회의 의결을 보아 지정했다. 위원회에서 "달밤의 놀이까지 문화재라 할 수 있느냐"는 반론도 있었으나, 무용담당의 김천흥金千興위원의 동의를 얻어 합의 보았다. 그러나 후에 김금자는 나이가 어리다 해서 해제되고, 1981년에는 진도珍島의 강강술래도 조사하여 우수영과 진도를 합해서 추가 지정을 하여 오늘에 이르고 있다.

지정당시 광주 제일여자고등학교의 노석경魯錫徑 교장과 김기준金幾準교사의 협조가 있었다.

2) 은산恩山 별신제別神祭

충청남도 부여군 은산면 은산리에 별신제가 전승되어 있다. 문화재위원으로 나의 두 번째 작업은 은산 별신제를 조사 대상으로 삼았다.

민간 신제神祭를 미리 조사하고자 일제 시에 발행된 『조선의 부락제部落祭』를 검토하여 규모가 크거니와 역사도 오래된 은산 별신제와 강릉江陵의 단오제端午祭에 관심을 두기로 했다.

은산 별신제는 일명 "별신굿"이라 하는데 나는 다소 예비지식을 가지고 있었다. 별신당 바로 앞에 있는 초등학교가 나의 모교이기 때문이다. 나의 집은 은산면이 아닌 청양군 장평면인데, 그 당시 우리 면에는 학교가 없어서 이웃 군인 은산 보통학교에 입학했다. 집에서 학교까지는 6km나 되었으나 걸어서 잘 다녔다.

별신 때가 되면 별신당이 있는 학교 뒷산은 인산인해를 이루고, 학교 운동장까지 사람들이 몰려와 수업을 할 수가 없었다. 그래서 별신 때가 되면 학교는 3일 동안 임시 휴교를 한다.

공부는 하지 않고 별신 구경은 할 수 있으니 신이 났다. 별신 때가 되면 곡마단이 2팀이나 들어오고 인근에서 수천 명의 구경꾼이 모여든다. 첫날 꽃받기, 2일째는 진대베기, 3일째는 상당굿, 마지막 날에 독산제獨山祭와 장승 세우기까지 마치면 별신굿은 끝나는데 매일 성황을 이룬다. 제사의 목적은 죽은 백제장병의 위령제와 토질土疾의 질병퇴치의 두 가지 목적이 있는 향토축제로 고풍古風을 그대로 지니고 있어 무형무화재로 지정할 만한 가치가 있다고 판단되어 조사한 후 1966년 2월 15일에 무형문화재 제9호로 지정을 하였다. 1950년에 지도교수인 방종현方鍾鉉 교수님을 모시고 자료 수집차 나섰다가 은산 별신제가 있어 모시고 간 일이 있는데 교수께서 보시고 규모가 큰 향토축제라 보존할 필요가 있다고 말씀하신 일이 있다.

지정을 위한 심의과정에서 무당의 지정의 어려움이 있었다. 혹세무민하는 무당을 지정하여 국가에서 보호한다는 것은 있을 수 없다는 것이다. 위원 중에는 기독교 신자도 있고, 신자가 아닌 위원도 무당을 지정하여 국가에서 관리하고 보호육성 하는데 대한 부당함을 주장하는 이도 있어 난관이 있었다. 나는 물질 문물과 외래종교인 기독교·도교·유교를 벗어버리면 남는 것은 샤머니즘이니 이것이야말로 가장 오랜 역사가 있는 우리의 것이니 그것이야말로 오랜 우리의 생활사이란 점을 주장하여 별신굿에서 무속을 제외할 수가 없음을 강조하여 어렵게 합의를 이루어 냈다. 그렇게 해서 무당이 인간문화재가 된 것이다. 정말 은산 별신제는 무당들의 상당굿, 하당굿이 고대 제의로서의 의미를 지니고 있다. 마침 무녀 이언년은 세습무로 수십 년을 은산 별신제의 제의를 담당하고 있었다. 고전에 고두백배叩頭百拜란 말이 있는데 은산 별신제에 아직도 살아 있다.

기능보유자는 대장에 유상렬劉尙烈 화주에 백남용白南龍 무녀에 이언년李於蓮이었다.

3) 강릉 단오제端午祭

(1) 1차 조사(1960년 7월)

나는 전공을 민요에서 민속학으로 영역을 확장함에 따라 행동범위를 넓혀야 했다.

민요를 채집하고자 농, 산촌을 찾아가 나이 많은 노인을 만나 질문하고 기록하다보면 자연스럽게 민속 전반에 걸친 이야기가 나오게 된다. 그래서 민요와 동시에 민속자료를 수집하게 되었다.

여행을 떠나기에 앞서 선인들이 남겨 놓은 기록을 읽고 지도를 살펴보아 예비지식을 가지고 현지에 간다. 선인들이 남겨놓은 기록이 있으면 섭렵涉獵해서 현장에 가서 문제를 이해하는데 도움이 되도록 한다.

1937년에 출판된 조선총독부 조사자료집 『부락제部落祭』에서 강능에는 오래 전승된 단오제가 있음을 알았다. 매우 역사가 오래됐고 규모가 큰 마을제임을 알고 언젠가 한번 답사하기로 마음먹었다.

1960년 7월 22일부터 29일까지 일주일동안 숙명여자대학 민속조사반 학생 5명을 인솔하고 동해안 민속조사에 나섰다. 첫날은 월정사를 들러보고 다음날 강릉에 도착했다. 용강동龍岡洞에서 박朴할머니(74)를 비롯하여 마을 노인들로부터 전설, 산속産俗과 단오제端午祭이야기를 들었다.

단오 3일전에 대관령 서낭당에 가서 국사서낭國師城隍을 모셔다가 3일 동안 여서낭당에 합사合祀하고, 부부서낭을 가설된 굿당에 모셔다가 큰굿을 하고 단오가 지나면 다시 대관령에 있는 서낭당에 모시게 된다.

강릉 시내와 인근마을에는 여러 서낭당이 있고 무녀들에 의해서 큰굿이 아직도 전승되고 있어 매우 중요한 민간신앙 행사임을 알게 되었다. 후일 다시 오기로 하고 삼척三陟을 거쳐 경북 예천醴泉에서 민속조사를 하고 서울로 왔다.

이 여행에서 나는 처음으로 강릉 단오제와 접하게 되었고 한국의 민간신앙과 향토제의祭儀연구에 매우 중요한 자료임을 알게 되어 주목하기로 했다.

(2) 2차 조사(1964년 8월)

1964년 나는 문화재위원에 위촉되어 무형문화재위원회에 소속되었다. 그래서 이제부터는 시야를 넓혀 전국의 무형문화재에 관심을 가져야 했다.

단오제와 관련 있는 유적을 답사하기로 했다. 먼저 대관령 마루에 있는 대관령서황사大關嶺城隍祠를 비롯하여 대관령산신당大關嶺山神堂, 용왕당 등을 답사하고 내려와서 구산선황당邱山城隍堂, 여서황당女城隍堂, 정씨집터鄭氏家址, 대창성황大昌城隍, 학바위鶴岩, 석천石泉 등을 현지 답사하여 확인했다. 이밖에도 창해역사滄海力士의 육성황肉城隍, 梅月堂 金時習의 소성황素城隍, 이러한 유적에는 전설이 따라 있어 단오제의 유래와 역사를 설명하고 있다.

단오의 세시 풍속으로 단오제는 여러 곳에 있을 수 있으나 강릉 단오제는 역사가 오래이고 이보다 규모가 큰 행사는 없다.

단오제 행사에서 새로 발견한 것은 관노官奴가면극이다. 우리나라의 가면극은 양주 산대놀이 · 송파 산대놀이 · 봉산 탈춤 · 북청 사자놀이 · 강령 탈춤 · 고성 오광대 · 수영 야류 등이 있는데 모두 대사가 있다. 그러나 강릉의 관노가면극은 유일하게 대사가 없는 무언극이다. 몸짓만으로 의사를 전달하는 판토마임이란 점이 특이하다. 우리나라 연극사를 다시 써야 했다.

여름 방학이라 시간여유가 있어 5일 동안 답사를 했는데 이 때에 만난 분이 함종태옹咸鍾台翁 홍덕유洪德裕씨로 많은 협력이 있었다.

(3) 무형 문화재 지정을 위한 조사

문화재 위원으로 무형문화재 지정작업으로 진도珍島와 우수영右水營의 "강강술래"와 "은산별신제恩山別神祭"를 조사하여 1966년 2월 15일에 강강술래는 무형문화재 제8호, 은산 별신제는 제9호로 지정 받았다. 그 다음에는 강릉 단오제를 조사대상으로 삼기로 했다. 현장조사 두 번으로 강릉단오제는 무형문화재로 지정할 만한 가치가 있다고 판단했기 때문이다.

1966년 6월 20일부터 26일까지 정밀조사를 시작했다. 과거 두 번에 걸쳐 조사 했으나 미비한 점을 보완하고 행사장에 따라다니면서 기록하고 사진 찍고 질문을 했다. 도착한 첫날 내가 묵고 있는 대한여관으로 교육장, 강릉여고 교장, 홍덕유, 최선만 씨 등이 찾아와 늦도록 대화했다. 한의사 함종태 씨는 대축관大祝官을 맡고 있는 데다 제의의 진행을 잘 알고 있어 수시로 만나 좋은 제보자역할을 했다.

행사에 서민들의 흥을 돋우기 위해서 농악을 치는데 유천동楡川洞농악은 28종을 연출했다.

오돌또기	태극기그리기	놀양	풍년가	영변가
멍석말이	일터로가세	황무지개간	농낭사거리	모내기
무용놀이	오월단오굿	시름	그네	농부놀이
동고리	경포뱃놀이	훈련	소고놀이	다리동발
농도다리놓기	석탄캐기	타작놀이	벼지우기	합동결혼
열두발상무	연변가	춤놀이		

강릉 단오제는 유교의식과 무속巫俗행사로 진행된다. 아침에 지방관원地方官員에 의해서 유교식 조전朝奠이 있은 다음 무당들에 의해서 굿이 행해진다. 무당들에 의해서 연회되는 무巫굿이 단오제의 핵심이다.

무녀들에 의해서 진행되는 굿은 총독부의 조사보고서인 "부락제"에는 12신악 이라 하였고 기능보유자(소위 인간문화재)인 노무老巫 장대연의 무가는 내용이 다소 차이가 있었다.

강릉 단오제를 무형문화재로 지정 제의를 할만한데 문제가 있었다. 현장조사를 다 마쳤는데 관노가면극에서 문제가 있었다.

단오제는 관노놀이를 합해야 더욱 가치가 있는데 관노놀이를 했다는 사람이 없다. 관노놀이를 합해야 강릉 단오제는 예능요소까지 합하게 되어 그 특성을 자랑할 수가 있는데 그 행위자가 나타나지 않았다. 기능을 가진 사람이 없으면 문화재로 지정할 수가 없다. 일제에 의해서 일찍 소멸되었기 때문에 고령의 노인이 아니면 본 사람도 없다.

하루는 저녁에 여관으로 노인들을 초청해서 술대접을 하면서 졸라대고 시대가 바꾸었으니 기능자는 인간문화재로 대접받고 정부에서 매월 수당을 준다고 꼬셔도 내가 했노라고 나서는 사람이 없었다. 선뜻 나서지 않는 이유는 관노놀이를 했다면 자기의 신분이 관노인 셈이니 사회에서 천대받고 자녀들의 혼사에도 지장이 있을 것을 두려워하는 눈치이다. 오랜 대화를 통해서 심증이 가는 영감이 있으나 "나는 가면놀이를 한 일이 없다"고 딱 잡아떼는 것이다.

밤 10시가 넘어 나는 화장실에 갔다. 나를 뒤따라온 한 영감이 아무개와 아무개 두 사람이 놀았으니 그리 알고 내가 말했다는 말은 절대로 하지 말라는 것이다. 제보해 준 영감은 방에 들어오지 않고 집으로 갔다.

나의 예감이 맞았다. 그 두 영감을 수상하게 여겼다. 오늘은 늦었으니 이제들 돌아가시지요 하여 모두 일어나게 하고 두 영감만 나랑 잠깐 이야기하자고 앉혔다.

나는 술상을 다시 차리고 두 영감을 달랬다. 그랬더니 네가 더 많이 놀았으니 말하라고 서로 미루는 것이다. 인간문화재가 되면 나라에서 이러이러한 혜택이 있고 지금 세상에 신분을 따지는 사람도 없다고 종용했다.

두 영감의 말문이 열리기 시작하고 강릉 단오제를 무형문화재로 지정할 여건을 갖추게 되었다. 나는 어렵게 기능보유자를 찾아냈고 김동하, 차형원 두 영감을 모두 관노놀이 기능보유자로 지정했다.

강릉 단오제조사보고서는 1966년 8월에 제출하여, 다음해인 1967년 1월 16일에 무형문화재 제13호로 지정되었다.

지정 당시의 기능보유자는 다음과 같다.

제관	김신묵(金信默) 74세
가면극	차형원(車亨元) 79세
	김동하(金東夏) 84세
무녀	장대연(張大淵) 88세

지정을 위한 조사과정에서 기능자들과 대화를 녹음하였는데 그 테이프는 현지에서 보관하고 연구하는 것이 좋을 것으로 판단하여 강원대학교의 장정룡 교수에 주었으니 연구에 활용되기 바란다.

(4) 강릉단오제 조사

가. 새벽 1 : 00시에 대관령 통과

1964년 여름 방학에 강릉에 갔다. 서울에서 아침에 출발했다. 전날부터 비가 내렸으나 일기 예보에는 오후엔 날씨가 개인다기에 비가 내리지만 집을 나섰다. 청평 근처에 이르러 홍수로 길이 차단되어 버스는 오도가도 못했다. 인근의 부대에서 군인들이 나와서 임시로 복구작업을 하여 오후 4시가 넘어 버스는 겨우 움직였다. 그러나 한 시간도 못가서 하천이 넘쳐 버스는 다시 서고 승객들이 모두 내려 차를 밀고 하다가 진부령을 지나 도암道岩근처에 이르니 저녁 9시가 지났다. 문제가 생겼다. 당시는 치안이 안전하지 못하여 밤이면 공비가 출몰해서 대관령을 마음 놓고 넘을 수가 없을 때였다. 승객들은 불안하나 설마 무슨 일이야 있겠는가 하고 가자는 사람과 산길이 위험하니 날이 샌 다음에 가자는 사람으로 의견이 갈라졌다.

30분쯤 토론을 하다가 불안하다고 세 사람이 내리고 버스는 강행군을 하기로 했다.

나는 많은 사람의 의견에 따르기로 했다. 대관령 산길은 꼬불꼬불해서 낮에도 운전하기 어렵다는데 기사는 침착하게 운전을 했고 새벽 2시에 강릉 시내에 도착했다.

운명을 하늘에 맡긴 시간이었다. 이러한 이야기는 그 시대를 살아보지 못한 사람은 이해하지 못할 것이다.

나. 간첩으로 오해받음

내가 강릉에 민속조사를 간다니까 재일 동포 학자 김양기金兩基 교수가 동행을 청하기에 같이 갔다. 시내에서 단오제 유적을 둘러보고 강문에서 솟대와 해랑당海娘堂에 들렀다가 마침 마당에서 미역을 말리는 60대의 할머니가 있어 이것저것 질문하며 이야기를 하고 있는데 순경이 자전거를 타고 달려와서 신분증은 제시하라는 것이다. 왜 그러느냐고 물으니 수상한 사람이 나타나 이것저것 캐묻는다는 신고가 들어 왔다는 것이다. 나는 민속조사를 설명하고 마침 전날 저녁에 시장・교육장・경찰서장과 만찬이 있었음을 설명하고 신분증을 제시했다.

김교수는 처음 당하는 일이어서 당황하기에 우리의 치안 상황과 특히 동해안은 간첩침투가 종종 있었다는 설명을 하여 이해시켰다.

우리는 한 때 "의심나면 다시 보고 수상하면 신고하라"는 구호 아래 살았던 시대가 있었다. 민속학자라면 이러한 경험은 한두 번은 있었을 것이다.

다. 사진

문화재로 지정하기 위한 조사 과정에서 사진을 많이 찍었다. 사진은 그 시대의 상황의 증거로 꼭 필요하다. 강릉 단오제는 다양해서 여러 행사가 함께 진행되기 때문에 보고서에 많은 사진이 첨부되어야 했다.

보고서에 첨부할 사진을 정리하다보니 무녀 장대연의 사진이 부족했다.

사진 촬영을 꺼려하고 얼굴을 보이려 하지 않았다. 무당이란 직업이 노출되는 것을 꺼려했다. 그래서 문화원에 부탁해서 무복을 입은 독사진을 부탁했다. 10여 일이 지나 사진이 왔는데 얼굴을 박박 긁어서 누구인지 알 수 없게 되어 있었다. 다행이 무복巫服은 잘 나와 있어서 그대로 첨부할 수밖에 없었다. 얼굴이 없는 사진 한 장이 당시의 무당에 대한 사회인식을 이해하는 자료가 된다.

라. 무당의 인간문화재 지정 문제

보고서를 제출하고 지정 심의하는 과정에서 "또 무당이냐"며 무당이 문제로 제기 되었다.

나는 1년 전인 1966년에 "은산 별신제"를 지정하는 과정에서 무당을 어렵게 동의를 얻어 통과시켰는데 강릉 단오제서도 또 무당을 보유자로 인정할 것을 제의하였으니 위원들 사이에 상당한 이의가 있었다. 고대사회에서 무당은 하늘을 섬기고 신라의 남해차차웅南解次次雄은 무당이면서 왕이 되어 백성을 다스렸다. 무당은 인간의 길흉화복吉凶禍福에 관여한 신직자神職者이며 새신賽神 하는 과정에서 연출되는 노래·춤·사설은 민족문화를 이해하는데 있어 소중한 자료임을 역설하여 동의를 얻어 무형문화재로 지정하기에 이르렀다. 지금은 무당이 인간문화재가 되는 것에 의아하게 생각하는 사람은 없으나 1960년대 당시에는 무당이 무형문화재의 기능보유자로 지정하는데 의아하고 주저했던 것이다. 나는 여하튼 무녀를 인간문화재로 격상하는 일을 담당했고 지금 생각해도 잘한 일이라 생각한다.

마. 가면의 원형복원

강릉 단오제의 관노가면극을 처음 보았을 때에 가면에 의심이 갔다. 양반가면이 너무 커서 어울리지 않았고 각시 가면도 관노가면극에 참여한 김도하, 차형원 노인의 말과 달랐다. 조사해 보니 최모씨의 권유로 양반가면을 모방해서 제작했다는 것이다.

관노가면을 아는 사람은 소년시절에 출연한 경험이 있는 김동하, 차형원 옹과 어려서 가면놀이를 본 일이 있다는 노인 한 두 사람에 불과 했다. 그래서 가면원형을 복원하기로 했다.

당시 내가 근무하는 서라벌예술대학의 조각담당 교수인 윤영자 교수에게 부탁했다. 1971년 7월 29일 윤교수와 조수 한 사람을 데리고 강릉에 갔다. 여관에 기능보유자인 김동하, 차형원 두 분을 모셔놓고 가면 설명을 들으면서 석고상을 만드는데 꼬박 하루가 걸려 복원을 했다. 이 석고 가면은 중앙대학교 박물관에 보존되어 있고 지금 강릉에서 사용하고 있는 가면은 석고가면을 복원한 것이다.

(5) 강릉 단오제의 보존 육성에 대한 기대

강릉 단오제는 세계문화유산으로 격상되어 한국뿐 아니라 이제는 인류의 문화유산으로 인정을 받게 되었다. 향토신사로 오랜 역사를 자랑할 수 있게 된 것은 강릉의 자랑이요, 잘 계승하여 오늘날까지 유지해 온 강릉인의 영광이다.

향토문화는 향토인들의 정성과 사랑에 의해서 전승되는 것이다. 따라서 강릉 단오제는 강릉에서 발생하고, 강릉에서 성장하고 강릉 사람들에 의해서 계승되어 왔다. 이러한 일을 담당해 온 강릉에 영광은 돌아간다.

강릉 단오제가 의미 있는 문화유산으로 잘 계승되고 있으며 인류 문화유산으로까지 인정을 받은데 대하여 나는 문화재지정작업을 담당한 사람으로 보람을 느낀다.

행사에 참여해 보면 더러는 원형에서 벗어나 개인의 장기長技에 따라서 흐르고 시사성이 첨가되어 축소 또는 과장되는 일이 있다. 매우 경계해야 한다. 원형에서 벗어나 변질하면 문화재로서의 가치는 이미 상실한다.

단오제의 주신主神은 대관령 국사서낭신인데 그를 모신 서낭당과 산신당 일대는 지정당시인 1960년대와 판이하게 달라졌다. 즉 벌목을 해서 밭을 개간했고 용왕당 일대는 옛 모습과 판이하게 달라졌다. 잘 하겠다고 개축

한 것이 결과에 있어 변질되고 파괴된 셈이다.

문화재는 원형을 보존하기 위해서 그 일대를 문화재 보존구역으로 지정할 수 있다. 이제는 세계문화유산으로까지 지정되었으니 원형을 보존하고 후대에 물려주기 위해서 대관령 국사서낭당과 산신당 일대를 보존지역으로 지정하여 원형 보존토록 조치하기를 바란다.

4) 지정조사에 참여한 종목

1964년 문화재 위원을 위촉받고 그만두던 1996년도까지 32년 동안 내가 혼자 조사 지정하였거나 공동조사에 참가해서 지정한 종목은 다음과 같다.

지정번호	종목	기능보유자	지정년도
가. 무형문화재			
10	나전칠기	김봉룡	1966
22	매듭	정연수 · 김희진	1968
24	안동 차전놀이	김명한	1969
25	영산 줄다리기	김형권	1969
27	승무	한영수 · 이애주	1969
33	고싸움	강판백	1970
38	궁중음식	황혜성	1970
75	기지시 줄다리기	이우영	1982
76	택견	송덕기 · 신한승	1983
84-가	고성농요	김석명	1985
84-나	통명농요	이상수	1985
85	석전대제	권오훙	1985
86	문배주	이기춘	1986
89	침선장	정양완	1988
92	제주민요	조을선	1988
106	각자장	오옥진	1996
108	목조각장	박찬수	1996

나. 중요민속자료

11	나주 불화사 석장승	1968
12	나주 운흥사 석장승	1968
15	남원 실상사 석장승	1969
30-2	예산 보부상유품	1976
101	순창 충신리 석장승	1979
102	순창 남계리 석장승	1979
187	목포 줄	1984
224	여수 연동동 벅수	1990
228	태백산 천제단	1991

다. 서울시 지정
문화재

1	서울 송절주	이성자	1989
2	송파 다리밟기	류근우	1992
7	장안 편사놀이	김경원	1992
8	삼해주	권희자	1993
9	향온주	박현숙	1993
11	침선장	박광서	1996
13	매듭장	김은영	1996
16	초고장	한순자	1996
18	민호장	김만회	1996

지정을 위해서 조사한 보고서는 소속 관청에 보존되어 있다.

5) 기능보유자 사퇴사건

경산남도 창녕군 영산면에 무형문화재 第26호 영산 줄다리기가 전승되고 있다. 기능보유자 조성국曺星國씨는 학교 교사 출신으로 내 고향의 문화재에 남다른 애착을 가지고 육성하여 왔고 문화재 기능보유자, 소위 인간문화재 협회를 구성하여 회장이 되어 자질향상에도 노력하여 왔다.

그런데 어느 날 문화재 관리국으로부터 연락이 왔다. 내용인즉 조성국씨가 현지에서 갈등이 있어 인간문화재 사표를 냈으니 현지에 가서 수습해 달라는 것이다.

영산에 내려갔다. 먼저 조성국씨를 만나고자 했으나 부산에 볼일이 있어 부재였다. 그래서 갈등을 빚고 있는 3·1 문화 향상회를 찾아갔다. 갈등의 이유는 첫째, 줄다리기도 문화향상회의 일원이니 지시에 따라야 하는데 그러지 않고 독자적으로 행사를 하려고 고집하며, 동의 없이 중앙의 여러 단체를 불러들이는 등 제 마음대로 한다는 것이다. 중앙의 인간문화재 단체를 지방에서 초청하는 것은 매우 어려운데 조성국씨는 인간문화재 협회의 이사장이기에 가능했을 것이다. 내 고장을 빛내고자 한 것이 현지 3·1 문화향상회向上會와의 갈등으로 사표를 냈음을 알았다.

그래서 지방유지들의 모임에서 "영산에는 줄다리기와 나무쇠싸움의 두 무형문화재가 있으므로 향토의 자랑거리인데 인간문화재가 사표를 냈으니 수리하면 나무쇠싸움은 문화재에서 제외할 수밖에 없다. 그렇게 되면 영산의 자랑거리는 하나 줄어든다. 나무쇠 싸움은 나라에서 지정한 문화재이니 여러분들의 내 고향을 위해서 잘 육성하고 협조를 해주어야 할 것"이라 설명하였으나 그래도 완강히 부정하는 영감도 있어 결론이 나지 않았다.

그래서 나는 "그러하면 문제는 간단합니다. 나는 올라가서 사표를 수리하면 됩니다. 그렇게 되면 영산의 자랑거리는 하나 없어집니다. 내 생각에는 여러분들은 손익계산을 해서 판단하시지요. 나는 마산 경주를 거쳐 3일 후 동대구 역에서 기차를 타고 서울로 가는데 11시 정각에 동대구 역 다방에 들리겠습니다. 혹시 마음의 변화가 있으시면 나와주시지요. 그 자리에서 뵙지요. 아무도 없으시면 그냥 서울로 올라 가 겠습니다."라고 말했다.

약속한 시간에 동대구역 다방에 들렀더니 영산에서 뵙던 영감들이 반가워하시며 "제발 사표를 수리하지 말라는 것"이다. 그래서 나는 "잘 생각 하셨습니다. 영산의 명예는 잘 보존되어야 하지요" 했다.

뜨거운 차를 마시고 환담을 하다가 작별하고, 서울에 와서 문화재관리국에 보고하여 사표는 반려되고 사건은 수습되었다.

6) 문화재위원의 수난

국제학술대회가 있어 출국 차 공항에서 수속을 마치고 이제 떠난다고 집에 전화를 걸었다.

아내의 말에 시 경찰국에서 전화가 왔는데 통화를 하고 싶다는 것이다. 나는 경찰에 문제될 일을 한 일이 없는데 무슨 일인가해서 적어두었다는 전화번호에 전화를 걸었다. 인간문화재 지정에 있어 정실이 개입하여 고발이 들어 왔다는 것이다. 즉 문화재 지정 신청자의 형이 조사를 담당 했으니 정실조사라는 것이다. 나는 당시 무형문화재 분과위원장을 맡고 있었고 우리 분과에서 그러한 일이 발생했다면 나에게도 책임이 있다. 그러나 현장조사자의 위촉은 사무처에서 하기 때문에 피 조사자와 조사자의 인척관계는 위원들은 알지 못한다. 여하튼 인척이라면 조사자를 잘못 선정한 것은 사실이다. 귀국해서 만나기로 하고 비행기를 탔다.

귀국해서 알아보니 인척관계는 사실이었고, 위원장은 위촉 사실을 알지 못했다는 결론이 났다는 것이다. 조사 과정에서 조사에 참여한 한 위원은 화분을 하나 사 가지고 와서 테이블 위에 놓고 가서 망신스런 말을 들었다는 것이다. 문화재도 유형문화재 즉, 불상이나 유물은 지정에서 탈락되어도 말이 없는데, 무형문화재는 기능을 가진 인간을 지정하기 때문에 탈락되면 상대방을 헐뜯고 기법이 잘못되었느니, 누구의 모작이라느니 소문을 퍼뜨리고 진정서를 내고 해서 위원들이 본의 아니게 수난을 겪는 일이 있다. 이번도 그러한 류의 중상이었다.

한번은 방송국에서 카메라를 메고 3인이 취재하러 찾아 왔다. 이야기인즉 인간문화재지정의 난맥상을 파헤친다면서 몇몇 문화재의 지정 과정과 정실 관계를 파헤친다는 것이다. 특히 지방문화재지정의 난맥상을 지적했다. 사람이 하는 일이라 실수하는 일도 있겠으나 의도적인 일은 있을 수 없는 일이다.

질문 중에 나에게 "선생은 나이 40의 가장 어린 나이에 문화재위원이 되어 오늘날까지 한 번도 교체되는 일 없이 위원자리를 지키고 있는데 무슨 비법이 있느냐"는 말에 불쾌해서 나가라 했다. 내가 1964년에 위원 위촉을 받고 오늘날까지 위원을 하고 있는데, 내가 맡고 있는 분야는 주로 민속분야이다. 그 당시 대학에서 민속학 · 민요론 강의를 한 사람이 있었는가 알아보라고 하면서 말이다.

그 후에도 문화재위원을 위촉받고 문화재위원회의 역사상 가장 장수의 16회, 32년 동안을 문화재위원을 지냈는데 사람의 기능을 평가하는 일이기 때문에 때로는 본의 아닌 수난을 겪는 일도 있었다.

1974년에 부산에서 민속예술경연대회가 있었는데 하루는 심사하는 도중에 쪽지가 돌아 왔다. 저녁에 부산의 모 문화재 지정단체로부터 저녁초청이 있으니 참석해 달라는 내용이다. 그런데 나와 강한영姜漢永 심사위원은 숙명여대에서 가르친 제자가 부산에 있는 사립학교를 경영하고 있어 그의 집으로 초청을 받아 문화재 지정단체의 초청에는 응하지 못했다.

그 후 수개월이 지나 문제가 생겼다. 부산의 문화재 단체에 내분이 일어나 서로 비난하고 고소하고 하게 되어 조사하는 과정에서 과다한 접대비를 지출한 것이 문제가 되어 호출을 당했는데 문화재원들이었다. 민속예술 경연대회의 심사위원은 대부분이 문화재위원으로 구성되어 있었다. 본의 아닌 수난이었다.

문화재 지정 조사를 위해서 지방에 가면 잘 보이려고 아양을 떠는 경우가 있다. 이런 경우에 조심을 하고 냉정해야 한다. 나는 다행이 술과 담배를 하지 않는다. 그리고 냉정해서 쌀쌀하다는 말을 듣는 경우도 있으나 그게 편했다. 청에 못 이겨 끌려가면 시간이 지나 언젠가는 문제로 나타나게 된다. 수난을 당하지 않으려면 맑게 살아야 한다. 그래야 수난이 없이 평안하게 살수가 있다.

문화재 위원으로 있으면서, 무형문화재의 조사와 민속자료의 조사보고서를 여러 지지紙誌에 많은 글을 썼다. 그중 중요한 것은 내 저서에 수록된 것이 있으니 참고로 기록하면 다음과 같다.

제목	발표 년도	수록 저서
1) 문화재 지정자료		
은산별신제	1965	한국 민속학 논고(1971)
강릉 단오제	1966	〃
기지시 줄다리기	1981	한국민속문화론(1981)
목포줄다리기	1984	민속문화의 전승(2007)
택견	1982	〃
태백산 천제단	1991	〃
불회사. 운흥사. 실상사	〃	〃
순창장승. 여수벅수	1968	〃
2) 문화재 이론		
무형문화재의 개념	1982	월간 문화재
무형문화재의 의의	1998	〃
무형문화재의 관리	1999	〃

7) 문화재위원을 마감

2007년 봄에 문화재청으로부터 전화가 왔다. 위원으로 위촉하겠다는 이야기이다. 나는 응할 수 없어 사양하겠다고 했다. 내가 1964년부터 1996년까지 32년간의 가장 장수의 문화재위원으로 있었고 무형문화재분과 위원장과 전체위원회 부회장도 했고, 이제는 쉬고 있는데 새삼 다시 문화재위원을 할 수 없다고 생각했다.

다음날 담당과장으로부터 전화가 와서 청장의 뜻이라면서 위촉하겠으니 동의해 달라는 것이다. 나는 사양했다. 다음날 문화재청장으로부터 전화가 왔다. 원로가 꼭 필요하니 나와 달라는 것이다. 청장과 나는 친분이 있는 것도 아닌데 떼를 쓰는 것으로 보아 무슨 까닭이 있는 것 같으나 그만 둔지 10년이 지났는데 새삼 다시 나가고 싶지 않았다. 또 내 나이 80이 지났는데 위원이 되면 남들이 "아무개 무던히도 그런 자리 좋아한다"고 비웃는 사람도 있을 터이고, 나는 나대로 할 일이 있는데 새삼 나가고 싶지 않았다.

전화를 10여 분 동안 통화를 하다가 결론이 나지 않자 지금 우리 집에 오겠다는 바람에 무슨 각박한 사정이 있는 같아 동의를 하고 말았다. 마음이 약한 내가 진 셈이다.

10년 만에 위원회에 다시 나가보니 문제점도 있기는 하나 젊은 학자들로 구성되어 잘들 하고 있고, 나에게 간청하던 청장은 남대문 화재 사건으로 퇴임하였으니 이번 임기로 문화재위원은 마감할 예정이다.

문화재 보호재단 이사 34년

1970년에 문화재보호협회의 지도위원으로 문화재위원회에서 지정한 문화재를 관리 육성하는 작업에도 관여하게 되었다. 이 재단은 2년 후에 무형문화재 보호협회가 되어 이사가 되고, 바로 문화재보호협회라 개칭되었으나 다시 문화재 보호재단이라 개칭하여 오늘에 이르고 있다. 올해 2009년에도 위촉을 받고 이사로 있으니 34년간의 인연을 맺고 있는 셈이다.

처음에는 성경린, 김천홍 등 원로들 사이에 끼어 일을 배우고, 내가 문화재위원으로 지정한 종목의 계승 육성하는 사업에 참여하게 되니, 일하는 보람도 있고 재미있는 세월을 보내왔다. 지금도 무형문화재의 공연, 문화재의 전시화, 고적 유물의 발굴사업까지 영역을 확대하고 있어 많은 공부도 되었다. 재단의 사업영역이 넓어질수록 각 분야의 전문적인 이야기를 듣게 되어 공부도 된다.

근래에는 회의 안건이 사업의 운영이나 경영의 실무적인 내용이 많아서 내가 기능할 수 없는 일이 많아 존재할 필요가 없음을 느끼게 된다.

80년대의 중반에 문화부 장관으로 있던 오랜 친구 정한모 씨가 "임형 못 쓰겠어, 문화부에 와보니 임형은 한번 위원에 임명되면 장기 집권을 하고 있어" 하며 농을 걸어온 일이 있다.

그건 사실이다. 문화재위원, 민속예술경연대회 심사위원, 문화재보호재단 등 문공부 산하의 여러 위원회에 참여 했는데 모두 장기간 위촉을 받고 있다. 그것은 내가 원해서가 아니라 자기네들이 필요해서 위촉해 왔고 나 역시 내 전공분야와 관련이 있어, 기꺼이 참여하고 있다.

나는 그 밖의 여러 위원회, 심사위원회에 참여하여 내 전문지식을 제공해 왔다. 그러한 과정에서 나는 새로운 지식을 얻기도 했고 문화계의 상황과 문화계가 해야 할 일에 대하여 지식을 얻기도 했다. 즉 나도 여러 위원회에 참여하므로 문화정책에 대한 나 나름의 견해를 가질 수 있었다.

나는 서라벌예술대학의 학장직을 10년이나 맡고 있었기 때문에 문화정책을 알아야 했고, 문화계의 돌아가는 현실도 알아야 했다. 그러한 지식이 예술 교육에 유익하게 반영시킬 수 있었고, 당시로서는 국내 유일한 예술대학의 대학교육에 반영시켜야 했다. 정 한모씨의 농은 나를 비꼬기 위해서가 아니라 협조해주어 고맙다는 뜻으로 받아들였다.

문화재보호재단에 가면 언제나 인간문화재들의 국악, 탈춤, 무용의 공연을 볼 수 있고 전시실에서는 명인들의 작품을 상시 전시하고 있어 관람할 수가 있어 좋다. 또 원로급 중요무형문화재 기능보유자들의 방이 마련되어 있어 만나 환담하고, 명품을 접할 수 있어 좋다.

문화재보호재단의 회의는 대개 코리아 하우스에서 한다. 육중한 사린관四隣館에 들어서면 고풍스러운 분위기가 좋고 맛있는 점심을 먹을 수 있어서 좋다. 별로 하는 일도 없이 밥 대접을 받을 때에는 미안한 생각이 드는 일도 있다.

아마 내 임기도 머지않을 것이다. 이제 물러날 때도 되었다. 오히려 너무 오래 자리를 차지하고 있으니 39년을 지켜온 자리, 내가 원하거나 청해서 있는 자리는 아니지만 눈치코치 없는 사람이란 말 듣기 전에 때를 보아 물러서야 하겠다고 생각한다.

2011년 봄 나는 몸이 불편해 이사회에 참석을 못했는데 재임명의 통지가 왔다. 나는 사표를 우송하고 30여 년의 긴 세월의 위원직에서 벗어났다.

민속예술 경연대회

민속예술 경연대회는 1958년에 서울에서 처음으로 개최하였다.

각 각 지방에 전승되는 한자리에 모여 경연을 하고 내용과 연기의 우수한 팀에 상을 주었다. 종목은 농악 · 탈춤 · 놀이 · 민요 · 민속춤의 다섯 종목이고, 상은 대통령상 · 국무총리상 · 장관상 · 개인상(도지사상) · 공로상 · 장려상의 6단계로 나누어 시상을 했다.

각 도에서는 명예를 걸고 우수한 팀을 골라 한 팀 또는 두 팀을 선정하여 출연 시켰다. 이제까지 시골 마당에서 놀이되던 향토예술이 전국대회에 나아가 홍겨운 한판을 벌리고 신명풀이를 하게 되어 향토의 홍이 전 국민의 홍으로 확산하게 되었다. 정초에 마을의 놀이로 전하던 농악놀이와 지신밟기가 풍년을 기원하는 농민들의 신정의 민속행사로 의미를 부여받게 되고 협동하고 공존의 유대를 의미하는 행사라는 것을 인식하게 되었다. 국민의 신바람 나는 한마당으로 대회는 큰 공헌을 하게 되었다.

제1회 대회를 하고 2년을 쉬었다가 1961년에 제2회 대회를 가지게 되고. 이 때부터 매년 대회를 개최하여 제7회까지는 서울에서 하였고 제8회부터는 지방을 순회하면서 개최하였으니 다음과 같다.

제8회 – 1966년(서울)	제9회 – 1967년(부산)	제10회 – 1968년(대전)
제10회 – 1969년(대구)	제11회 – 1970년(광주)	제12회 – 1971년(전주)
제13회 – 1972년(대전)	제14회 – 1973년(청주)	제15회 – 1974년(부산)

제16회 – 1975년(서울)　제17회 – 1976년(진주)　제18회 – 1977년(수원)
제19회 – 1978년(춘천)　제20회 – 1979년(대구)　제21회 – 1980년(제주)
제22회 – 1981년(인천)　제23회 – 1982년(광주)　제24회 – 1983년(안동)
제25회 – 1984년(충주)　제26회 – 1985년(강릉)　제27회 – 1986년(천안)
제28회 – 1987년(수원)　제29회 – 1988년(전주)　제30회 1989년(마산)
제31회 – 1990년(제주)　제32회 – 1991회(여수)　제33희 – 1992년(구미)
제34회 – 1993년(청주)　제35회 – 1994년(춘천)　제36회 – 1995년(공주)
제37회 – 1996년(성남)　제38회 – 1997년(익산)　제39회 – 1998년(밀양)

내가 심사위원으로 관여한 것은 제8회 대구대회 때부터 제39회까지이며, 25회부터 1997년까지는 심사위원장을 맡았고, 제40회는 평가위원장을 맡은 것을 끝으로 민속예술경연대회와는 작별했다. 긴 32년 간의 인연이었다.

그 동안의 대통령상과 국무총리상 수상 단체는 다음과 같다.

대통령상 – 하회별신굿. 봉산탈춤. 함안농악. 전남농악. 도래야류. 전북농악. 제주민속놀이. 차전놀이. 고싸움놀이. 전북농악. 아사줄다리기. 탄금대 방아타령. 고성오광대. 좌수영 어방놀이. 영동설계리 농요. 해남강강술래. 붕기 풍어제. 위도띄배놀이. 예천통명농요. 방아굴리는노래. 현천소동패놀이. 삼동굿놀이. 의성가마싸움. 횡성회다지소리. 이리농악. 강화 용두레질노래. 결성농요. 부산칠석놀이. 부여단잡기놀이. 목상동 들말두레놀이. 통진두레놀이.

국무총리상 – 봉산탈춤. 전북농악. 경기농악. 서울 가면극. 경북민속 놀이. 삼천포 농악차전놀이. 양주 산대놀이. 영등굿놀이. 한 장군놀이. 장흥 보름줄다리기. 진도들노래. 우수영 부녀농요. 고성오광대. 나주들노래. 해남 강강술래. 멸치후리는 노래. 익산산기농요. 평창농악. 북청사자놀이. 밀양백중놀이. 입석 줄다리기. 장산도 들노래. 금산농악. 공주

장승제. 서산 벼가리대놀이. 저산팔읍 길쌈놀이. 강릉 다리빳기놀이. 양구농요. 광명농악. 양구 지게놀이. 강릉 용물달기.

이상인데 이 중에는 후에 무형문화재로 지정된 종목이 많다. 즉, 민속예술경연대회가 향토예술 발굴에 크게 기여했으며. 시골 농민들로 하여금 긍지를 가지게 했고. 이러한 행사를 통해서 향토애를 가지게 된 점은 민족문화의 보존 전승이란 점에서 크게 공헌했다.

민속예술경연대회의 심사위원을 오래 맡고 있었으니 여러 곳에 원고를 쓰게 되었으니 발표 제목, 년도, 수록저서를 소개하면 다음과 같다.

제목	발표 년도	수록저서
민속예술경연대회의 보전	1958	한국민속문화의 전승(2007)
민속예술경연대회의 전승	1973	〃
민속예술경연대회의 의의	1992	〃
민속예술경연대회 30년의 성과	1997	〃

서울시의 문화정책에 참여

1) 서울시 문화재위원

1971년 지방문화재 위원회가 발족하고 나는 서울시의 위촉을 받아 중앙 문화재위원과 서울시 문화재 위원을 겸직하게 되었다. 서울시에서는 문화재위원회가 처음이라 어떻게 운영할지 모르니 중앙에서 몇 사람이 겸직해서 도와달라는 요청이 있어 나는 무형문화재 분야를 맡기로 하고 후에 분과위원회가 생기면서 무형문화재 분과 위원장을 맡아 중앙과 겸직을 하였다. 직제상 위원장은 부시장이 맡기로 되어 있었다.

1971년에 위촉받고 2003년 3월에 그만 두었으니 32년 동안 서울시 문화재위원을 지낸 셈이다.

내가 조사를 담당한 것은 송파 다리 밟기, 연날리기, 초고장, 민화장, 등매장, 장안편사 놀이와 어려서 우리집에는 늘 가양주가 있어 술 담기를 안다 해서 삼해주三亥酒, 향온주香醞酒 조사에도 참여했다.

서울시 문화재 위원회가 어려운 고비를 맞은 것은 김문기金文起의 사육신 문제로 소란했으나 국사편찬위원회의 판정에 따랐고, 종묘 앞 관장의 지하에 주차장을 건설하는 문제로 이견이 심해서 내가 그의 기개氣槪를 존경하는 김영상金永上 위원이 사퇴하는 일까지 있었다.

문화재 위원회가 장차 시정할 것이 하나 있으니, 인왕산 밑 현저동峴底洞 뒷산에 선바위가 있어 입암立巖이어야 하는데 불교적인 의미의 선암禪巖으로 기록된 것이다. 즉, 선바위는 그 생긴 모양도 특이하거니와 무속신앙의 성지로 되어 있어 선암이 아니라 선바위가 옳다. 당시 강력하게 주장하는 위원들이 있어 그렇게 되었으나 언젠가는 제 기능이 제대로 인정받도록 시정이 있어야 한다.

문화재 위원으로 하지 못한 문제가 하나 있다. 88올림픽을 위해서 종합경기장을 짓기로 한 상담동 일대의 마을을 철거하기에 앞서 민속조사를 제의했고, 시의 문화재과에서는 적극 밀어주었다. 그러나 올림픽 시설공단에서 지표조사나 기층문화 조사에는 관심이 없어 마을을 모조리 철거하여 오랜 역사를 가지고 있는 마을이 지표조사, 민족조사도 없이 기록으로 남기지 못하고 한 마을의 역사가 송두리째 사라진 것이다. 애석한 일이다.

2) 서울시의 지명위원회

나는 건설부에 소속된 중앙지명위원회에 참여한 일이 있으니 1983년부터 약 15년 동안 서울시 지명위원地名委員을 위촉받았다.

지명위원회에서는 구명區名, 동명洞名을 비롯하여 도로, 하천, 교량, 거리, 공원, 지하철 역의 이름 등을 짓는 역할을 한다. 매우 광범위하고 도시의 확장에 따라 일이 많다. 서초구는 이름이 좋다고 좋아했고, 중랑구는 중랑천이 오염되어 있어 이미지가 나쁘니 바꾸어 달라는 항의와 요청이 있었다. 그러나 중랑천은 오랜 역사가 있는 하천이라 그냥 두었다.

공군 사관학교가 충북으로 옮기고 그 자리를 공원화해서 보존하는데 보라매공원이라 정했다. 나는 전에 매사냥의 전승상황을 조사한 일이 있었다. 산매 새끼를 잡아 집에서 3, 4개월 쯤 길러 훈련시켜 사냥매로 쓰는데 가장 매섭게 꿩을 잘 잡는 매를 보라매라 한다. 예전 공군사관학교 근처에 살고 있어, 조석으로 보라매공원을 산책하고 있다. 이것도 무슨 인연인가보다.

그 밖의 위원으로는

1987년부터 2003년까지 서울 시사(市史)편찬위원을 맡았고,

1993년에는 정도 600년 기념사업회 뿌리찾기 분과위원장

1994년에는 서울시 문화예술 진흥위원회 위원장

세종문화회관 이사

이상 여러 위원회에 소속되어 수도 서울의 문화 예술 분야에서 의견을 말할 수 있는 기회가 있었다. 세종문화회관 이사는 회가 끝나고 식사가 좋았으며, 식당의 할인제가 있고 주차의 편의도 있어 좋았다.

어린이 대공원의 기획에 참여했고, 낙성대落星垈의 조성에 아이디어를 제공하고 참여했다.

지금 생각하니 보람 있는 일을 했다고 생각한다.

2000년 12월 31일에는 보신각에서 31회 타종打鐘한 일도 있어 추억에 남는다.

3) 서울시의 지지紙誌에 발표한 논저論著

서울시의 기관지에 글을 발표하기 시작한 것은 다음과 같다.

「서울의 민요」, 『향토서울』 9호, 1960년 10월.

「서울의 산속(産俗)」, 『향토서울』 12호, 1961년 11월.

「서울의 세시풍속」, 『조사보고』, 1963년.

「서울의 전통예술」, 『전통문화』, 1981년.

「서울의 민속놀이」, 『전통문화』, 1981년.

「서울의 민담」, 『전통문화』, 1981년.

「서울의 미언(謎諺)」, 『전통문화』, 1981년.

「서울의 민간신앙」, 『전통문화』, 1982년.

「서울의 민속의 형성(形成)」, 『서울 육백년사(六百年史)』, 1990년.

「서울의 민요」, 『서울 육백년사(六百年史)』, 1990년.

서울시에서 단행본單行本으로 나온 책은 다음과 같다.

『서울민속대관』 민간신앙, 1990년.

『서울민속대관』 세시풍속과 놀이, 1993년.

『서울민속대관』 구전가요편, 1994년.

서울시의 여러 위원회에 참여하였기 때문에 집필할 기회가 많았다.

설날의 공휴일 지정

나는 1950년대부터 대학교수직으로 있으면서 여러 대학에 출강을 했다. 강의는 주로 민속학, 민요론이었으니 딴 전공자가 없어 숙명여자대학, 성균관대학, 성신여자대학, 고려대학, 연세대학, 단국대학, 성심여자대학 등에 부지런히 출강을 했다. 이 대학들은 모두 민속학강좌의 첫 개설이다.

그러다가 72년에는 국민축제일정위원으로 국가행사 공휴일을 제정하는 일에도 참여했다. 당시 문교부의 교원 재교육을 하는 시설이 삼청동에 있는 초등학교의 구교사에 있었다. 나는 초, 중, 고 교직원을 위한 재교육 강사로 10여년을 나가 강의를 했다.

축제일 제정에 있어 인상에 남는 것은 부처님 오신 날, 초파일의 제정이다. 기독교계에서 약간의 이의가 있었으나 통과되어 잘 했다고 자평했다.

그런데 1989년 11월 10일에 총무처에서 공휴일 개선위원의 위촉이 왔고, 첫회에 나가 본의 아니게 위원장으로 선출되었다. 개선위원회이니 무엇인가 뜯어 고치자는 속셈인데 앞날이 험할 것 같아 사양을 하다가 김용래 장관이 수락해 달라는 간곡한 요청이 있어 위원장 자리를 맡게 되었다.

위원은 종교계, 산업계, 여성계, 학계 등 분야에서 30명 정도였던 것으로 기억한다. 여러 이야기가 된 것 같은데 이외에도 합의 도출에는 너무나 생각의 차이가 있었다. 산업계에서는 공휴일이 많으면 생산에 지장이 있다, 학교가 쉬면 어머니들이 쉴 수가 없으니 토요일 휴교는 안 된다, 설날 쉬면 산업 생산에 지장이 있고 주부들의 부담이 많아 안 된다, 종교계에서는 이

중과세는 불가하다는 단호한 입장이다.

나는 민속학도로서 설날만은 제자리에 올려놓아 떳떳한 설명절로 하고 싶었는데 역부족이었다. 4,5차례 회의를 하다보니 설의 복원은 찬성 숫자가 초기보다는 많아졌으나 아슬아슬하게 부결되어 성과를 거두지 못했다. 그러자 장관이 교체되었다.

하루는 대학 연구실로 총무처로부터 전화가 왔다. 새로 온 장관이 나를 만나자는 것이다. 나는 새 장관을 모른다. 그래서 무슨 일이냐고 물었더니 공휴일 제정 문제로 의논할 일이 있다는 것이다.

약속한 날, 장관실에 갔다. 국장이던가, 과장이던가 동석해서 당시, 양력설이 있으니 이중과세를 내세워 반론이 우세했다는 설명이 있었다. 이중과세란 용어는 일정 때에 설을 추방하기 위해서 총독부에서 쓰던 통치 용어이고, 일제에 의해서 빼앗긴 우리 고유의 명절을 복원시켜야 한다고 나는 설명했다. 즉 설의 복원임을 말했다. 장관은 알았다면서 저에게 맡겨주시오 했다.

한 일주일 쯤 지나서 장관으로부터 전화가 왔다. 설날을 공휴일로 정하고, 대통령 재가를 받았다는 것이다. 나는 우리 민속을 찾아 기쁘고도 고마웠다.

설을 되찾았다 해서 비난하는 말을 듣지 못했는데 3년 전에 민속학자들끼리 모인 자리에서 어느 민속학 전공의 교수로부터 비난의 말을 들었다. 나는 홧김에 제나라설도 못 찾아 먹는 등신같은 놈이라고 욕을 한 적이 있다. 남에게 욕을 해서는 안 되는데 나보다 연상을 놈이라 욕을 해서 내 수양이 모자랐음을 속으로 나무랬다.

나는 누가 무어라 해도 설날을 명절로 되찾은 일을 잘했다고 생각하고 후회하지 않는다.

수상受賞 이야기

1) 외솔상(학술상)

한글학회로부터 전화가 왔다. 1980년도의 "외솔상" 학술상 수상자로 결정되었다는 것이다. 외솔 최현배崔鉉培 선생님의 이름으로 상이 있는 것은 알고 있었으나, 나는 국어학이 전공이 아니므로 나에게는 해당되지 않는다고 생각하였고, 또 나는 수상신청을 한 일도 없는데 혹시 잘못 전달된 것이 아닌가 싶어 재차 문의하였더니 사실이라는 것이다.

외솔상은 학술상과 실천한 분에게 주는 실천상이 있는데, 나에게는 내가 편한 『한국민요집』이 우리말의 보존 연구에 크게 기여한다는 데서 시상한다는 것이다. 나는 나의 민요, 민속학연구에 필요해서 민요를 수집 기록했는데, 그것이 우리 언어의 보존 연구에 큰 기여를 하리라고는 미처 생각을 못했다. 평가를 해준 것이 고마웠다. 생각해 보니 현장에서 수집한 노래에는 순수한 서민들의 말이 그대로 살아 있으니 민요수집이 우리 언어의 기록 보존에 기여하게 되어, 민요의 수집 연구의 또 하나의 의미가 확인된 셈이다.

외솔 선생님은 나의 은사이기도 하다. 내가 대학에서 외솔선생으로부터 문법론을 수강한 일이 있다. 웃음이 없고 깐깐하고 주장이 아주 강하신 분이라는 인상이었다. 전공이 다르기에 강의실 외에서는 뵌 일이 없어 개인적인 지도는 받지 못했다.

시상식에서 백락준白樂濬 연세대 총장, 한의학의 태두이신 김두종金斗鍾 박사를 만나 칭찬을 받았고, 두 분이 민요연구에 많은 이해가 있어 고마웠다.

백락준 총장은 두 번째로 뵈었는데, 첫 번은 수복한 다음 다음해인 1955년에 내가 국학대학 국문학과장을 맡고 있을 때에 위당 정인보鄭寅普선생님의 추모학술대회를 개최한 일이 있었다. 정인보 선생님은 내가 대학에 다닐 때에 학장이셨는데 6·25난리에 북으로 납치되어 소식 없었고, 일설에는 이미 돌아 가셨다는 설이 강했다. 그래서 문하생으로 그냥 있을 수가 없어 추모하는 강연회를 추진 한 것이다. 이 때에 연세대학으로 백락준 총장을 찾아뵙고 회고담을 겸해서 축사를 해 주십사 하고 청한 일이 있다. 위당 선생님은 일제시에 연희전문학교의 교수로 계셨기에 백락준 총장께 청한 것이다.

내 설명을 다 들으시고 "우리 연세대학에서 해야 할 일을 빼앗겼구나"하시며 칭찬해 주시며 기꺼이 응하시어 축사를 해주신 일이 있어 구면이었다.

김두종박사는 그 후 숙명여대 총장으로 오셔서 나에게 숙대에 와서 여성박물관과 여성연구소를 만들자는 권고가 수차 있었으나 내가 여자대학에는 가고 싶지 않았다. 또 내가 서라벌예술대학 학장을 맡게 되어 청을 들어 드리지 못하여 죄송했다.

외솔상은 내가 받은 첫 상이라 기억에 남는다.

2) 대한민국 사회교육 문화상 대상大賞

1981년 5월 3일 사회교육 문화상을 수상했다. 주최는 안호상安浩相 박사가 회장으로 있는 국제문화협회와 사회교육문화상 중앙심의회에서 주는 상이다. 전에 내가 유홍렬柳洪烈 박사의 회갑논총에 「단군신화의 민속학적 고찰」을 발표하였더니 읽으시고, 만나자 하시기에 만나 뵙고 토론을 한 일이 있으며 "단군 연구에 새로운 각도에서 접근하여 좋았다"하신 일이 있었다.

안 박사는 인년생寅年生이신데, 나도 인년생이라 나보다 24년 연상年上이시다. 그러한 인연이 있어 만나 뵈면 반가웠다.

3) 서울시 문화상文化賞

1982년도의 제31회 서울시 문화상 인문과학 부문상을 수상했다. 서울시의 문화상은 경쟁이 심한데 나에게 수상 통지가 왔다.

수상 이유는

1) 민요연구 30년 동안 11,000수를 수집하여 『한국민요집』 6권에 수록 집대성하였고

2) 서울의 세시풍속. 서울의 산육속(産育俗)을 연구 발표하였고

3) 국내 최초로 대학에서 민속학 강좌를 개설하였고 문화전승에 기여 했다.

4) 문화훈장文化勳章 화관장花冠章

나는 1982년에 향토 민속문화를 발굴 연구했다는 공으로 문화훈장 화관장을 받았다. 특히 민속예술 경연대회에서의 기여를 평가해 주었다.

나는 1968년부터 민속예술 경연대회의 심사위원을 맡아 왔으며, 그 후에도 1998년까지 20년 동안 심사위원을 맡은 일이 있다. 심사를 하자면 출연하는 종목의 내용을 알아야 하기 때문에 미리 현지조사와 문헌조사를 하고 심사를 해야 했다. 그래서 자주 현장을 답사했다. 그 수고한 공이 인정을 받은 것이다.

5) 5 · 16민족상民族賞 학술부문상學術部門賞

1988년에 민족상 학술부문상을 받았다. 5 · 16민족상은 학술 · 교육 · 예술 · 과학 기술 · 산업 · 사회 등 여러 부문이 있는데 인문과학 전반을 대상으로 하고 있다.

시상 주문은 다음과 같다.

1) 40년 동안 전국을 답사하여 민속자료를 수집 집대성했고

2) 민속학을 학문으로 정립했으며

3) 전통문화를 계승 발전에 이바지한 공(功)이 지대하다.

민속학의 민족문화에의 기여도를 인정해 주어 좋았고 상금도 넉넉해서 좋았다. 상금은 다음의 민속조사비로 유효하게 썼다.

6) 국민훈장 모란장牡蘭章

1991년 9월 중앙대학교 교수를 마지막으로 정년 퇴직하면서 국민훈장 모란장을 받았다. 공직에서 물러날 때에 주는 상이라 당연히 받는 상이니 장기 근속상에 해당한다. 나는 1952년 예산농업고등학교에서 시작하여 41년 동안 몸담았던 교단에서 떠나게 되었다. 이 상은 특별히 받은 것이 아니고 교직에 장기 근속하면 누구나 받는 상이다.

이제는 퇴직을 하였으니 자유롭게 지낼 수가 있어 좋았다. 학자는 정년퇴직이 없어 시간을 마음대로 쓸 수가 있어 좋았지만 아침을 먹고 나아 갈 곳이 없으니 허전했다.

7) "자랑스런 충남인" 장章

1996년 충청남도 개도開道 100주년을 맞아 자랑스러운 충청남도 인을 선발하였는데 나도 그 축에 들어 있다는 연락을 받았다. 나는 특별히 고향 충청남도를 위해서 한 일이 없는데 쑥스런 생각이 들었다. 그러나 그 동안 내가 한 일이 결과적으로 고향 충청남도 인으로 자랑스럽게 여기게 되었다고 하니 다행이라 생각되고, 나의 뒤에는 늘 고향에서의 감시의 눈이 있을 것 같아 더욱 분발하고 하겠다는 생각이 들었다.

8) 문화훈장 은관장銀冠章

2004년 10월에 문화훈장 은관장을 받았다. 문화훈장 2등급의 훈장이다. 1982년에 4등급의 화관장을 받았고 두 번째의 문화훈장이다.

전에 내가 문화훈장 심의위원으로 있을 때에 원로급인 임석재任晳宰, 강한영姜漢永, 장주근張籌根, 유희경柳喜卿 교수를 천거하여 문화훈장을 타시도록 한 일이 있는데 이제 내 차례가 온 것이다. 그동안의 민요와 민속학연구의 고생을 알아주니 보람이 있었다.

9) 명원茗園 차문화대상茶文化大賞 학술상學術賞

차문화의 연구는 내 연구의 영역에서는 거리가 멀었으나 일본의 차인회茶人會의 요청으로 "한국의 차문화사"를 이야기 한 것이 계기가 되어 차 문화에 관심을 가지게 되고 한국의 승방僧房과 유생들의 차의茶儀, 궁중의 차의茶儀와 유교사회에서의 조상에의 차례茶禮에 관심을 가지게 되었다. 그래서 왕조실록과 의궤儀軌의 차 문화 기록에 관심을 표시한 정도인데 학술상을 받게 되었다.

조선시대 승방僧房과 선비들의 차문화가 근대에 와서 시들어 졌고. 서민들의 숭늉, 약수藥水가 보편화한 과정은 민속학에서도 관심을 가져야 한다.

10) 아시아 문화상文化賞 대상大賞을 수상受賞

일본에서 주는 아시아 문화상을 받게 된 과정에 대해서는 설명이 필요하다.

2004년 늦여름 일본에서 국제 전화가 왔다. 이야기인즉 일본이 아시아 전역을 대상으로 하여 "아시아 문화상"을 주고 있는데 금년도의 대상 수상자로 내가 결정하였으니 승낙해 달라는 것이다.

나는 뜻밖의 일이라 "나는 신청을 한 일이 없다"고 말했다. 사실 그러한 상이 있는 줄도 모르며 또 나는 신청을 한 적도 없었다. 일본에서 주는 상을 받다가 자칫 망신이라도 당할 수 있어 조심하여 처신해야 한다고 생각을 했다. 한국에서 누가 받은 사람이 있느냐고 물었더니 대상을 김원룡金元龍 박사와 이기문李基文 교수가 받은 바 있으며 예술상을 영화감독 임권택씨가 받았다는 것이다. 상을 받을만한 분들이 받았으니 안심은 되지만, "나에게 왜 상을 주느냐"고 물었더니 심사위원회의 의결서를 팩스로 보내겠다 하기에 수화기를 놓고 기다렸다.

팩스가 왔다. 내용을 요약하면 다음과 같다.

1) 한국민속학의 개척자

2) 한국민속학에서 아시아를 보는 석학(碩學)으로

3) 아시아 민속학계의 제1인자

4) 민요연구를 주 전공으로 하여, 『한국민요집』 7권이 있으며 구비・민속예능・민간신앙 등 폭이 넓은 연구를 했으며

5) 『한국의 민속과 전승』, 『통신사와 문화전파』, 『대장군 신앙의 연구』 등 7권이 일본에서 번역 출판되었으며

6) 북해도(北海島)에서 오끼나와(沖繩)까지 일본의 민속조사를 하여 비교연구를 했다.

여기에서 문제되는 것은 개척자란 말과 제1인자란 구절이다. 그래서 나 이전에도 민속학자가 있다고 했더니 어느 나라나 실정은 마찬가지이며 그 나라의 대학에서 민속학강좌의 개설을 기점으로 한다는 것이다.

둘째는 아세아의 제1인자란 말인데 내가 제1인자라 호언한 일이 없고 또 한국의 민속학계에서 나를 제1인자라 주장한 일이 없는데 일본의 학계에서 그렇게 판단한다면 사양할 필요 없다는 생각이 들었다. 나의 저술도 많고 일본민속 조사도 사실이니 그렇다면 수상을 응해도 되겠다고 판단하여 응하기로 했다.

수상자의 아내는 시상식에 꼭 참석하기 바라며, 그 나라의 의상을 입어 달라기에 아내와 장녀를 데리고 수상식에 참여했다. 대상 수상자는 학술강연을 의무로 했기에 공개 학술 강연과 지정한 학교를 방문해서 아이들과 좌담회도 했다.

수상식이 끝나고 수상식에 참석한 일본의 제2황자皇子와의 알현謁見식이 있었다. 나는 대상 수상자라 맨 먼저 알현을 했는데 악수하고 첫말이 "선생 글을 읽었다"는 것이다. 나는 놀랐다. 그래서 어느 것을 읽는가 궁금해서 무엇을 읽었는가를 질문했더니 나의 「유구표류기琉球漂流記에 나타난 민속」을 읽었다는 것이다. 내가 아시아 역사학회에서 발표한 논문이다. 읽었어도 아니 읽은 척 하면 될 터인데 솔직한 분이라 생각했다. 후꾸오까대학의 총장이 나에게 다가와서 "황자는 영국에 유학한 공부 벌레"라 귀띔해 주었다.

한 20분쯤 있다가 황자는 다시 나에게 다가와 "일본에 오면 꼭 만나자"는 것이다. 나는 또 한번 놀랬다. 그래서 "나는 외국의 일개 서생인데 어찌 전하를 뵐 수 있겠느냐"고 했다. 그랬더니 학자를 만나는 것은 좋은 일이니 주저말고 꼭 만나자는 것이다.

나는 "어디로 가야 전하를 만날 수 있을지 알지 못한다"고 말하니 주변에 있던 사람들이 모두 웃었다. 비서가 전화번호를 적어 가지고 왔다. 그래서 찾아뵙겠다고 대답을 했다.

한달 후 일본 가요학회歌謠學會로부터 김소운金素雲에 관한 발표 의뢰가 있어 일본에 갔으나 황자를 찾아가지 않았다.

학회가 끝나고 귀국하는 전날 내 방으로 몇 사람이 찾아 왔다. 이런 저런 이야기 하다가 황자와의 약속을 했는데 어찌하면 좋겠는가 말을 했더니 자기네는 상상할 수 없는 일이라면서 약속했으면 찾아가는 것이 도리라는 것이다. 나를 잘 아는 분이 나에게 하나 충고한다면서 제발 숙소를 바꾸어 일류호텔로 가라는 것이다. 왜냐 하면 나는 동경에 가면 늘 비즈니스호텔인 동경YMCA에 투숙을 한다. 황실에서는 꼭 차를 보낼 것이니 비즈니스호텔에 있으면 한국과 나의 체면이 있으니 호텔을 바꾸라는 충고이다. 나는 황궁에 들르지 않고 바로 귀국했다.

한달 후에 나는 동북대학東北大學에서 산신山神에 관한 학술회에서 발표하기로 되어 있었다. 고민이 되었다. 그래서 내가 발표하는 전 4일, 후 4일이면 찾아뵙겠다고 편지를 냈더니 바로 전화가 와서 후 4일 중에 만나기로 했다.

만나기로 했으니 가야 하는데 고민이 생겼다. 일본 사람들은 남의 집에 갈 적에는 꼭 선물을 가지고 가는데 무엇을 선물 할 것인가 문제였다. 차마 케익이나 갈비짝을 가지고 갈 수도 없고 고민 끝에 한국특산인 인삼정人蔘精, 환丸을 선물로 샀다.

약속한 전날에 도착소식을 비서에게 알렸다. 그랬더니 과연 "차를 어디로 보내면 좋으냐"고 하기에 학회에 들렀다가 친구의 차를 타고 가기로 했다고 거짓말을 하고, 실은 전차를 타고 약속시간에 맞추어 궁宮으로 갔다.

반가이 맞이해 주었다. 전하 내외분과 얘기를 하는데 나는 10분만 이야기하기로 마음먹었는데 30분이 지나고 한 시간이 지나도 더 이야기하자면서 놓아주지를 않는다. 나의 닭에 관한 논문을 읽었다면서 자기의 『닭과 사람』이란 저서를 사인해 주었다.

한 시간이 지나 더 이상은 안 되겠기에 일어났더니 뜰에서 기념사진을 찍고 작별을 했다. 다음에 일본에 오면 꼭 만나자 하기에 약속하고 돌아 왔다. 큰 차를 내어주기에 사양 안하고 타고 나왔다.

황자는 전형적인 일본인 보다 소탈했고, 영국에 유학해서 그런지 서구의 민주주의가 몸에 배어 있으며 격식을 별로 따지지 않아 사교적이었으나 황자로서의 기품을 지니고 있어 호감이 갔다.

귀국해서 내 저서 중 일본에서 번역된 책을 출판사에 부탁하여 증정토록 했고 생물학을 전공한다기에 한국의 조류도감鳥類圖鑑, 곤충도감昆蟲圖鑑, 어류도감魚類圖鑑을 선물로 보냈다.

그 후 득남해서 일본의 황위 계승 3위의 아들을 득남하였다는 보도를 접하고 경하의 편지를 보냈고 해마다 연하장을 교환하고 있다.

월산月山 민속학술상民俗學術賞을 제정

세상을 살다보면 참 착한 사람이 많다는 것을 알게 된다.

신문 보도에 의하면 청춘과부가 되어 일생을 광주리 장수를 해서 모은 돈을 아낌없이 장학금으로 기증하는가 하면, 남의 집에서 파출부로 더부살이를 하면서 모은 돈을 빈곤한 학생을 위해 써달라고 기부한 독지가의 신선한 보도가 종종 있다. 또 70대의 꼬부랑 할머니가 수레를 끌고 다니며 파지를 주어다 팔아서 모은 돈 500만 원을 교회에 기부했다는 충격적인 이야기도 있다.

사람들이 돈을 벌려고 하는 것은 부자가 되어 대궐 같은 큰 집에서 호의호식 하면서 잘 먹고 잘 살자는데 있다. 이러한 생각이 나쁘다고만 할 수는 없다. 누구나 태어나서 넉넉하게 부를 누리고 잘 살고자 하는 것은 당연한 일이다. 나는 고생을 할지라도 자식에게는 가난을 물려주지 않으려고 사람들은 노력하고 고된 일도 마다하지 않고 힘든 일을 하는 것이 부모 마음이다. 따라서 가족을 위해서 부를 누리려는 노력은 당연한 일이지 결코 나쁘지 않다.

우리는 부자가 되는 것을 나무랄 수는 없다. 당연한 일이다. 다만 그 모은 부를 어떻게 쓰느냐에 따라 평가를 해야 한다. 큰 재벌이 학교를 세우고 병원을 지어 재산을 사회에 돌려주는 생각은 매우 고마운 일이다. 그런데 넉넉하지도 못하고 여전히 궁색한 살림인데도 불구하고 고생하면서 벌은 재산을 사회에 기부하는 마음은 한없이 고마운 일이다.

나는 어려서부터 남에게 특히 가난한 사람에게 베풀어야 한다는 말을 가훈처럼 늘 듣고 자랐다. 내가 서라벌예술대학 학장시절에 정초엔 전 직원을 집으로 초대해서 떡국 대접을 했고 명절 때엔 정종 한 병과 소고기 3근을 보낸 적이 있는데, 베푸는 가훈의 실천이었다.

나는 민속학도이다. 공부하는 과정에서 많은 분들로부터 자료를 제공받았고, 연구하는 과정에 동학들의 힘을 빌리기도 했다. 많은 분들의 협조 하에 오늘 내가 있는 것이다. 그래서 언젠가는 민속학계에 진 빚을 돌려주어야 하겠다는 생각을 가지고 있었다.

2003년 내 나이 77세의 희수喜壽를 맞이해서 잔치를 열기보다는 내가 늘 생각했던 민속학계에 학술상學術賞을 주기로 하고 내 호를 따서 "월산月山 민속학상民俗學賞"이라 했다.

상은 두 가지로 해서 한국민속학 발전에 크게 기여할 저서를 낸 기성학자와 대학원 학위 논문 중에서 참신하고 학계에 기여할만한 신진의 학위논문을 시상하기로 했다.

회의 운영은 내 문하생들에게 맡기고, 심사는 범 학계에서 권위 있는 학자들로 구성했다. 시상은 매년 10월에 실시하고 있다.

그 동안 10회를 실시하였는데 다음과 같다.

제1회	2003년	학술상	최인학
		학위 논문상	서해숙(전남대)
제2회	2004년	학술상	현용준
제3회	2005년	학술상	김광언
제4회	2006년	학술상	임재해
제5회	2007년	학술상	고광민
		학위논문상	이영금(전북대)
제6회	2008년	학술상	전경욱
		학위논문상	윤동환(고려대)
제7회	2009년	학술상	김혜정
		학위논문상	김혜숙

			최진아
제8회	2010년	학술상	김용덕
		학위논문상	이대화
제9회	2011년	학술상	강재철
		학위논문상	송기태
제10회	2012년	학술상	강등학
		학위논문상	박홍주

나는 부자는 아니지만 이 민속학술상 제도는 지속할 것이다.

5장
서로의 교분

-스승・선배와의 교분-

일사 방종현方鍾鉉 교수

이재욱

김소운金素雲의 민요연구

고정옥高晶玉

양주동梁柱東 박사

백철白鐵 교수

이숭녕李崇寧 교수

노산鷺山 이은상李殷相선생

미당未堂 서정주徐廷柱 선생

조지훈趙芝薰 선생

성산 장덕순 교수

일사 방종현方鍾鉉 교수

1) 방종현 교수를 만남

나는 중학교 시절에는 소설가가 되기를 소망했고 그러한 방향으로 공부를 했다.

충청도 시골에서 태어나 완고한 유교가정에서 성장하였고 지금의 초등학교를 마치고 중학은 일본 동경으로 유학을 갔다. 일본에서의 학창생활은 자취생활을 했지만 자유롭고 내가 원하는 책을 무엇이건 구할 수 있어서 좋았다. 처음에는 탐정소설, 탐험기探險記를 비롯하여 일본대중문화전집과 일본문학전집을 모조리 읽었고, 세계문학전집과 셰익스피어, 빅톨유고, 톨스토이, 임어당林語堂, 간디, 펄벅 등의 작품을 닥치는 대로 읽어 나도 이들만한 작가가 되고자 했다.

중학을 졸업하고 동경공습을 피하여 고향에 와 있다가 소년항공대를 가라는 것을 겨우 연기해놓고, 군수물자인 중석重石을 생산하는 광산鑛山에 취직하자마자 징용徵用에 걸려 징용공으로 일하다가 해방을 맞이하게 되었다.

해방 후 서울에 와서 소설가가 되기 위해서 우리의 언어를 공부하고자 한글학회가 지원한다는 국학대학國學大學 국문학과에 진학을 했다. 일제하에서 일본어를 기초로 공부하였는데 해방이 되고 보니 이제까지 배운 일문日文은 한푼 어치의 가치가 없어 오직 우리말을 공부해야 소설가가 되겠다는 생각에서 국문학과를 선택한 것이다.

내가 방선생님을 처음 뵌 것은 1947년 봄 국어학 강의실에서라 기억한다. 헌칠한 키에 미소를 띠우시면서 강의하시는 모습은 멋지고 귀티있는 신사여서 호감이 갔다. 노걸대언해老乞大諺解며 박통사언해朴通事諺解와 방언학方言學은 나로서는 처음 접하는 학문이라 어려웠으나 소설가가 되려는 나로서는 우리말의 고어古語와 어원을 공부해야 하기에 수강했다.

선생님의 저서를 살펴보았더니 고어자료사전古語材料辭典, 송강가사松江歌辭, 훈민정음통사訓民正音通史 등 수많은 저서가 있었다. 그 중에서 내가 읽어 흥미 있는 저서가 있었다. 선생님의 강의는 어려웠는데 속담과 세시풍속 등은 우리 조상들의 생활사生活史와 철학이 있어 매우 흥미가 있었다. 이어서 출판된 『조선민요집성』을 읽고 더욱 흥미를 가지게 되었다. 선생님은 국어학 분야에서 많은 저술을 하셨으나 당시 내가 정독한 저서는 다음과 같다.

방종현 · 김사협 공편, 『속담사전』, 1940.

방종현, 『속담집』, 1946.

방종현, 『세시풍속집』, 1946.

방종현 · 최상수 · 김사엽 공편, 『조선민요집성』, 1948.

방종현, 『고시조 정해』, 1948.

나는 이미 김소운金素雲의 『조선구전민요집』을 읽었다. 흥미진진했다. 서민생활에서 우러나온 민요, 수수께끼, 속담 한 마디가 이제까지 배운 서양의 철학자의 말보다 더욱 가슴에 닿는 것을 느끼게 되었다.

2) 방종현 교수의 생애

스승 일사 방종현 교수를 이야기하려면 먼저 연보를 알 필요가 있다.

1905. 7. 5　　평안북도 정주군(定州郡) 마산면(馬山面) 원서리(院西里)

	방촌(方村)마을에서 부(父) 문건(文健) 방자규(方子奎)와 모(母) 수원백씨(水原白氏) 사이에서 장남으로 태어나셨다. 대대로 지방의 명사(名士)이며 가정은 부유했다.
1909~1916	엄친으로부터 한문을 수학하다.
1920. 3	정주보통학교 졸업
1926. 3	정주 오산(五山)학교 졸업
1927. 3	일본, 구마모또(熊本) 현립 중학교 졸업
1928. 4	경성(京城)제국대학 예과 입학
1934. 3	경성제국대학 법문학부 조선어문학과 졸업
1934. 4~1936. 9	경성제국대학 대학원에서 언어학 전공
1936.11~1937. 7	동경제국대학 대학원에서 언어학 연구
1938~1945	조선일보사 비서실장, 조광사(朝光社), 동방문화학원 이사 등을 역임 하다가 해방을 맞이함
1945.10	경성대학 예과 교수
1945.10	서울대학교 창립함에 문리과대학 교수
1950. 6	6·25 동란으로 부산에서 피난
1951. 3	전시연합대학 부학장
1951.12	서울대학교 문리과대학 학장
1952. 8	와병
1952.11.18	오후 9시 30분 서거

이상은 일사 선생님의 약력略歷이고 선생님께서는 이밖에도 한글학회 이사, 진단학회위원, 서지학회 회장, 조선일보사 취재역, 우리어문학회 임원 등을 역임하셔 한국학 전반에서 중추적인 역할을 담당해 오셨다.

선생께서는 너무도 일찍 가셨다. 한창 일을 하실 48세로 이 세상을 떠나셨으니 애석하고 통탄한 마음 간절하다.

1936년에 지금의 경기여고京畿女高인 경성공립여자 고등보통학교를 나오신 이해라李海羅 여사와 혼인하시고 아주 화목한 가정을 이루셨다. 슬하에는 장녀 혜란慧蘭, 장남 계성桂成, 차남 윤성倫成의 3남매를 두셨다. 장남 계성은 지금 조선일보사 상담역相談役으로 있다.

3) 스승의 지도를 받다.

내가 스승을 첫 만나 뵈온 것은 대학 2학년 때이다. 국어학을 강의하셨으나 선생님의 저서인 속담집과 민요집성을 읽고 자주 질문을 드렸으며, 여주驪州지방의 방언方言조사에 따라간 것이 인연이 되어 몇 차례 모시고 조사에 나섰고, 주말이면 청량리淸涼里에 있는 서울대 관사官舍로 방문하여 지도를 받았다.

하루는 관사로 찾아가 그 동안 읽은 책이나 자료에 대해서 의문점을 여쭙고 가르침을 받았는데 선생님께서 "자네 소설가 되려하지 말고 민요를 연구하게. 소설가는 자네 아니어도 하는 사람이 많으나 민요는 공부하는 사람이 없으니 자네가 한번 민요를 공부하게"라고 말씀하셨다.

나는 소설가가 되기 위해서 이제까지 우리말을 공부하고 있었는데 뜻밖의 권유를 하시는 것이다.

나는 그동안 서재나 채집현장에서 선생님께 많은 질문을 드렸다. 방언뿐 아니라 민요며 속담, 수수께끼 등에 대해서 궁금한 것 모르는 것에 대해서 질문을 드렸다. 나의 철부지 질문에도 선생님께서는 늘 웃으시며 자상한 설명을 주셔서 많은 공부가 되었다.

스승께서는 방언학이 주 전공이시지만 민요, 속담, 수수께끼 등 민간어民間語에 대해서 해박한 지식이 있으셔서 늘 좋은 가르침을 받고 있었다. 한번은 골방을 치우다가 1926년에 『신민新民』에 실린 손진태孫晉泰의 「영남동요에 나타난 아동성」을 읽고 질문을 드린 일이 있었는데 매우 좋아 하셨다.

스승한테서 민요연구를 권유받고 그날 밤에는 늦도록 여러 가지 생각을 했다. 이제까지는 소설가가 되기 위해서 전념을 했고 습작으로 이무영李無影 교수의 소설론 숙제로 단편소설을 쓴 일이 있지만 아직 문단에는 명함도 내밀지 못하고 어림도 없는 상황에 있었다. 그래서 내 자신 회의에 빠져 있었으며 그 동안 방언, 민요, 속담, 수수께끼 등 민간언어를 알게 되자 이 것이야 말로 진정한 민족언어, 민족문학이란 생각에 유혹되어 있을 때에 스승의 권유는 내 마음을 흔들었다. 소설을 버리고 민요를 공부하자면 이제는 작가가 아닌 학문의 길인데 의미를 찾을 수 있고, 성과를 거둘 수 있을 것인가 당황하고 고민했다.

나는 이때에 선친의 말씀이 생각났다. 선친께서는 소설가 따위는 안중에도 없으셨고 사환仕宦은 하지 말고 학문을 하라는 말씀이 있으셨다. 한학자이시고 향교의 전교典敎를 맡고 계시니 당연한 말씀이다.

일사 선생님의 지도를 받게 되고 현장조사를 자주 나가서 살아 있는 민중의 말과 노래를 듣고 매료되어 나는 방향을 바꾸어 학문을 하기로 했다.

스승께 민요를 전공하겠다는 말씀을 드리니 반가워하시면서 베틀가를 읽고 오라, 시집살이 노래를 읽고 오라, 내방가사에서 민요성을 조사하라 등등 자주 과제를 주셨다.

과제를 하려면 자료집을 읽어야했고 현장에 가서 자료를 수집해야 했고 문헌을 읽어야 했다. 일요일이면 주신 과제의 리포트를 써 가지고 댁으로 찾아 뵈었다. 지금 생각해도 소설가를 포기하고 민요연구로 전환하기를 잘했다고 생각한다.

그리고 늘 카드작성을 강조하셨다.

4) 스승께서 "장가가라"

1948년 이른 봄, 스승을 모시고 나의 고향 청양으로 조사를 간 일이 있다.

화창한 초봄, 서울에서 호남선 기차를 타고 논산論山에서 내려 은진恩津의 미륵사에 갔다. 은진 미륵은 높이가 동양 제일이라는데 은진미륵을 보지 못하였다고 하셔서 들렀고 인근에서 하루 밤 쉬면서 방언 민요를 수집했다. 다음날 부여를 거쳐 은산恩山에서 지금은 무형문화재無形文化財 제9호로 지정 되어있는 은산 별신제恩山別神祭를 구경하고 10리 길을 걸어서 우리집 즉, 청양군靑陽郡 장평면長坪面 분향리分香里 윗마을로 모셨다. 다음날은 충청남도에서 가장 산골은 청양군이고, 청양에서 가장 오지는 통일 신라시대에 지은 장곡사長谷寺가 있는 장곡리이다. 이곳에서 방언과 민요를 수집하기로 했다.

당시는 아직 교통수단이 없어 은산에서 우리집까지 10리, 우리 집에서 2리를 걸어서 장곡리에 갔다. 나는 초등학교시절 10리 길을 걸어서 다녀 걷는데는 훈련이 되어 자신이 있었으나 스승을 걱정을 했는데 피로한 기색이 없이 잘 걸으셨다.

고향에서 마을 구장 집 사랑방에서 밤늦도록 대화를 하여 방언, 속담, 민요를 수집했다. 자료수집은 수확이 있었으나 잠자리가 아주 불편했다. 서울에서 학자가 왔다고 해서 불을 많이 때서 방은 뜨거웠으나 이부자리가 시원치 못해 나도 불편했는데 스승께서는 불편하다는 말씀 한 마디 없으셨다. 다음날 우리 집으로 돌아오면서 "불편하셨지요" 여쭈었더니 "현장조사 나오면 다 그러한 것일세"하셨다. 그 이후 나는 민속조사에 나가 불편을 극복할 수 있었던 것은 스승에게서 배운 인내성 덕이었다.

우리 집에서 2일 동안 묵으셨다. 서울에서 대학자가 오셨다는 소문이 나고 또 향리의 고덕高德한 학자에게 미리 연락을 해서 모이도록 했다. 당시 우리 집은 살기에 넉넉했고 양조장을 경영하고 있어 접대할 수 있는 술은 얼마든지 있었다. 또 우리 집 부엌 한 구석에는 술항아리가 묻혀 있었는데 전통적인 가양주家釀酒가 전해오고 있었다. 그러니 사랑방에는 손이나 과객이 늘 3, 4인은 있었다.

낮에는 방언, 속담, 민요를 조사하고 저녁이면 한담閑談과 시문時文에 대한 이야기를 나누는 시간이었다.

이야기를 하시다가 내 혼담이야기가 나오고 스승께서 "왜 아들 혼인을 미루느냐"는 말이 있었다.

실은 당시 집에서는 빨리 장가가라는 말씀이 있었으나 "나는 대학 졸업하고 직장을 가진 다음 장가 갈 터이니 당시 초등학교 교사로 있는 누이동생을 먼저 시집 보내시오" 하였으나 어른들은 역혼逆婚은 아니 된다고 꾸지람이 심할 때였다. 그래서 집에 가면 또 같은 이야기가 나올 거 같아서 스승께 "요즈음은 공부하려면 만혼을 해야 한다고 말씀해 주십시오" 하고 미리 청을 드렸는데도 불구하고, 스승께서는 오히려 "빨리 장가보내라" 하시니 나는 어이가 없었다. 그러나 그 자리에서는 아무 말씀드리지 못하고 서울로 돌아오는 기차 안에서 "왜 그러하셨습니까"고 말씀드리니 웃으시면서 "임 군, 장가는 일찍 가게. 졸업하고 간다는 것은 가족을 부양할 수 있을 때에 가겠다는 것인데 그 말은 이해가나, 임군네 가세를 보니 자식을 낳아도 부모가 돌보아 줄 수 있으니 걱정 말게. 나를 보게. 친구들은 벌써 아들이 대학 다니고 손자를 보는데 나는 늦게 장가들어 아이들이 어리지 않은가" 하셨다.

그리고 보니 스승께서는 40대신데도 큰 따님은 초등학교에 다니고 아들은 아직 어린이였다. 당신의 형편을 이야기하시면서 조혼론早婚論을 주장하셨고 가정을 가지면 마음이 안정되어 공부하는데도 도움이 된다고 하셨다. 그리고 서울에 오셔서 나를 중신하려고 서두신 일이 있었다.

기차가 서울역에 도착하기 전에 나는 이번 여행에 쓴 여비를 계산한 계산서와 남은 돈을 선생님께 드렸다. 그랬더니 "이렇게 많이 남았는가. 자네 것도 다 합산해야지" 하셨다. 출발할 때에 선생님께서는 나에게 돈을 주시며 "이 것을 가지고 임 군이 두 사람의 여비로 쓰게"하셨다. 그러나 나는 돈이 있어 선생님 것만 계산하고 나는 나대로 따로 계산을 했다.

선생님께서 나를 믿고 여비를 맡기고, 내가 드린 계산서 쪽지는 읽어 보지도 않았다. 제자를 신임해 주신 것이다.

당시 내가 어필御筆 현판을 하나 가지고 서울에 온 일이 있었다. 감정을 받기 위해서 의논차 학장실에 간 일이 있다. 당시 학장은 위당爲堂 정인보鄭寅普 선생님이셨다. 학장실에는 마침 일사 선생님도 계시었다. 어필이라 기록되어 있는데 어느 왕의 어필인지 몰라 감정을 받고자 학교로 가지고 오겠다고 말씀 드렸더니 "소중한 물건을 가지고 다니다가 손상을 입을 수도 있으니 집에 잘 두어라. 내 틈을 내서 가 보마"하시더니 수일 후 일사 선생께서 찾아오셔서 홍제弘濟 정조正祖의 어필이라 하셨다. 좋은 자료가 있다면 제자의 집까지 찾아주신 스승이 참으로 고마웠다.

6·25동란에 고향으로 피난 갔다가 상경해 보니 어필은 이웃의 무식한 페인트 가게주인에 의해서 페인트 칠 당하고 두 조각이 나는 수난을 당했다.

이재욱

1) 첫 만남

이재욱 선생은 1905년 대구의 부호가정에서 태어나 대구 고등보통학교를 거쳐 1931년에 경성대학 조선어문학과를 졸업하셨다.

일찍부터 민요에 관심을 가지고 있었으며 대학 졸업논문은 「영남 민요연구」였다.

내가 이재욱李在郁 선생과 첫 만남은 1948년 대학 2학년 때로 기억한다.

민요를 전공하기로 방향을 정하고 일사 방종현 교수의 지도를 받고 있었는데 한 번은 영남민요에 대한 질문을 하다가 "영남민요라면 영남 출신인 이재욱 선생을 만나 보라"면서 소개를 받았다. 당시 이재욱 선생은 국립도서관장으로 계셨다.

그 무렵 나는 자주 국립도서관을 드나들었다. 당시는 해방직후라 각 학교의 도서관이 부실했고 공공 도서관이라면 국립도서관과 남대문 도서관이 있었는데 남대문 도서관은 장서가 적었고 자리도 협소해서 주로 국립도서관을 이용했다. 내가 종로 서린동에 살았고 국립도서관은 을지로 입구인데 지금의 롯데백화점 근처에 있었기 때문에 가까워서 자주 이용했다.

도서관에 들어가려면 새벽에 일찍 와서 줄을 서거나 책가방을 놓아 자리를 확보하고 집에 와서 아침을 먹고 9시부터 입실할 수 있으니까 8시 반쯤에 나가 자리를 지키고 있다가 시간이 되면 차례로 입실을 했다.

도서관은 반 지하실에 식당이 있었고 1층은 일반열람실로 학생들이 주였고 2층은 특수열람실과 사무실이 있었던 것으로 기억한다.

관장실로 찾아갔다. 첫 인상은 키가 작고 몸도 왜소했던 것으로 기억된다. 민요를 공부한다고 말씀드리고 지도를 앙청하였다. 민요를 공부한다고 찾아온 학생은 처음이라면서 반갑게 맞이해 주었다.

나는 책을 읽다가 의문이 있는 것이나 문제가 되는 것을 노트해 두었다가 십여 일에 한 번쯤은 찾아뵈었으나 귀찮아하지 않고 맞이해 주셨다. 선생은 매우 자상하셨고 때로는 직원을 시켜 서고에서 책을 가져오게 하여 지도해 주셔서 고마웠다.

두어 달쯤 지나 하루는 찾아갔더니 "특별열람권"을 준비해 두었다가 주시면서 활용하라고 하셨다. 일반열람실은 새벽에 일찍 나가야 자리를 잡을 수 있으나 특별열람실은 특별열람권이 있으면 언제든지 출입이 가능했고 때로는 서고에 들어가서 보고 싶은 책을 골라 올 수도 있어서 시간이 절약되고 책을 선택할 수가 있어서 좋았다. 특별열람실은 교수나 노학자들이 활용하고 있는 곳이라 학생은 감히 생각할 수도 없는 곳이다. 나는 관장의 특별한 배려를 받은 셈이니 참으로 고마웠다. 자주 드나들게 되어 사서 직원도 알게 되고 여러 편의를 받았다.

당시 민요집이라곤 김소운의 『조선 구전 민요집』이 있을 뿐이고 월간지인 『조선』, 『신민』, 『동광』, 『신흥』과 연간으로 『조선어문』이 있었고, 신문으로 『동아일보』, 『조선일보』, 『매일신보』가 있다. 더욱이 민요에 관한 논문이나 자료가 수록된 일이 있어 시중에서 볼 수 없는 자료들을 도서관에서 모조리 읽을 수 있었다.

또 나는 민요연구의 방법으로 민속학적방법을 택하였기 때문에 민속학에 관한 논문과 저서를 닥치는 대로 읽을 수 있는 행운이 있어 큰 도움이 되었다.

1949년 봄, 내가 3학년 때에 대학에서 연구 발표할 기회가 있었다. 지금은 대학에 국문학과가 백이나 된다고 하는데 당시에는 서울시내에 9개 대학에 국어국문학과가 있어 "전 서울 각 대학 조선어문학 연구 간담회"를 구성하여 각 대학을 순회하면서 연구 발표를 하고 있었다. 제9회 발표회를 국학대학에서 개최하게 되어 서울대학의 이명구李明九는 <景幾体歌謠形式考>를, 고려대학의 박성의朴晟義는 <文獻상에 나타난 語法의 變遷>, 국학대학의 임동권任東權이 <韓國民謠試論>을 발표하였다. 나는 그 전 학기에 서울대학교 사범대학에서 고정옥高晶玉 교수의 <민요론民謠>을 청강하고 있어서 도움이 되었지만 또한 이재욱 선생의 가르침이 컸다.

그 당시 학회활동을 하던 사람들이 해방 후의 국문학의 신기원을 이루는 데 큰 역할을 했다.

6·25사변이 일어나자, 나는 고향에 피난 가서 시골 예산 농업고등학교에서 교편을 잡다가 대전으로 나아가 충남대학의 강사, 국학대학에서 전임강사로 있었다. 수복이 되어 서울에 상경하여 국립도서관으로 선생님을 뵈러 찾아갔더니 6·25가 나자마자 인민군에 의해 북으로 납치되었다는 말을 듣고 아연실색하였다. 그 온화하고 늘 선비의 기품을 간직하시던 선생께서는 그 혹독한 환경에 견디어 내기는 어려웠을 것이다. 고정욱은 북에 가서 여러 논문을 발표하였으나 이재욱 선생은 납북된 후로 아무 소식이 없으니 처형된 것으로 믿어지며 한참 일을 할 46세의 젊은 나이에 애석할 따름이다.

이재욱이 오래 생존했더라면 한국의 민요학은 더욱 발전했을 것이라 생각된다.

이재욱 선생의 배려로 국립도서관을 드나들면서 민속학 관련의 책을 닥치는 대로 읽었다.

1. 상디부스(Santyeo)의 민속학 개설, 야마구찌 사다오(山口貞夫)의 일본어로 번역한 『민속학개설』을 읽었고

2. 영국 민속학회의 1914년 간인 반(Burne)의 『민속학개론』을, 오까마사오(岡 正雄)의 일어 번역판을 읽었고

3. 핀란드의 쿠론(Kuopan, 1835~1888)의 『민속학방법론』이 세끼게이고(關敬吾)에 의하여 일어 번역판을 읽는 행운이 있었다.

민속이란 단어가 붙어 있으면 닥치는 대로 읽었고, 현장에도 뛰어 다녔다. 학부 2, 3학년 재학시절의 일이다.

2) 이재욱의 가계家系

일제시대에 작성된 구호적舊戶籍에 의하면 다음과 같다.

대구부 서성동西城町 1의 103번지 인천仁川 이씨 이병학李柄學(1866 출생)의 12남男 9녀女 중의 손자로 아버지는 정희鋌熙. 어머니는 김행이金幸伊의 2남으로 1905년에 태어났다. 어려서의 아명兒名은 을복乙福이었다. 1928년에 배록점裴祿漸(1908년 생)과 혼인하였고 1940년 일제에 의한 창씨 개명에 의하여 청목수삼靑木修三이라 하였다. 자녀는 정자貞子, 명옥明玉, 예자禮子, 민자民子 등 4녀와 장남, 정길禎吉이 있었다.

그러나 해방 후에 작성된 호적등본에 의하면 딸 정옥貞玉, 조옥操玉, 아들 정하禎夏, 신자信子의 3녀 1남으로 되어있고, 손녀 민주玟周(1972 출생)가 있으며 주소는 서울시 명륜동明倫洞 2가 4번지로 되어 있다.

그러나 지금 현재는 아들 정하, 며느리 최진환, 손녀 민주는 미국에 이민하여 1981년 국적을 상실하였으니 이재욱의 자손은 국내에는 없는 셈이다.

3) 이재욱의 업적業績

이재욱은 젊은 나이에 납북拉北되었기 때문에 많은 업적을 남기지 못 하였으나 현재 전하는 것은 다음과 같다.

1930년 여름에 수집한 영남 傳來민요집 영남대학 민족문화연구소

1931년11월,『語文學』 3호, 영남민요연구(근간예고)

1932년 2월,『語文學』 4호, 가요의 연구와 정리는 여하히 할까

1932년 6월,『新興』 6호, 所謂 <山有花歌>와 산유해－미나리의 交涉

1939년 3월,『朝鮮民謠序論』(林和 編 조선민요선의 解題로 수록)

1930년의『영남 전래민요집』은 이재욱이 대학 재학 중에 수집한 것으로 그 동안 전혀 알려지지 않았던 것이 최근에 아리랑 연구가 김연갑金鍊甲에 의해서 고문서 서점에서 발견되어 영남대학교 민족문화연구소에 의해서『민족문화자료집』 22호로 단행본으로 출판되었다.

조사 기록한 카드를 그대로 영인해서 수록하였는데 (1) 수집장소 (2) 수집년 월 (3) 제공자와 직업, 나이 (4) 노래 이름 (5) 연주악기, 배경전설도 기록하고 있어서 1930년대에 이미 조사 수집의 방법론에 의해서 진행되었음을 알 수 있다. 민요조사의 방법을 최초로 적용하여 민속학계의 새로운 역자 자료가 된다. 노래의 수는 205수로 표제 그대로 영남지역에 국한되어 있다. 수집자, 수집지, 수집시기, 제공자의 직업, 나이, 노래의 哀歡과 배경전설까지 기록하였으니 신빙성 있는 연구자료로 활용할 수 있다.

1931년 11월의『어문학』 4호에서『영남민요연구』의 근간近刊을 예고하였으나 저서는 나오지 못하였으니 무슨 곡절이 있었는지 알 수 없다. 혹시 근간 된『영남 전래민요집』을 출판하고자 예고한 것일 가능성도 배제할 수 없다. 1931년 봄에 대학을 졸업하고 11월에 근간 예고까지 하고서 출판을 하지 못한 사연이 있었을 것이며 책의 내용은 다분히 졸업논문의 자료집일 것으로 추측된다. 출판되었다면 우리나라 최초의 민요연구서였을 것이다. 애석한 일이다.

1932년의「가요의 연구와 정리는 여하히 할까」에서는 민요수집을 위해 현장에 나가 있는 조사자의 고충을 말하였다.

1932년의『신흥』 6호에 발표한 부여지방의 산유화山有花와 경상도의 모심기노래인 미나리는 같은 계열의 노래임을 언급했다. 나당羅唐연합군이 백제

정벌하기 위해서 백제에 가서 농군들이 부르는 산유화山有花노래를 들었다. 부여지방에서는 지금도 산유화가를 부르고 있으며 무형문화재로 지정하여 전승에 노력하고 있다. 산유화가 와전되어 음이 같은 산유화山遊花가 되고 다시 "뫼놀이"가 되고 "미나리"로 발전하였다는 것이다. 따라서 백제의 산유화山有花는 영남지방의 모심기 노래 "미나리"라는 것이다. 민요의 시대와 나라에 따라 변이變異하는 과정을 다음과 같이 설파하였다.

산유화가山有花歌는 백제가요百濟歌謠로 문헌비고文獻備考에 남녀상열지사男女相悅之詞라 하였다. 이재욱은 다음과 같이 계보화 하였다.

> 산유화가(山有花歌) - 뫼놀가(山遊歌) - 미나리(美那里)로 상주, 선산지방에 널리 전파되어 있다.

산유화가는 백제정벌에 나선 신라군에 의해서 영남에 전파하여 "미나리"가 되었다는 것이다.

1930년에 詩人 林和 편 『조선민요선』이 학예사學藝社에서 문고본으로 출판되었는데 여기에 이재욱은 해제解題로 『조선민요서설』을 권미卷尾의 249~256쪽까지에 수록하였다.

『조선민요서설』의 목차는 다음과 같다.

1. 민요의 意義와 가치
2. 조선민요의 사적(史的)고찰
3. 조선민요의 특질(特質)
4. 조선민요와 당면 과제(課題)

이재욱의 이론을 요약하면 다음과 같다.

1. 民謠의 意義와 價値

民謠는 國民의 合作이다.

民族共同의 心音이다.

民衆性이 소산이다.

2. 朝鮮民謠의 史的考察

魏書 東夷傳에 "俗喜歌舞"한다고 하여 노래와 춤을 즐기는 풍속이 있음을 지적하였다.

그러나 歌舞의 수난도 있었으니 高麗時代는 漢文化 의 影響을 받아 경기체가의 형성

朝鮮時代 士大夫의(時調 歌辭)의 浮上으로 庶民層의 民謠가 賤待를 받음

世宗時 朴堧의 民歌蒐集 하였으나 五倫을 위주로 하고

民謠는 變風이며

男女相悅之詞이고

曠夫怨女之謠로 서민의 애환이 담겨있다 해서 얕잡았다.

3. 朝鮮民謠의 特質

內容上 特質

儒敎性 七去之惡

烈女不更二夫

孝誠

庶民性 生活現實을 노래함

慾望을 吐露

哀想

諷刺

形式상 특증

4. 4調가 위주

3. 4조

韻의 反復이 심하다

4. 朝鮮民謠의 當面課題

認識. 所重한 民族文化의 유산이다.

西歐文化와 農器具의 발달로 작업양상이 달라졌음

消滅 直前에 있으므로

早速히 蒐集해서 後世에 기록으로 남길 것

여러 방법론에 따라 분석 연구되어야 한다.

당시로서는 처음 있는 민요연구를 이론화 한 논문이다.

이재욱은 교우가 원만해서 1932년 1월 31일에는 『조선연극사』를 쓴 김재철[김재(金喆)]이 사망함에 조선어문학회 대표로 조사弔辭를 했다.

『조선어문학회보』 3호에 「달구지방達勾地方 속신일속俗信一束」의 필자가 ㄹ.ㅈ.ㅇ으로 되어 있는데 달구 즉 대구가 고향인 리재욱의 약자로 보인다.

1956년에 간행된 최상수崔常壽가 주관한 『민속학보民俗學報』 1호에 「부요婦謠에 나타난 여성의 비애」란 짤막한 글이 있다.

참고로 이재욱과 전후에서 수집 출판된 민요집과 논문이 있으니 다음과 같다.

1924年　嚴弼鎭의 朝鮮童謠集

1930年　趙潤濟의 濟州道民謠

1933年　金素雲의 朝鮮口傳民謠集

1927년에 일인日人 이치야마市山盛隆가 주관하는 『조선민요의 연구朝鮮民謠の研究』가 있는데 여기에

崔南善, 朝鮮民謠概觀

李光洙, 民謠に現はれたる 朝鮮民謠族性の 一端

李殷相, 青孀民謠小考

발표되었는데 연대로 보아 앞서나 이 세 논문은 일문日文으로 되어 있어 애석하다.

민요연구의 방법론을 최초로 제시했고, 민요수집 카드를 최초로 사용하였고, 한 지역을 집중조사 한 최초의 일이란 점에서 이재욱의 민요 연구는 외국의 민요 연구방법에 손색없는 방법이었다는 점에서 높이 평가 되어야 한다.

김소운金素雲의 민요연구

1) 김소운의 민요연구

김소운은 1929년에 일본에서 역저譯著『조선민요집朝鮮民謠集』을 태문관泰文館에서 출판하였다. 역저란 용어를 쓴 것으로 보아 조선민요를 해설하고 번역하였다는 뜻으로 해석된다. 수록된 민요는 총 158수로 민요, 동요, 부요로 분류하였으니 다음과 같다.

민요편(民謠篇)	1.	43 수(首)
	2.	40
	3.	17
동요편(童謠篇)		36
부요편(婦謠篇)		22
	합계	158수(首)

민요의 수로 보아서는 빈약하다고 할 수 있으나 당시로서는 한국의 민요가 일본에 처음으로 번역 소개되었다는 점에서 높이 평가된다. 아직 21세의 젊은 나이이고 또 일본에 건너간 지 9년밖에 안 되는데 일어의 능력, 특히 시어詩語의 구사가 돋보여 높이 평가된다.

부론附論으로 「조선민요에 대하여朝鮮民謠に就いて」라 하여 한국민요의 분류를 시도하였으니 다음과 같다.

민요편	루작요(勞作謠)	
	정치요(情痴謠)	고답요(高踏謠)
		폐류요(廢頽謠)
	생활요(生活謠)	낙천요(樂天謠)
		염세요(厭世謠)
	교화요(敎化謠)	
동요편	순정요(純情謠)	
	유희요(遊戯謠)	
	해학요(諧謔謠)	
	언초요(言草謠)	
부요편	노작요(勞作謠)	
	순정요(純情謠)	쾌락요(快樂謠)
		비애요(悲哀謠)
	모요(母謠)	

민요를 민요, 동요, 부요로 대별하였으니 성性과 나이를 의식한 분류법으로 처음 있는 분류시안이라 말할 수 있다. 지금은 분류법도 발달해서 다양하지만 처음으로 제시된 한국민요의 분류라는 점에서 평가된다.

당시 국내에서는 1924녀에 엄필진嚴弼鎭에 의해서 『조선동요집』이 있었으나 김천金泉에서 초등학교 교사로서 교육용으로 외국의 동요까지 수록한 것으로 내용은 빈약한 편이었다.

김소운은 1920년 12세에 일본에 갔고 1924년 16세 때에 일시 귀국해서 통신사와 조선일보 통신원으로 있다가 1925년 가을에 다시 도일했으니 국내에는 1년 반 체류한 셈이다. 이 사이에 수집한 자료를 토대로 일본 태문관에서 『조선민요집』을 낼 수 있었으니 그가 어떻게 해서 민요를 수집하였는지 알 수 없으나 민요에 대한 열정이 있었음을 짐작할 수 있다.

일본 대판에는 당시 한국인 노동자들이 많아 그들이 일하는 작업장을 찾아다니면서 수집하였다는 설도 있다. 김소운의 이러한 민요에 대한 열정이 『조선민요집』으로 성과를 거둔 셈이다.

김소운은 1929년 10월에 다시 귀국해서 서울의 매일신문사(지금의 서울신문사)에 입사하여 학예부 기자로 근무했다. 이 때에 독자들로 하여금 향토민요를 투고投稿하게 하여 약 3,000수의 민요를 수집하는 성과를 거두었다. 2년 후인 1931년 가을 신문사를 퇴직하고 그 동안 수집한 자료를 몽땅 가지고 다시 일본으로 갔다.

따라서 김소운이 매일신문사 학예부에 근무한 것은 그 나름의 목적이 있었던 것으로 짐작이 된다.

일본에 간 김소운은 1931년 1월에 일본 제일서방第一書房에서 『언문諺文 조선구전민요집朝鮮口傳民謠集』을 간행했다. 당시 서울에서는 출판을 받아주는 곳이 없어 일본에서 출판했다고 하는데, 일본에서 한글로 한국민요집이 출판되었다는 것은 기적적인 일로 김소운의 역량과 기다하라 하꾸슈北原 白秋 등 일본 문단의 후원자들의 힘이 컸던 것으로 전한다.

김소운은 이어서 이와나미문고岩波文庫에서 『조선민요선』과 『조선동요선』을 일어로 번역하여 출간 하였으니 명문장으로 일인들도 경탄 것으로 전한다.

『언문 조선구전민요집』과 번역본 『조선민요선』을 지역별로 분석하면 다음과 같다.

朝鮮民謠選(日文) 岩波書店. 1933. 8		諺文.朝鮮口傳民謠集. 第一書房 1933. 1	
경상남도	108 (63%)	451 (遺譜 94)	36%
경상북도	6	277 (" 32)	
전라남도	4	90	
전라북도	1	208	
충청남도	4	166	

충청남도	6	58
경기도	8	89(" 68)
강원도	5	166
황해도	10	305
평안남도	0	88
평안북도	1	95
함경남도	2	90
함경북도	15	73
유보(遺補)		228 (" 31)
합계	170	2.375

위 두 민요집을 지역별로 통계해보면 경상도에 치우쳐 있음을 알 수 있다. 김소운의 고향이 경상도란 점에서 어려서 듣던 민요에 향수가 강했던 것으로 이해된다.

2) 김소운의 공괴功와 과過

(1) 공功

가. 한국민요를 집대성集大成

1933년에 『언문諺文 조선구전민요집朝鮮口傳民謠集』을 일본의 제일서방第一書房에서 출판하였는데 여기에는 2,375수의 민요를 수록하였으니 처음으로 있는 한국민요의 집대성이라 할 수 있다.

한국의 민요의 역사는 기록상으로는 제천의식祭天儀式 때에 음주가무飮酒歌舞하였다고 하니 즉, 먹고 마시고 노래하고 춤추고 하여 이때에 부른 노래는 민요였을 것이다. 따라서 민요의 역사는 지식인들의 시가보다 앞서 서민들의 흥에 겨워 노래 불렀을 것이다. 향가의 일부와 고려가요에서 이미 민요의 모습을 찾아 볼 수 있다. 그러나 당시의 민요가 집대성되지 못하였고 조선시대 세종대에 박연朴堧에 의해서 민가수집이 있었으나 기록으로 전하는 것이 없어 애석하다.

즉 한국민요는 민족사와 더불어 오랜 역사를 가지면서 기록으로 남기지 못하여 아쉬움이 크다. 그러하다. 나라마저 잃은 암담한 속에 살고 있을 때에 김소운의 『조선 구전민요집』의 출판은 그러한 상황에서 민족문화사에 특기할 만한 성과라 할 수 있다.

민요는 서민들의 노래이며 민족의 마음에서 울어 나온 정서의 표출이기에 소중하고 민족문학 연구의 으뜸가는 소재이다. 각 고장에 전하고 각층의 사람들에 의해서 애창된 민요를 수집하는 일을 김소운이 수행하였으니 높이 평가되어야 한다.

나. 한국민요의 일본에 소개

김소운은 구전민요집 중에서 뜻 있는 노래 즉 한국의 정서가 담겨있는 노래를 골라 일어로 번역하여 일인들이 읽을 수 있도록 하였으며 한국민요의 정수를 일본에 전파하는 큰일을 하였으니 다음과 같다.

조선민요집(1929년 21세. 태문관)

조선민요선(1933년 25세. 암파문고)

조선동요선(1933년 25세. 암파문고)

김소운은 아직 20대 초반의 젊은 나이인데도 한국민요를 일본인들이 읽을 수 있도록 일어로 번역한 것은 민족의식이 강했음을 말한다.

아버지는 친일파로 총살되고 어머니는 러시아로 가서 재혼하여 불우한 소년시절을 보냈으며 12세에 일본에 가서 온갖 역경 속에서 성장하였으니 불우한 청소년 시절을 보내야 했다. 따라서 먹고살기 위해서 저항과 모국에 대한 그리움에서 몸부림 친 것이 민요에의 애착이었을 것이다. 나와의 사담에서 그러한 말을 한 적이 있다.

한국민요의 일역 출판은 한국문화의 일본전파에 큰 역할을 하였으니 높이 평가되어야 한다.

다. 일어 번역의 천재天才

설화나 소설 등 서사敍事를 외국어로 번역하기란 어려운 일인데, 하물며 압축되고 정서적인 민요를 일본의 민요형식에 맞도록 번역하기란 매우 어려운 일이다. 그러나 8년 정도의 일어 습득으로 한국민요를 일본의 시어詩語와 민요형식에 맞도록 번역한 것은 일어의 천재였음을 인정해야 한다.

나는 1984년에 일본의 출판사로부터 나의 저서 『한국민요사』를 번역출판을 제의 받고 번역에 착수하였으나 우리 민요를 일본민요 양식에 맞도록 번역할 자신이 없어 포기한 일이 있다. 민족정서와 운율이 담겨 있는 민요를 남의 나라 민요양식에 맞도록 번역한다는 것은 거의 불가능하다고 할 수 있는데, 김소운은 그 작업을 어린 나이에 거뜬히 수행하여 일본 문단에서도 감탄하였으니 일어의 천재라 평가할 만 하다.

(2) 과過

가. 간접수집과 지역의 편중

민요연구에 있어 자료수집은 연구자가 현지에 가서 직접 수집하는 것이 바람직하고 원칙이다. 그러나 김소운은 12세의 어린 나이에 모국을 떠나야 했고, 16세 때에 겨우 2년도 못되는 고국 생활에 전국을 다니면서 직접수집은 하지 못하고 신문사에 근무하면서 독자들로 하여금 향토민요를 투고케 하여 간접수집의 방법에 의한 수집을 하였으니 자료의 오류와 지역 편중을 어찌할 수가 없었다. 제보자가 제 이름이 신문에 나기를 위해서 과장하고 원 자료에 첨가 또는 탈락을 해도 간접수집 시에는 확인할 수가 없으니 제보된 그대로 인정 할 수밖에 없다. 이렇게 해서 자료는 변형되어 원 모습을 잃을 수가 있다.

자료는 전국을 대상으로 공평하게 수집되었을 때에 공신력이 있고 명제를 얻을 수 있다. 그러나 모국에 체류하는 짧은 시일에 전국을 누비고 다니지 못하여 한 지역에 편중하게 되었다. 즉 경상도 지역의 민요가 압도적으로 많은 것은 저자의 고향이 경상도란 점에서 이해하나 지역편중이란 지적을 받을 수밖에 없다. 지역편중의 경우 한국민요 전반의 특징이나 지역적 특징을 말할 수가 없다.

나. 분류分類와 원형의 문제

한국민요를 의역요意譯謠・서정요抒情謠・노작요勞作謠・사친요思親謠・부녀요婦女謠・서사요敍事謠・잡요雜謠로 분류하였다. 당시는 아직 민요학이나 분류학이 없어 분류도 자기 나름대로 할 수밖에 없어 편의대로 분류를 시도한 것이어서 그대로 수용하기 어렵다.

또 일어로 번역하는 과정에서 임의로 창작의 흔적이 있고 중간을 탈락시키는 일도 있어 아쉽다.

그러나 과보다 공이 많으니, 공이 높이 평가되어야 한다.

3) 김소운과의 만남

나는 대학에 들어가 소설 공부를 하다가 방종현方鍾鉉 교수의 권고와 지도로 민요연구로 전공을 바꾸게 되고 당시 국립도서관장이든 이재욱 선생의 호의로 국립도서관 서고를 드나들 수 있는 혜택을 입어 1947년부터 국립도서관에 소장되어 있는 민요집과 민요논문을 닥치는 대로 읽는 행운이 있었다. 그 때에 김소운의 『언문 조선구전민요집』을 읽었다. 민요를 읽을수록 감동을 받았고 안국동 고서점에서 요행이 책을 구했다. 『구전민요집』은 초판初版 500부를 찍었는데 세상에는 300부가 나가고 김소운은 원고료로 받은 100부 중 생활고에 시달리다 민요와 절연 하고자 80부를 불 태웠다는 일화가 있다. 따라서 시정에서 구하기 어려운 책이었다. 그러나 해방이 되고 영창서관永昌書館에서 재판이 나와 손쉽게 구할 수 있게 되었다.

나는 김소운을 만나기를 원했으나 소식이 묘연했다. 국내에 있는지 아니면 일본에 있는지 알지 못했다. 후에야 부산에 산다는 소식을 듣게 되었다.

1948년 봄으로 기억한다. 내가 김소운을 만나기를 원하는 것을 알고 있는 국립극장에 근무하는 친구로부터 전화가 왔다. 김소운이 서울에 와서 국립극장에서 일하고 있다는 것이다.

국립극장에 갔다. 무대 뒤로 가라는 것이다. 공연이 없어 조용한데 무대 뒤에서 망치소리가 들렸다. 4~5인이 무대 세트를 만드는 작업을 하고 있기에 김소운 선생을 만나러 왔다고 하니 등산모를 쓰고 일 하던 사람이 "내가 김소운이요"하고 일어섰다. 왼손은 붕대로 감아 어깨에 메고 오른손에 망치를 들고 있었다. 40대의 얼굴이 넓적한데 피곤하고 초라한 모습이었다.

작업소리가 요란해서 복도로 나왔다. 인사를 드리고 민요를 공부하는데 지도를 받고 싶다는 말을 했더니 웃는 얼굴로 반가워하면서도 수줍은 미소를 지으며 "대학생을 지도할 만 하지 못하다"고 겸손하면서 동지를 만나 반갑다는 말을 했다. 웃는 표정이 매우 순진해 보였고 지성적인 일면이 있어 신사의 모습이었다. 무대장치를 하는 중이라 오래 이야기는 하지 못하고 다음에 만날 것을 약속하고 극장을 나왔다.

나는 선각자를 만난 기쁨과 선생의 초라한 모습에 분노를 느끼었다. 아무도 민요에 관심을 두지 않을 때에 민요 2,300수를 모아 엮은 민족문화 보존 계승에 공헌한 선각자가 무대장치를 위한 노동에 망치를 들게 하다니 사회의 냉혹한 현실에 실망을 했다. 해방 직후의 우리 사회의 현실은 냉혹해서 먹고살기 위해서 무슨 일이건 해야 하는 과도기의 현상은 그러했다.

그 후 2, 3차 만나 민요에 관한 여러 이야기를 나누었다. 나도 『언문 조선구전민요집』과 같은 민요집을 만들기 위해서 지방으로 열심히 뛰어다니고 있음을 말했다. 자기는 직접수집을 못 하였으니 전공자가 현지에 가서 직접 수집하는 것이 바람직하다면서 격려를 해 주었다.

그러다가 6·25사변이 나고 나는 고향에 내려가서 고등학교에서 교편을 잡고 있다가 휴전이 성립된 1953년 8월에 서울에 와서 김소운의 소식을 알아보았다. 유네스코 회의에 한국대표로 참석 하고 오다가 일본에 들려 아사히신문주최의 좌담에서의 발언이 문제가 되어 설화舌禍로 대사관에서 여권을 압수당하여 귀국하지 못하게 되었다는 것을 알았다. 늘 자유 분방하고 거리낌 없이 말을 쏟아 내는 자유인이기에 말을 거침없이 하다가 정부의 시국관에 거슬린 것이다. 이런 일이 있은 후로 13년 동안 귀국하지 못하다 1966년 가을에야 겨우 귀국이 허락되었다. 따라서 13년 동안은 서로 만나지 못했다.

김소운의 귀국소식을 듣고 명동 다방에서 두세 번 만났다. 그사이 나는 서라벌예술대학의 학장직을 맡고 있었고 『한국민요사』와 『한국민요집』 1을 저술했고 2집을 준비 중에 있었다.

『한국민요사』와 『한국민요집』 1을 증정하고 민요집에는 선생의 『조선구전민요집』에서 인용한 노래도 있음을 말하여 양해를 받고, 민요집은 자료가 정리되는 대로 속집을 낼 것임을 말했다.

귀국 후 선생은 한일사전韓日辭典을 편찬하는 일에 전념했고, 『건만허망健忘虛妄』 등 여러 수필집을 펴냈다. 그러나 출판사를 설립하는 등 여러 문화사업에도 손을 댔으나 자금부족과 인간관계에 있어 불화로 거의 실패한 것으로 안다. 그 당시의 한국사회는 혼돈의 사회였기에 순진한 문인으로서는 적응하기 어려웠을 것이다.

국내에 들어와서 보상받은 것은 한국 펜크럽에서 번역문학상을 받은 것과 정부로부터 문화훈장을 받은 것이 고작이고 늘 곤궁하고 불우한 세월을 보내야 했다.

내가 마지막으로 만난 것은 1978년경으로 기억한다. 전화를 받고 찾아간 곳은 정릉 청수장으로 가는 길가의 허름한 여관에서이다. 2층의 좁은 방은 냉골이고 엷은 침구가 그대로 깔려 있고 버스가 지날 때마다 진동이 있었으며 몰골이 말이 아닌 초라한 노인의 모습이었다. 남이 생각하지 못하는 발상으로 일을 했고, 능숙한 필치로 많은 사람의 마음을 사로잡은 한시대의 풍운아, 자유인, 천재, 문인의 말로의 모습은 가슴이 아팠다.

무슨 일이 있어 전화한 것이 아니라 한담이나 하고자 했다는 것이다. 나는 한 시간쯤 한담을 하다가 나올 때에 약간의 돈을 요 밑에 밀어 넣으면서 과일이나 사 자시라 했다. 그러나 자존심이 강한 선비의 마음을 상하게 한 것이 아닌가 마음이 개운하지 못했다. 그러나 그러한 상황에서는 그럴 수밖에 없었다. 그것이 김소운과의 마지막이었다.

선생은 위암으로 서울대학병원에서 수술을 받았으나 세상을 떠났다는 소식을 후에야 들었다. 한 자유인의 파란 만장한 인생은 73세로 끝이 났다.

김소운의 연보는 다음과 같다.

金素雲의 年譜(1908~1981)

1908年	釜山 絶影島에서 出生
1909년	父. 度支部의 少壯官吏였으나 親日派로 지목 받아 1909년 晋州주에서 동포에 의해서 총살됨. 母 22세에 과부가 됨.
1912년(4세)	삼년상을 마치고. 母 예금한 下賜金 1만원을 가지고 몰래 러시아로 떠남. 페데레스 부르그에서 再婚.
1915년(7세)	김해공립보통학교 입학. 漢文서당에 다님.
1916년(8세)	어머니를 찾아 러시아에 가고자 鎭南浦까지 갔다가 돌아옴 부산 叔父집에 의지하고 玉成學校에 편입학
1919년(11세)	절영도 소년단을 조직하고 단장이 됨.
1920년(12세)	소년단 일본헌병대에 의해서 해산. 가을 일본에 密航. 大阪의 큰어머니 집에 의지.
1921년(13세)	東京行 開成중학교 야간부에 입학 신문팔이 등 여러 직업으로 고학을 함
1923년(15세)	관동 대지진으로 동경을 떠나 대판으로 감.
1924년(16세)	서울에 와서 제국통신사에 입사
1925년(17세)	부산에서 조선일보 통신원이 됨.

9월에 첫 시집 『출범』을 내려 했으나 실패
다시 도일하여 1년 반 동안 일본 각지를 걸어서 무전여행

1927년(19세) 시인 白鳥省吾를 만남
9월에 小川靜子와 결혼

1929년(21세) 7월 『조선민요집』 일역판을 泰文館에서 출판
10월 귀국하여 每日申報社 학예부기자가 됨.
2년 동안 독자를 통해서 구전민요 3.000수를 수집

1931년(23세) 수집한 민요 자료를 가지고 일본에 감

1933년(25세) 諺文 朝鮮口傳民謠集을 第一書房에서 출판
朝鮮童謠選과 朝鮮民謠選을 岩波文庫에서 출판

1937녀(29세) 7월 반년간 경찰에 구속됨

1940년(32세) 한국 현대시의 譯集 『젖빛의 구름』을 河出書房에서 출판

1942년(34세) 4월. 史話 『삼한(三韓) 옛이야기』를 學習社에서 출판
6월. 동화집 『돌의 종』을 동아서림에서 출판
11월. 동화집 『파란 잎』을 삼학사에서 출판

1943년(35세) 1월. 『조선 史譚』과 6월에 동화집 『누렁 소. 검은 소』를 天佑書房에서 출판
8월에 『조선시집』 전기. 후기를 興風館에서 출판

1944년(36세) 小川靜子과 離婚. 민족적 정서 차에 의함

1945년(37세) 釜山에서 敗戰을 맞음. 11월에 金韓林과 재혼.

1946년(38세) 東萊에서 養鷄. 養豚을 함.

1948년(40세) 서울에서 青驪社를 세워 주간지를 내려 했으나 실패.

1951년(43세) 「한국은 지옥이고 일본을 천국이라」 좌담회 기사가 문제가 됨.
日本에의 공개장으로 「목근통신」을 연재

1952년(44세) 7월 『馬耳東風』을 고려서적에서 출판
9월 유네스코회의에 출석하고 귀로 동경에서 舌禍로 駐日代表部에 의해서 旅券을 沒收됨

이후 13년 동안 歸國하지 못하고 일본에 체류함.

1953년(45세) 3월 『조선시집』(日文)을 創元社에서 출판

6월 동화집 『임금의 귀 당나귀』(日文)를 講談社에서 출판

12월 민화집 『파를 심은 사람』(日文)을 岩波文庫에서 출판

1954년(46세) 11월 수필집 『恩讐30년』(日文)과 『조선시집』(日文)을 다위드사에 출판

1955년(47세) 12월 『희망은 아직 버릴 수 없다』(日文)를 河出新書에서 출판

1956년(48세) 4월 『아시아의 4등 선실』(日文)을 講談社에서 출판

1959년(51세) 아시아의 동화 6권을 내고자 회사를 설립했으나 자금이 여의치 않고 귀국도 못하여 굴욕과 좌절의 허무감에 쌓여 지내다.

1965년(57세) 旅券을 발급 받음.

10월에 귀국. 가족과도 별거.

韓日辭典 편찬에 주력하다.

1966년(58세) 수필집 『건망. 허망』을 남향문화사에서 출판

1967년(59세) 『일본의 두 얼굴』을 삼중당에서 출판

1968년(60세) 5월 『정해 韓日辭典』을 희문출판사에서 출판

7월 수필집 『마이동풍』을 중앙출판사에서 출판

11월 수필집 『하늘 끝에 살아도』를 동화출판사에서 출판

1969년(61세) 『동경 그 거대한 촌락』을 培英社에서 출판

1974년(66세) 『일본이란 이름의 기차』를 동수사에서 출판

1975년(67세) 『한국미술전집』 15권을 동화출판사에서 출판

1976년(68세) 일역 『현대 한국문학선집』을 동화출판사에서 출판

1977년(69세) 韓國펜크럽에서 "한국번역문학상"을 수상

1978년(70세) 日本에 다녀옴.

『김소운 수필집』 5권. 『김소운 대역시집』 3권을 아성출판사에서 출판

1979년(71세) 수필문학상을 받음

12월『가깝고도 먼 나라에서』(日文)를 新潮社에서 출판

1980年(72세) 1월 위암으로 서울대 병원에서 위 절개수술을 받음

銀冠文化勳章을 受章

1981年(73세) 1월『心の壁』

6월『霧の晴れる日』를 사이마루출판사에서 출판

3월. 위 재수술을 받음

10월『맨발의 인생행로』를 중앙일보에서 출판

11월 2일 영면. 享年 73세

***연령은 만으로 표시 됨

『天の涯に生くるとも』(文庫 903 講談社, 1983)를 참조.

고정옥高晶玉

1) 고정옥의 가계家系

고정옥은 호적에 의하면 다음과 같다.

본　　적 : 경상남도 함양군 함양읍 용평리 879
생년월일 : 1911년 3월 15일
호 : 유민(渭民)
가　　계 : 제주 고(高)씨 부. 고이두
모. 하성녀 사이에서 아들만 5형제 중 막내로 태어남
가　　족 : 처 이옥분(1913년 1월 25일 생)과 1934년 8월 10일 혼인
1남 고영일(1938년 11월 22일 생), 미국에 이민감
1녀 고명희(1941년 12월 7일 생)
2남 고영빈(1946년 10월 30일 생)
손자 고재훈(1968년 7월 8일 생), 재 미국

2) 고정옥의 생애

고정옥은 함양의 부유한 가정에서 태어나 1924년에 함양공립 보통학교를 졸업하고 서울에 와서 지금의 경복 고등학교인 경성 제2 고등보통학교를

다녔으며 1929년에 경성제국대학에 입학하여 조선어문학을 전공하였다. 재학 중 독서회 사건으로 일년 동안 구속되어 옥살이를 했다.

출옥 후 고향에서 방랑하다가 10년만에 늦게서야 1939년에 대학을 졸업을 했다. 출옥 후 춘천사범학교에서 교사로 근무했고 해방 후 서울에 와서 서울대학교 사범대학에서 교수로 재직하였다.

춘천사범학교에서 교사로 근무했고, 해방 후 서울에 와서 서울대학교 사범대학에서 교수로 재직하였다.

대학 재학시절부터 여러 신문 잡지 등에 논문을 썼다.

「생활의 거리」, 『동아일보』, 1929.

「템페스트인상」, 『동아일보』, 1929.

「님이여」, 『조선일보』, 1930.

「프로영화교육론」, 『조선일보』, 1930.

등을 발표하여 재학 중에도 집필활동을 했다.

대학시절에는 일제에 대한 저항운동으로 옥살이까지 하였음에도 일제말기에 춘천사범학교 교사시절에 친일을 했다 해서 해방 후 호된 비판을 받기도 했다.

해방 후 서울대학 교수로 있으면서 구자균, 김형규, 방종현, 정학모, 정형용, 손낙범 등 서울대학 조선어문학과 출신들과 함께 조선어문학회를 만들어 해방직후의 대학에 한국학 교재가 없을 때에 『국문학사』·『국문학개론』 등을 공동집필 하였고 저서로는 『고시조선주』·『국어국문학요강』·『조선민요연구』를 저술하였다.

6·25동란이 발생하고 혼란한 사이에 고정옥은 이북으로 월북한 것으로 전한다. 저명인사와 학자들이 본의 아니게 이북으로 납치되어 처형되었는데, 고정옥은 납치가 아니라 자진 월북으로 전한다. 그것을 뒷받침 하는 것은 북에 가서 남들처럼 처형되지 않고 김일성 대학의 교수가 되었고, 사회

과학원에서 여러 논문을 발표하는 등 이북에서의 저술과 활동을 왕성하게 한 것으로 보아 알 수 있으며, 1969년 6월 8일에 사망한 것으로 전한다.

이북에서 많은 저술활동을 하였으니 다음과 같다.

『조선 속담집』, 1954년.

『가사집』, 1955년.

『전설집』, 1955년.

『조선 속담연구』, 1957년.

『조선 구전문학연구』, 1962년.

위의 저술로 보아 주로 구비문학 즉 민속문학을 위주로 자료를 집대성하여, 연구하였음을 알 수 있다.

3) 고정옥의 민요연구

고정옥의 대표적 저술은 『조선민요연구』인 바 1949년 3월에 수선사首善社에서 <46판 543.P>의 당시로서는 거질巨帙을 출판하여 서울대학 사범대학에서 <한국민요론> 강좌의 교재로 하였다. 개화기 이후에 민요에 관한 논문과 보고는 있었고, 자료집으로 김소운 『조선 구전민요집』, 임화의 문고판 『조선민요선』, 방종현, 김사엽, 최상수 공편의 『조선민요집성』은 있었으나 연구서가 없었는데 고정옥의 『조선민요연구』는 한국에 있어 최초의 민요연구의 이론서이다.

『조선민요연구』는 전 10장으로 되어 있으니 다음과 같다.

1) 민요연구수집의 동기	2) 민요의 개념	3) 민요의 성립
4) 민요의 발전	5) 조선문학과 민요	6) 조선 민요의 형식
7) 조선민요 수집연구	8) 조선민요의 분류	9) 조선민요의 특질

민요를 여러 각도에서 분석하고 수집과 체계화하였으며 외국의 학설을 도입하였고 분류에 있어 76형을 제시하고 분류 표를 작성하는 등 한국민요 연구의 큰 성과라 평가할 수 있다.

현재 한국의 민요학계는 자료수집과 연구에 많은 성과를 거두어, 유형類型을 세분하여 한국민요를 300여 형型으로 분류하고 있으나 당시로서는 처음있는 연구서로 평가된다.

고정옥 교수가 사범대학에서 민요론民謠論을 개강했다는 소식을 듣고 도강盜講을 했다. 나는 민요를 전공하고자 하는데 국학대학에서는 민요강좌가 없었다. 그러니 몰래 도강을 할 수 밖에 없었다. 그 당시는 남의 대학에 가서 저명한 교수의 강의를 몰래 듣는 일이 종종 있었다. 양주동교수의 강의가 인기 있어 타교의 도강꾼이 많았다.

고정옥 교수의 민요론을 도강한다는 말씀을 일사 선생님께 드렸더니 며칠 후 학장실로 오라는 연락을 받고 갔다. 정인보 학장, 방종현 교수, 교육학 강의를 담당하시는 김기석金基錫 교수의 세분이 계셨다. 김기석 교수는 당시 사범대학의 교무관으로 있으면서 국학대학에 출강하고 있었다.

내가 들어가니 방 선생님께서 "이 사람이요. 이미 도강을 하고 있으니 편의를 봐 주시오. 민요를 전공하니 아마 열심히 할 것이요."하셨고 학장도 거드는 말씀이 있었다.

다음 강의 있는 날, 일찍 김기석 교수 연구실로 찾아가서 인사 드렸더니 고정옥 교수 연구실로 데리고 가서 "도강꾼을 한사람 잡아왔오"하고는 인사시키고 "정인보 학장과 방종현 교수의 부탁"이라면서 수강을 부탁하셨다.

이렇게 해서 나는 정인보 학장과 방종현 교수의 배려로 고정옥 교수의 민요론을 수강하게 되었다. 방 교수와 고정옥 교수와는 경성제대의 선후배 관계에 있어 친근한 사이였다. 나는 내가 전공으로 하는 강의를 들을 수 있게 되었고 강의가 끝나면 늘 연구실로 따라가서 그날 배운 것에 대한 질문을 드렸다. 이러한 일이 매주 계속되니 한번은 "여기 놈은 한 놈도 찾아오지 않는데 굴러온 놈이 나를 괴롭힌다"고 하셨다. 그러나 싫은 기색은 아니시고 오히려 좋아하는 눈치였다.

나는 열심히 수강하였고 많은 공부가 되었다. 이렇게 해서 나는 현장조사와 이론을 공부할 수 있었다.

1949년 내가 대학 3학년 때 <제7회 전 서울 각 대학 조선어문학회>에서 서울대 이명구李明九, 고려대 박성의朴晟義, 그리고 나는 「민요시론民謠試論」을 발표한 일이 있는데 지금 생각하면 아찔한 일이지만 내 나름의 민요연구의 의지를 밝힌 셈이다. 이 모두가 일사 선생님의 지도와 여러 전공학자를 소개해주셔서 지도를 받은 성과였다.

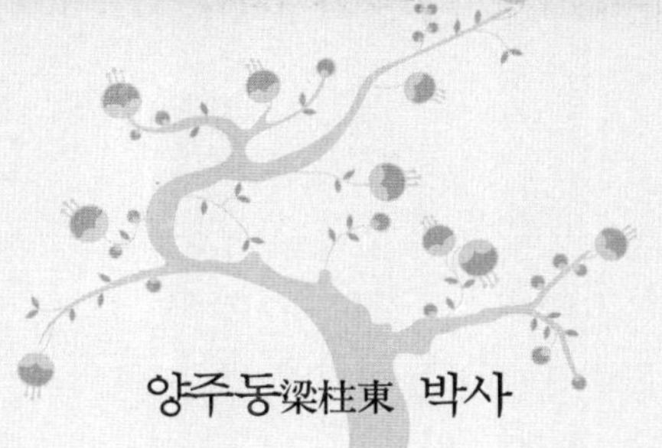

양주동梁柱東 박사

대학에 들어와서 양주동 박사의 "향가 연구"와 "고려시가론"을 수강했다. 수업 첫 시간에 강의를 듣고 매우 다른 새로운 교수법에 놀랐다.

대개의 학자들은 근엄한 모습으로 차근차근 논리를 따져 강의하는데 양 박사의 강의는 전연 다른 스타일 이였다. 홍에 겨우면 때로는 춤의 동작도 있고, 호탕한 웃음인가하면 신랄한 비평이 있다. 때로는 거침없는 비판과 공격이 있다. 그런데 그의 태도가 미운 데가 없이 애교로 보인다는 점이다.

소년시절에는 재동才童으로 사서삼경四書三經을 독파했고, 중동중학을 거쳐 일본 와세다대학에서는 영문학을 전공했다. 학계에 나와서는 한국의 고전을 전공하였으니, 너무나 박식해서 동서고금의 선학의 예를 들어 비판하고, 자기 주장을 내세우는데는 그의 박식에 감탄을 할 수밖에 없었다. 그래서 인기가 매우 있었다. 양 박사의 강의실에는 늘 만원이었다. 그의 명성만큼이나 타 대학에서 도강盜講꾼이 몰려와서 강의실에는 앉을 자리가 없었고 늦게 들어가면 뒤에 서서 수강을 해야 했다.

칠판에 글을 쓰다가 어찌하다 지워야 할 때에 지우개를 집을 사이가 없으면 양복 소매로 지우는 급한 성미도 있어, 학생들이 와! 하고 웃으면 당신도 빙긋 웃고 강의는 계속 된다. 그래서 학생들 사이에서는 그의 소탈함에 더욱 인기가 있었다.

양 박사는 그의 저서인 『향가 연구』와 『여요전주』를 교재로 하였다. 교재는 서점에서 구입할 수가 있다. 그런데 양 박사는 가방에 저서를 가지고 와서 수업에 들어가기 직전 우선 학생들에게 현금을 받고 팔고 그런 다음에 수업에 들어갔다. 책값은 시중서점과 같은데 다만 교실에서 파는 책에는 양 박사의 자필 사인을 해 준다. 사인을 받기 위해서 서점에서 사지 않고 강의실에 일부러 사는 학생도 있었다. 그러나 여기에 대해서는 교수가 너무 한다고 불만을 나타내는 이도 있었다.

내가 졸업하고 국학대학에서 조교수로 있을 때에 "옛날에 왜 그리하셨느냐"고 질문한 적이 있다. "자네는 아직 고생을 하지 않았으니 모르네"하시면서 6·25사변 통에 고생하신 이야기를 들려 주셨다.

사변이 나서 대구로 피난을 갔는데, 먹고 살 수가 없어 이웃사람의 권유로 생선 장사를 하셨다. 아침에 사온 생선을 들고 시장 거리에 좌판을 벌여 놓고 장사를 하는데, 날씨가 뜨겁고 아는 사람을 만날까 밀대모자를 푹 눌러쓰고 생선 장사를 했다는 것이다. 그 날 사온 생선이 다 팔리면 다행인데 팔리지 않으면 남은 생선을 집으로 가지고 가서, 밤에 생선이 상할까봐 밤에 잠을 못 자고 부채질을 하며 밤을 새웠다는 것이다. 이 때에 비로소 돈의 위력을 절실히 느꼈다는 것이다.

선생의 말씀은 가슴에 닿는 말이었다. 생각해 보라. 천하의 신동神童이라 호언장담하던 양 박사가 생선 몇 마리를 보전하기 위해서 밤잠을 설치면서 부채질을 했다고 하니 그 심정을 이해할 만하다. 이러한 과정에서 양박사의 금전관이 굳어지고 주저하지 않고 교실에서 교재를 팔게 된 것이다. 나는 천재의 그 심정을 이해할 수 있었다.

내가 국문학과 학과장을 맡고 있을 때에 신학기 강좌를 조절하기 위해서 종로 3가 극장 뒷골목의 선생님 댁을 방문한 적이 있다. 대문을 들어서자 안방에서 고함소리가 들리고 사모님은 마당에 성난 표정으로 서계셨다. 나를 보고 호소하기를 선생님을 좀 달래 달라면서 하시는 말씀이 "밤에 개가 하도 짖어대니 공부를 하시다가 몇 차례 나와서 개를 달랬으나 여전히 짖어 드디어 선생이 방망이를 들고 나와 개를 때려 개 허리가 부러졌다"는 것이다.

그 당시는 통행금지를 실시하고 있었던 시대이고, 선생님 댁은 번화가의 뒷골목이라 밤에도 주정꾼이 지나가고 그럴 때마다 개가 짖었을 것이다. 그 개 짖는 소리가 선생의 공부에 장애가 되었을 것이며, 선생은 홧김에 방망이로 개를 때려서 허리가 부러지는 불행이 있게 된 것이다.

신동의 분노가 개의 불행을 초래한 것이다.

이제까지 내가 만난 사람 중에서 천재를 꼽으라면 나는 서슴지 않고 양주동 박사를 말한다.

어쩌다 소중한 원전이 있어 보여드리면 한 줄 한 줄을 읽는 것이 아니라 3. 4줄을 대각선으로 읽으셨다. 내가 윷놀이를 공부하다가 도豚. 개犬. 윷牛. 모馬는 알았는데 걸의 어원은 아무리 해도 알 수가 없었다. 3수로 보는 이도 있었고, 코끼리라 하는 이도 있었으나 나로서는 수긍이 가지 않았다.

한번을 양박사를 모시고 방송에서 대담을 하게 되었는데 일을 마치고 차를 마시면서 "동물 명사에 걸, 거리, 거루란 동물은 없습니까"라고 질문을 드렸더니 "삼국사기에 고구려 군이 백제를 치기 위해서 남진을 하는데 신마神馬 거루駏驢를 얻었다는 기록이 있으니 찾아 보라" 하시기에 며칠을 걸려 삼국사기三國史記를 읽다가 거루를 찾아내고 윷 말판이 모두 동물 명사임을 알아낸 일이 있다. 양박사의 기억의 총명함에는 감탄 할 뿐이다.

1964년 내가 국학대학의 관선이사회 이사장을 맡고 있을 때에 양주동 박사문제로 일이 발생했다. 사모님으로부터 전화가 왔다. 내용인즉 국학대학에서 양박사의 해임통고가 왔으니 그럴 수 있느냐는 항변이다. 교수의 임명, 해임권은 재단 이사장에 있는데 나도 모르는 교수의 해임은 있을 수 없다. 그럴 리가 없다고 했더니, 지금 등기로 왔다는 것이다. 그래서 알아 볼 것이니 잠시 기다리시라 하고 국학대학에 전화를 했더니 교무처장의 말이 사실이라는 것이다.

학교로 달려가서 학장에 물었더니 사실이다. 그 이유는 양박사가 자주 결강을 하기에 알아보니 우리대학과 모 대학과 같은 시간으로 겹쳐 있어서 한 주는 이쪽, 한 주는 저쪽해서 격주강의로 결강이 심해서 해임했다는 것이다. 양박사가 제대로 걸린 것이다. 양박사는 인기가 많아서 여러 대학에 출강하고 있어 같은 시간에 두 대학에서 강의를 할 수 없이 격주제로 한 것이다. 당시는 두 대학에 겸임도 할 수 있었으나, 시간은 겹치지 말아야 하는 데 양박사는 시간까지 겹치고 있었다.

그러나 나는 두 가지 점을 들어 취소하라고 지시했다. 첫 째, 교수의 임명권은 이사장에 있는데 학장이 교수를 해임한 것은 월권행위이고 효력이 없다. 둘째, 양주동 박사는 국학대학 개교 이래 상징적인 분으로 "대영제국이 인도는 잃어도 셰익스피어는 잃을 수 없다"하였는데 국학대학에서 양주동 박사를 잃을 수 없다. 시간의 중복은 다음 학기부터 사전에 조정하도록 하자고 해서 해임을 취소하기로 했다.

저녁에 경과를 사모님에게 알리고 가급적 결강이 없도록 해 달라고 했다. 그런데 다음 날 또 문제가 생겼다.

교무처장으로부터 전화가 왔다. 억울하고 분해서 그만 두겠다는 것이다. 이유를 알아보니 양박사의 부인이 학교로 찾아와 직원들이 있는 자리에 "이놈아, 옛날 내가 너를 감싸 주었는데 네가 양박사를 해임하느냐"고 외치며 따귀를 때렸다는 것이다. 사모님은 내 전화를 받고 의기양양했으며, 처장과 사모님은 일제시에 경기여고에서 같이 교편을 잡은 사이였다. 그런데도 남편을 해임한데 대한 분풀이를 한 것이다. 좀 심했다. 그래서 나는 교무처장을 위로하고 달랬다.

선생은 술을 좋아했다. 그러나 말년에는 의사의 충고로 맥주만 드셨다. 그래서 주례를 설 때는 맥주 한 박스를 가져오라 하셨다.

백철白鐵 교수

대학에 다닐 때에 백철 교수의 문예사조사를 수강했다. 당시 소설론은 이무영李無影 교수, 시론詩論은 김기림金起林 교수가 담당했다. 지금 생각해도 좋은 교수로부터 수강한 행운이 있었다.

나는 그 당시에 소설가를 꿈꾸고 있었기 때문에 현대문학 강의를 열심히 들었다. 그래서 이무영 교수 댁과 백철 교수 댁을 방문한 적이 있다. 백철 교수 댁은 안암동의 새로 조성된 주택지였던 것으로 기억한다. 나는 대학 2학년 2학기부터 전공을 민속학으로 바꾸었기 때문에 그 후로는 찾아뵙지 못했다.

내가 대학으로 진출하고 수복이 되어 서울에 와서 국문학과 학과장을 맡게 되어 백철 교수님을 다시 모시게 되었다.

1954년으로 기억한다. 백철 교수님이 부르시더니 서라벌예술대학의 문예창작학과의 국문학사 강의를 맡아 달라는 것이다. 백철 교수는 신설된 서라벌예술대학의 교무처장을 맡아 겸직하고 계셨으며, 국내 유일의 문예창작학과를 육성하는데 힘쓰고 계셨다. 나는 출강하기로 했다. 그 후로 교수께서는 중앙대학으로 전임을 옮기셨으나 국학대학에 출강은 계속하셨다.

백철 교수의 권유로 서라벌예대에 출강하게 되고. 후에 학장직을 근 10년 동안 봉직했는데 백철 교수께서 인연을 맺어 주신 것이다.

백철 교수께서는 중앙대학으로 옮기시고, 학교에 가까운 흑석동으로 이사를 하셨으나 나는 해마다 정초엔 세배를 다녔다.

교수님의 제자 사랑은 남달리 세심한 배려를 하시는 분이셨다. 하루는 나를 부르시더니 제자 중에 민속학에 관심이 많은 사람이 있으니 지도해 달라 하시며 평론가 장백일 군을 보내 왔다. 그래서 내가 출강하는 우석대학의 대학원에 적을 두고 민속학 지도를 한 일이 있다. 백 교수께서는 제자의 적성에 따라 세심한 지도를 아끼지 않으신 분이었다.

백 교수께서 중앙대학을 정년퇴임 하셨고, 2년 후에 나는 서라벌예술대학이 중앙대학에 병합되어 자리를 중앙대학으로 옮기게 되었다. 그 무렵 선생께서는 펜크럽 일에 전념하고 계셨다.

들리는 말에 자제의 사업이 여의치 않아 경제적으로 어려움이 있다는 소문이 자주 들려 왔고. 얼마 있다가 졸도하셔서 입원중이란 소식이 들려 왔다. 나는 중앙대학교 필동병원으로 문병을 갔다. 며칠째 의식이 없고, 병실에의 문병은 차단되고 있었다. 참 막막했다. 수영을 즐기시어 한강을 왕래하셨는데 그 건강은 어디로 가고 의식불명 상태라니 어이가 없었다. 처참한 분위기이었다. 문병 온 사람들도 오래 있을 수가 없어 일어섰다. 나도 일어섰다. 나는 나오려는데 사모님이 나를 불렀다. 일행이 다 나간 뒤에 가운을 입히고 구두를 소독하고 병실로 안내해 주었다. 나에게는 배려를 해 준 것이다.

선생의 모습은 처참했다. 눈은 감고 코와 입에 투약하는 고무줄이 늘어 있어 처참한 모습을 차마 볼 수가 없었다. 한참 있다가 병실에서 나왔다.

2일 후에 선생이 운명하셨다는 부음을 받고 장례에 참여했다. 인생 허무란 바로 이런 것이구나 싶었다. 선생은 생전에 좋은 일을 많이 하셨으니 천당에 가셨을 것이라 생각했다.

이숭녕李崇寧 교수

선생先生님을 처음 뵌 것은 대학 강의실講義室에서 였다. 작달막한 키에 다기찬 몸집에, 도도할 정도로 자신있는 음운론강의音韻論講義에 모두 매료되었다. 해방직후解放直後의 대학에는 만학晩學의 고령학생高齡學生들이 많았으나 나는 비교적 어린 편이었는데 선생님의 명강의名講義에 빨려 들어갔다.

내가 선생님과 사적私的으로 첫 대면對面하게 된 것은 당시 청량리淸涼里 서울대 교수 관사官舍로 찾아뵈었을 때로 기억記憶한다. 나는 일사一簑 방종현方鍾鉉 선생先生의 권유로 민요民謠를 연구硏究하게 되었고 공일空日이 되면 자주 댁宅으로 찾아가서 지도指導를 받은 일이 있는데, 심악心岳 선생님의 관사官舍와는 두어집 건너서 있었고, 일사一簑 선생댁先生宅 앞을 그냥 지나치자니 마음이 걸려서 한번은 찾아뵙고, 대화를 한 적이 있다.

선생님은 말년末年에 발병發病하실 때까지 늘 그러했듯이, 책상 앞에 앉아서 시종始終 대화하셨던 것으로 기억된다. 그때의 말씀 중에 기억에 남는 말은 "시야視野를 넓히되 이것저것 손대지 말고 한 곳을 깊이 파라"는 말씀이었다.

육이오사변이 나고 부산으로 피난 가셨다는 소식을 들었고, 나는 고향에 내려가서 교편敎鞭을 잡다가 대전으로 나가서 충남대학에서 강단講壇에 서게 되었는데 마침 선생께서 대전으로 오시게 되어 교수휴게실에서 자주 뵙게 되었고 댁에도 찾아가게 되었다. 피난살이의 궁색한 중에도 학문에 전념專念하시는 모범模範을 보여 주셔서 풋병아리 전임강사專任講師 시절에 많은 가르침과 지도를 받았다.

서울로 수복후收復後에도 대학大學에서 자주 만나 뵙게 되었고, 설 때면 어린 아들을 데리고 청량리清凉里 댁으로 세배歲拜를 다녔다. 내가 육십일년도六十一年度에 첫 저술著述로 『한국민요집韓國民謠集』 첫째 권卷을 낼 때에는 기꺼이 서문序文을 써주서 격려激勵해 주셨다.

육십구년六十九年 겨울에 미국에 가서 있게 되었는데 집에 전화電話를 걸었더니 심악心岳 선생댁에서 두 번이나 전화電話가 있었다는 것이다. 나는 귀국해서 무슨 급急한 일이 있었는가 싶고 또 늦은 세배歲拜도 드릴 겸 해서 찾아뵈었더니, 별일은 없고 해마다 설 때면 빠짐없이 찾아오던 사람이 나타나지 않으니 변고變故라도 있는지 궁금해서 전화했다는 말씀이었다. 나는 고마움을 느꼈다. "내리사랑"이란 말이 있지만 그 많은 제자들을 잊지 않고 염려해 주시는 노老스승의 자상함에 고맙고 본받아야 하겠다고 느꼈다.

내가 학장직學長職을 맡게 된 후로 세배歲拜를 가면 "학장學長도 세배歲拜 다니는가, 이제 그만 오게." 하셨고 내 회갑연回甲宴에 나오셔서 축사祝辭를 해주시더니 "이제 환갑還甲이 지났으니 세배歲拜는 그만 두게." 하셨으나 나는 일년一年에 한번 뵙는 일이니 계속해서 세배歲拜를 다니다가 선생께서 발병發病하신 후로 세배歲拜를 하지 못하고 말았다.

선생님이 홀연忽然히 세상世上을 떠나신 지금 나는 선생님께 두 가지 죄를 지어 송구悚懼할 뿐이다. 첫째는 병석에 누워 계실 때에 찾아뵙지 못한 일이다. 입원하셨을 때에는 문병사절중問病謝絶中이라 뵙지 못했고, 둘째는 선생님께서 운명殞命하셨을 때에 마침 외국 여행중이라 뒤에야 소식을 들었으니 문상問喪조차 못하였다. 스승으로부터 큰 은혜恩惠를 입었으면서 제자弟子된 도리道理를 못하였으니 염치廉恥없고 송구悚懼스러우며 이 글을 쓰면서 마음은 무겁고 부끄러울 뿐이다.

선생께서는 큰 업적業績을 쌓으셨고 후학들에게 많은 교훈을 남기셨다. 즉, 늘 정진精進하고 자강불식自强不息하는 모범을 보이셨고, 연구실과 서제書濟를 지키며 농담弄談이나 허튼소리로 시간 낭비를 하는 일이 없고 늘 근엄謹嚴하시어 학자의 길, 선배의 도道에 모범이 되셨다.

오십구년도였던가, 아세아재단의 지원으로 제주도학술조사단濟州道學術調査團에 참여 했을 때에 선생께서는 단장을 맡으셨는데, 현지에 도착하자 나를 부르시더니 "자네는 술 담배를 안하니 내 방에 와 있으라"는 것이었다. 스승을 모시고 한방에서 기거起居하기란 조심操心스럽고 부자유不自由해서 반갑지 않은 일이지만 꼼짝 못하고 일주일 동안 모신 적이 있는데 규칙적인 생활이며 단장으로서 차근차근 챙기시는 품이 많은 것을 배우게 되었다. 선생님의 학문적 업적은 비전공인 내가 말할 일이 아니지만 독보적獨步的이며 그 학통學統은 문하생들에 의해서 계승되고 있어 구천九泉에 계실지라도 마음 놓으셔도 될 것이다.

늘 현역으로 학구學究에만 전념하신 선생님. 이제 못하단 이승일 다 잊으시고 마음 평안平安하시기를 바란다. 유명幽明을 달리하여 이제는 찾아뵙고 그 깊은 훈화訓話며 학설을 가르침 받을 기회는 없으나 선생님의 모습은 마음속에 남아 있으니 두고두고 숭앙崇仰하고 사모思慕할 것이다.

부디 영생 평안하시기를 빈다.

노산鷺山 이은상李殷相선생

나는 학생시절에 노산의 시조「성불사의 밤」「오륙도」를 좋아서 자주 암송했다. 1927년에 발표한「청상青孀민요 소고」는 나의 민요연구에 도움이 되었다.

노산 선생을 처음으로 뵌 것은 1960년대의 중반으로 기억을 한다. 내가 서라벌예술대학 학장을 맡고 저명한 선학들의 특강을 계획하고 그 중에 노산 선생도 모시기로 했다.

안암동 네거리에서 약간 들어간 뒷길에 있는 댁으로 처음으로 찾아가 뵈었다. 유들유들한 얼굴에 코가 유난히도 붉고 크다는 인상을 받았다. 서라벌예술대학의 설립당시 염상섭·윤백남·이은상의 세 분이 많은 관심을 가지고 도와준 일이 있어, 나의 청을 쾌히 받아들여 주셨다.

노산 선생의 강연은 구수해서 학생들에게 많은 인기가 있었다.

하루는 노산께서 오라 하시기에 찾아갔더니 "전국 문화원연합회"의 회장을 맡아 달라는 말씀이다. 당시 노산께서 회장으로 계셨는데, 그만 두어야 하겠는데 적당한 사람이 없다는 것이다. 나는 정중히 사양을 했다. 나는 대학 외의 직책을 맡고 싶지 않았다.

얼마 있다가 김해성金海星 교수가 찾아 왔다. 노산 선생을 회장으로 한국신화학회를 구성하는데 나보고 부회장을 맡으라는 것이다. 나의 연구 영역에 신화도 관련은 있으나 주전공이 아니기에 사양했더니 노산 선생의 지명이라기에 맡기로 해서 발표도 하고 5~6년 동안 참여한 것으로 기억한다.

노산의 제자, 후배들에 의해서 구성된 "노산문학회"가 있어 몇 차례 불려가서 강연을 했고, 선생의 고향인 마산馬山에까지 가서 강연을 했다. 그 자리엔 문교부 차관과, 숙대 총장을 지내고 경남대학의 총장으로 가 있는 윤태림尹泰林 씨가 뒷좌석에서 듣고 있었다. 강연이 끝나고 윤총장과 둘이 점심을 먹으면서 영남의 풍속이며 기질에 대해서 이야기하고 오후엔 "소싸움"을 보았다. 나는 처음 보는 소싸움이어서 매우 인상적이었다.

노산의 고희논총에 글을 쓰라는 요청을 받고 「사희고柶戲考」를 쓴 일이 있다.

서라벌예술대학이 재정을 보충하기 위해서 새 재단을 물색하고 있을 때에 노산선생의 권유로 남한산南漢山 밑 일대를 현장조사에 나선 일이 있다. 당시 나의 전용차는 지프차여서 선생을 앞자리에 모시고 가는데, 뒤에서 보니 선생의 머리가 유난히도 곱슬머리였다. 그래서 내가 장난삼아 "선생님 머리가 수상합니다"하였더니, 선생은 내 말의 뜻을 알아차리고 "임진왜란 때에 당한지도 모르지" 태연스레 답하는 것이다. 곱슬머리는 체질인류학에서 남방계南方系로 분류하고 있다.

선생께서 한남동에 사실 때에 전화가 왔다. 찾아가니 장덕순張德順, 김성배金聖培 교수가 와 있었다. 선생의 말씀인즉 "전통문화의 자료를 집대성해서 후세에 물려주자"면서 설화는 장덕순, 수수께기·속담은 김성배, 민요는 임동권이 맡으라는 것이다.

취지가 좋았고 나도 늘 그리 해야한다고 생각하고 있었으나, 조직체를 가질만한 재력이 없어 각자가 알아서 필요한 자료를 수집하여 연구하고 있었던 터에 반가운 소식이라 모두 동참하기로 했다. 재정은 노산께서 고위층과 이야기되고 있으니 걱정 말라 하시어 모두 찬의를 표시하고 각자 전공별로 구상하기로 했다. 모처럼 좋은 기회라 큰 기대를 하였으나 재정이 여의치 못해서 불발하고, 모처럼의 기대가 수포로 끝났다.

나는 1967년 10월 7일 『대한일보』에 고려가요 「동동動動」을 발표한 일이 있다. 이 글을 노산 선생께서 읽으시고 감상의 서신을 보내주셨다. 그 친필이 다행히도 지금 보관되어 있기에 여기에 원문대로 기록해 두고자 한다.

(겉 봉)

<달 참조>

임 동 권 박 사

노산

(내용은 다음과 같다)

참 고

전통문화의 시간적 하한선(下限線)을 1910년이라고 못박는 것은 어폐(語弊)가 있지 않을까 싶습니다.

재미있는 표현이긴 하지만

나는 일찍이 연대적으로 따지기 보다

1. 서구문화 수입이전
2. 식민지 문화의 침입이전

이라고 규정(規定)해서 말해 왔는데 혹시 참고되지 않을까 합니다.

지난번 강좌(講座) 참 좋았습니다.

마산(馬山)에서도 반드시 성공적으로 받아들여 질줄 믿습니다.

수고 많이 해 주십시오.

任 同志 께

노산

****

달의 문학

(동요) 달아달아 밝은 달아 ---정조(正祖) 때

(옛 시조) 대표적인 것은

한산섬 달 밝은 밤에－－－충무공(忠武公)

노산 시작품 우선 기억나는 것만 추림

남한(南漢)의 밤(三章) 일절(一節)

장경사(長慶寺) 그윽한 밤에
월명전(月明殿) 돌아든다
방안엔 늙은 중하나
부처랑 함께 잠들어 있고
뜨락엔 달하고 나 둘이서
잠못들고 거닌다.

<1933. 9. 1>

감감술레 (강강. 감감의 음전(音轉) 사절(四節)중 하나.

감는다는 뜻(감아라 감아라)

끝없는 표현 (감감하다)

휘영청 달도 밝다
바람조차 맑은 밤에
갓 스물 큰아기들
술래춤을 추는구나
앞뒤로 손에 손잡고
둥글둥글 돌아간다

<1952. 7>

關西紀行 吹笛岩(宣川) 二節中 하나.

동림산(東林山) 달 밝은 밤에
그 누구 여기 올라
들매나무 아래
피리 불던 바위란다
그 사람 무슨 곡조를
불고 울고 가던고
<1935. 7>

關北紀行 溪月頌 (2首)
蓮臺峰 산머리에
던져놓은 달일러니
구을어 솔밭 위에
내려오던 달일러니
이뿔사 떨어졌구나
냇물 속에 잠긴다

덜컥 손을 내밀어
달을 건지렬제
우수수 지는 잎이
달을 덮는구나
손 도로 품에 넣는다
추운 탓만은 아니여
<1936.10>

江都紀行 만명등(傳燈寺) 二節中 하나
구름을 헤치고
은 쟁반같은 달이 오른다.

사람이 켜는 불은
바람불면 꺼지길래
하늘이 長明燈에다
불을 다시 밝힌다
<1935.10>

妙香山 紀行 보현사(普賢寺) (2절 중 하나)
밤들자 관음전에
구슬픈 禮佛소리
그소리 끊인뒤엔
중도 부처도 잠이들고
깊은밤 나와 달과 산 접동
셋이 잠을 못든다
<1931. 7>

가윗날(五首中 하나) 어버이 그려
산마술 깊은 밤에
뜰에 가득 달이로다
마음을 둘 데 없어
사립 열고 나와 설 제
귀뚜린 누구를 그려
저대도록 우나니
<1930. 8.15>

二章. 時調

달

그 언제 님의 아호

月字넣어 지어주고
지금도 달만 바라면
그님 생각 합니다.
소식이 끊이오매
안부를 알 길 없어
저 달로 점치는 줄은
님도 아마 모르시리

흐린 달을 보면
무슨 걱정 계시온가
내 맘도 깊은 구름에
싸이는 줄 압소서

하마 밝아졌나
창 밖을 보고 또 보고
새벽만 환하시오면
그제 안심 합니다.

어느 땐 너무 밝아
너무 밝음 밉다가도
그 기쁨 생각하고서
다시 복을 빕니다

<1932. 3.20>

달은 예대로

아폴로 11호
우주 과학은 절정에 갔나

지구의 눈과 눈들
크고 작은 입과 입들이
모두 다 놀라 외치며
환호의 만세를 불렀다.

달을 밟은 우주인들
그영광 달보다 밝다
그러나 다음 뉴스에
나는 두 번째 놀랐다.
그들은 도로 지구로
돌아와야만 했다

인간들의 시와 기도를
짓밟고 모독했어도
다시 보니 달은 예대로
고요하구나 신비하구나
오늘밤 달 아래 서서
나는 세 번째 놀랐다

<1969. 7.28>

달(文明에 反抗함)

혼란한 불빛이
시민의 눈을 어지럽혔다.
달은 무참히도
성 밖으로 쫓겨났다.
달 찾아 지금 이 밤에
나도 거리를 벗어났다.

진실이란 언제나
이 같이도 외로운 건가
그러나 흐렸던 혼이
달빛 마냥 환하잖느냐
말없이 밤이 이슥토록
달만 바라고 섰었다.

<1960. 4.15>

천체 중에 내가 가장 좋아하는 것이 달이다

노 산

달을 좋아하는 민족은 낙천적인가 싶고
별을 좋아하는 민족은 사색적인가 싶소

내가 고려시가 동동을 이야기 하면서 달을 이야기 했고, 아울러 정읍사井邑詞에서의 달을 언급 했더니 읽으시고 당신이 지으신 달과 관계되는 작품을 보내주신 글이다. 노산시조집에도 없는 시조가 있으니 노산 연구에 도움이 되리라 믿어 원문을 실었다.

* 자필 원고는 아직 내가 보관하고 있다.

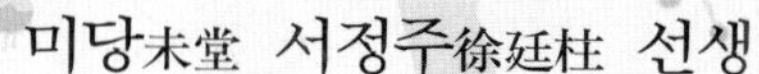

미당未堂 서정주徐廷柱 선생

서정주 선생을 처음 만난 것은 1957년경. 내가 국학대학에서 국문학 과장을 맡고 있을 때로 기억한다. 당시 시론詩論을 맡고 계신 가람 이병기李秉岐 선생께서 나오시지 못하게 되어 후임으로 서정주 선생을 모시게 되었다. 마포 공덕동 언덕 위의 초가집으로 찾아가 바쁘다 하시는 걸 어렵게 승낙을 받아 모시게 되었다. 소탈하고 순진하고 웃는 모습이 수줍은 소년 같아서 인상적이었다.

당시 국학대학은 정릉貞陵에 있었는데 경국사慶國寺를 지나 편편한 언덕 위에 교사를 새로 지었고 주변은 송림이 울창해서 도심과는 아주 다른 환경에 있었다. 까치소리와 매미 소리로 들려왔다.

여름이 되어 하루는 오후 강의가 끝났다면서 "임형, 목욕 가자" 하시기에 어리둥절했더니 가방에서 수건을 두 개를 꺼내 보이면서 나와 같이 가려고 수건을 두 개 가지고 왔다는 것이다. 목욕하기 좋은 곳을 미리 봐 두었다면서 정릉 골짜기 개울로 앞장서서 가는 것이다. 나는 뒤따라가면서 소탈한 시인의 뒷모습에서 순진한 아동의 모습을 보았다.

정릉 골짜기 물은 맑았고 차서 시원했다. 나는 시골에서 자랐기 때문에 여름이면 친구들과 자주 산 골짝에 들어가 목욕한 경험이 있다. 도시로 진학한 이후로 산 골짝 개울에서 목욕하리라 생각도 못했는데, 오랜만에 개울에서 목욕을 하니 상쾌했다. 나는 감히 정릉 골짝에서 목욕 하리라 생각도 못했는데, 시인은 골짝의 시원한 개울을 보고 목욕할 곳을 미리 답사했고,

나를 꼬시려고 미리 수건을 두 개 준비했던 것이다. 산 골짝 맑은 물 속에서 오래 담론을 하는 맛이 매우 상쾌했다. 서정주 시인은 역시 나보다 한 수 위라는 것을 느꼈다. 해마다 여름이면 이런 일이 반복되었다.

1960년에 서라벌예술대학으로 자리를 옮기게 되고 여기에서도 미당과 자주 어울리게 되었다. 하루는 머리를 승려처럼 삭발하고 나왔다. 전날 저녁에 돈암동에서 식사와 반주를 같이 하였는데 하룻밤 사이에 중머리가 되었으니 왠 일이냐고 물었다. "가렵기에 박박 깎았더니 시원해서 좋다"면서 어제 저녁엔 술을 샀으니 오늘은 명동에 가서 한잔 하자는 것이다. 나는 술을 마시지 않는다. 다만 말로 때우면서 술자리를 같이 할 뿐이다. 나는 머리를 중머리로 깎고 명동에 나아갈 자신이 없다. 역시 미당은 나보다 한 수 위라는 것을 알았다.

1963년 여름에 미당, 동리東里, 정태용鄭泰鎔 교수와 함께 여름 방학에 제주도에 간 일이 있다. 좋은 학생 유치를 위해서 문예강연을 하기 위해서였다. 동리는 밤늦도록 술을 마시고 즐길 대로 즐기고 통행금지 시간에 맞추어 돌아 왔고, 미당은 술 한 잔을 놓고 젊은 문인들과 담론을 했다.

한번은 윤천주 문교부 장관의 전화가 왔다. 대통령이 문인들과 저녁을 함께 하기로 되어 있으니 나오라는 것이다. 나는 문인이 못되는데 하고 사양했으나 아무 소리 말고 나오라기에 시간에 맞추어 영빈관으로 갔다. 30명 정도가 모였는데 의외로 아는 문인들이 많았다. 나는 김동리, 황순원, 서정주씨와 같은 테이블에 앉게 되었다. 술잔이 돌고 분위기가 무르익을 때에 미당이 술잔을 들고 일어나 옆자리로 가서 술을 권하고 무엇인가를 긴 이야기를 했다. 황순원씨는 웃고 동리는 미당이 주책이라면서 혀를 찼다. 나는 대통령이라 할지라도 앞에 나아가 대통령께 술을 권하고 담소하는 모습이 당당하고 시인의 순수함이 있어 좋아 보였다.

1990년 경으로 기억한다. 중앙대 연구실로 미당으로부터 전화가 왔다. 좋은 친구가 오니 오라는 것이다. 나는 사당동의 예술인 마을의 미당 댁으로 갔다. 고은 시인이 와 있었다. 그날도 긴 시간 차를 마시면서 담소했다. 그

때의 미당의 말에 아직도 잊지 못 하는 말이 있다. 수 일전에 송광사에 가서 주승과 이야기 하는 중에 "나는 아직도 예쁜 소녀를 보면 탐이 나는데 스님은 어떠하시오" 했더니 스님 말이 "소승인들 왜 마음이 동하지 않겠습니까. 다만 참지요" 하더라는 것이다. 매우 함축성 있는 대화였다.

미당도 세상을 뜨셨다. 그러나 가끔 미당의 소박하고 순수한 인품이 생각난다. 그러할 때에는 "국화 옆에서"를 읊어본다.

조지훈趙芝薰 선생

나는 해방이 되던 다음 해에 조선어학회에서 학술적 지원하는 국학대학 국문학과에 입학했다. 소설가가 되기 위해서였다.

교수진이 당대의 저명한 학자로 구성되어 있어서 고전문학에 양주동梁柱東, 이재수李在洙 교수, 국어학에 최현배崔鉉培, 이희승李熙昇, 정태진丁泰鎭, 김병제金炳濟, 방종현方鍾鉉 교수, 현대문학에는 시론詩論에 김기림金起林, 소설에 이무영李無影, 평론에 백철白鐵 교수가 있었다.

조지훈 선생께는 배우지 못하였으나 청록파靑鹿派 시인인 조지훈 선생의 존함을 익히 알고 있었고 시, 승무僧舞는 매우 감동적이었다.

6·25사변이 나고 고향에 피난 가 있다가 예산농업학교에서 교편을 잡게 되어 교과서에 있는 승무를 가르치게 되고, 읽을수록 그윽하고 신비한 정서와 그 깊이에 새삼 감동을 받았다.

1953년부터 대학에서 서민시가庶民詩歌인 민요를 강의하게 되어, 한국적 정서가 담뿍 들어있는 김소월, 서정주, 박목월의 시와 함께 조지훈의 시를 좋아했다. 그러나 조지훈 시인과의 대면은 1963년 처음으로 이루어졌다.

여름 방학을 앞두고 고려대학에서 한문학을 전공하는 이동환李東歡군으로부터 희소식이 왔다.

이군은 안동출신인데 나의 연구실을 자주 드나드는 학생으로 고향인 안동지방의 향토문화에 관심이 많았다. 내가 찾고 있는, 합병 다음해인 1912년 총독부에서 조사한 『이요俚謠, 미언謎諺 및 통속적 독물讀物집』 13권을 소장하고 있다는 소식과 함께, 그 중 5권을 가지고 왔다. 내가 그동안 애타게 찾던 자료를 보자 나는 흥분되었다.

조선총독부에서 한국인의 민심을 파악하고자 합병 다음해에 바로 조사했다는 기록은 경성대학 고교형高橋亨의 글에서 읽은 일이 있어 나는 조선총독부의 문서고文書庫에 어렵게 들어가 찾았으나 이미 사라지고 없었다. 그 소중한 자료가 바로 내 눈앞에 있으니 흥분하지 않을 수가 없었다. 내가 모두 인수할 터이니 나머지도 찾아달라고 신신 부탁을 했다.

며칠 후 나는 외국여행을 해야 했다. 당시 서라벌예술대학 학장직을 맡고 있어 일본의 예술대학과 교류를 하기로 하고 초청을 받고 있었다. 20여 일의 여행에서 돌아와 이군에게 연락했더니 다 찾기는 하였는데 조지훈 교수께서 "아무개는 해외 여행 중이라 하니 잠시 구경이나 하자"하시기에 드렸더니 돌려주시지 않는다는 것이다. 이군은 이쪽 저쪽 다 스승이니 이러지도 저러지도 못하고 난처한 처지에 있었다.

한 달이 지나도 신통한 소식이 없어 내가 직접 조선생을 만나기로 했다. 당시 나는 삼선동三仙洞에 살았고 조선생은 가까운 성북동에 사셨다. 삼선동에서 성북동 쪽으로 400미터 쯤 가서 왼쪽으로 골목에 들어서면 바로 선생 댁인데 아담한 한옥이다. 선생은 날짐승은 학을 좋아하시고 길짐승으로는 소를 좋아하셔서 댁을 방우산장放牛山莊이라 하였다.

"읽고 줄 터이니 좀 기다려 달라"기에 좋은 자료를 대하였으니 그럴 수도 있겠다 싶어 그냥 돌아왔다. 소식이 없어 두 번, 세 번 가도 같은 대답이기에 한번은 "나에게로 오는 자료를 중간에서 가로챘으니 돌려주어야 하고 난리가 나면 이 자료는 어찌하겠습니까"하고 물었더니 "민족문화연구소에 소장하겠다"하시기에 "6 · 25 동란을 겪고 보니 서울대학 도서도, 고려대학 도서도, 시내 고서방에 나와 있습디다. 나는 난리가 나면 이 자료만은 업고 피난 가겠습니다." 하였더니 이 말에는 "내가 졌다"면서 자료를 나에게 내어주어 가지고 왔다.

이런 일이 있은 후로 친해져서 고려대학 민족문화연구소에서 기관지 『민족문화』를 창간하면서 창간호에 「한국 민속학소사」를 공동집필하자는 제의를 받아 조선생께서 해방 이전사를, 내가 해방 후를 썼다. 그 후 자주 만나게 되고 교분을 쌓게 되었다.

조 선생께서는 1968년에 48세의 아직 젊은 나이에 너무나 일찍 세상을 떠나셨으니, 큰 별을 잃어 애석했다. 그 의젓하고, 양반스럽고, 고풍스러운 모습을 다시 볼 수가 없어 안타깝다.

성산 장덕순 교수

1) 첫 만남

나는 해방의 다음 해인 1946년 국학전문학교 국문학과에 입학을 했다. 일제 말기에 군수물자인 텅스텐 광산에 징용되어 있다가 해방을 맞아 징용에서 풀려나 서울에 상경하여 소설가가 되고자 국문학과를 선택했다.

당시의 학교분위기는 일제로부터 해방되었으니, 모두 민족과 국가에 기여하고자 희망에 차 있었고 패기만만한 시절이었다. 국학대학은 조선어학회와 진단학회에서 뜻을 모아 설립하였기 때문에 국문학과와 사학과 두 학과만 있었고 1948년에 대학으로 승격되어 학부로 편입되었다.

당시 서울시내의 대학에 국문학과가 설치되어 있는 곳은 9개 대학 뿐이어서 각 대학의 국문학과가 모여 <전 서울 각 대학 조선어문학회>를 구성하고 각 대학이 돌아가면서 연구 발표회를 개최하였다. 학회에 나가면 여러 친구의 얼굴을 익히고 또 사귈 수 있어 동학同學을 만나는 기쁨이 있어 좋았다. 성산을 언제 처음 만났는지 기억은 없으나 아마 여러 대학의 국문학도들이 모이는 이러한 모임에서 자연스럽게 성산을 만났을 것이다.

뚜렷하게 기억나는 것은 6·25전쟁 전 해의 일이다. 1949년 4월 30일 <국학대학 국어국문학 연구회>가 주체하여 <전 서울 각 대학 조선 어문학회 발표회>가 국학대학에서 있었는데, 이때에 서울대학에서는 이명구李明九가 「고려속요」, 고려대학에서는 박성의朴晟義가 「고대소설」, 국학대학에서는 내가 「민요시론民謠試論」을 발표한 일이 있었다. 이때 성산이 참석했다는 것을 나중에 알았다.

다음 해에 6·25전쟁이 일어나고 모두 뿔뿔이 헤어져 있다가 수복이 되어 다시 서울에 모이게 되었고 <국어국문학회>가 구성되어 이제는 학생 신분이 아니라 사회적으로 신분이 상승하여 교사, 교수, 강사의 신분으로 다시 만나게 되었다. 국어국문학회의 모임에서 만난 성산이 나의 민요발표를 들었다면서 질문을 했고, 민속학에도 관심을 보여 이후로 친근한 사이가 되었다. 당시 기념사진이 나에게 있는데, 성산의 모습이 보이지 않아 물었더니 연구발표만 듣고 볼일이 있어 정병욱과 같이 나가게 되어 사진을 못 찍었다는 것이다.

2) 제주도에서 20일 동안의 조사활동

성산과 20일 동안이나 같이 민속조사를 할 기회가 있었다. 1959년 7월 22일부터 8월 12일까지 제주도 학술조사에 동참하게 되었다. 모두 40여명의 학자들로 제주도 종합학술조사단을 구성하는 대대적인 조사활동을 하게 되었는데, 나는 구비문학반에서 민요를 담당하게 되었다.

구비문학반은 나와 정병욱, 장덕순, 정한모, 정한숙, 전광용 등으로 구성되어 있었던 것으로 기억하는데, 여기에 문제가 있었다. 모두가 애주가들이고 나만 술이 약했다. 모두 제주도는 초행인데다가 야자수가 길가에 늘어서 있고 문주란, 칸나 등 화사한 꽃들로 이국풍경을 자랑하니 술맛도 나게 되어 있어 한양의 풍류객들이 그냥 지나칠 수 없었을 것이다. 보고서는 나보고 쓰라고 하고, 밤이면 제주도 토주 맛에 빠지는 일이 종종 있었다.

나는 시간을 허비할 수 없었다. 처음 가는 제주도이고, 또 제주도 민요는 가락이 특이해서 꼭 녹음을 하고 싶었다. 녹음을 하자면 녹음기가 있어야 하는데, 그 당시에는 아직 녹음기가 보급되어 있지 않아서 문교부를 통해 남산에 있는 KBS에 가서 교섭을 했으나 보기 좋게 거절당했다. 그래도 나는 단념할 수가 없어서 다시 문교부에 가서 사정을 했고, 담당 국장이 KBS와 통화하는 것을 옆에서 듣고 다시 방송국을 찾아갔다. 담당자는 매우 불쾌한 표정이었고, 나를 데리고 한 방으로 가더니 구석에 놓여 있는 궤짝을 발로 툭툭 차면서 가지고 가라는 것이었다. 알고 보니 당시 KBS에는 녹음이가 3대밖에 없었으며 더욱이 휴대용은 아직 없었던 때라 성능이 가장 나쁜 것을 주었을 것이다. 그러나 나는 고맙기 그지 없었다.

녹음기를 배당받았으나 너무 커서 들고 나올 수가 없었다. 이렇듯 어렵게 녹음기를 빌려 왔으니 많은 민요를 녹음해야 했으며, 시간을 허비할 수가 없었다. 그래서 우선 마을에 가서 소리꾼을 찾고 좋은 소리꾼이 있으면 시내 숙소로 데리고 나왔다. 녹음기가 크고 무거워서 마을에 가지고 갈 수가 없을 뿐 아니라, 시골에는 전기가 없으니 소리꾼 할머니, 할아버지를 시내로 모셔 와야 했다. 지금처럼 손바닥 안에 드는 휴대용 녹음기를 쓰는 사람들이 보면 웃을 일이지만 당시의 실정은 그러했다.

내가 녹음기를 쓰고 있으니까 설화를 담당한 성산이 민담전설도 녹음하자고 제의하기에 같이 작업을 하게 되었고, 서로 의기투합했다. 그랬더니 정한숙이 "술꾼 하나 빼졌다"고 농담을 했었다. 제주도 학술조사는 일행들이 애교 있는 주태백들이어서 재미있고 보람 있는 20일을 보낼 수가 있었다.

1982년에 성산이 『암행어사의 회포』란 수필집을 내놓았는데 그 중에 「전설의 나라 탐라耽羅」는 제주도에서 이때 수집한 자료를 소재로 한 것으로 알고 있다. 학술조사단은 이숭녕 교수가 단장을 맡았고 서울대의 이민재, 육지수 교수 등을 비롯하여 여러 대학에서 선발된 사람들로 조사단을 구성하였던 것으로 기억한다. 그런데 하루는 이숭녕 교수가 나를 부르더니 "담배를 피느냐"고 묻기에 안 피운다고 하였더니 "그럼 오늘부터 당장 내 방으로 오라"는 것이었다. 당시 경비를 절약하려고 그랬는지 한방을 두 사람씩 쓰기로 되어 있었다. 누군지 기억에는 없는데, 같은 방을 쓰는 사람이 담배를 많이 피워서 선생이 고생을 하신 것 같았다. 스승을 한 방에 모시는 일이 반가운 일은 아니었지만 명령이라 할 수 없이 같은 방을 쓰게 되었다.

제주도에서 카메라를 도난당하는 사건이 있었다. 조사를 마치고 제주도를 떠나는 날 어느 기관장이 점심식사에 초대하였다. 점심을 먹고 해군 수송선을 타고 부산으로 향하기로 되어 있었다. 나는 짐이라야 배낭 하나였지만, 짐을 꾸리고 사진기를 맨 위에 넣었다. 사진기는 수시로 써야하기 때문에 꺼내기 쉽도록 한 것이다. 점심을 먹고 돌아와 배낭을 가지고 나오려는데, 감이 이상해서 배낭을 살펴보니 사진기가 없어졌다. 짐을 모두 풀고 다시 찾아봐도 사진기는 없었다. 그때 마침 조선일보 기자인 홍승면 씨가 취재차 왔다가 알게 되어서 여관주인을 불러오고 하였으나 결국 찾지 못하고 시간이 되어 떠나야 했다. 제주도는 삼다三多 삼무三無가 자랑인데 도무盜無의 고장에서 도난을 당했으니 마음이 씁쓸했다. 이때 성산이 "민속학자는 비싼 카메라를 가지고 다니니 탈이야"하고 농담을 했다.

그리고는 서울에 온 지 2일 만에 제주도에서 전화가 왔다. 카메라를 찾았다는 것이다. 여관의 소년 종업원이 탐이 나서 어린 마음에 훔쳤다는 것이다. 그 종업원은 제주도 출신이 아니고 육지에서 피난 온 사람이라고 했다. 한 20일쯤 후에 법원 서기장이 서울에 출장을 가니 그때에 가지고 오겠다고 했고, 나는 20여 일 후에 카메라를 되찾게 되었다. 후에 들은 이야기인데, 기관장들의 회식자리에서 제주도의 명예를 걸고 찾아야 한다고 해서 경찰이 수고를 했다는 것이다. 나는 여러 사람의 마음을 상하게 해서 미안했다.

3) 출판 기념회 사회를 맡다.

나는 첫 저술로 『한국민요집』 1권을 출판하고, 1961년 9월 30일에 출판기념회를 갖게 되었다. 그동안 주말이나 방학 그리고 향토문화행사가 있을 때면 시간 나는 대로 누비고 다녀서 수집한 민요 카드가 6,000매가 넘어 상자에 가득했다. 그래서 당시 큰 출판사였던 동국문화사에서 출판을 했다. 그동안 남들이 알아주지도 않는 전승민요 수집 작업을 했고, 또 첫 출판이니 출판 기념회를 갖자는 주변에서의 권유도 있고 해서 이름 있는 소공동의 동명그릴에서 모임을 가졌는데, 이때에 성산이 사회를 맡는 수고를 했다. 성산은 능숙한 솜씨로 회의를 진행하였고 좋은 분위기 속에 출판기념회를 이끌어 갔다.

출판기념회는 국어국문학회가 주관을 하였는데 학회에서는 '민요를 집대성한다'는 과제로 연구비를 지원받았던 것으로 기억한다. 당시의 방명록이 남아있어 살펴 보면 국학계의 저명한 학자들의 이름이 많아서 고맙고 송구스러운 생각이 든다.

그런데 당시 나는 서라벌예술대학의 학장으로 내정되어 있었다. 여름 방학에 숙명여대 민속연구반 학생들을 데리고 강한영 교수와 함께 제주도 민속조사를 갔다 돌아오니, 학장이 사임을 하고 교무과장이었던 내가 교수 투표에 의해서 학장으로 선출되어 문교부에 승인 신청서를 내고 있는 중이었다. 나는 이러한 일을 미리 알리고 싶지 않아서 사회를 맡고 있는 성산에게 부탁해서 발표를 하지 않았다. 그리고 그로부터 10일 후에 승인을 받고 학장에 취임했다.

성산의 능숙한 진행으로 모임은 잘 끝났다. 그로부터 1주일쯤 후에 성산을 비롯한 학회동료들을 돈암동 우리 집에 초청해서 저녁을 같이하고 서로의 우정을 다진 일이 있었다. 이때부터 서로 왕래하게 되어 신촌의 성산 댁에 가면 부인이 제작한 조각을 감상하고 담소를 나누었다. 이후 성산의 제자 중 민속학을 하는 최철, 최래옥이 기대된다면서 나에게 관심을 가져달라고 했다. 성산에게는 제자를 끔찍하게 사랑하는 스승의 모습이 있어 장했다.

4) 학문과 교류

나는 대학에서 민요론, 민속학, 국문학개론, 세 과목을 맡고 있었다. 6·25전쟁으로 고향에 가 있다가 예산농업고등학교에서 1년 8개월 동안 교편을 잡았으며, 1953년 봄에 충남대학에 출강하다가 국학대학에서 전임이 되었다. 처음에는 일반국어와 국문학개론을 맡다가 전공과목으로 민속학과 민요론을 담당하였다. 민속학과 민요론은 나대로 교재를 만들어 강의하였으나 국문학개론은 조윤제 교수를 비롯하여 여러분들의 저서가 있어 그분들의 업적을 수용하여 강의안을 작성했다.

1960년 성산이 신구문화사 간행 『국문학통론』을 보내왔다. 신구문화사에서는 국문학 관련 저서를 주로 출판하고 있어서 국문학자들이 자주 드나들어 사장실에서 차를 마시고 방담을 즐겼다. 나도 그 중의 한 사람이었고, 정병욱과 성산도 자주 들르는 편이어서 성산의 『국문학통론』이 나온다는 것은 미리 알고 있었다.

성산의 『국문학통론』은 남다른 데가 있었다. 제2장의 「국문학의 방법」에서 '민속학적 방법'을 제시했고, 맨 마지막인 제12장에서 '국문학에 나타난 우리 민족성'을 제시했다. 기존의 개론서에서 아무것도 언급하지 않은 문제 제기가 있어 나로서는 공감하는 바가 컸다. 그래서 그 후로는 국문학개론 강의 교재로 성산의 『국문학통론』을 채택하였다. 나는 우리의 고전연구는 이제부터 민속학적 방법을 첨가해서 영역을 넓혀야 하고, 문헌기록만 대상으로 삼을 것이 아니라 말로 전승되는 구전문학을 수용해서 진정한 민족문학을 이해할 수 있다고 생각하고 있었는데, 성산의 『국문학통론』에 공감되는 바가 있어 교재로 채택하였다.

중앙대학교 대학원에서 내가 잠시 국문학과를 맡고 있을 때에 외부의 저명한 교수를 초빙하여 학생들로 하여금 학문의 폭을 넓히고 또 저명한 여러 학자와 접할 수 있는 기회를 가지도록 하기 위해서 출강을 부탁했다. 학위논문 심사 때에도 초빙했으니, 그때에 도와준 분이 성산을 비롯하여 이가원, 정한모, 김동욱, 이능우, 황패강 등이었다. 품앗이하는 것이라 해서 나도 성산 지도와 정한모 지도의 서울대학교 박사학위논문 심사를 맡은 일이 있다. 이때에 내가 살고 있던 정릉 집에서 서울대학교 교문 앞까지의 택시 값이 18,000원인데 5회나 모여 심사하고 세금을 제외하고 수당으로 17,000원인가 받은 일이 있다. 당시 마침 학생데모가 심해서 군인들이 교문을 지키고 있어 교내까지 차를 타고 갈 수가 없었던 때이다. 그 무렵 사립대학에서는 심사비를 50,000원 정도를 주었기 때문에 5회나 되는 심사회의 교통비는 되었는데, 국립대학에서는 교수를 보호하지 못하고 있으니 한심스러웠다. 교수를 대학에서 보호하지 못하는데 사회에서 보호할 리도 없다. 이 나라에서는 교수, 학자는 푸대접을 받고 있기에 「만 칠천 원」이란 비꼬는 수필을 쓴 일이 있다.

5) 교우

성산은 성실했다. 강원도 사람의 그 변함없고 성실한 기질이 그대로 있었다. 언제 만나도 순박하고, 마음이 여유가 있고 다정했다. 그러다가 화가 나면 사리를 분명히 하는 강직성이 좋았다.

백사 전관용의 부음을 듣고 빈소에 갔다. 성산이 먼저 와서, 제자들을 지휘하며 장례식 준비를 하고 있었다. 백사와는 대학 재학시절부터 알고 있었다. 6 · 25전쟁 때에 피난 갔다 서울이 수복되어 상경하여 전차 안에서 우연히 군복을 입은 백사를 만났는데, 종군기자로 평양까지 갔다가 지금 돌아오는 길이라 했다. 백사는 늘 씩씩해서 함경도 기질이 그대로 있었다.

성산은 정병욱과의 사이가 가장 친밀했던 것으로 알고 있다. 나도 정병욱 교수와는 가까운 사이였다. 국악을 즐기는 풍류가 있었고 늘 온후한 성질에 포용력이 있었다. 동숭동 서울대학교 뒤의 나지막한 허름한 집에 놀러 간 일도 있다.

정교수가 서울대병원에 입원했다는 소식을 듣고 성산을 따라 병원으로 문병을 갔다. 성산의 말에 의하면 완치는 불가능하고 시간만 보내는 절망적인 상황이니 그리 알라는 것이다. 그런데 정병욱 자신은 그것을 모르고 있다는 것이다. 병실에 들어서니 반가워하면서 "일제 때에 군대에 끌려가서 헌병한테 총대로 얻어맞은 자리가 지금 돋아서 종양이 생긴 것"이라고 낙관하고 있었다. 환자는 자기에게 다가오는 제 운명도 모르고 태연하게 있으니 가족의 마음은 어떠했을까. 곧 나을 것이니 조리 잘하고 용기를 내라는 위로의 말을 남기고 나오는데 목이 메는 것을 참았다. 그리고 수일 후에 정 교수는 세상을 떴다. 빈소에 갔더니 성산이 가장 가까운 친구를 잃어 통곡하고 있었다. 두 사람의 사이를 잘 알기에 애처로웠다.

한번은 중앙대학교 학위논문 심사를 마치고 식사하는 자리에서 성산과 나손 김동욱 사이에 서울대학교 국문학과 교수 채용문제로 이견이 있었는데 이때에도 성산은 서둘지 않고 제자를 사랑하는 깊은 사려가 있음을 알 수 있었다.

성산은 좋은 친구뿐만 아니라 좋은 제자를 많이 두었다. 성산의 고희 때였던가 신촌 성산 댁에 모였는데, 그의 훈육을 받은 국문학계의 내로라 하는 학자들이 모두 모여 기념사업으로 장학재단을 만들 공론을 하고 있어서 장하고 보람 있어 보였다. 모두 성산의 인덕이며, 학문과 인생에 있어 성공한 분이라 생각했다.

성산이 간 지 10년, 스승을 기리는 제자들이 뜻을 모아 추모문집을 만든다고 나에게도 청하기에 지난날을 회고하면서 몇 자 적었으나 그의 학덕을 다 설명하기에는 너무나 부족함을 알고 있다. 스승을 추모하는 제자들의 마음이 고맙고 장하며, 또한 보기도 좋아 나도 기꺼이 동참하는 뜻에서 생각나는 대로 옛 일을 회상하면서 졸문을 마친다.

2005년 7월 중복날

성산 장덕순 선생 10주기 추모 문집

6장
애경사의 교분

『한국민요집』 1 출판기념회

문학박사 학위수여 축하회

송수頌壽기념 논문집 간행 축하회

고희 기념논문집 간행 축하회

『한국민요집』 1 출판기념회

한 세상을 살려면 일가친척은 물론, 여러 벗을 사귀게 되고 또 위로는 스승이나 선배와의 관계도 있고, 아래로는 제자나 후배들과의 관계도 가지게 된다. 이것을 통 털어 여기에서는 교분이라 해서 친인척은 물론 사회적 교류에서 만나 의지하고 협력하고 동고동락하는 사이를 말 하고자 한다.

어려서 동문수학하던 고향의 보통학교(내가 다닐 적에는 초등학교를 보통학교라 했다)시의 친구, 중학교에 같이 다니던 친구, 대학에서 노트를 빌리고 토론하던 동문들을 합하면 수없이 많고, 사회에 나와 활동하는 과정에 만난 많은 사람을 사귀어 왔다. 내 나이 80이 넘으니 이미 세상을 떠난 분들이 많고 모처럼 모임에 나아가면, 지팡이를 짚고 비실거리며 나타나는 친구가 있는가 하면, 몸이 불편해서 불참한다는 통고가 왔다는 친구들이 있어 서글픈 때도 있다.

그 많은 친구들 중에서 아직도 정기적으로 만나는 모임이 있으니, 매월 둘째 화요일에 모이는 이화회二火會, 셋째 번 목요일에 모이는 삼목회三木會, 매월 월말 경에 동문끼리 모이는 "한벗회"가 있어, 개근은 못하지만 그래도 친구들의 얼굴을 보고싶어 나가고 있다.

내가 정초에는 세배를 다니는 스승이 계셨으니 일사 방종현方鍾鉉, 심악 이숭녕李崇寧, 무애 양주동梁柱東, 상은 조용욱趙容郁 선생님과 집안 어른이신 임석재任晳宰교수 댁에는 정초에 꼭 세배를 갔다. 내가 대학의 학장이 돼 이제 그만 오라는 분도 계셨고, 환갑이 되었으니 그만 오라는 분도 계셨으나,

그분들이 돌아가실 때까지 세배를 다녔다.

스승 댁에 세배를 갈 때에는 어린 두 아들을 데리고 다녔다. 고향에 가면 집안 어른도 계시니 세배를 하겠지만 객지에 사니 세배 갈 곳이 없어서 어른을 공경하는 것을 가르치기 위해서였다.

세상 사노라니 많은 사람을 만나고 사귀고 교분을 두터이 하고, 우정도 다지고 교류도 하였으니 그러한 관계의 이름을 대자면 한이 없을 것이어서 나의 행사에 와주신 분들의 방명록芳名錄이 있기에 여기에 기록으로 남기고자 한다. 이 분들이야말로 나를 아끼어 주시고 도와주신 분들이다.

나는 공식적인 행사로 모임을 가진 것은 출판 기념회, 박사학위 수여 축하회, 회갑 기념논문집 증정회, 고희기념 논문집 증정회의 네 번의 행사를 하였는데 이 때에 고맙게도 많은 분들이 참석해주셨다.

그 동안 저서로 50여 권의 저술을 했으나 출판기념회는 나의 첫 저서인 『한국민요집』 1 출판 때만 했고 그 이후로는 너무 많은 분들에 폐가 될 것 같아서 사양했다. 80세 때에도 출판사 민속원에서 무상으로 출판해 주겠다는 제의가 있어 고마웠으나 사양했다.

방명록을 기록으로 남기는 이유는, 나와 깊은 교분이 있어 모두 자진해서 나와 주신 것이고, 여기에 나와 주신 분들의 자필自筆의 성함이 있기 때문이다. 얼마 전에 한 수집가로부터 방명록을 고가로 사겠다는 제의가 있어, 남의 집 잔치에 나오신 분들의 방명록을 왜 사려는 것이냐고 물었더니 "어느 경우든지 방명록에는 명사들의 자필이 있어 문헌학에서 소중한 문헌적 가치가 있다"는 것이다.

그리고 보니 내 방명록에는 당대의 대 학자를 비롯하여 명사, 친지, 친구, 제자들의 이름이 자필로 기록되어 있어 소중한 문헌자료임을 알게 되어 팔지 않고 잘 소장하기로 했다.

1) 한국민요집 출판기념회

1961년에 나의 『한국민요집』 1의 출판기념 축하회는 국어국문학회가 주최하였다. 당시 나는 국어국문학회의 임원으로 있었고 학회에서 "아세아재단"의 지원을 받는데 내 연구성과로 제출하는데 내가 협조한 셈이다. 그래서 출판기념회는 국어국문학회가 주최한 것이다.

출판 축하회를 위해서 국어국문학회에서 다음과 같은 안내장을 발송했다.

소슬한 바람 한결 짙은 이 때에
존체 안녕하심을 비옵나이다.
다름이 아니오라 이번 任東權선생의
"韓國民謠集"의 출판을 축하 하고자
다음과 같이 모임을 베푸오니 바쁘신 중
대단히 죄송하오나 부디 참석 하셔서
자리를 빛내게 하여 주시옵기 비나이다.

일시 : 4294(1961)년 10월 14일 하오 6시
장소 : 동명그릴(소공동 동명빌딩 옥상)
회비 : 일천원 정

4292. 9. 30.

국어 국문학회

참석자 명단

이숭녕	조용옥	이태극	정병욱	김구용	김정환	최정여
김두종	곽종원	강한영	이능우	함종규	유정열	김기수
김진수	조영식	전광용	허 웅	남광우	김민수	박로춘

김성배	이홍종	장덕순	김동욱	장주근	김남조	이을환
황순원	조병화	지춘수	서정범	윤영춘	유창돈	이인모
최태근	심여택	민병하	김해순	이용구	김세종	이복영
김영수	김인협	김영우	김동헌	허영자	서정주	김동리
조연현	장사훈	이혜구	구자균	이희승	양주동	백 철
홍이섭	이응영	이승학	정한모	정한숙	김동진	이명원
최광선	차주환	신인철	조정하	최병국	최형남 이상 69명	

화분 아세아 재단 국어국문학회
서라벌예술대학 국학대학

신문에 서평(書評)을 써 주신 분
서정주, 『조선일보』
차주환, 『경향신문』
장덕순, 『동아일보』
이능우, 『한국일보』

여기에서 존함을 밝힌 것은 참석하신 분의 애경사에 나는 참석을 했다. 그렇게 함으로 서로의 교분이 두터워진다.

문학박사 학위수여 축하회

나는 1968년 2월에 우석대학교에서 문학박사 학위를 받았다. 지금의 박사학위는 대학원을 수료하고 학위논문을 제출하여 통과되면 학위를 받는 소위 신제新制인데, 1972년 이전에는 대학원을 나오지 않아도 학문적 업적이 있고 논문을 제출하여 통과되면 학위를 받는 제도였다. 나는 구제에 의한 학위이다. 수는 매우 적었다.

다시 나는 서라벌예술대학의 학장으로 재직하고 있어서, 1968년 3월 26일 대한 체육회관 라운지에서 서라벌예술대학이 주최하여 축하회가 있었다. 뜻밖에도 학계와 사회 명사와 동학들이 많이 참석해 주셨고, 또 많은 분들로부터 선물과 격려의 축전을 받아 고맙고 감사했다. 방명록에 기록 된 순서대로 적으니 내빈의 존함은 다음과 같다.

(편지 19) 文學博士學位 受與 祝賀會

時日 : 1968. 3.26 PM 6 : 00

場所 : 大韓體育會館 OB 라운지

芳名錄 (사인 순서대로)

金世淙	金永洙	金鍾佑	李升學	高昌植	李光來	李在夏
宋潤勉	李應雨	林憲文	趙鍾琇	韓相鳳	李德根	金大賢

徐羅史　深元達　權榮雨　金永驥　金庠基　崔仁範　李絅模
李漑昇　安濟承　金百峯　李眞淳　梁杜東　崔在福　河有詳
李允榮　丘秉朔　金若川　崔榮林　鄭雲龍　白俊三　閔錫基
鄭元早　韓榮峻　車錫基　張漢基　石宙善　張師勛　白　鐵
朴弼浩　李弘稙　嚴杜男　金東旭　丁堯燮　金智勇　南廣祐
文在球　張籌根　高相烈　卞寬植　裴達伊　金永勳　金東萬
任　桓　李仁模　朴桓燮　朴泳善　李相玉　李鍾殷　金基守
鄭炳昱　其滋性　南基英　金東里　朴正植　金仁基　林春禮
張　影　金丘庸　安相喆　劉喆淵　張文戶　文濟安　任晳宰
金杜洙　李丁奎　鄭漢模　朴容九　趙容範　全光鏞　任民珪
張德順　李姓敎　朴基中　劉龍珪　李祚永　金聲夏　崔泰鳳
金用淑　孫正子　申鉉稙　洪鮮杓　金起東　李家源　金榮澤
金世景　李鍾恒　李復寧　任　桄　金燦會　鄭永烈　趙貞河
金德鎌　金奎植　金敏洙　李永世　孫素姫　문시형　申範哲

이상 115名

祝電

李載昌 大田　李明遠 洪城　金永敦 濟州　朴術音 서울　兪德濬 夫餘
秦聖麒 濟州　玄容駿 濟州

송수頌壽기념 논문집 간행 축하회

나는 1926년 생이다. 1986년은 만 60세인 소위 환갑의 해여서 동료, 제자들이 기념논문집을 만들고 증정하는 식을 가지게 되었다. 학계에서는 따로 축하회를 가지지 않고, 증정하는 형식을 취하였다. 당시의 초청장은 다음과 같다.

초청의 말씀

만물이 蘇生하는 새 봄을 맞아 하시는 일이 더욱 순조롭기를 빕니다.

이번에 우리 民俗學界에 큰 貢獻을 하신 月山 任東權博士 님의 華甲을 맞아 博士님이 걸어오신 업적을 기리고 아울러 頌壽의 祝意로 紀念會文集을 엮었습니다.

이를 獻呈하는 모임을 아래와 같이 마련키로 하였사오니 바쁘시더라도 부디 참석하셔서

뜻깊은 시간이 될 수 있도록 하여 주시기 바랍니다.

－아래－

日時 : 1986년 3월 29일(土) 오후 1시 30분

場所 : 엠버서더 호텔, 2층 그랜드볼룸

서울시 중구 장충동 2가 186의 54 (전화. 275-1101)

會費 : 15,000원 (당일 紀念會文集을 獻呈함)

1986년 3월 일

月山 任東權博士 頌壽紀念 論文集刊行委員會 드림

**** 간행위원장은 민제閔濟교수가 수고해 주셨고, 논문집은 민속학편民俗學編, 국어國語, 국문학편國文學編의 두 책이다.

頌壽紀念 論文集 獻呈式(壽宴)

日時 : 1986. 3.29.

場所 : 앰버서더호텔 그랜드볼룸

賀客(422名)

姜周鎭 최호연 金榮鎭 朴素君 金良坤 鄭用宰 金 湖
李鎭成 安德均 金判喆 朴順浩 李輔亨 金泰昆 宋百憲
朴桂弘 鄭用國 其滋藝 尹炳斗 河孝吉 金光喆 鄭恒善
任析宰 任敦姬 金鍾佑 李定儀 洪起元 李英溶 申彥模
金永宰 백 일 金行信 成炳禧 高光林 朴相圭 鄭昞浩
成宜濟 李相輔 金光洙 任東月 金京志 金瑛赫 李相烋
李大奉 李甲溶 姜中車 우민섭 金顯國 尹秉俊 朴湘珍
朴招宣 兪金浩 李又載 尹公普 李應雨 李秀杓 최명환
韓英淑 鄭在晩 임철희 任東勉 任東榮 張長植 任用彬
崔哲海 朴貞惠 崔鴻圭 金仁淑 石宙善 朴聖實 李梅芳
趙重淵 柳炳德 張漢基 李光穗 金宰文 李聖哉 卞春洙
洪一植 朴湧植 崔仁鶴 서재명 李命永 金台俊 金東俊
宋榮智 康龍權 鄭尙圤 李鍾翊 이종익 崔來沃 孫敬子
高福男 任良淳 鄭桓燮 申瓚均 金光日 任斗鎬 李和洙
南基車 金泰琨 朴大福 박동규 李哲洙 柳基燮 田耕旭
安鳳圭 金鍾塡 朴美羅 任龍彬 金龍基 文一枝 李相龍
崔文淑 任鎭赫 朴致遠 金哲漢 張景喆 趙善行 李康洙
芮庸海 金永進 李希京 李榮熙 盧明鎬 金鎬逸 金淑子
李鍾贊 李禹永 安恩姬 金用基 金顯吉 全湘根 李慶馥

鄭亨鎬 李鄕莪 羅康石 李健雨 김상근 양승무 李奭熙
朴基遠 閔丙彬 朴基漢 朴景姬 許東華 金元重 金仁奉
張澤均 成沃蓮 高慶信 任甲渟 兪昌根 朴光烈 李重紋
兪龍根 吳健杓 鄭圭南 金知澤 魚秀晶 李載皓 成慶麟
朴俊澤 李弘遠 尹永一 임동자 이영미 韓榮煥 李明宰
金龍德 李根浩 任東滿 任東彬 任東仞 姜漢永 李碩雨
金明洙 高英三 劉基相 李錫用 黃湨江 高宰植 김리연
崔振玲 朴暎遠 孟仁在 李鉉洙 李奭周 趙容郁 李鳳葉
南漢祐 趙南輪 張容學 임경희 朴應七 金元龍 李元載
朴啓俊 白泰元 安暎渟 劉京善 박찬범 許姸旭 任 桓
孟柱亨 鄭馝謨 李元浩 李孝善 장보현 金東秀 劉穆相
申範哲 吳東鎭 李坰謨 成樂喜 計東炫 최상진 홍승제
朱七星 金泳伸 李柱鳳 任赫錫 徐允錫 許 圭 金鐘學
류주형 趙南翼 金元泰 徐煥錫 李柱鉉 黃炳唆 金佑鍾
金昌柱 權五達 鄭淑姬 李丁濬 이윤경 심재석 李敬洙
高富子 李乙順 李敏子 李在煥 崔斗煥 元聖淵 姜亭烈
兪尙根 金允濟 安炳國 其貞順 李文遠 李惠和 曺昌鉉
金正女 李榮姬 任東漢 任春赫 成東鮮 長正龍 任仁赫
李成澈 鄭漢謨 李啓晃 金大虎 金鐘大 朴岱泂 鄭鐘秀
鄭英彩 禹鐘鶴 鄭泰龍 金範洙 金政煥 金文雄 鄭達善
金素姬 辛相雄 金東旭 李 俸 羅恩泰 趙孝順 金滿坤
朴公緖 朴殷城 閔丙瑠 金基弘 李龍九 沈亨茂 李姓敎
李晟杓 金尙鎬 張南駿 吳基相 李達遠 趙炳珠 鞠守鎬
宋 范 朴範薰 金光福 金千興 安秉台 鄭昌世 李馥寧
李鐘殷 金伯起 朴源基 權敬斗 張大運 남상한 許 稷
李桂濬 兪昌根 金璋煥 安鐘範 李癸河 李光榮 崔璉業
張利錫 金鎭武 金源大 李雄宰 高興化 鄭成孝 卜鮮圭

金潤仙　邊世雨　崔榮煥　文在球　洪守成　崔喆鎬　朴錫均

박병순　權奇哲　오창익　마성식　金容煥　金瓚會　全貴子

金石明　吳榮植　崔鍾彩　李癸昊　서정자　南洪鎭　南良子

李康洙　孫東憲　吳鳳根　金堪洙　서복희　金善豊　金世淙

李周行　柳謹助　金永洙　黃龍秀　金芳漢　李宗碩　黃仁德

宋榮奎　南文祐　朴一推　趙明濟　徐廷範　金明子　문용훈

이익순　朱日永　金泳卓　金鎭佑　두창구　김희진　김상선

成弘根　薛聖春　全炳三　安相喆　김제선　서환성　최신자

潘榮煥　朴貞桓　梁旭美　박영섭　李潔旭　李由根　李崇寧

盧陽來　任文子　김인철　李琴珠　安成洙　박전렬　정재철

李惠遠　任大赫　민병각　車鎭龍　權重達　崔京錫　金秉喆

沈喁俊　金振悳　박성석　張基德　李春影　金東憲　趙疆濟

申東寬　南亨祐　任憲赫　任閨赫　任勝玉　玄重植　이재우

鄭致薰　金鎭宇　李康五　安濟承　任仁赫　黃聖圭　金孝貞

田泳云　이 해　한양산　木立英世

團體 (3)

恩山別神祭委員會, 國樂藝高職員一同, 中大相助會, 中大控除會

祝電 (27)

釜山 民俗藝術保存會

서울시 教育監

光州 博物館長 李鍾哲

江陵 文化院長

林基中　許英子　高相烈　黃德祐　李載昌　尹昌老　成기조

金承濚　정의선　吳炳喆　池春相　정태룡　　崔吉城

장관진　金永敦　金振悳　金海星　李範俊　權寧喆　배도식

고부자　　宮田 登

花盆 (14)

國樂藝術高等學校 教職員 一同

國樂協會 理事長 李判述

서라벌 學園 理事長

三木會

敎文社 사장 柳國鉉

대한 도시가스 이병덕

在京 恩友會

중앙대학교 理事長

總長

文理大 學長

藝術大 學長

一志社 社長

逸友會

膳物 (25)

이수표	書一幅
安炳國	전화기
朴貴姫	木器
국악예고	은수저 2
극동무용	금반지
盧陽來	書一幅
국악예고	행운열쇠
魚秀晶	
한벗회	

中央大 大學院 국문과	상자
碩文會	茶床
李大龍	中國茶
朴貞惠	행운열쇠
국악 여교사회	은수저
국악 동문회	도자기
中央大 교육대학원	금반지
朴指鮮	만년필
南文祐	書一幅
中央大 국문학과	紀念牌
朴順浩	人蔘
朴大福	書一幅
金東憲	書一幅
金 桓	書一幅
安鳳圭	書一幅
裵吉基	書一幅

하객	422名
축전 기념품	68점

고희 기념논문집 간행 축하회

1996년 나의 고희를 맞이하여 "월산 임동권 박사 고희논문집 위원회"가 구성되고, 원고 수집과 간행을 추진하여 봉정식을 가지게 되었으니 다음과 같다.

초청장

삼가 귀하의 건승 하심을 기원합니다.

금번 월산 임동권 박사 고희기념논문집 간행위원회에서는 월산 임동권 박사님의 고희를 맞이하여 기념논문집을 발간하여 봉정식을 가지게 되었습니다.

일일이 찾아뵙고 인사드리는 것이 도리이오나 서신으로 대신하여 여러분을 모시게 되었습니다. 바쁘시더라도 부디 참석하시어 자리를 빛내주시기 바랍니다.

월산임동권 박사 고희 기념논문집 간행위원회

위원장 정병호

일시 : 1996년 5월 11일(토) 오후 2 : 00시

장소 : 롯데호텔(을지로 입구) 3층 사파이어 볼룸

회비 : 3만원

***** 논문집은 당일 봉정식에서 드리겠습니다.

화환은 사양합니다.

古稀 紀念論文集 奉呈式

日時 : 1996. 5.11. PM 2 : 00

場所 : 롯데호텔 3F 사파이어 볼룸

芳名錄(사인순서대로) 317名

金伯起	金善豊	韓新年	太德守	申瓚均	朴仲錫	何孝吉
鄭昞浩	李雄宰	李瀣旭	申鉉圭	柳基昌	梁鎭潮	李弘遠
金明洙	朴暎遠	徐淵昊	李昌植	韓陽明	朴相國	金三代子
千鎭基	金柄一	吳基相	南廣祏	李愛柱	정옥순	崔泰鳳
金鍾勛	鄭用宰	趙性瑾	李彩翼	李象學	洪起元	李嫌周
李復寧	金哲漢	張讃玉	南相暐	閔 濟	朴俊澤	李斗永
李鍾哲	박호원	김양기	김상기	鄭尙圤	柳鍾穆	鄭基永
朴明圭	吳玉鎭	柳穆相	李康七	金潤德	洪舜禮	金千興
李良敎	張慶浩	尹公普	閔丙瑠	徐在植	趙容起	유기상
申英姬	金柱錫	田耕旭	김근화	김매물	朴正植	金正女
任石宰	金用基	李義仟	金鍾吉	尹永水	尹光鳳	崔來玉
崔仁鶴	張長植	任道壽	金鎭佑	金和經	任昌彬	任位爀
朴湧植	杜長球	金容運	任斗彬	任 桄	李成千	鄭駜謨
金大辛	李斗瑛	洪觀海	任孝宰	朴源基	李梅芳	崔維玹
許英子	張壽根	임정란	鄭鍾南	金滿坤	李啓晃	申一均
田玉柱	許東華	성기숙	유희경	박성실	강순제	李在煥
李慶姬	兪康熙	辛琸根	李權熙	李秉烈	李斗遠	金永洙
박영환	이강복	임수월	盧裕相	이문현	유형숙	황모명
김시욱	김숙자	安柄國	김정원	鄭賢姬	安起洙	李炫熙
李鶴容	卜璇圭	田用和	김이규	金權榮	白道均	洪樂觀
金日柱	洪性敏	任赫宰	柳冀東	許承郁	이수미	李命永

金宗大　鄭致薰　金鎬逸　林文圭　임명규　李光魯　정용국
金萬熙　박한식　趙由典　김홍식　李曝宇　金廷娥　崔보라미
曺歌榮　羅恩泰　朴京夏　朴相文　유경선　李成撤　柳時源
이미지　이영미　최희숙　南根祏　洪起三　金然圭　金顯國
康炫徹　金鍾禼　李又載　金喜鎭　李載昌　朴美子　金鍾仙
李東歡　成宜濟　黃涓江　李鍾喆　李相萬　鄭寅三　임응수
양만승　李鍾殷　전범중　오현곤　임옥자　안용산　신용백
鄭德溶　金興根　金東憲　韓維吉　신용백　徐瑛錫　황루시
任東新　최정원　韓東煥　李鄕莪　李鉉洙　鄭君植　安秉台
金熙秀　鄭在皓　김홍수　김　순　안병주　任鎭赫　李甲濬
兪淸子　姜元熙　金東俊　朴文植　梁承武　趙完鎬　李光穗
김이규　原聖淵　梁鍾承　유춘규　박정진　高相烈　丁明淑
金權九　成煥甲　李燦揆　남홍진　金丁煥　金鎭武　金宗圭
洪一植　李康洙　權五植　姜信沆　金濟佑　이기호　이혜영
高英三　金堪洙　鄭恒善　金允濟　朴相圭　趙興允　鄭春模
任甲淳　李奭熙　梁在赫　尹大奎　嚴柱男　印權煥　申東寬
金燦會　李洙詳　朴大福　李鎔學　李文遠　任福彬　김전배
洪潤植　金東賢　金京志　朴光浩　張正龍　鄭明鎬　崔鍾彬
李基春　李相實　崔鎭浩　任晳宰　李英熙　金泳宰　鄭鍾皓
金末愛　尹美羅　정재만　金佑鍾　李承雨　金　湖　金鍾學
김상선　南基車　鄭有和　李明宰　金聖洙　朴貞惠　강진옥
任普赫　장용학　高興化　李光奎　심우성　宋榮奎　成樂喜
정태룡　장유경　李相龍　趙璣衡　徐大錫　金白峯　정은혜
金孝仙　姜漢永　이은주　趙明濟　成東鮮　朴垂仁　李官浩
崔銀水　吉賢貞　이상 277名

花環 (6)

豊川任氏 中央宗親會 會長	任石宰
中央大學校 總長	金玟河
〃 同文會長	鍾塤
方一榮文化財團 理事長	尹胄榮
三省出版社 代表	金宗圭
憲法裁判所 判事	金鎭佑

花盆 (3)

文化體育部 長官	金榮秀
敎文社 代表	柳國鉉
松節酒 代表	李成子

祝電(22)

濟州大學	金榮墩
〃	玄容駿
〃	左惠경
安東大學	韓陽明
江原道知事	崔珏圭
서울	具 常
文藝振興院長	문덕수
忠北大學校	李隆助
全州博物館長	李鍾哲
西大門區 總務局長	유영식
良才高等學校長	임동권
揚口郡守	임경순
蠶室女高	전홍섭

江原道知事 秘書室長	정문교
江陵	강능文化院
강릉	金振惠
강릉	김종달
충주	鄭景和
한국전통택견회장	이규학
서울	조완호
군산	安起洙
恩山在京恩友會長	민재기

참석 317인 축전, 선물 31

위와 같이 많은 분들이 참석해 고맙고 나는 그 분들의 애경사에는 참여하여 서로의 친분을 두터이 했다.

7장
민속학자의 인생떨이

민속품 기증

도서기증

사진자료 기증

녹음기

카메라

민속조사 수첩

교수수첩

여권

민속품 기증

민속학을 공부하면서 가장 큰 애로는 자료의 부족임을 알았다. 민속학에 있어서는 자료만이 명제에 도달할 수 있는데, 자료로 입증하지 못 할 때에 명제를 얻을 수가 없다.

개화를 앞서 자료를 기록해야 했으나 그러한 여유가 없었고. 일제 때에도 조선총독부에서 조사한 자료가 있을 뿐 한국인 학자들의 참여가 적어 서구 문물에 의해서 나날이 소멸되고 변질하는 것을 어쩔 수가 없었다. 현재에도 민속학자들은 현지에 더 많이 가서 자료 채집하고 기록 보존해야 하는 이유가 여기에 있다.

나는 대학 2년 때부터 현장에 나아갔다. 당시 만해도 산제山祭 당제堂祭를 지내고 있었으며 두레패의 풍장소리를 들을 수가 있었으며 구성진 모심기, 논매기노래를 들을 수가 있었으나 이제는 모두 옛이야기가 되었다.

더구나 서구사조가 밀려오고 농사일도 기계화되고 새마을운동의 전개로 전래의 생활양식이 변화하여 전래의 민속문화는 찾아보기 어렵게 되었다. 나는 산제에 축관祝官으로 참여한 일이 있다. 마을 입구에 장승이 있었고 서낭당도 있었다. 그러나 모두 옛 이야기이다.

전통적인 생활문화는 거의 소멸상태에 있으니 개인이 소장하는 이러한 자료들은 나 혼자만의 자료로 소장하지 말고 학계에 기증하고 공개하여 많은 학자들이 활용할 수 있도록 공개되어야 한다. 자료는 혼자만 비장秘藏하지 말고 공개되어야한다. 그렇게 함으로 자료는 공유共有되어야 한다.

내가 수집하는 과정에 있어서의 고난이 있었을 것이나 큰마음으로 자료만은 공개, 공유할 필요가 있다. 그래야만 학문의 성과를 거둘 수가 있다.

나는 1959년 제주도에 가서 해녀海女기구를 40점을 수집하여 숙명여자대학교에 기증을 했다. 이것이 숙명여자대학교 박물관의 시초이다. 1963년에는 돈암동에서 정릉으로 이사를 가면서 항아리와 절구를 민속박물관에 기증했다.

그 동안 내가 민속자료를 여러 번 기증하였으니 다음과 같다.

1.	1959년 8월	제주도 해녀기구	40점	숙명여자대학교 박물관
2.	1963년 3월	항아리 · 돌절구	2점	국립민속박물관
3.	1988년 3월	도서	1,368권	중앙대학 도서관
4.	1992년 1월	설피	1점	국립민속박물관
5.	1996년 8월	사진도록	772점	고려대학교 민족문화 연구소
		팜플렛	599점	
6.	1998년12월	돗자리 · 비디 외	27점	국립민속박물관
7.	2002년11월	국악자료녹음 테이프	110점	중앙대학교 국악대학
		민요테이프	69점	
		판소리테이프	31점	
		무가테이프	10점	
8.	2003년 2월	떡살 외	51점	국립민속박물관
9.	2005년	설피 외	4점	
	2005년 3월	저서	51권	청양대학
10.	2005년 5월	백제관련 도서	30권	
11.	2005년 5월	저서	40권	청양도서관
12.	2006년 1월	저서	22권	장평중학교
13.	2006년12월	저서	55권	LA 한국문화원
14.	2006년12월	옛 엽서	2매	국립민속박물관

15. 2006년12월 1910년의 원유 사진 93매

16. 2006년12월 황족(皇族)사진 10매

17. 2007년 저서 외 도서 20권 청양 문화원

18. 2007년 저서 외 도서 20권 부여 문화원

19. 2008년 사진자료 24,000점 국립민속박물관

20. 2008년 도서 10,000권

이상으로 내 민속자료가 전부는 아니다. 민속박물관의 수용 체제가 갖추는 대로 추가로 기증할 자료가 남아 있으니 다음과 같다

민요카드	약 75,000매
민속 학술 카드	약 1,000매
녹음기	
카메라	
현장조사 노트	60권
민속 현장 촬영 비디오 테이프	100권
민속조사 수첩	65권
교수 수첩	18권
여권(해외조사. 여행)	10권
민속학회 초창기의 금전출납부	1권
민속학회 초창기의 회원명부	1권

민속자료를 공유하기 위해서 나는 인생떨이를 하고 있다. 마음을 정하니 홀가분하다.

1953년 대학에서 처음으로 강좌 "민속학"을 담당한 한국민속학 1세대로서 민속학에 어떻게 접근했는가를 알기 위해서는 초창기의 이러한 자료도 필요할 것 같아서 모두 기증하여 보관토록 하는 것이다.

도서기증

집필 주제는 정했으나, 집필하지 못하였다(편집자).

사진자료 기증

집필 주제는 정했으나, 집필하지 못하였다(편집자).

녹음기

집필 주제는 정했으나, 집필하지 못하였다(편집자).

카메라

집필 주제는 정했으나, 집필하지 못하였다(편집자).

민속조사 수첩

집필 주제는 정했으나, 집필하지 못하였다(편집자).

교수수첩

1951년	禮山中學校			
1953	忠南大			
1953	國學大			
1954	淑明女大			
1954	國學大	서라벌藝大		
1955	國學大			
1955	國學大	淑明女大		
1960	國學大	淑明女大	서라벌藝大	
1961	淑明女大	서라벌藝大		
1965	國學大	友石大		
1968	友石大	서라벌藝大		
1969	高麗大	成均館大		
1970	高麗大	成均館大		
1971. 1	高麗大	成均館大	서라벌藝大	
1971. 2	慶熙大	淑明女大	國學大	서라벌藝大
1972	高麗大	淑明女大	成均館大	
1973	高麗大	淑明女大	中央大	延世大

(결실)

慶熙大學 國文學科. 大學院(國文科. 舞踊學科)

延世大學 大學院. 敎育大學院

誠信女子大學 大學院

誠心女子大學

檀國大學

手帖(一般)

* 1973年~2001年

<1989년 缺>

여권

1963년　回收됨

1969년　일본. 미국

1971년　일본. 대만

1974년　일본. 대만

1975년　일본. 대만

1980년　일본. 대만

1981년　1. 일본.

1981년　2. 일본. 미국. 대만. 홍콩. 싱가폴. 말레이시아. 마카오. 태국

1986년　일본. 중국

1988년　일본. 중국. 홍콩. 소련. 몽골. 미국

1993년　일본. 뉴질랜드. 호주. 중국. 미국

8장
이런 일, 저런 일

달팽이 뿔 위에서 다투는 세상

당唐나라 시인 백낙천白樂天의 시詩에 다음과 같은 구절이 있다.

와우각상(蝸牛角上) 하사쟁(何事爭)
석화광중(石火光中) 기차신(寄此身)
수부수빈(隨富隨貧) 차권희(且權喜)
개구불소(開口不笑) 시치인(是痴人)

달팽이는 우렁이와 비슷한 연체곤충으로 머리 부분에 눈과 두 더듬이가 있으며 이동할 때에는 껍데기를 지고 다닌다. 두 눈과 두 더듬이를 쳐 들고 주변을 살펴보며 느리게 움직인다. 위협을 느낄 때에는 몸을 껍데기 안에 감추어 적으로부터 방위를 하는 약한 곤충이다. 그러니 껍질이 약해서 사람이 밟으면 쉽게 깨져 순식간에 생명을 잃는다.

달팽이 머리에 달린 두 더듬이는 성냥개비보다 가늘고 뾰족하다. 방향을 잡느라 느리게 이리저리 흔들기 때문에 뿔로 여겨 아이들은 노래하다.

달팽아달팽아 너의집에 불났다
쇠스랑 가지고 뚤래뚤래 해라.

사람들은 이 가느다란 뿔 위의 좁은 공간에서 살면서 무슨 이해관계가 있기에 서로 따지고 다투느냐고 백낙천은 나무라고 있다.

흔히 세상은 넓다고 하지만 우주에서 볼 때에 지구란 달팽이 뿔 만한 아주 좁은 공간에 불과하다. 그 좁은 공간에서 40억이 넘는 사람이 다투며 살고 있으니 가관이다.

그 달팽이 뿔만한 좁은 지구에는 크고 작은 이백 여 국가들이 있어 국경이란 선을 긋고 함부로 넘나들지 못하도록 감시하고 있다. 때로는 땅을 뺏어 더 많이 찾지 하려고 전쟁을 하여 서로 죽이고 죽고 요동을 치고 있어 소란스럽고 가관이다.

국가에서는 다시 쪼개서 크고 작은 여러 단계의 행정구역을 만들어 구분하고 있으며 사람들은 여기에 다시 소유의 한계에 선을 긋고, 말뚝을 박아 울타리를 쳐서 소유자임을 표시하고 있다. 많은 땅을 소유하면 그만큼 권세도 부리고 넉넉하고 평안한 생활을 할 수 있으니 으스대고 있다. 그러한 과정에서 사람들은 서로 모함하고 시비하고 얽히고설켜 다투고 있어 소란을 피우고 있어 가관이다.

이러한 광경을 지구 밖에서 객관적으로 바라본다면 그 달팽이 뿔만한 좁은 공간에서 소유해 보아도 별것 아닌데 서로 다투는 꼴이 가관일 것이다. 이러한 광경을 보고 웃음 밖에 나지 않을 것이다. 이러한 꼴을 보고서도 웃지 않으면 그 사람은 어리석은 등신이다.

사람이 살면서 내가 기거할 공간은 50평쯤이면 족하고, 죽어서는 2평이면 넉넉하며, 내가 이 세상에서 누릴 수 있는 시간은 100세를 넘지 못하니 욕심을 부려 보아도 별것 아닌데 사람들은 더 많이 가지려고 또 오래 살려고 아우성이니 가관이다. 우주에서 볼 때에 우리의 일생은 부싯돌이 부딪쳐 번쩍 불나는 그 짧은 순간인 석화石火에 불과한 것인데 분수를 모르고 있으니 문제이다.

이제까지의 인간의 노력은 인류의 행복을 위해서 생각하고 일을 해 왔으나, 우리는 아직 만족할만한 세상은 이루지 못하고 있는 것 같다. 아침저녁으로 들려오는 뉴스는 평화로운 소식보다는 싸우고, 할퀴고, 비방하는 불행한 이야기로 넘쳐 있다. 그 뉴스들을 살펴보면 천재지변의 불가항력 보다 인간의 오만과 의도적인 작태에서 원인된 경우가 압도적으로 많다. 포성과 총소리가 들리고, 테로가 판을 치고, 애매한 사람들이 본의 아니게 죽어 가는 소식들이다. 또 남의 것을 훔치고 제 욕망을 충족하기 위해서 살인을 하고, 사기를 치고 있어 세상은 불안하다.

옛날에는 살기가 어려워 가족을 먹여 살리기 위해서 남의 집 담장을 넘어 곡식이나 된장, 간장을 도적질 하였는데, 이제는 그러한 소박한 도적은 없고 은행이나 증권 같은 수십 억에 이르는 금융사기가 많다. 그 동기도 가족을 부양하기 어려워서 도적질하는 것이 아니라 유흥비 마련이나 허영을 충족시키기 위한 도적질이 많다고 하니 동기도 다르거니와 액수도 껑충 뛰어 천문학적 숫자에 이르고 있다. 이러한 도적들은 교육 수준도 높고 전문지식이 있어야 한다. 도적도 질이 달라지고 액수가 커졌다. 노자老子의 "큰 속임수는 큰 지혜에서 난다"는 말이 들어맞는다. 즉 지식사회가 더 큰 문제이다.

우리의 힘으로 지구를 크게 넓힐 수는 없다. 그러나 그 좁은 공간. 즉 달팽이 뿔만한 좁은 곳이지만 여기에서 사는 생활지혜만은 우리 나름으로 얼마든지 개선하여 체통 사납게 다투지 않고 서로가 신뢰하고 상호부조하고 평화롭게 사는 지혜와 철학이 있어야 하겠다. 권세를 쥐었다해서 국민을 억누르거나 속이거나 거짓말하지 말고, 많은 것을 소유하였다 하여 거들먹대지 말고 남에게 나누어 줄줄 알아야하고, 힘이 세다 해서 약한 자를 짓밟지 말 것이며 힘을 보태어 주어야 한다. 외모가 아름다워 팔등신이라 해서 남을 얕보고 과시하지 말아야 한다. 그러하지 못할 때에 백낙천의 말대로 어리석은 뜻 있는 사람한테 비웃음을 받게 될 것이다. 어리석은 백 사람의 찬사 보다 뜻 있는 선비나 지성인 한 사람의 찬사가 더 소중한 것이다.

우리는 우륵于勒이나 백결百結선생의 고사는 알지만 당시의 권력자나 갑부가 누구인지 알지 못한다. 우리는 셰익스피어, 베토벤은 알지만 그 당시의 권력자나 갑부를 알지 못한다. 후대에 남는 것은 재산이나 권력이 아니라 어진 사람, 예술가, 인류의 행복을 위해서 헌신한 사람은 비록 권력이나 재산은 없었지만 후대에도 존경을 받고 있음을 알 수 있다. 따라서 우리는 악을 쓰고 다투어 얻어낸 권력이나 재산보다 더 소중한 것이 있음을 알아야한다.

우리가 비록 달팽이 뿔만한 좁은 공간에 살고 일생이라야 석화石火에 불과하니 백낙천의 비웃음을 면하려면 우리 모두가 철이 들어 협동하고 서로를 존중하며 다투지 말고 베풀고 웃으면서 사는 큰 지혜가 있어야 한다.

바보였나 순진했나

나는 산에 오르기를 좋아한다. 그렇다고 등산가는 아니다.

보통학교시절 6km를 걸어서 학교에 다녔고 정릉에서 20년이나 산 것도 산이 가까워 산책하기가 좋아서 그랬고 관악산 밑 관양동에서 10년을 산 것도 집에서 5분만 걸으면 솔밭에 들어갈 수가 있어 좋았다.

그런데 아들, 딸이 모두 시내에 살아 주말에 찾아오기가 불편하다는 것이다. 아내 또한 시내에 나들이 하려면 불편하다는 것이다. 그래서 1997년 10월에 시내로 들어오기로 하고, 새로 지은 아파트를 찾다가 지금 사는 보라매공원 옆의 롯데 스카이 아파트에 당첨이 되어 이사를 했다. 보라매공원은 12만평이나 되고 관리를 잘하고 있어 내 정원처럼 마음대로 산책을 할 수가 있어 좋다. 넓은 공원을 덤으로 얻은 셈이다.

그런데 문제가 있다. 시내로 들어 올 적에 아이들은 저희들이 사는 강남으로 오라는 것을 공원 하나를 보고 이사를 했는데, 10년이 지난 오늘 강남은 집 값이 몇 배나 올랐고 우리 동네는 별로 변동이 없다. 순진하게 산책할 수 있는 공간을 찾다가 세상 움직이는 현실을 몰라 뒤떨어진 바보가 되었다.

1997년 말에 IMF가 닥쳐왔다. 외환 보유고가 형편없이 떨어지고 나라가 부도 날 지경에 이르렀다. 1998년 한국의 실업률은 7.0%와 경제성장률은 -6.7%라는 최악의 경제위기에 빠졌다. 실업자 수는 200만 명이 넘었고, 600만 명이 넘는 노숙자가 거리에 쏟아져 나왔으며, 기업체들은 신규채용을 중단하였다. 나라가 빈털터리가 되고, 국민도 모두 빈털터리가 되었다.

이러한 상황에서 1998년 1월에 "금 모으기 운동"이 범 국민적으로 시작되었다. 소장되어 있는 금을 모두 내어놓아 국가의 부도를 막자는 운동이었다. 나라를 걱정하고 사랑하는 마음에서 소장한 금을 내어놓은 사람이 243만 명에 이르며, 16만 4000Kg의 금이 모여 IMF 차입한 전액을 상환할 수 있어 나라의 파산을 막은 것이다.

당시 나도 참여를 했다. 나라가 파산상태인데 금을 소장해서 무엇 하랴는 생각이 들어 금붙이를 내어놓기로 했다. 나는 부자도 아니고 고관대작도 아니니 금 덩어리는 없었다. 선물로 받은 수저, 행운의 열쇠, 반지, 상으로 받은 메달, 근속 공로상, 정년퇴직 때에 받은 메달이 전부였다. 아내가 은행에 가지고 갔더니 사람이 많아서 번호표를 받고 내일 다시 간다는 것이다. 그래서 이틀 걸려 모든 금붙이를 IMF에서 벗어나려고 제공하고 받은 현금이 천 여 만원으로 기억한다.

그런데 금붙이 중 하나만은 제외했다. 며느리가 시집 올 때에 예단으로 내 마고자를 가지고 왔는데 그 마고자에 금단추가 달려 있었다. 이것만은 내어 줄 수가 없어 유보해서 지금 내가 가지고 있는 유일한 금붙이이다.

그로부터 10년이 지난 요즈음 신문을 보니, 금값이 하늘 높은 줄 모르고 치솟아 매우 비싸다는 기사를 읽고 과연 내가 순진해서 잘 한 것인지 아니면 바보였는지 혼돈이 된다.

그래서 또 한 번 나는 철부지로 순진했는지, 세상을 사는 방법도 모르는 바보인가를 생각하게 된다.

인간의 적敵은 인간

주택가를 지나간다. 으리으리한 좋은 집들이 있다. 담장이 높아서 그 안을 들여다 볼 수가 없다. 담장 위로 정원수와 넝쿨 장미꽃이 보이는 것으로 보아 정원을 잘 가꾼 집임을 짐작할 수가 있다.

담장 높이만 해도 내 키보다 높고 담장 위에는 다시 철조망이 쳐 있다. 원래 철조망은 꼭 보호해야 할 군사시설이나 목장 같은 데서 가축들이 함부로 드나들지 못하도록 막기 위해서 쓰던 것인데, 어느 사이에 사람이 사는 집의 둘레에도 사용하고 있다.

철조망만으로 안심하지 못하고. 다시 가느다란 전선이 지나고 있다. 약한 전선이 좌우로 뻗어 있다. 사람의 몸에 닿으면 감전된다는 것이다.

그뿐 아니다. 방범카메라가 상시 지키고 있다. 담장을 넘는 사람은 카메라에 잡혀 기록된다.

스파이 영화에서나 보았는데 이제는 우리 주변에서도 볼 수가 있다. 재산을 지키기 위한 것인데 인간의 욕망慾望을 충족하는 방법이란다.

그뿐이 아니다. 문을 열면 자동으로 벨소리가 나도록 되어 있고, 금고는 늘 잠겨 있다. 왜들 이러는 것인가. “사람의 적은 사람”이기 때문이다. 태초 같으면 가장 무서운 것은, 첫째는 천재天災이고 둘째는 맹수猛獸였다. 천년대한千年大旱에 구년홍수九年洪水란 말이 있다. 천년이나 비가 내리지 않으면 사람은 살 수가 없다. 곡식을 가꾸지 못하였으니 먹을 것이 없다. 또 전염병이 번지면 사람은 살 수가 없다.

그러나 이제는 인간의 노력으로 비를 내리게 할 수도 있고, 질병도 고칠 수가 있으며 여러 무기들을 만들었다. 총이며 대포며 원자탄을 만들었다. 그런데 문제는 이러한 무기가 맹수를 잡기 위한 것이 아니라 사람을 잡기 위한 것임을 알 수가 있다.

사람의 적은 이제 맹수가 아니라 인간이다. 참으로 비극이다.

세상은 발전해서 문명도 향상되었고, 교육수준도 높아지고 문화를 누릴 수 있고, 경작이나 생산 기술이 향상되어 효과를 거두고 있는데도 반목과 대립, 갈등은 여전하다. 언제나 철이 들어 인간이 인간을 적으로 삼지 말고 서로 화합하여 평화로운 세상이 되었으면 한다. 인간의 적이 인간이 아니기를 바란다.

민속 조사비 조달 방법

민속학을 공부하려면 현장에 자주 가게 된다. 지방에 행사가 있어 때를 맞추어 가야하고, 연구과제를 위해서 현장조사를 해야 하고, 논문을 쓰자니 현장을 모르고 쓸 수가 없으니 가야한다. 직장을 빠질 수가 없어 참았다가, 주말이나 방학이 되면 민속 현장을 찾게 된다.

민속조사를 하려면 사진을 찍고, 녹음을 하고, 기록을 해야 하기 때문에 여기에 따른 기구를 메고 다녀야 한다. 이 무거운 짐을 지고 시골길을 걸어 가야한다. 지금은 버스도 다니고 자가용을 운전하고 갈 수도 있으나 내가 민속학에 손을 댄 1951년도 무렵에는 그러한 교통수단이 없었다. 따라서 무거운 짐을 지고 걸어서 논길 산길을 가야 했다.

그러나 이러한 고난은 극복하고 견딜 수 있으나, 땀 흘리고 시골의 산길, 들길을 걸어야 하는 고난의 극복만으로 해결되지 않는 문제가 있었다. 민속조사에 소용되는 경비의 문제이다. 요즘엔 연구비를 받아서 민속조사를 하는 경우도 있고, 또 지방의 자치단체나 문화기관으로부터 조사비를 부담하는 의뢰도 있어 민속조사에 소용되는 경비를 해결 할 수도 있다. 참 좋은 세상이다.

직장에서 받은 월급은 생활비, 아이들 교육비로 쓰기에도 빡빡한데 민속조사비로 떼어 쓸 수가 없다. 돈이 없다고 민속현장에 안 갈 수도 없으니 막막했다.

그러나 60년대를 거쳐 70년대 무렵부터 산업이 발달하고, 기업들이 자기네 회사와 사업을 선전하기 위해서 사보社報를 발간하는 경우가 많아졌다. 이 사보들이 독자를 위해서 생활 주변의 문제들을 개제 하는 일이 상례로 되어 있다. 여기에 민속 기사를 실어 독자들이 세시풍속이나 향토행사나 민속의 의미를 이해를 도우려는 연재를 하게 되고 민속학의 성과를 필요로 하게 되었다. 그래서 70년대 중반부터 여기저기의 회사로부터 원고 청탁을 받게 되고 80년대에 들어와서는 동시에 여러 곳에서 연재를 요청 받는 일이 자주 있게 되었다.

원고료는 나만 아는 비자금이 되었다. 월급봉투에는 금액이 명시되어 있으나 원고료는 별도로 받는 돈이니 나만 알게 된다. 이 돈을 모았다가 기재를 사고, 조사 여비로 긴요하게 썼다. 원고료가 없었더라면 민속조사의 성과는 부진했을 것이다. 가족에게는 매우 미안한 일이었으나 낭비는 하지 않고 민속조사비로만 지출했다. 그래서 카메라도 녹음기도 성능이 좋은 것을 가질 수 있었다.

민속조사 자금이 된 1983년과 1988년, 1990년도의 연재의 예는 다음과 같다.

1983년도 지(紙), 지(誌), 사보(社報) 등에 연재표(連載表)

	한국문화	신라호텔	일성신약	한국화장품	설록차	노인생활
1월	영남	제사	정월세시			충청도풍속
2	충청도	교통수단	2월세시	화장의 역사		경기도풍속
3	강원도	노리개	3월세시	연지		경상도풍속
4	경기도	의상		기름 바르다	4월 민속	이북풍속
5	황해도	노래		창포	단오	(신세계)단오
6	평안도	신발		유두	유두	〃 유두
7	함경도	씨름		칠석	칠석	
8	8월행사	방아		추석	추석	
9	9월행사	농악		9월민속	9월세시	
10	10월행사	굿		10월민속	10월세시	

11	11월행사	장승	11월민속	11월세시
12	12월행사		12월민속	12월세시

1988년도 지지(紙誌)연재

월	지지		
	동양 시멘트	손보협회	정신세계
1	정월의 민속	재난, 재앙예방의 민속	
2	2월의 민속		민속의 형성
3	3월의 민속		
4	4월의 민속	초파일	
5	5월의 민속	단오	
6	6월의 민속	유두	
7	7월의 민속	복더위	
8	8월의 민속	추석	
9	9월의 민속	중구	
10	10월의 민속	상달	
11	11월의 민속	동지	
12	12월의 민속	섣달	

1990년도 지지(紙誌) 연재(連載)

월	교원공제	전통(傳統)	흥농(興農)	풍산(豊山)	제1모직	삼성(三星)
1		불놀이	모기		도깨비	물
2	태교	머슴날	연등	경칩	방망이	불
3	태교	삼짓날	콩		감투	바람
4	태교	관등놀이	초파일	봉선화	건망증	산
5	태교	단오제	단오 음식		심술	모기
6	태교	피서	유두	약수	논밭에 돌	부채
7	산후조리	삼삼기	백중		씨름	부지깽이

8	자장가	추석제사	추석놀이	강강술래	계막
9	자장가	중구	수확		채주
10	거짓말	상달	천제		등거리
11	예	팥죽	둥지		미인 도깨비
12	식탁	벽사진경	섣달놀이		부지깽이 도깨비

조선총독부의 "풍속조사 항목"에 대하여

국립민속박물관 소장의 조선총복부의 고문서인 "풍속조사風俗調査 항목項目"은 양면 괘지를 엮은 문서이다.

책은 횡20cm, 종 28cm이며 앞과 뒤의 표지에는 200근지 정도의 두터운 종이를 사용 하였고 속 본문의 용지는 "조선총독부 중추원"이라 인쇄된 일면이 12행, 일매 24행의 붉은 선이 쳐있는 괘지 157매를 엮어 한 책으로 되어있다. 그 중에서 첫머리 1매와 끝 부분 2매는 여분으로 철하였으므로 실제 기록한 것은 154매인 셈이다.

앞의 표지에는 중앙에 크게 "풍속조사항목"이라 만년필 글씨로 써있고 책의 좌측 상부에 타원형의 "풍속"이란 붉은 주인이 찍혀 있고 바로 그 좌하단에 사각형안에 135라 쓰고 좌측하단에는 "정본용正本用"이라 기록이 되어 있다.

내용은 "풍속조사 항목 목차"라 해서 단정한 붓글씨로 기록되어 있는데 전 25장章으로 나누어 전 25장이다. 장을 다시 관款, 항項, 목目으로 나누어 상하의 개념과 범위에 따라 세분 하였으며 여러 곳에 연필로 추보追補한 흔적이 있는 것으로 보아 항목표를 만들어 놓고 분류나 현장의 실천면에서 난관이 있었던 것으로 보인다.

항項이 많은 왕가王家의 상례喪禮의 경우 51항이나 되고, 제례祭禮 18목, 유희遊戲의 경우 종목의 항에서 33목이나 되에 당시로서는 상세한 분류를 시도하였음을 알 수 있다.

그러면 문제는 이 "풍속조사 항목"을 언제, 누가, 왜 작성하였는가 하는 문제이다.

풍속조사 항목 책을 아무리 뒤져봐도 작성자의 이름도 연대도 없고, 더욱이 왜 작성하였는지에 대하여 아무런 기록이 없다. 책의 지질로 보아 종이심지를 꼬기에 알맞은 고지古紙이고, 또 '조선총독부 중추원'이라 인쇄되어 있는 것으로 보아 중추원 전용의 용지이었으며 일제시대에 이루어진 것은 확실하다.

조사항목의 배열이 민속학 전공자의 분류라기보다 자료위주의 현실적 배열을 한 것으로 첫째 작성자와 년대는 명시되지 않았으나 중추원에서 학자에 의뢰하였거나 실무자선에서 초안을 만들고 전공자의 도움을 받았을 것으로 추측된다.

일제는 1910년에 강제 합병을 하고 다음해에 벌써 소위 "이요俚謠, 이언俚諺급 통속적 독물瀆物조사"(국립민속박물관 소장)를 실시하여 1912년에는 전국의 자료를 집성한 일이 있는 것으로 보아 전공자에 위촉하였거나 전공자의 협조를 받아 실무자선에서 작성한 것으로 추측된다. "이요, 이언 등 조사"에서는 자료를 조사했을 뿐 분류는 하지 않았으나 "풍속조사항목"에서는 한걸음 나아가 분류항목을 작성한 것으로 보아 체계적인 접근이 있었던 것으로 본다. 총독부에서는 촉탁, 무라야마 지준村山智順의 『조선의 복장』을 1927년에 간행하였고, 1927년에는 민간신앙자료民間信仰資料 제1집으로 『조선의 귀신』이 출간된 이후로 계속해서 수많은 조사자료집이 총독부에 의해서 출간되었다. 오청吳晴의 『조선의 연중행사年中行事』는 1930년에 출간 되었으나 아직도 총독부 촉탁명의로 되어 있다. 1935년에 강행 조사자료 42집 『조선의 유사종교』가 있다.

그러나 1937년에 간행된 『조선풍속자료집설』－선扇, 좌승左繩, 타구打毬, 포匏－부터는 중추원의 명의로 출간되었다. 총독부에서 민의를 듣는다는 미명하에 중추원을 가동시켰으니 그 이후에 작성된 것이라고 본다.

둘째 작성의 의도는 식민지의 문화정책을 수행하는 자료로 필요에 의해서 작성한 것으로 본다. 일제는 합병을 하자 1년도 채 안 되었을 때에 앞서의 "이요, 이언 등 통속적독물"의 조사를 도지사, 군수를 통하여 보통학교 고장에 명하여 조사 보고케 한 것은 한국의 문화전통을 보존 육성하기 위해서가 아니라 한국인의 생활의식이나 관습을 파악하여 식민지정책 수립에 자료로 삼기 위해서이었다. 즉, 문화성보다는 의도성에 의한 것임을 알 수 있다.

중추원이란 관제는 고려 때에 이미 있었고 조선시대에도 있었으며 일제하에서도 계승하여 기구에 들어 있었으나 재등실齋藤實총독이 1919년에 관재를 개혁하여 고래의 습관에 관한 실무를 담당하는 일을 맡기게 한 바 있다. 그러한 점으로 미루어 조선총독부 중추원은 전통적인 관습이나 문화현상을 조사하고 연구하는 기능을 가지고 있었다. 조선 총독부에서 초기에 간행된 전통문화 관련 간행물들이 총독부 문서과에서 관장하다가 1937년경부터 조서 연구와 간행까지 중추원에서 담당한 것으로 추정된다.

이런 점으로 미루어 "풍속조사 항목"은 1920년대 이거나 늦어도 1930년대 중반 이전에 작성된 것으로 생각된다.

내포內浦 지역의 민속

1) 내포의 영역

내포지역의 문화를 논하려면 먼저 내포의 지리적 영역을 설정할 필요가 있다. 내포內浦란 글자의 뜻으로는 바다나 호수가 육지로 쑥 들어온 부분을 말하는바 동해안에는 내포가 없으나 서해안 황해에 면한 곳에는 수심이 얕고 토양이 비옥해서 내포가 많다.

아산 · 당진 · 서산 · 홍성 · 보령지방의 해안에는 바다가 쑥 들어와 내포를 이루는 곳이 많고 지대가 낮아 대소의 소택沼澤이 많으니 합덕지合德池가 그 대표이다.

내포지역의 지명에 포浦 또는 곶串자가 붙은 곳이 많아 그 지역의 지형을 짐작케 한다.

내포의 영역 설정에 대한 여러 논문들이 있어 학자에 따라서는 강경, 논산까지 내포에 편입하려는 이도 있다. 여기에서는 고종실록 홍주부洪州府에 관할 지역을 내포지역으로 보고 다음과 같이 설정한다.

洪城郡　結成郡　德山郡　韓山郡　舒川郡　庇仁郡　濫蒲郡　保寧郡　林川郡
馮山郡　瑞山郡　海美郡　唐津郡　泰安郡　大興郡　禮山郡　青陽郡　新昌郡
溫陽郡　牙山郡　定山郡

현재의 행정구역으로 볼때 아산군 · 당진군 · 서산군 · 예산군 · 홍성군 · 보령군 · 서천군 · 부여군 · 청양군이 여기에 해당한다. 그 중에서 예산군, 청양군, 부여군을 제외하고 나머지 지역은 모두 바다에 접해 있어서 지금의 충청남도 서북부西北部가 내포의 영역에 들어간다.

내포지역의 지리적 특징은 해안성海岸性과 평야平野를 지적할 수 있다.

내포지역은 바다가 육지로 쑥 들어와 만灣을 이루고 육지가 바다를 향해서 돌출한 곶串이 많기 때문에 해안선이 길다. 해안선이 길고 평야가 있으면 필연적으로 이곳에 사는 사람들의 생활이 바다와 관계되는 생업은 즉 농업, 어업, 염업, 교역 등이 있기 마련이다.

내포지역에서 원양어업은 없으나 바다의 수심이 얕아서 패류貝類와 새우가 많아 새우젓이 특산물로 알려져 있고, 지리적 특성으로 중국과 가까워 교역과 인적 교류도 있었으니 당진唐津이란 지명이 지역의 역사성을 증명한다. 즉 바다와 관련되는 생활문화가 형성되기 마련이다.

내포지역은 높은 산이 적어 평야가 많고 비옥한 토양이어서 농경위주의 생활을 하고 있다. 농경지가 많으면 부촌이 많고 따라서 사람의 살림이 넉넉하니 인심이 후하고, 남에게 베풀 줄 알고, 호양互讓의 미풍을 낳게 된다.

이렇게 되면 서로 어울려 공존하게 되고 협동할 수 있어 화평하니 살 맛이 나는 환경이 조성된다.

내포지역이 변방이라기 보다는 살기 좋은 곳으로 인식되고 있는 것은 평야가 많고 땅이 비옥해서 농경민족으로서 넉넉한 살림을 할 수 있는 여건이 마련되어 있기 때문이다.

내포지역은 차령산맥의 끝 부분에서 벗어난 곳으로 대산大山이나 고산준령高山峻嶺이 없다. 가야산伽倻山 오서산烏棲山 칠갑산七甲山의 삼산三山이 있으나 그 주변은 비산비야非山非野여서 경작이 가능하여 생활의 터전이 되고 있다. 가야산은 서산과 예산 당진군에 걸쳐 퍼져 있어 경개도 좋거니와 그 물줄기는 일대의 농경지를 적시고 있으며 고찰인 수덕사修德寺가 알려져 있고, 오서산은 보령과 부여의 접경에 위치하여 바다와 내륙을 부감할 수 있고 무량사無量寺가 있으며, 칠갑산은 내륙 청양군에 위치하여 차령산맥에 속하나 내포의 동쪽 한계선에 위치하여 물이 흘러 금강에 합류하는데 농경수로 공급되며, 통일신라시대의 고찰인 장곡사長谷寺가 있다.

이렇듯 내포의 세 산이 생활수生活水와 생활재生活材를 공급하고 있으며 고대의 불교문화의 승지로 되어 있다.

즉 내포지방의 자연적 여건인 바다와 육지가 이 지역의 생활문화를 형성하는 기저를 이루고 있어서 내포지역 문화는 내포지역의 자연적 여건에서부터 이해되어야 한다.

2) 내포지역의 민속행사

(1) 유왕산留王山놀이

부여 양화면良化面의 금강가에 유왕산留王山이 있고, 매년 음력 8월 17일에 유왕산놀이가 전승되고 있다.

현지에 전승되는 전설에 의하면 백제가 패망해서 당군에서 의자왕義慈王을 비롯해서 고관, 장졸 등 약 만 팔천여명이 끌려갔는데 배를 타고 금강을 내려가서 유왕산 밑을 통과 했다.

나라가 망하고 임금이 포로가 되어 수많은 동포가 적지에 끌려가는 것이 통탄스러워 사람들이 유왕산에 모여 통곡하며 전송했다고 한다. 왕이 이곳을 통과한 것이 8월 17일이기에 해마다 이날 백성들이 유왕산에 모여 옛일을 회상하면서 망국의 설움을 달랬다는 것이다.

현지의 전승에 의하면 왕을 전송한 외에도 추석을 지나 17일에 인근 백리안의 부녀자들이 모여 음식을 먹고 일가친지와 만나 환담하여 하루를 즐겼다고 하니 "반보기" 행사와 중복되어 있다.

반보기란 시집가서 출가외인이 된 딸이 친정에 근친하고 싶지만 시부모의 눈치를 살피다가 추석이 지나서 친정과 미리 통문을 해서 친정과 시집의 중간지점인 경치 좋은 정자, 산, 개울가 등의 지점에서 상봉하는 것이다.

옛날의 가족제도에서 며느리의 친정가기란 어려웠고, 또 농경사회에 있어서는 가사 일이 바빠 한가하게 며칠씩 친정에 가서 쉴 수 없었다. 그래서 시집 눈치만 보게 된다.

이러한 상황에서 문제를 해결하는 방법으로 반보기가 생겼다.

딸은 친정어머니가 좋아하는 음식을 만들고, 어머니는 딸이 즐기는 음식을 가지고 와서 상봉하여 반나절 회포를 풀고, 담소하여 그 동안의 친정소식과 일가친척, 이웃의 소식도 들어 궁금증을 풀게 된다. 그러나 저녁에는 집에 돌아가야 했으니 마음이 서운하고 충분지 못했다. 마음 반만 채운 것이라 해서 반보기라 했다.

유왕산놀이는 그 기원을 백제의 패망사와 관련시켜 기원했다고 하나 시대가 내려옴에 따라 조선시대 농촌의 가족제도에서 추석을 보내고 농가의 한가한 틈을 타서 모녀지간의 욕구를 최소한 충족시켜 주는 반보기와 습합되었을 것으로 생각된다.

유왕산놀이에 얼마나 많은 사람들이 모였던지 일제시에는 상인들이 몰려 장이 서고 임시로 경찰관이 파견되어 질서를 잡았다는 기록이 있다.

(2) 등바루 놀이

보령군 장고도長古島에는 등바루놀이가 전승되고 있는데 내포 해안과 도서 등 여러 곳에서 놀이 되었다.

서해 도서민의 생활에 있어 굴은 큰 수입원이고 이곳 가정의 식탁에는 굴로 만든 요리와 젓갈이 오르고 있다. 또 향토요리로 큰 몫을 하고 있다. 그래서 정월 대보름이 되면 한해의 풍어를 빌고 굴을 불러들이는 행사가 있다.

대보름날 밤이 되면 마을 부녀자들이 모여 등불을 밝히고 굴을 불러들여 밥을 주는 시늉을 하면서 노래를 부른다.

굴아굴아

동해는 백석굴　　　이영이영 영하영
남해는 청석굴　　　어영소리가 하할영
북해는 북석굴　　　이영소리가 하할영
다른마을로 가지말고　이영이영 하할영
우리마을로 돌아와라　이영이영 하할영
옜다 좋다 다모였네　이영이영 영하영

굴의 풍작을 간절히 소망하고 사해의 굴을 모두 불러 들이는 것이다. 그래야 굴 풍년이 된다. 간절한 어민들의 소망이다.

굴을 불러들인 다음 굴이 서식할 수 있도록 돌을 주어다 쌓아 돌방을 만들고 돌방에 붙어 서식하여 크게 자라면 굴 캐기를 하는데 이때 굴 캐기 노래를 부른다.

에야루 아노야　　잘도한다 잘도해
조개잡이 잘도한다 어제도 여기서 살고
내일도 여기서 사네 바삭바삭 잘도 까네
해당화는 만발하고　오늘이 등바루날
용바위 경사났네　어얼시고 좋을시고

정월대보름은 새해를 맞아 첫 만월이고 생산성 있는 부녀자들에 의해서 놀이되는 등바루 놀이는 풍어기원제豊漁祈願祭의 일종임을 알 수 있다.

(3) 기지시機池市 줄다리기

당진군 송악松嶽에 줄다리기가 전하는데 기지시機池市줄다기리다. 무형문화재 제75호이다. 이곳에는 옛날 직조織造가 성해서 실 꾸러미를 담궈두는 못이 있었으니 「틀무시」라 하여 「틀모시」의 와전이며 한자로 쓰니 기지시機池市가 되었다.

송악 일대는 곡창으로 농사의 고장이며 바다에 인접해 있어서 어업이 성하고 갯벌이 많아 소금을 생산하는 염전이 많다. 틀무시에서는 매년 3월에 줄다리기를 한다. 내륙 쪽을 물 위, 바다 쪽을 물 아래로 구분해서 편을 갈라 천명을 헤아리는 많은 사람들이 참여하여 힘을 겨룬다.

마을 당산堂山으로 국사봉(國師峯 또는 國秀峯)이 있고 여기에 국사당이 있어 마을의 수호신을 모시는 곳으로 되어있다. 정초正初 상원上元전에 국사당제를 지냈고, 줄다리기는 원래는 윤년 3월에 했으나 근래에는 해마다 하고 있다. 당제의 근처에 있는 신 암사의 주지가 와서 산왕경山王經을 독경하니 당제堂祭가 무불巫佛이 습합褶合되어 있는 것이 특징이다. 줄다리기의 유래에 대하여 여러 설이 있으나 이곳의 지형이 풍수설로 보아 옥녀직금형玉女織金形이라 짠 천을 마전 할 때에 양쪽에서 잡아당기므로 그 동작이 확대되어 집단이 잡아당기는 줄다리기로 발전했다는 주장과 또 일설에는 지네형국이어서 큰 줄에 곁줄을 달아 지네 발 모양으로 만들어 줄다리기를 하게 되었다는 설도 있다.

줄다리기는 그 결과로 농사의 풍흉豊凶을 미리 점치고 있어서 농사의 예축의례豫祝儀禮로 보는 것이 일반적인 해석이다.

이곳에는 동東, 서부西部로 편을 가르지 않고 수상水上 수하水下로 가르는데 내륙內陸쪽인 수상水上이 이기면 농사가 풍년이 들고, 수하水下가 이기면 바다 쪽 어촌이 풍어라 전한다. 줄다리기 임원任員들은 엄격한 금기를 지켜야 하며 시합의 승패가 끝나면 할머니들이 칼을 가지고 기다렸다가 줄을 끊어 간다. 줄을 지붕 위에 놓아두면 우환이 없고, 줄을 가지고 출어出漁를 하면 만선滿船을 하고, 여인이 삶아 먹으면 냉병冷病이 없어진다는 것이다.

(4) 은산恩山 별신제

부여군 은산에는 별신제가 전승되고 있다. 은산은 백제의 도성都城 부여에서 불과 20리에 위치하여 부여에서 서북西北으로 통하는 요지였다. 백제가 패망할 때에 현몽에 의해서 장병들의 시신을 수습해 주고 그 보답으로 돌림병을 치유하는 배경 설화가 있다.

한 해 걸러 이른 봄에 별신제를 거행하는데 물막기, 조라담그기, 진대베기, 꽃받기, 상당굿, 하당굿, 독산제, 장승세우기까지 10여일에 걸친 큰 향토신제로 중요무형문화재 제9호로 지정되어 있다.

일반적으로 별신제는 역병을 예방하고 퇴치해서 향민鄕民들이 질병이나 재앙없이 평안하게 살 수 있도록 신神께 빌고 제를 지내는 민간신앙 행사인데 별신제로서는 전국에서 가장 큰 규모의 신제이다.

진대베기란 부정이 없는 십리 안팎의 거리에 있는 방향의 산山에 가서 참나무 사본四本을 베어 오는데 산에서 신을 참나무에 모셔오는 셈이다. 진대는 제기동안 화주花主네집 뜰에 세워 두었다가 맨 마지막 날 장승을 세우고 그 옆에 꽂아 두는데 "후리채"라 부른다. 부정이나 악귀가 접근하면 이 후리채가 악귀를 구타해서 추방하는 기능을 하는 것으로 인식 되어 있다.

향민대표鄕民代表와 무녀巫女가 굿을 진행하며 화주花主집 출입을 금하고, 꽃 만들고, 조라술 담그는 과정에 부정을 막기 위해 엄격한 금기禁忌가 있고, 제물 운반시에 입에 백지白紙를 물고 행진하며, 임원任員들은 내방內房출입을 삼가며 화주집에서 소찬만으로 밥을 먹고, 고두백배叩頭百拜하고 동네 세대주 모두의 소지燒紙를 울리는 등 향토신제 본연의 모습을 지니고 있다.

무녀가 굿을 해서 사령기司令旗 위에 달아맨 방울이 울리면 강신降神한 것이지만 아무리 굿을 해도 방울이 울리지 않으면 부정 탄 증거이므로 임원 일동은 개울에 가서 목욕재계를 해야 한다.

제단에 올렸던 지화紙花는 동민洞民과 참조자에게 나누어 주는데 집안에 걸어두면 재앙을 막아 주는 것으로 인식되어 있다.

(5) 황도리黃島里 풍어제

안면도安眠島 황도리黃島里마을에는 오래전부터 전승된 풍어제가 있으니 붕기놀이라 부르기도 한다.

정월 보름날 당산제를 지내는데 농사가 풍년 들고, 바다에 나아가 만선을 이루도록 비는 풍어제이다. 제사 지내는 당 앞에 큰 기를 세우니 붕기이다.

붕기는 긴 대나무를 여러 갈래로 쪼개서 그 자기 사이에 조화造花를 매단다.

붕기를 세워 풍어豊漁와 풍년豊年들기를 빈다. 이 때에 진대도 만들어 세운다.

현지의 전설에 의하면 옛날 밤에 풍랑을 만나 바다에서 헤맬 때에 붕기에 불이 켜져 그 빛을 보고 귀향할 수 있었는데 그 후로 풍어제를 꼭 지내게 되었다는 것이다.

풍어제는 무당에 의해서 부정不淨을 씻어내는 굿을 하며, 농악은 굿거리를 하고 호적은 시나위를 연주한다.

풍어제는 이름 그대로 어민들의 소원인 풍어를 비는 것으로 해안마을이나 도서에서는 가장 중요한 민간신앙제이다.

먼저 농악대가 굿거리 장단을 치고 호적이 시나위를 불면서 당에 모이면 마을 사람들의 운집하고 분위기가 형성된다.

선주船主와 어부들이 붕기를 세우고 무당이 부정不淨굿부터 시작하여 축원을 한다.

풍어제는 신을 모셔다 제의를 올리고 신神을 즐겁게 하는 오신娛神이 있고 마지막으로 신을 봉송하는 순서인데 제의는 무당이 주재하고 선주, 어민이 참여하지만 어촌에 있어서는 풍어는 생활을 보장하고, 또 바다가 일터이기 때문에 모두가 진지하고 공손한 마음을 가지고 참여하게 된다.

이 때에 흥이 나서 음주가무飮酒歌舞하여 흥겨운 놀이판이 전개된다.

(6) 동화제洞火祭

청양靑陽의 칠갑산 주변에는 장승이 많고 여러 마을에서 동화제를 올리고 있다.

장승은 전국적으로 분포되어 있으나 여러 곳의 장승들이 현대화 과정에서 소멸되고 또 새마을 운동으로 제거되어 이제는 찾아보기 어렵게 되었다.

그러나 칠갑산 주변 여러 마을 입구에는 장승이 여전해서 이 지방인地方人들의 정서를 엿볼 수 있다. 칠갑산 장곡사長谷寺 앞에 장승공원이 있는 것도 그러한 신앙의 연장선에서 이해된다. 새해를 맞아 상원上元날 달이 솟을 무렵 동화제洞火祭가 있다.

마을 젊은이들이 산에 가서 나무를 베어 논이나 밭에 높이 탑처럼 쌓는다. 마을에 따라서는 동화터가 정해져 있어서 성역으로 여기는 곳도 있다.

농악을 치고 여흥을 하는 사이에 대보름 달이 솟으면 그 앞에 제사상을 차리고 이장이나 노인이 헌주하고 제를 올리며 나무탑에 불을 지른다. 그러면 불은 순식간에 타 올라 화염이 충천하고 동민들은 농악에 맞추어 춤을 추고 한쪽에서 합장하고 소원을 빌고 불을 향해서 절을 하는 부인네도 있다.

대보름 만월은 재앙을 물리치고 복을 가져오는 즉 제화초복除禍招福하는 효험이 있다고 믿어 동화제를 거행하는 것이며 마을 안의 부정을 씻고 동민이 무사태평하게 살수 있다고 믿어 전승된 제의이다.

동화제를 지낸 다음날 마을 입구에 장승을 세운다. 재앙이나 역병이나 부정이 길을 따라 마을로 들어온다고 믿어 동구洞口 길목에 장승을 세워두면 이러한 것을 모두 막아 차단하려는 것이다.

탈없이 평안하게 살기 위해서 새해의 첫 만월에 동화제로 정화하고 장승을 세워 부정을 막아 주기를 기대한 것이다.

(7) 보부상褓負商

내포문화를 거론 할 때에 보부상을 거론하지 않을 수가 없다. 보부상이 내포에만 있었던 것이 아니라 전국적인 조직을 가지고 상권商權을 행사했으나 이제는 다 소멸되고 유독 내포지방에만 그 유습이 전승되어 있어 관심을 끌고 있다.

보부상이란 물건을 운반 할 때에 등에 짊어지거나 보로 싸서 들고 다니거나 머리 위에 얹고 가는 것을 뜻하여 소위 등짐과 봇짐장사를 말한다.

보부상제도의 역사는 조선조 초기로 거슬러 올라간다.

조선 태조에 충성한 보부상이 어, 감, 수철, 목물, 토기, 곡물, 백지의 7종 전매권을 얻어 상인 조직이 되었으며 그 후 국난이 있을 때에는 장돌뱅이로 여러 곳을 다니며 적정을 정찰하고, 군량을 운반하고 통신연락을 하는 등 평상시는 장돌뱅이 상인에 불과했으나 유사시에는 병사兵士가 되어 국난 극복에 기여했다. 대원군이 보부상을 규합해서 도반수가 되어 정치에 이용한 일도 있어 세력을 형성하기도 했다. 그러나 일제가 들어와 보부상 조직은 해산되었으나 상무사商務社로 개편되어 그 기능은 겨우 유지되고 있으며, 현재는 상거래에서 밀려나 그 유풍만 남아있다.

보부상의 유풍이 남아 있는 곳이 예산禮山, 덕산德山, 임천林川, 홍산鴻山, 한산韓山 등지인 바 모두 내포권이다. 즉 내포지역에 보부상 조직이 잘 운영되어 오늘날에도 그 여맥이 유지되고 있으며 지역문화의 특징을 보여주고 있다. 즉 현지인의 정서에 수용되어 계승되고 있는 것이다.

보부상의 유품遺品, 문서 중 홍산 7점, 예산, 덕산 126점, 홍성 40점, 보령 3점이 국가에서 민속자료로 지정되어 있고 한산모시는 그 일대 저산 8읍邑에서 생산되었고 상업조직도 매우 컸던 것으로 전한다.

3) 내포의 민요

내포지방은 지리적으로 경향京鄕과 인접하여 왕래가 잦아서 경풍京風과 유사한 점이 많다. 예부터 충청도인忠淸道人의 기질을 청풍명월淸風明月이라 하였거니와 인정이 돈후하고, 선비의 기질을 소유하고, 타협적 성격을 가졌으며, 엄한 가풍을 자랑하고, 기름진 평야지대에서 비교적 안정되고, 평온하고 윤택한 생활을 하여왔다. 그들이 청풍명월인 까닭에 우유부단한 경향도 있지마는 그 반면에 강열한 의지를 관철하는 신념의 투사란 것은 충무공 이순신 장군, 윤봉길 의사, 김좌진 장군, 그리고 유관순 의사의 고장이 바로 이곳이란 것으로 증명 된다.

민요는 향토성이 짙어 향토적 특성을 규명하는데 좋은 방증이 될 수 있으므로, 민요 전반을 논할 수도 있다. 그러나 주제의 제한이 있어서 여기에서는 내포지역 향토성과 지명이 등장하는 노래 만을 대상으로 삼고자 한다.

천안 삼거리 홍
  늘어진 버들은 홍
제멋에 겨워서 홍
  척 늘어 졌고나 홍
에로아 좋구나 홍
  성화가 났구나 홍
은하(銀河) 오작교(烏鵲橋)가 홍
  다 무너졌으나 홍
건너갈 길이 막연하고나 홍
  에로아 좋구나 홍
성화가 났구나 홍
  계변양유(溪邊楊柳)가 홍
사사록인데 홍
  그 버들가지가 유색신(有色新)이로다 홍
에로와 좋구나 홍
  성화가 났구나 홍

천안 삼거리의 홍타령은 너무나 유명하다. 홍겨운 가락에 유창한 가사의 맛은 언제 어디서 들어도 싫증이 나지 않을 정도로 우리의 생활 감정이나 호흡과 일치한다. 일설에는 이 노래가 주구자誅求者의 원차怨嗟에서 생긴 것이라 한다.

온양온천 시내에는
  건달만 모여들고

오서산(烏棲山) 상상봉(上上峰)에는
　나무꾼만 모여든다
에헤야뉴 야뉴 어기여차
　뱃노래 가잔다.

천안에서 장항선을 타고 가면 머지않아 온양온천에 도착한다. 이곳은 온천인 만큼 유흥도시의 분위기가 농후해서 주로 서울 등지에서 모여드는 건달 청년들이 많은데, 현지인들은 그들을 존경하거나 친밀감을 갖지 못하고 도리어 백안시白眼視하는 것이다. 휴식이나 향락享樂을 모르는 농민들은 때로는 선량한 휴양객도 건달로 밖에 보이지 않았던 것이다. 오서산은 광천읍의 동남방東南方에 자리 잡고 있어 민요에서 흔히 불러진다.

아버지 아버지 나 양산사주
　온양온천 쪽다리 밑에 구경갈까

온양온천은 소비도시이며 유흥도시인만큼 구경거리가 된다. 아버지보고 양산을 사달라 조르는 딸의 마음은 벌써 온천 기분에 젖어 있기 때문이다.

바위야 바위야 뜬바위야
　달래야 달래야 진달래야
곱사애다 문열어라
　춘향이 얼굴 다시보자.
너 죽어서 꽃이되고
　나 죽어서 나비된다.
나비됐다 서러마라
　꽃밭에로 날아든다.

원형을 간직하지 못하고 불완전하게 혼합混合된 노래인데 종구終句에서 춘향을 거론하고 변정變情을 노래했다. 말을 타고 수철리 고개를 넘어 간다고 했으니 "수철리"는 예산군 예산읍 북쪽 금오산 등 뒤에 있는 마을 수철리水鐵里를 말한다. 이곳은 사명당四冥堂의 탄생지란 전설이 있는 곳으로 읍에서 가자면 험한 고개를 넘어야 한다.

신고산이 우루룽
　함흥차 떠나는 소리
구고산 큰애기 반 보짐만 싼다.
　어랑어랑 어허야 어허난다.
듸여라 내사랑

역나다리 우루루
　화물차(貨物車)가는 소리
고무공장 큰 애기 벤도밥만 싼다.
　어랑어랑 어허야 어허난다.
뒤여라 내사랑아.

이 민요는 물론 함흥咸興지방의 신고산타령新高山打令이다. 철도가 부설되고 고무공장 출퇴근 하는 여직공의 현대적 변화를 노래한 것인데, 여러 지방에 전파됨에 따라 그 지방의 색채를 띠게 되는 것이다. 역나다리는 예산역禮山驛에서 삽교 쪽을 향해 오백 미터 지점에 있는 무한천교無限川橋를 말한다. 예산에 고무공장은 없지만 외지外地의 민요를 받아들여 그 지방에 있는 지명을 노래에 도입했던 것이다.

모가지없는 잡놈이
　목발없는 지게를 지고

길로길로 가다가

　동전한푼을 주웠네

놓고보니 공짜요

　들고보니 공짜요

올려다보니 오소산

　내려다보니 광천장

광천장으로 갔더니

　친구를 하나 만나서

오려송편 하나를 사놓고

　너먹어라 나 먹어라 하다가

지네가 날름거려서 먹었네

　국수전에를 갔더니

멸국차지는 내차지

　떡전으로 가면

고물차지는 내차지

동요童謠의 일종인 바 종구終句가 불완전하다. "오서산"은 오서산烏棲山이며 "광천장"은 광천장廣川場인 바 광천읍廣川邑은 홍성군에 소재하며 시장이 번창하기로 전국에서 유명하여 어물漁物과 곡물의 거래가 많다. 광천 동남쪽에 있는 오서산은 산림이 울창하고 높아서 부근의 야산들에 군림하여 멀리 서해바다를 내려다 보고 있다. 이 민요가 향토의 명산인 오서산과 그 밑에 번성한 광천시장을 중심 무대로 하였다.

에헤야 에헤야 데에야

오서산 꼭대기 쇠단풍 들었네

참나무 개상에 닭 잡고 술 먹세

참나무 개상에 보리타작 하는 것은 이곳의 탈곡 풍속이긴 하나, 단풍과 보리타작은 계절적으로 맞지 않아서 모순이다. 오서산은 높은 까닭에 그 단풍은 수십리 밖에서도 바라볼 수 있었을 것이다.

형님형님 사촌형님
　시집살이 어떻던가
시집살이 말도많고
　머슴살이 일도많고
삼각산엔 돌도많고
　요내가슴 수심도 많네
시아버지 체것은 호랑새요
　시아버지 체것은 앙앙새요
서방 체것은 뭉리쟁이
　시뉘 체것은 한림새요
이웃 체것은 쑥닥새요
　비단치마 눈물받아 다썩었네
시어머니방에 들어가니
　바느질대로 나를치네
내방이라고 들어가니
　서방체컷이 붓대로 나를치네
부엌에로 들어가니
　시누체컷이 불때다가
부지깽이로 나를 치네
　뒷간에를 들어가니
머슴체컷이 똥주까래로 나를치네
　동지섣달 긴긴밤에
바느질못밴 요내팔자

삼사오륙 긴긴해에
광천독배로
시집못간 요내팔자

시집살이의 고민을 노래한 부녀요婦女謠이다. 팔자타령에 있어 세 가지 원망은 첫째, 길쌈 못 배운 것. 둘째, 큰 글 못 배운 것. 셋째로 광천 독배로 출가 못한 것을 말했다. 우리가 상식으로 판단해서 솜씨가 능숙치 못하고 배움이 없는 것은 신세타령을 할 수도 있겠으나 광천독배가 얼마나 좋기에 이곳에 시집 못간 것을 원망했을까 하는 점이다. 독배는 광천시의 남쪽 해변으로 5리쯤에 있는 항구港口이다. 광천 시장에 반입되는 어물漁物들은 모두 이곳을 통해서 들어왔으니 돈벌이가 좋았던 것 같다. 그러나 주민의 대부분이 어업漁業에 종사하고 있었지만 생계는 그다지 윤택치 못하다. 혹시 육지 산촌 출신으로 농사일에 시달렸거나 생선에 맛들린 처녀의 소망인지도 모르겠다.

우리집 서방은
잘났던지 못났던지
후도뿔 대가리
실내끼 모가지
장구통 배에 공채 다리에
공주읍내로 길 감독을 갔는데
남의집 서방님은
밭 이랑만 헤맨다.

나의 남편은 도로 감독임을 자랑하고 있는데 남의 남편은 겨우 농사꾼임을 말하고 있다. 그 묘사가 너무나 풍자諷刺적이어서 해학요諧謔謠가 되었다. 공주읍은 백제의 고도요 교육도시로 유명하다.

다음 끝으로 충청도 장타령을 예시한다.

껑충뛰었다. 제천(堤川)장
　신발이 없어서 못보고
바람이분다 청풍(靑風)장
　선선해서 못보고
청주(淸州)장을 보잤드니
　술이 취해서 못보고
황간장을 보잤드니
　영감이 많아서 못보고
예산(禮山)장을 보잤듣니
　예산이 틀려서 못보고
온양(溫陽)장을 보잤드니
　건달이 많아서 못보고
아산(牙山)에는 둔포(屯浦)장
　큰애기 술장사 제일이라
보은(報恩)청산 대추장은
　처녀장꾼이 제일이요
엄범중천에 충주(忠州)장은
　황색연초 제일이요
천안(天安)이라 옛장터는
　능수버들이 척 늘어졌다.
지리구 지리구 잘한다.
　품바품바 잘한다.

장타령은 어느 지방에도 전승되어 있으며 각기 향토적 특색을 나타낸다. 그 향토의 산물産物이라던가 풍속風俗이 노래 속에 반영되며 향토성을 드러낸다. 이상에서 내포지방의 민요를 일별一瞥하였거니와 그러면 내포민요가 우리 민요의 전반에서 볼 때 어떠한 위치에 있으며 또는 여하한 특색 내지는 타지방의 민요와 비교해서 색다른 점이 있는가 하는 문제를 검토해 볼 필요가 있다.

전술한 바도 있거니와 예부터 충청도인을 청풍명월이라 해서 그 기질이 유순하면서 강직하고 담백하고 청아한 점에 대하여 누구나 호감을 가지고 있지마는 그 반면에 우유부단해서 과단성이 적은 것도 사실이다. 한국 민요의 지역적 특성을 말 할 때에 흔히 경풍京風의 우아優雅함과 한가한 경향요京鄕謠, 유화柔和하고 구성지고 여유있는 호남요湖南謠, 애상적哀傷的이며 수심愁心진 서도요西道謠 웅장하고 위압적인 영남요嶺南謠 등으로 평하는데 이것은 반드시 향토인의 기질과 일치하지 않는 경우도 있음을 말한다. 즉 영남인을 교산태악喬山泰岳이라 하는 만큼 그들이 부르는 노래가 웅장하고 위엄적이란 말에는 공감이 간다.

평안도平安道의 청산맹호青山猛虎와 황해도黃海道의 석전경우石田耕牛도 그 선천적 기질이 민요상에 반영되어 있어야 하는데 그와는 반대로 애상적이며 수심愁心진 노래가 많은 것을 보면 그들의 용맹성은 민요에서 찾아볼 수가 없다. 그러므로 해서 내포의 민요가 청풍명월의 반영일 수도 있으나 서도민요의 예처럼 그와는 반대일 수도 있다.

유교가 우리생활에 큰 영향을 주었으며, 특히 내포지방에 있어서도 그 영향이 농후하다. 민요가 미분화예술로서 무용·음악과의 관련이 불가분한데, 이곳 내포의 민요는 무용성이 결여되어 있다. 창에 있어서는 남창은 더러 들을 수 있으나, 호남이나 서도에 비해서 여창이 많지 못하다. 그 이유는 유교적인 생활 의식에 있어서 가창歌唱, 가무歌舞는 여러 가지 제약이 있었기에 이와 같은 결과를 가져 왔으리라 믿어진다. 유교에서는 노래나 춤 같은 것은 사대부의 관여할 바 아니라고 경원敬遠했던 것이며, 이러한 생활관이 양반인 청풍명월의 긍지를 더욱 존대尊大한 것으로 만들었으니 노래를 부른다든가 춤을 춘다던가 하는 것은 그들 사회에서 백안시되었을 것이다.

그러나 내포지역은 서해바다에 임해있고 넓은 평야가 있어 농경에 알맞은 곳이다. 따라서 농사일을 하면서 부르는 농요農謠가 많이 전래되고 있다. 그 대표적인 예가 홍성의 결성농요이다. 결성농요는 전국 민속예술 경연대회에서 최우수상을 받은바 있거니와 구성진 가락이 향토민요로서 높이 평가 되고 있다. 결성은 우리나라 최고의 고수鼓手이며 무용가였던 한성준韓成俊의 출생지이고 지금도 현지에는 많은 소리꾼들이 있어 농요의 보존에 주력하고 있으니 이것은 우연한 일이 아니라 소리의 고향으로서의 분위기가 조성되어 농요 보존의 고향이란 명예를 지키고 있다.

충청도

주최자로부터 충청도에 관한 이야기를 해 달라는 요청이 있었다. 매우 막연한 주제이다. 그래서 사양하다가, 충청도에 대해서 이야기 할 사람이 없으니 내가 충청도출신이라 청한다기에 마음이 약해서 그만 생각해보자고 한 것이 오늘 이 자리에 서게 되었다.

충청도라 할지라도 이야기의 초점을 어디에 맞출 것인가에 따라 여러 각도가 있을 수 있으나 내 전공이 민속학이고 청한 분이 무용과 교수이고 해서 그러한 방향에서 이야기를 하고자 한다.

1) 충청도 인의 기질

숙종 때 사람 이중환李重煥은 팔역지八域志에서 조선 8도인의 기질을 이야기하는 중에 충청도를 청풍명월淸風明月이라 했다. 맑은 바람에 밝은 달이라 했으니 선비의 기질을 높이 평가한 말이다. 음흉陰凶한데가 없고. 공명정대公明正大한 기풍을 말 한 것이다.

충청도인은 겸양謙讓하고 타협적이고, 양보를 잘 한다. 이러한 소극성은 장점인 동시에 결점이기도 하다. 인조 때에 병조판서를 지내고, 만년에 부여에 낙향한 장만張晩의 시조에 다음과 같은 구절이 있다.

풍파에 놀란 사공 배 팔아 말을 사니

오솔길이 물 도곤 어려워라

이 후란 배도 말도 말고 밭 갈기나 하여라

전원 생활을 최상으로 한 농자천하지대본農者天下之大本사상이 철저한 시조지만 너무나 소극적이어서, 적극적으로 현실을 극복하려는 의지의 부족함을 알 수 있다.

그러나 정 반대로 목숨을 걸고 지조를 지키고 나라를 지키는 용기와 강한 의지가 돋보인다.

임진왜란 때에 많은 모사를 당하면서도 적을 막아낸 충무공 이순신 장군이며, 한말에 일제에 의해서 나라를 잃고 도탄에 빠져 있을 때에 구국에 목숨을 걸고 나선 김좌진 장군, 윤봉길 의사, 유관순 여사의 의거는 민족 정기의 귀감으로 역사에 오래오래 남을 것이다. 여기에서 우리는 충청도가 겸양하면서도 민족 정기를 솔선하는 강한 의지가 있음을 알 수 있다. 즉 충청도인은 작은 것에는 겸양이 있으나, 선비로서 지조를 지키고 명분이 있는 민족정기 앞에서는 목숨을 거는 진정한 용기와 기개가 있음을 알 수 있다.

겸양하면서 지조를 지키는 충청도인의 진정한 선비의 모습은 자랑할 만하다.

2) 향토를 노래한 민요

민요는 서민들의 생활 공감에서 불러지고 전승된 것으로, 각 향토와 생활을 노래가 전하니 충청도에도 자기네 생활 주변을 노래한 향토민요가 있다.

(1) 충청도 장타령

덕산이라 덕산장

덥석덥석 잘보고

예산이라 예산장

예산이 없어 못보고

천안이라 천안장

삼거리 가느라 못보고

서산이라 서산장

서러워서 못보고

홍성이라 홍성장

홍어맛에 못보고

청양이라 청양장

천냥만냥에 못보고

부여라 부여장

부애나서 못보고

강경이라 강경장

강건너라 못보고

논산이라 논산장

논사라 밭사라 못보고

공주라 공주장

공짜술에 못보고

청주라 청주장

술맛좋아 잘보고

보은이라 보은장

은혜갚느라 못보고

충주라 충주장

춤판에 팔려 못보고

청풍이라 청풍장

바람이 선선해서 못보고

음성이라 음성장

음산해서 못보고

진천이라　진천장
　　　　너무지쳐서 못보고

이러한 장타령은 보부상 장돌박이들이 부르는 일도 있고, 각설이들이 가게 문전에서 구성지게 부르는 일도 있다. 걸인 2인이 구성진 합창을 하는 일도 있다. 구걸방식이 노래를 통해서 청하는 나라는 우리나라 밖에 없다.

(2) 꼬대각시 노래

충청남도 중앙지방 일대에 소녀들에 의한 꼬대각시 놀이가 전하는데, 처음에는 노래로 시작하여 놀이로 발전하는 민간놀이이다. 소녀들 7, 8명이 원을 그리고 앉고, 중앙에 선발된 소녀 꼬대각시가 앉는다. 소녀들이 꼬대각시 노래를 한참 합창하면 홍이 올라 꼬대각시가 일어나 혼이 나간 것처럼 춤을 춘다. 일종의 신빙神憑현상이다.

꼬댁꼬댁　꼬댁각시
한 살먹어　어멈죽고
두 살먹어　아범죽고
세 살먹어　걸음배고
네 살먹어　말을배워
삼촌집에　찾아가니
삼촌숙모　밥하다가
부지깽이　날라오네
삼촌한테　찾아가니
서당에서　글을읽다
천동같이　호령하네
아이고 답답 서운지고
다섯 살이 먹었을 때

깃만남은 삼베적삼
말만남은 베치마에
꺼끄리고 이집저집
문전걸식 다니다가
여섯 살이 먹었네요
시집이라 가고보니
고자낭군 얻었노라
아이고 답답 설운지고
이내신세 어이하리
불쌍하고 가련하니
꼬댁꼬댁 꼬댁각시

인정이 많은 충청도 소녀들은 연민의 정에 넘쳐 눈물을 흘리면서 꼬댁각시 노래를 불렀다.

노래가 춤으로 발전하는 데 주목할 필요가 있다.

사람이 사노라면 불행한 일도 있으니 불행에서 벗어나 행복하게 살고자 덕담德談을 하게 된다.

부여군 은산면 내지리에 단丹잡기란 질병의 신을 내 쫓는 축귀逐鬼행사가 전한다. 단이란 두드러기, 붉은 반점이 생기는 일종의 피부병인데 이것을 치료하는 민간요법民間療法을 단 잡기라 한다.

단 잡기를 할 때에 덕담경이 있는데 백두산에서 시작하여 부여 현지에 이르는 과정은 다음과 같다.

백두산 정기타고
태백산을 감돌아서
계룡산을 당도하야
이명당이 생겼구나

강물이 흘러흘러
쌓은땅이 이집터가 생겼구나
불성명당 신주경은
청강대는 수명장
일성월성 네이제라
동방에는 청제지신
남방에는 적제지신
북방에는 흑제지신
서방에는 백제지신
중앙에는 황제지신
열의지신 하강하사
소원성취 발원이요
당산악 발영진일랑
오동나무 상상지에
봉알같이 즘치하고
슬하자손 만세영이라
이대가중 없는자손
구하시고
있는자손 기르실제
잔병없이 무병하게
오이붓듯 달붓듯
단밥단잠 즘치즘치
하소서
석순의 복을빌어
물복은 흘러들고
구렁이 복은 기여들고
쪽제비복은 뛰어들고

인복은　　　걸어들제
시시게문에　만복래여
일일소제는　황금출이라
동내전　　　방내전에
이내몸이　　입이피어
임의눈이　　꽃이라
걸음마다　　향내나고
즘치즘치　　하소서
동방석의　　나이빌어
　선팔십　　　후팔십
　일백　　　　예순살로
　즘지즘지　　하소서
　평반에　　　물담듯이
　옥반에　　　진주담듯
　낮이면　　　물이맑고
　밤이면　　　불이밝아
　수하는　　　망명하야
　비단에　　　수결같고
　한강수　　　물결처럼
　그냥 그대로 나소서
　이댁가중　　귀한아기
　태산같이　　높으리라
　나라님게　　충신동이
　부모님게　　효자동이
　형제간에　　우애동이
　일가친척　　화목동이
　친구간에　　유신동이

동절문을　　닫은 듯이
오륙월에　　문을연 듯
날센 몸처럼
즘치즘치　　하소서

충청도는 양반의 고장이니 삼종지법三從之法, 칠거지악七去之惡의 엄격한 윤리의식이 강했다. 그러면서 마음 속에는 우주를 수용하는 광대함이 있었다.

시집온지　삼일만에
다홍치마　걸어놓고
들어올적　나아갈적
눈물씻기　다젖었네

양반집 며느리의 고통의 절규이다.

대천바다　한가운데
뿌리없는　남구심어
한가지에　해가열고
한가지에　달이열고
또한가지　별이 주렁주렁

해는따서　거죽하고
달은따서　안바치고
별은따서　수를놓고
무지개를　끈을하여
줌치하나　만들었네.

주머니 하나에 우주를 수용한 노래이다. 바다 가운데에 뿌리도 없는 나무가 어디 있으며 그 나무에 해 · 달 · 별이 주렁주렁 매달리고, 그 것을 따서 주머니를 만들며 무지개를 따서 끈을 만들었다 하니, 주머니 하나에 우주를 수용한 여인의 마음은 위대했다.

조선시대의 양반집 여인은 외출이 자유롭지 못했다. 그러나 여인들의 마음 속에는 우주를 수용할 수 있는 무한대의 세계가 있었음을 알 수 있다.

3) 춤

여기에서는 농군들의 춤에 한해서 언급 하고자한다.

농군들이 집단으로 모이면 우선 농악을 치고 흥을 돋구어 그 다음에는 노래하고 춤을 춘다.

중국의 시경詩經에 "사람의 마음 속에 있는 것은 지志요, 지를 말로 표현하면 언言이요, 말을 길게 하면 영언永言 즉, 노래요, 흥이 나서 노래로 다 표현하지 못 할 때에 사람은 일어나 덩실덩실 몸을 움직이게 되니 바로 춤[舞]라 하였다. 따라서 인간의 가장 흥興이 고조된 상태는 무용이다. 즉 예술의 극치는 무용에서 찾아야 한다.

무용에 조예가 많은 학자들도 농군들 즉, 서민들의 춤에 대해서는 언급이 별로 없다. 그러나 지난날 농군들의 흥겨운 농악 판에서 보면 소박하고 순수한 춤을 볼 수 있었다.

농군들의 생활을 보면 명절이나 두레 때에 흥이 나면 농악을 치고 소박하나마 그들 나름의 춤을 추는데 돌다니 · 여미리 · 멍석말이 · 깨기리 등의 춤이 있다.

(1) 돌다니 춤은 판이나 마당을 빙빙 돌면서 손으로 휘젓거나 좌우로 흔들어 흥풀이를 하는 춤으로 기교가 있는 것이 아니기에 춤에 훈련이 없는 농군들도 즉흥적으로 출 수가 있다.

(2) 여미리 춤은 전후 좌우로 돌면서 두 손을 마치 옷 저고리를 여미듯이 하는 동작이다. 의젓하고 느린 동작이며 여인의 동작을 흉내내기 때문에 부드럽고 웃는 모습을 한다.

(3) 멍석말이 춤은 마치 멍석을 말 듯이 허리를 굽혀 손으로 멍석을 말 듯이 앞으로 저었다 허리를 폈다 반복하는 동작이다.

(4) 깨기리 춤은 그 자리에서 또는 좁은 공간을 빙빙 돌면서 깡총 깡총 춤추는 동작을 반복한다.

충청도는 양반의 고장이기에 몸을 크게 움직이는 동작은 적다. 움직인다 해도 의젓한 양반의 품위를 잃지 않으려 한다.

흔히 무대에서 펄펄 뛰는 춤을 무당춤이라 하는데 그것은 평안도 무당춤이지 충청도 무당춤과는 상관이 없다. 충청도는 앉은굿이라 펄펄뛰는 무당춤은 없다.

그 지역의 사람들의 기질이 그들의 예능에 그대로 반영되는 것이다. 즉 향토성鄕土性·민속성民俗性이다.

여성상위

1) 여성학女性學 강연

약 2십 년 전 1980년대의 일로 기억하는데 여의도에 있는 한국여성문제 연구소로부터 특강을 요청받고 갔다.

주최가 당시 가장 권위 있는 여성문제 연구소이고 주제도 모두 여성문제여서 강당은 여성들로 꽉 차 있었다. 연사는 4명인데 세분은 저명한 여교수들이고 남성은 나 하나인데 강연순서는 내가 맨 끝에 하게 되어 있었다.

강연을 듣고 있으니 모두 한국 남성에 대한 부정적이고 공격이다. 유교 사회에 있어서의 칠거지악七去之惡을 비롯하여, 남존여비男尊女卑이며, 남아선호男兒選好, 남녀男女란 용어 자체도 잘못이라는 등 역사적으로 사회적으로 남성의 전횡專橫을 공격하고 여성들이 가정이나 사회에서 하시下視당하고, 천대賤待받고 고난과 눈물 뺀 일을 열거하며 웅변을 토하는데, 장내에 유일한 남성인 나는 듣기가 거북했다. 나보고 들으라는 것 같아 유쾌하지 못했으나 퇴장할 수도 없으니 경청을 했다.

내 차례가 왔다. 내 연제는 "전통문화에 있어 여성"이 주제였던 것으로 기억한다. 그래서 우리는 역사적으로 여성이 피해를 입었다는 것을 일부 시인하면서 우리 생활사를 그렇게만 해석해서는 안 된다는 것을, 요즘 흔히 말하는 여성우위가 아니라 우리의 전통생활 즉 민속생활사民俗生活史의 관점에서 입증하기로 강연내용을 다소 조절하기로 했다.

2) 여신女神

단군신화는 우리민족의 기원설화로 알려 있다. 우리는 민족시조로서의 단군의 어머니는 웅녀熊女이다. 호랑이와 곰이 한 움에 살았는데 신神이 쑥 한줌과 마늘 20알을 주며 "먹고 백일 동안 태양을 보지 않고 근신하라"는 지시를 받았다. 호랑이는 신의 지시를 지키지 못하였으나 곰은 3·7일 동안 해를 보지 않고 근신하여 사람이 되었으니 熊女이다.

웅녀는 단수檀樹아래에서 아이를 잉태하기를 빌어 단군을 낳았다고 한다. 남자인 호랑이는 실패하였으나 여신女神인 곰은 성공한 신화인 바, 여신은 기적을 이룰 수 있다는 것이다. 우리는 건국신화에서부터 여성 상위의 의식이 있었음을 알 수 있다.

여성은 신과 대화하여 인간의 소원을 하늘에 전하고 또 신의 뜻을 인간에 전하는 기능을 가진 자는 무당인데 무당은 여성이었다. 남성에 없는 초능력이 여성에게는 있었다. 그래서 무당은 병을 고치고, 비가 내리도록 기우제를 주제하고, 인간의 병을 고치고, 복을 가져다주는 등 길흉화복에 관여 할 수 있었던 것이다. 즉 남성은 신과 대화하거나 거래할 수 있는 능력이 없었으나 여성에게는 접신接神의 능력이 인정되어 왔다.

우리나라의 산신山神에 여신女神이 많다. 서울의 신촌 이화여대 건너편에 있는 노고산老姑山은 할미 신 즉 여성 신이다. 지리산 정상에는 노고단老姑壇이 있으니 즉 할미산으로 여성 신이다. 노고산은 전국 도처에 있어 산신山神에도 여신이 많다.

3) 거녀담巨女譚

우리나라에는 키가 크고 힘이 센 거녀 이야기가 많다. 거인 이야기는 서양에서는 회랍의 유리시스에 거인담이 있고, 걸리버 여행기에도 거인巨人이야기가 있으나 키가 기껏해야 2~30미터에 불과하고 남성이다. 그러나 우리

나라의 거인담巨人譚은 주인공이 모두 여성으로 되어 있다.

강화도에 고인돌이 있는데 큰 돌 3개로 구성되어 있다. 옛날 키가 크고 힘이 센 할머니가 있었는데 마고 또는 마고 할멈이라 했다. 마고 할멈은 고인돌을 만들기 위해서 황해바다 저쪽에서 돌을 운반했는데 고인돌 위에 놓은 큰 돌은 머리에 이고, 고인돌 두 개는 양 겨드랑이에 끼고 황해바다를 건너왔다는 것이다. 고인돌에서 약 500미터쯤 떨어진 곳에 큰 돌이 하나 있는데 다리 사이에 끼고 오다가 다 와서 실수해서 떨어트린 것이라 한다.

황해바다를 걸어서 와도 빠져죽지 않고 건너 왔으니 그 키가 수백 미터는 되었을 것이며, 큰 돌을 4개나 이고 안고 바다를 건너 운반하였으니 힘이 장사였을 것이다. 그 주인공이 남자가 아닌 여성이란 점에 주목해야 한다.

마고할멈 이야기는 목포 유달산儒達山에도 있다. 유달산에서 나들이 할 때에 마고할멈의 첫발은 삼학도三鶴島, 둘째 발은 화원도花源島, 셋째 발은 진도珍島, 넷째 발은 완도莞島에 이르렀다고 하니 그 키가 얼마나 컸을까 상상하기가 어렵다. 물론 이러한 설화는 현실을 벗어나거나 초월하는 일이 있는데 그 주인공이 남성이 아닌 여성인데 주목해야 한다.

제주도에 가면 선문대 할멈 설화가 있다. 선문대 할멈은 높이가 1950미터의 한라산을 베개 삼아 베고 동쪽으로 발을 뻗으면 성산포 일출봉까지 이르러 발로 물장난을 쳤다고 한다. 할멈이 육지에 올 때에는 앞치마를 살짝 들고 남해를 건너왔다고 한다.

할멈은 키가 커서 새로 옷을 해 입을 수가 없었다. 그래서 사람들은 할멈의 옷을 한 벌 만들고 할멈은 섬사람들을 위해서 육지와 다리를 놓아 주기로 했다. 제주도 안의 모든 필목을 거두어 할멈의 옷을 지었는데 필목이 모자라 치마 한쪽이 짧아 졌다. 모처럼 소망을 이루어 얻어 입은 치마가 짧아 화가 나서 한라산 뿌리를 뽑아 던졌으니 제주도 서남단西南端에 있는 산방산山房山이 되었고, 뽑힌 자리는 백록담白鹿潭이 되었다는 것이다. 세계 어디를 찾아보아도 이렇게 크고 힘이 센 거인담은 없다. 그 주인공은 여성이란 점은 한국인의 여성우위의 의식이 잠재해 있었음을 알 수 있다. 즉 한국에 있어 여인은 위대했다.

4) 분배권分配權

우리는 전통적으로 남성은 밖에 나아가 주로 힘이 드는 생산의 일을 맡아 했으니, 농사를 지어 곡식을 생산하고 토목공사나 땔감을 마련했고, 때로는 위험부담이 있는 수렵과 적과 싸우는 전사가 되어야 했다. 여성은 집에서 생산된 것으로 요리를 해서 가족들이 먹을 수 있도록 하는 일과 직조織造, 육아育兒 등 가정을 운영하는 대소의 일을 담당해 왔다.

남성이 해야 할 가장 중요한 일은 가족의 생존을 위해서 곡식을 관리하는 일이다. 생산된 곡식은 먹을 수 있도록 방아를 찧어 광이나 뒤주에 저장을 한다. 저장된 곡식은 이제부터 여성의 관리하에 들어간다.

광이나 뒤주의 열쇠는 마나님이 가지게 된다. 대갓집 할머니가 허리에 열쇠를 주렁주렁 차고 있는 일을 흔히 볼 수 있었는데 경제권의 상징이다. 남성이 땀을 흘리며 생산하였으나 광이나 뒤주 안에 들어가면 이제부터는 주부의 권한에 들어가 주부의 동의 없이는 꺼낼 수 없다. 즉 남성의 생산의 의무와 여성의 분배의 권한이 뚜렷했다. 시어머니가 죽으면 광이나 뒤주의 열쇠는 아들이 아닌 며느리에게 인계된다. 즉 분배권은 여성에서 여성으로 계승되어 왔다.

며느리는 조석으로 밥을 지을 때에 시어머니로부터 열쇠를 받아 곡식을 꺼냈고, 밥을 다 지은 다음 밥을 풀 때면 시어머니에 고한다. 시어머니는 밥주걱으로 밥을 푼다. 밥주걱은 분배권의 상징이다. 밥주걱을 잡을 자격은 분배권자인 시어머니에 있었다. 시어머니가 허리가 아프거나 늙어 힘이 없게 되면 비로소 며느리에 인계되고 며느리는 비로소 분배권을 행사하게 된다. 분배권은 여성에서 여성으로 계승되어 결코 남성에게 오지 않는다.

분배권자인 여성의 밥주걱 놀림에 따라 쌀, 보리, 콩이 혼합되고 양量도 정해진다. 주부는 가족의 서열과 가족 식성의 기호를 감안해서 분배하는 재량권이 있었다. 어린이일지라도 밥투정이 허용되지 않는 것은 분배권에 저항이기 때문에 허용되지 않았다.

우리는 생산의 의무와 분배의 권한이 분명이 있었고, 그렇게 함으로 가정과 가족의 질서가 유지되어 왔다. 그러한 전통에서 현대에도 남성의 월급봉투는 아내에게 전달되고, 남성은 분배권자인 아내로부터 돈을 타서 쓰고 있다. 현대에는 직업여성이 늘고 또 특이한 남성도 있어 혼선이 있으나 우리는 전통적으로 남성의 생산의무와 여성의 분배권이 조화를 이루어 왔다. 여기에서도 여성 우위가 인정된다.

10여 년 전 일본에서 있었던 민속예능대회에서 초청을 받고 "진주 검무" 기능 보유자와 단원일행 20여 명을 인솔하고 간 일이 있다. 일행이 주로 주부들이고 외국여행이 처음이라 긴장하면서도 희희낙락한 분위기였다. 하루는 아침 식사를 하는데 모두 즐겁고 활기찬 분위기여서 모두 무슨 일이 있었는가 물었더니 "아침밥을 하지 않아도 밥을 먹을 수 있고 설거지를 하지 않아도 되니 이보다 더 좋을 수가 없어서 즐거워하는 것"이라는 답을 듣고 여성의 분배권 행사가 오히려 부담스럽고 고역이었음을 느낄 수 있었다. 그러나 생활을 위해서는 그만한 노동은 피할 수 없는 것이 현실이다.

5) 남녀男女란 용어

남녀란 용어는 한자漢字가 들어와서 쓰게 되었다. 원래는 "년 놈"이었다. "놈 년"이 아니라 "년 놈"이라 하였으니, 년은 여자이고 놈은 남자이니 여성이 먼저이고 남성은 그 다음이었다. 그러나 한자가 들어와 남자가 먼저이고 여자는 다음이 되어, 외래어가 정착하여 우리말이 비하卑下되어 "년 놈" 하면 상스러운 말, 낮춤말이 되었다.

제자 남학생에게 "이 놈"해도 별 문제는 없으나, 만약 여학생에게 "이 년"했다가는 큰 소동이 날 것이다. 여성은 존중되어야 한다는 의식이 밑에 깔려있기 때문이다. 우리의 전통적인 생활 관습에서 여성은 존중되었고 결코 남자우위가 아니라 오히려 여성우위의 의식이 있었다. 남녀유별의 의식이 심했던 조선시대에도 교양 있는 반가의 선비들은 아내를 "부인"이라 했고 존댓말을 써왔다.

어느 시대 어느 사람에 따라 교양의 수준이나 예의범절의 질과 수준은 다를 수 있으나, 우리의 전통적인 문화나 생활에 있어 결코 남성우위가 아니라 오히려 여성이 실권을 가지고 있었으며 존중되어 있었음을 알아야하고, 여성은 피해의식에서 벗어나야 한다고 생각한다.

교수란 직업

경제인 연합회로부터 특강 요청이 왔다. 보통 기업체에서 특강이 요청이 있는데 대개는 직원 교양을 위한 것이 많은데 이번에는 큰 기업체 사장 내외분의 연수라는 것이다. 수강자수는 약 200여 명이고 강당은 꽉 찼다. 따라서 특강 내용도 여기에 맞는 주제를 선정해야 했다. 그래서 연제를 "전통문화의 계승"이라 정했다.

흔히 우리의 생활사를 말 할 때에 남존여비男尊女卑를 말하는데 그 와는 반대로 가정에 있어 여권이 당당했음을 예를 들어 분배권分配權은 여성에 있었음을 입증하는데 주력했다. 강연이 끝나고 여성 두 분이 인사를 청했다. 얼굴을 보니 기억이 났다. 내가 숙명여대에 오래 출강을 했는데 그 때에 가르친 제자들이다. 내 전공강의는 주로 국문학과, 사학과 학생들이 수강했으니 재벌사업가가 없다. 그러나 여성은 전공에 상관없이 혼인에 따라 얼마든지 변할 수 있다는 것을 알았다.

좌담회를 겸하여 10여 분의 이사들과 저녁 만찬이 있었다. 그 자리에서 부회장 한분과 대화에서 "아들들을 모두 사업을 시키려고 했으나 최근에 마음을 바꾸게 되어 막내를 교수를 만들려고 대학원에 보내고 있다"는 것이다.

그 분은 기업체를 여러 개 운영하고 있어서, 아들들이 관장하고 자기는 총괄을 하고 있는데 밤잠을 자지 않고 공부를 해야 하는 고달픈 교수를 왜 만드느냐고 물었더니, 최근에 마음을 바꾸게 되었다고 했다.

실은 세계 경제사정을 알고자 1년 전에 저명한 원로 경제학자 두 분을 모시고 한 달 동안 세계 일주를 했는데 그 후로 인생관이 바뀌게 되었다는 것이다.

원로교수 두 분을 모시고 서울을 떠나 첫 기착지는 일본 동경이었다. 공항에서 내리니 제자란 두 신사가 나와 있었고 호텔에 도착하니 제자들이 10여 명이나 되더니 두 교수를 제자들이 모시고 저녁을 먹으러 갔다. 안내역인 전경련 부회장은 혼자서 저녁을 먹었다는 것이다. 아침이 되었는데도 또 제자들이 찾아와 아침을 다른 식탁에서 먹게 되었다. 점심만은 일본의 기업처가 대접하는 것이라 일본 기업가와 같이 먹을 수 있었다.

교수는 제자들을 많이 길러 놓았기에 세계 대도시에 가는 곳마다 서로 연락해서 미국으로 유럽으로 여행하는 동안 어디를 가나 제자가 있어 스승을 대접하고 있어 부러웠다. 외국에 나가 있는 사람은 외교관 아니면 큰 기업체의 주재원, 교환교수 등이니 모두 당당했다. 한번은 합석을 했는데 중년의 한 신사가, 학기말 시험을 볼 때 감독님이 너무 심했다고 하니 "그 때에 내가 자네를 정학을 시켜야 했는데 이제 늦었다"고 하면서 모두 크게 웃었다. 윤부회장이 발견한 교수사회는 늘 그 속에서 살고 있어 그 고마움을 몰랐는데 말을 듣고 나니 큰 발견이다.

근래에 선생은 있으나 스승은 없고, 학생은 있으나 제자가 없다는 말이 있어 교육계의 각박한 상황을 말하고 있으나, 그래도 교육계에는 아직도 사제지간의 서열과 정이 있음을 알 수 있다. 윤부회장은 바로 그것을 발견한 것이다.

교수직은 밥은 굶지는 않으나 넉넉하지 못하니 살림이 늘 빠듯했다. 사업가들의 생활이 흥청망청 하지만 교수의 생활이 검소해야만 하기에 흥청망청을 기대하지 말아야 한다. 그리고 보니 나의 교수란 직업이 유유자적悠悠自適하면서 내가 하고 싶은 전공에 몰두 할 수 있었고 1951년부터 정년할 때까지 40년 동안 교단에 설 수 있어 좋았다.

민속학도의 변辯

民俗學者는 資料를 求하기 위해 殘存文化가 남아 있는 곳을 찾아 다닌다. 그러다가 純粹하고 典型的인 殘存文化를 발견했을 때 기쁨에 넘치는 것은 사실이다. 그럴 때면 民俗學者들은 自己를 잊고 心血을 기울여 熱中하고 陶醉하게 된다.

1) 선택選擇의 자유自由

현대인은 모두가 선택選擇의 자유自由를 누리고 있다. 정치 · 사회 · 문화생활에 있어서 각자 좋다고 생각하는 것을 택하고 있다. 그 중에서 특히 문화와 생활에 있어서 그렇다.

인간은 오랫동안 주어진 조건條件속에서 살아야 했다. 자기가 태어난 국토國土 · 향토鄕土의 자연을 벗어나기란 어려웠다. 즉, 유목민遊牧民으로 태어난 사람은 스스로 유목遊牧을 택했다기 보다는 그러한 자율 환경 하에서 유목遊牧생활을 할 수 밖에 없었기 때문에 유목遊牧을 했다. 우리는 농경민족農耕民族으로서 자처하는데, 우리의 자연적 여건이 농경農耕에 알맞기에 생활生活수단으로 농경農耕을 택擇할 수 밖에 없었다. 수량水量이 충분한 들에서 유목보다는 농경農耕에서 더 안전한 생활을 누릴 수 있다는 현명한 판단에서 농경農耕 민족으로 성장해왔다. 즉 그럴 수 밖에 없었던 자연 환경에 우리의 생활과 문화를 결정지었던 것이다.

현대 사회는 인류의 오랫동안의 과정에 비해서 생활 양식의 방법을 다양하게 선택할 수가 있게 되었다. 공업工業·생산업生産業·상업商業·목축업牧畜業·농업農業·임업林業·어업漁業·사무원 등등 이것을 다시 분류하면 수백 가지의 직종職種들이 있고, 그 중에서 자기가 희망하는 직업을 택할 수가 있게 되었다.

우리는 이제 한 가지 종교, 한 가지 의복衣服, 한 가지 식사食事만 하고 살지 않아도 된다. 종교의 자유에서 외래의 종교건 고유의 종교이건 자유롭게 선택할 수가 있고, 의복도 상점에 가서 마음대로 색깔·디자인·천·길이 등을 자유롭게 고를 수가 있다. 식사食事도 아침은 집에서 전래傳來의 식사법食事法에 의해서 전래傳來의 찬을 놓고 먹지만, 점심·저녁은 중국요리中國料理이건 양식洋食이건 마음대로 골라 먹을 수가 있다. 선택의 자유이다. 다양한 중에서 마음에 맞는 것을 골라 잡을 수가 있다.

일생一生을 같이 할 배우자配偶者에 있어서도 마찬가지이다. 우리의 과거는 오랫동안 부모가 결정권決定權을 행사했고, 부모가 한 번 정해 주면 그대로 순종해서 일생을 살아왔다. 결정에 있어 왈가왈부曰可曰否할 수가 없었고 따라서 선택에 참여參與할 수가 없었다. 그렇게 하는 것이 도리이요, 당연한 윤리로 알고 살아 왔다. 그러나 지금은 사정事情이 달라졌다.

근래에는 배우자配偶者를 선택하는데 있어 당사자가 직접 스스로 행하는 경우가 많아졌다. 자유로운 교제에서 연애를 하고 제 배우자配偶者이니 제가 선택하겠다고 나섰다. 그것을 당당하게 내 권리權利라고 주장하기에 이르렀다. 선택 범위가 그만큼 확대된 것이다.

우리의 오랜 전통傳統은 대가족주의大家族主義였다. 살아 있는 한限 할아버지·증조부曾祖父·고조부高祖父까지라도 모시고 손자까지 몇 대가 한 집에 살았다. 그러니 세대를 달리 하는 몇 계층의 많은 가족들이 함께 살면서 견해차이見解差異도 심했고, 여간 엄한 질서가 아니고서는 유지하기가 어려웠다. 여기에서 젊은이들은 이 질식窒息할 상태에서 벗어나야 하겠다고 서구의 핵가족제도核家族制度를 받아 들여 저희들끼리만 아파트로 나가기를 선택하기에 이르렀다. 이러한 것이 이제는 부도덕不道德한 것이 아니고 도회지都

會地에서는 이제 상식으로 되어 버렸다.

2) 남녀칠세男女七歲면 시동석始同席

생활의 변화, 문화의 추이趨移는 아직 개인의 힘으로 막지 못했다. 사회나 생활은 늘 생동生動하면서 성장해왔다. 과거에는 주로 착실着實한 답습踏襲, 반복을 이상理想으로 삼았고 또 그래야 한다는 중용中庸의 생각이 우리의 생각과 행위行爲를 지배해 왔다. 그러나 이제는 과감하고 진취적인 선택의 자유는 지난날의 사회・문화・생활을 그대로 유지할 수가 없게 되었다. 이러한 것은 서로 상관성相關性을 가지면서 선택選擇의 자유에 의해서 변용變容해 가고 있다.

생활 양식이 자꾸 바뀌어지고 있다. 초가에서 호롱불을 켜고 옛날 이야기를 하면서 살던 농민들도 이제는 슬레이트 집에서 전기불을 밝히고 TV를 보면서 살고 있다. 그들의 생각도 하지 않고 새 도읍이 생기면 지가地價가 어떻게 될 것이며, 도시에 나가 있는 자식 걱정을 더 하고 있다. 이제는 사고방식思考方式도 현실적이요, 이기적이요, 조상의 은혜를 생각하는 과거지향보다는 제 자식을 생각하는 미래지향으로 바꾸어 가고 있다.

여기에서 문제가 되는 것은 이 급변急變하는 사회에서 나와 같은 민속학도民俗學徒들은 어떠한 태도를 취해야 할 것인가 하는 것이다.

남녀칠세男女七歲면 부동석不同席이던 것이 이제는 국민 학교에 들어가 남녀칠세男女七歲면 시동석始同席하는 변화는 비단 그것만이 아니라 우리의 사고와 생활 양식에도 큰 변화를 일으키고 있다는 것을 의미한다. 따라서 이제까지 소중했던 것은 한푼 가치도 없는 것이 되어 버렸고, 그런가 하면 이제까지는 천賤하고 아무 소용도 없던 것이 갑작스레 큰 가치를 지니고 각광脚光을 받는 경우도 생겼다. 여기에 현대에 있어서의 가치관價値觀의 문제가 있다.

이제까지 우리는 실물적인 것보다는 인본적人本的인 것, 윤리적인 것을 소중하게 여겨왔다.

그래서 조상의 사당祠堂을 모시고 차례茶禮를 올리고 제사祭祀를 지내 왔다. 그냥 지낸것이 아니라 목욕제계沐浴齊戒하고 심신心身을 가다듬어 정중하고 정성껏 지내 왔다. 그러나 이제는 가정의례준칙家庭儀禮準則이 생겨 그러한 구습舊習은 번거롭고 번례繁禮이니 지양止揚하고 오히려 수칙守則하는 것이 범칙자犯則者로 규정規定되어 벌금罰金을 물고 명단을 공개해서 망신을 주는 데 까지 이르렀다. 유교적인 사고 방식으로 보면 상상도 할 수 없는 일이지만 현 사회에서 실시되고 있고 또 사람들도 잘 되었다고 생각하는 사람들이 늘어났다. 여기에서 우리는 사회와 생활과 문화의 변화를 의식하게 된다. 그러나 일반적으로는 이러한 변화에 구태여 놀라지 않고 자연스럽게 받아 들여지고 있다. 현대인들의 의식이 그만큼 앞서 변용해 있었던 것을 의미하며 대중들이 이미 새로운 선택을 시도하고 있음을 뜻한다. 이러한 변화는 우리의 주변 곳곳에서 농촌보다는 도시에서 더 빨리, 교육 수준이 낮은 사람보다는 소위 문화인들에 있어 빠른 속도速度로 그리고 깊게 변화를 일으키고 있다. 즉 도시인 문화인들이 선택의 사유를 더 빨리 누리고 있는 셈이다.

3) 순수한 전형적 잔존문화 발견

민속학民俗學을 정의해서 민간民間에 전승傳承된 잔존문화殘存文化를 연구하는 학문이라고 한다. 민간의 개념은 농촌 서민을 주축으로 하고 있다. 따라서 농촌의 서민층庶民層에 고래古來로 전승된 잔존문화殘存文化는 수구적守舊的이라 하여 현대 사회에서 비판을 받고 있다. 즉 현대인들이 거부하고 변화를 요구하는 대상이 되고 있다. 현대인들의 선택에 의해서 변화해 가는 것은 바로 이 전승 문화이다. 그러니까 현대에 있어 선택한다는 것은 바로 이 전승에서 벗어나 새로운 것을 채택한다는 것을 의미한다. 따라서 여기에서 변화한다는 것은 전승 문화에서 서구 문화로 변한다는 것을 뜻한다. 이렇게 될 때에 이 변화하는 것, 다시 말해서 민속학의 주 대상인 전승문화가 소멸消滅되고 변하는데 어떻게 대처해야 할 것인가 하는 것이 문제이다. 이렇게 변하다가는 민속학의 대상은 송두리 채 없어져 버리고 따라서 민속학자들은 실직失職할 것이 아닌가 기우杞憂를 하는 이조차 있다.

사회의 변화, 문화의 변화, 생활의 변화를 민속학자가 막을 수는 없다. 그러한 책임도 그러한 힘도 없다. 농민들이라고 해서 긴 담뱃대 물고 초가집에서 등잔불을 밝히고 궁窮하게 살라는 법은 없다. 그들도 자유를 누리고 선택을 하고 새로운 시대에서 현대가 지니는 여러 가지 혜택을 향유享有하고 살 권리가 있다. 새 시대, 새 문화, 새로운 선택의 권리는 누구에게나 있는 것이니 농촌인들에게 예외일 수는 없다.

민속학자民俗學者가 자료를 구하기 위해서 잔존문화가 남아있는 곳을 찾아다닌다. 그러다가 순수하고 전형적인 잔존문화를 발견했을 때 기쁨에 넘치는 것은 사실이다. 그럴 때면 민속학자들은 자기自己를 잊고 심혈心血을 기울여 열중熱中하고 도취陶醉하게 된다. 순수純粹하고 전형적인 전승자료傳承資料 속에서 바른 민족 문화를 파악할 수가 있기 때문이다.

그러나 민속학자를 만족시키기 위해서 문화의 발전, 생활의 향상을 정지하라고 요구할 수 는 없다. 사람들이 이익利益 · 실용實用 · 공동共同을 가지고 스스로 선택하는 것을 막고 구습舊習을 지키고 原形을 변치 말고 유지해야 한다고 강요할 수는 없다. 또 그렇게 요구하는 사람도 없을 것이다.

4) 생활관生活觀과 생활상生活相의 변화變化

인류의 역사는 늘 움직여 왔다. 시대에 따라 변화해 왔다. 또 사람들은 과거에 향수鄕愁를 느끼면서 새로운 생활을 건설하려고 노력해왔다. 이러한 노력이 우리의 생활 주변에, 소위 과학적인 전진이 있었다. 자동차 · 기차 · 비행기 · 고속도로 · TV · 우주선宇宙船 · 컴퓨터 등은 모두 변화 향상을 모색하고 연구한 노력의 소치이다.

현대의 개념은 선택하고 과학화하는데 있다. 인본人本과 도덕道德과 사유思惟에서 벗어나 풍요한 부富와 생활의 편리와 시간과 공간을 단축하는 기계의 발달을 이상으로 하고 있다. 상아탑象牙塔의 긍지보다도 실용의 가치성을 존중하는 경향으로 기울어지고 있다. 여기에서 생활관生活觀・생활상生活相이 변화를 일으키고 따라서 민속에도 변화가 생기는 것을 막을 길이 없다.

이제는 가마 타고 시집가고 장가가는 광경光景을 볼 수가 없게 되었다. 방아타령이나 베틀가를 들을 수도 없게 되었다. 옛날에는 내조內助하고 인내忍耐하는 부덕婦德을 자랑하고 거울로 삼았으나, 이제는 비굴卑屈한 순종順從이라고 나무라게 되었다.

부모의 공功보다는 자식의 귀여움을 알게 되었다. 이러한 풍조風潮는 소위 선진국에서는 이미 통과했고, 우리는 지금 통과 중에 있다. 우리보다 늦은 민족들도 있다. 모든 사람들이 앞을 지향해서 전진하는데 우리만 뒤로 돌아가거나 그 자리를 고수하라고 말할 수는 없다.

민속학에서는 과거의 재현구웅再現舊態의 고수만을 주장하는 어리석음을 원치 않는다. 생동하는 속에서도 잔존해 있는 문화를 주시해야 한다. 급변하는 대세 속에서도 여전히 잔존하는 그 원리를 파악해야 한다. 모두가 변하는데 왜 그것만은 변하지 않고 잔존하는가 말이다. 그만한 이유가 있었을 것이다. 변화에 대하여 정지를 요구하는 것은 불가능한 일이고 또 해서도 아니 된다. 변화도 그만한 이유와 타당성을 지니고 있다. 선택의 공감이 무시되어서도 아니 되기 때문에 변화를 인정하면서 잔존의 의미가 이해되고 분석되어야 한다.

5) 변화變化와 소멸消滅에 앞서 기록보존記錄保存

선택하고 변화하는데 있어 민속학도民俗學徒가 취해야 할 또 하나의 태도가 있다. 변화한다는 것은 전前의 것은 없어지고 새로운 것이 등장하거나 원 모습에서 새 모습으로 달라진다는 것을 뜻한다. 따라서 민속학도民俗學徒들은 변화 소멸에 앞서 사실事實 그대로 충실忠實하게 기록해 둘 필요가 있다.

우리가 과거의 역사를 더듬어 보면 전쟁이나 개혁의 국가적 중요한 사건과 왕공王公・성현聖賢에 대해서는 상세詳細한 기록記錄을 찾아 볼 수가 있다. 그러나 국민의 대부분을 차지하고 있는 서민庶民들의 생활에 대해서는 별로 기록된 것이 없다. 여기에서 이제까지의 역사기록歷史記錄은 진정한 민족사가 아니라 일부 특수 계층의 역사 기록이었다. 따라서 민속학에서 기대하는 서민층의 생활상生活相을 알기에는 미흡하다.

조상들의 이러한 일은 지금 책망만 해서 해결되는 것이 아니다. 이미 돌이킬 수 없는 과오過誤가 되어 버렸다. 그래서 문제는 조상들이 범犯했던 과오過誤를 우리 대代에서는 범犯하지 말아야 한다. 그러하기 위해서는 우리는 이 시점에서 변화소멸變化消滅에 앞서 기록記錄, 보존保存할 필요가 있다.

삼국유사三國遺事를 통해서 우리는 신라인新羅人들의 생활상의 일부를 알 수가 있다. 또 동국세시기東國歲時記를 통해서 이조말기李朝末期의 민속民俗을 엿볼 수가 있다. 그러나 우리의 더 상세詳細한 생활상生活相을 알고자 하는 욕구를 완전히 충족시켜주지 않는다. 우리는 이러한 불편이 후손들에 있어서 되풀이하지 않도록 만반의 대비를 해야 한다.

선택과 전진에 있어 변화를 막지 못할 때에 기록記錄조차 해두지 않으면 문화유산文化遺産을 송두리째 상실하는 결과가 된다. 문화를 잃고 문화를 체계화하고 이론화하고 학문적으로 연구하기란 어렵다. 우리가 과거에 이러한 생활관生活觀을 가지고 어떠한 생활상을 가지고 있었는가 알려면 생활에 관한 충실한 기록자료記錄資料가 요양된다. 따라서 우리는 지금 사회 변화・생활 변화의 정지停止를 명령命令하지 못하는 마당에 성실한 기록을 해 두는 것은 민속학도民俗學徒의 책임이다.

문자화된 기록은 보존保存이 가능해서 수천년 수만년 뒤에라도 연구 검토檢討가 가능하다. 문학기록文學記錄의 의의는 바로 여기에 있다. 문자로 기록 보존해 두면 후세에 전승시키고 문화 전통의 계승도 가능해진다. 민속학도들은 이 작업에 적극적으로 참여해야한다.

우리의 현황은 이 기록 보존이 급한 상황에 있다. 급격하게 밀려 들어 온 서구 문화의 영향과 새마을 운동에서 전개되는 농촌의 급변은 민속학자들로 하여금 민속지民俗誌 작업의 급한 사정을 호소하고 있다. 그러나 민속학民俗學의 궁극窮極의 목적은 민속지民俗誌의 기록 작성에 있는 것이 아니라 그 의미 해석에 있음을 두 말할 나위도 없다. 다만 긴급한 과제 중의 하나라는 것이다.

9장
장승문화

문화전승文化傳承으로서의 장승제

장승과 일본황성日本皇城의 수호신守護神

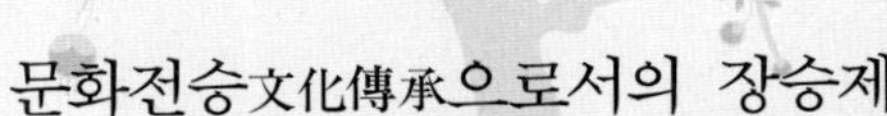

문화전승文化傳承으로서의 장승제

1) 장승의 역사와 기능

남한의 약 610여 곳에 장승이 전하는 것으로 알려져 있다. 학생운동으로 세워진 신조의 장승은 제외하고 전승된 것만을 통계한 것이다. 그러나 근대화 과정이나 새마을운동의 와중에 이미 소멸된 곳을 조사 추가 한다면 더 많은 수의 장승이 있었을 것이다.

장승의 분포상황은 다음과 같다.

전남	201
충남	166
경기	52
경남	45
전북	37
제주	36
경북	34
충북	23
강원	17
합계	661

이상의 분포 상으로 볼 때에 전남과 충남에 60%나 되어 구 백제영역에 집중되어 있음을 알 수 있다.

우리 민족이 언제부터 장승을 세웠는지 알 수 없으며 다만 기록에 의하면 신라 경덕왕景德王 18년(AD 759)의 장생長生의 기록이 있고 신라 헌강왕憲康王 10년(AD 884)에 보림사寶林寺에서 보조비普照碑를 세울 적에 장생長生을 세웠다는 것이다. 이런 점으로 미루어 8세기 중엽에는 신라에서는 사찰입구에 장생을 세웠음을 알 수 있다. 문헌기록에 의하면 장승을 장생長栍·장생長生·장생표長生標·장승長丞·장승長承·벅수라 했고, 제주도에서는 돌하루방이 그 기능을 담당하고 있다.

장승에 관한 기록이 신라 시대까지 거슬러 올라가나 그렇다고 해서, 장승이 8세기에 신라에서 처음 등장한 것은 아니다. 사찰에서는 부정不淨을 막고 사찰의 신성을 유지하고자 장승의 벽사辟邪의 기능이 의식되어 장승을 세웠으나 그 이전에 민간에서도 벽사와 수호守護를 기대하여 장승이 의식되었을 것으로 생각된다. 다만 민간에서는 기록을 남기지 못하였으나 사찰에서는 기록을 남겨놓았기 때문에 사찰장승의 기록이 앞서고 있다.

장승은 제작한 재료에 따라 석石장승·목木장승이 있는데 목장승이 압도적으로 많은 것은 인근의 산에 가면 소나무가 무성해서 자료를 구하기가 쉽고 제작하는데도 용이하기 때문이다. 즉, 장승은 머리와 얼굴을 사람모양으로 조각을 하는데 돌보다는 목재가 용이했고 또. 해마다 정초에 동제洞祭의 한 과정으로 장승을 새로 세우고 있으니 장승이 마을 수호의 기능을 믿어 신앙하고 있기 때문이다. 이러한 생각에서 옛날에는 거의 모든 마을 입구에 장승이 세워 있었던 것으로 알려있다. 그래서 장승은 수호신으로 신앙되고 재액을 막아주는 친근한 존재로 인식되어 있다.

장승제의 축문祝文을 보면 사람들의 소박한 소망이 표현되어 있으며. 그 중에서 크게 두 가지 소원이 나타나 있으니 우순풍조雨順風調와 제악거앙除惡去殃이다.

우리들 한민족은 농자천하대본農者天下大本을 내세운 농경민족이다. 농사를 지으려면 제 때에 비가 내리고 제때에 바람이 불어야 많은 수확을 거두어 평안히 먹고 살 수가 있다. 곡식을 심을 때에 비가 내려야 파종을 하고, 제 때에 비가 내리고 바람이 불어야 곡식이 잘 익어 풍작을 기대할 수 있다. 생존을 위해서 우순풍조는 최대의 과제이고 소원이었다. 그래서 산제山祭·기우제祈雨祭·서낭제·장승제에 있어 제문祭文에 우순풍조는 꼭 의식되어 있다.

사람이 행복하려면 병들지 말고 건강하며 불상사나 재앙이 없어야한다. 아무리 살기가 넉넉하고 벼슬을 해서 당당하고 높은 위치에 있다 해도 병들고 재앙이 빈번하면 불행하다. 그러니 우순풍조와 제악거앙은 생존에 있어 가장 절실하고 간절한 소망이었다. 그래서 마을 집단의 공동제나 개인의 굿에 있어서도 그러한 소망이 표시되어 있었다.

장승의 기능은 크게 3가지로 분류된다.

첫째는 장승은 동구洞口나 길목에 세우고 있어 부정不淨과 재액災厄이 마을 안에 들어오는 것을 제지하는 역할을 하고 있다. 질병이나 재액은 자생하는 것 보다 외부에서 침입하는 것으로 판단하고 이러한 경우에 불행의 침입을 차단하고 저지해야 했다. 그 방법으로 장승을 세워 저지 차단의 기능을 하도록 하였다.

둘째는 질병과 재앙으로부터 동민을 수호하는 역할을 장승이 담당하게 하였다. 장승의 몸체에는 천하대장군天下大將軍, 지하여장군地下女將軍이 일반적이고 마을의 사방에 세울 때에는 동방청제축귀대장군東方青帝逐鬼大將軍, 서방백제축귀대장군西方白帝逐鬼大將軍, 남방적제축귀대장군南方赤帝逐鬼大將軍, 북방흑제축귀대장군北方黑帝逐鬼大將軍, 중앙황제축귀대장군中央黃帝逐鬼大將軍이라 묵서를 한다. 이처럼 장승은 5방을 맡은 신들이 제각기 분담한 방향에서 오는 잡귀를 축출하도록 하였다.

또는 중국의 영향을 받아 상원주장군上元周將軍, 하원당장군上元唐將軍이라 쓰는 일도 있다.

잡귀를 축출하면 질병과 재앙으로부터 면하여 평안한 생활을 할 수 있다고 믿어 장승을 세워 정성을 다하여 제사를 지내고 주변을 정하게 가꾸는 등 장승신앙이 전승되고 있다. 즉 축귀하여 마을의 태평과 동민의 안전을 담당하는 즉 수호신守護神의 기능을 하고 있다.

셋째는 이정표里程標의 기능이다. 장승의 몸체 아래 도리에 다음 도시와의 거리를 적는 일이 있다. 여행자는 장승에 거리가 표시되어 있어서 여행하는데 편했다. 이정표의 기능은 원래에 장승의 기능은 아니지만 기왕 세워진 장승이니 이정표로 활용된 셈이다.

2) 장승이 일본 황궁皇宮의 진호신鎭護神이 되다.

일본의 고도古都인 교토京都에 대장군신사大將軍神社가 있는데 창건유래를 설명하는 게시판에 의하면 "AD 794년 환무천황桓武天皇이 나라奈良에서 경도로 천도遷都할 때에 새 궁궐의 동서남북 사방에 대장군을 맞이해서 궁성 진호신鎭護神으로 삼았다"고 기록하고 있다. 즉 새 궁궐을 짓고 궁궐의 평안함을 지켜 국가의 발전 융성과 천하태평을 누리고자 수호신守護神으로 대장군신을 영입迎入한 것이다.

환무천황은 백제인 화을계和乙繼의 딸 신입新笠에서 태어났으며 소년시절을 외가 즉 백제인의 가정에서 성장했다. 따라서 환무천황은 어려서부터 백제의 문물과 생활풍속 속에서 자랐으며 등극한 후에도 정사政事에 백제문화의 영향이 있었을 것이다. 그래서 새 궁궐을 짓고 백제인들이 즐겨 신앙하는 장승을 새 궁궐의 동서남북에 세워 보호를 받아 나라가 융성하기를 시도한 것이다.

대장군신이 백제의 영향이란 증거는 다음과 같다. 일본에는 대장군신사 또는 당이 778곳이 확인되고 있다. 이렇게 많은 대장군은 대궐의 수호신으로 채택된 이후로 민간에서도 본받아 대장군을 세워 그 위력으로 마을의 안녕은 기대하는 소박한 신앙이 보편화 되었기 때문이다.

그리고 주목할 것은 대장군신사는 나당 연합군에 의해서 나라를 잃고 일본에 망명한 백제인들이 거주하던 지역에 집중되어 있다는 사실이다.

일본에 있어 대장군의 분포가 많은 지역의 상황은 다음과 같다.

시가현(滋賀縣)	238
와카야마현(和歌山縣)	119
미야자키현(宮崎縣)	117
후쿠이현(福井縣)	74
돗토리현(鳥取縣)	59
오오사카부(大阪府)	38
교토부(京都府)	32

이상에서 볼 때에 시가현이 약 30%를 차지하고 있으면 미야자키현 외는 긴키近畿지방에 집중되어 있는 바, 고대에 백제의 유민遺民들이 주로 거주하던 곳임을 알 수 있다. 시가현 일대는 7세기에 백제의 유민들이 집단으로 살던 곳이다.

일본의 대표적 사서 『일본서기日本書紀』에 의하면 지금으로부터 1335년 전 천지왕天智王 4년(665)에 백제인 남녀 400여 명이 신전군神前郡에 정착했으며, 4년 후인 천지 8년(669)엔 신전군의 바로 이웃인 가모우군蒲生郡에 남녀 700명이 정착하였다고 기록하고 있다. 즉 백제가 패망하자 난을 피하여 4년 사이에 백제 유민 1,100명이 시가현 내에 정착하였음을 알 수 있다.

일본에서 대장군이 가장 많은 곳이 시가현이고, 가장 많은 군이 가모우군蒲生郡임을 볼 때에 일본의 대장군신앙은 600년대에 백제유민들에 의해서 전파되었으며, 백제인의 혈통을 받은 환무천황이 헤이안궁平安宮을 지키는 진호신鎭護神으로 영입되어 그에 따라 민간에서도 마을과 사람을 지켜주는 수호신으로 크게 유행하여 전파된 것으로 이해된다.

즉 장승은 마을을 수호하고 재화로부터 지켜주는 위력이 있기에 사람들은 신앙하였고, 조국이 패망하자 일본에 망명해서도 고향에서 신앙했던 장승문화를 일본에 정착시켜 대장군신앙으로 발전시킨 것이다.

3) 장승제의 의의

첫째 전통의 계승

근래에 우리의 전통문화를 계승하고 발전시키려는 문화운동이 활발하게 제기 되어 그 일환으로 장승에 대한 관심이 높아져 정부에서는 역사성 있고 잘 보존된 장승을 중요민속자료로 지정하여 보존하고 있다. 여러 지방에서 새삼 장승을 만들어 세우고, 제의를 올리고 있으며 지방 축제로 삼고 있다. 그러면 장승은 그만한 가치가 있는 것일까

장승의 역사를 정확히 입증하기는 어렵다. 그러나 앞서 언급한 바 삼국시대에 이미 있었고 삼국시대 보다 훨씬 올라가는 시대에도 있었을 것으로 생각된다. 인간은 누구나 먹을 것이 넉넉하고 건강하며, 가족을 이루고 질병에 시달리거나 재난 없이 평안하기를 원한다. 그러나 현실은 뜻대로 되지 않아 불행에 시달리는 일이 있다. 이러한 경우 인간은 강력한 보호자를 구하고자 한다. 그 중의 하나가 장승이었다.

장승은 나무를 깎아 만들었으니 재료를 구하기 쉽고 제작하기도 용이했다. 쉬운 방법으로 목적을 달성할 수 있으니 필요한 만큼 수요에 공급이 가능했다. 장승을 세우면 질병이나 재앙을 막을 수 있으니 장승신앙은 쉽사리 수용되었을 것이다. 그래서 장승은 보급되고 한국의 민간신앙으로 정착했다. 옛날에는 마을마다 거의 장승이 있어 그 가호를 받으려 했으며, 일본에 전파하여 장승이 왕궁 진호의 신으로 격상되어 채택된 것도 장승의 기능이나 그 위력을 믿었기 때문이다.

둘째 마을 공동체

우리는 스스로 농경민족임을 자처하여 “농자천하지대본”을 내세우고 마을 뒷산에 당을 짓고 산신山神을 모셔 제사 하였다. 장승과 산신은 개인만

이 아니라 동민 모두를 돌보아주고 있기에 그 제의는 마을 공동으로 지내기 때문에 동제洞祭라 했다. 동제는 모두 참여해서 제의를 거행하는 것을 말하며 공동체의 신을 공동으로 참여하는 제의이다.

한 마을에 살자면 재앙이 있을 때에 공동으로 대처해야한다. 농사를 지으려면 공동으로 참여하는 두레를 구성하게 되고, 애경사가 있을 때에도 공동으로 슬픔과 기쁨을 함께 나누는 공동체 의식이 있어야 했다. 이러한 공동체는 같은 신을 섬길 때에 더욱 절실하고 그 역할을 동제가 중심이 되어 왔다.

서구문물이 들어오고 생활문화가 바꾸어졌다고 하나 유구히 전승되어 내려오는 신앙이나 관습은 쉽사리 소멸되지 않는다. 같은 구역에서 같은 신을 섬기고 살고 있기 때문에 소박하지만 공동체 의식이 있기 때문이다. 청양군은 중앙에 칠갑산七甲山이 자리하고 있으며 산신당과 장승이 여러 곳에 아직도 전승되고 있어서 전통문화가 비교적 잘 보존되고 있다. 시대에 낙오되었다고 할 수도 있으나 산신과 장승에 대한 공동체의식이 지역정서로 잘 수용되어 있기 때문이다.

셋째 축제로 승화

우리 조상들은 원래 가무歌舞를 잘 하였으며 통일성불절通日聲不絶이라 해서 하루 종일 노래 소리가 끊이지 않았으며 특히 파종시기와 추수하는 계절에는 축제를 벌여 풍년 들게 한 신에게 감사하는 것을 잊지 않았다. 즉 계절에 따라 축제를 벌여 자기의 기능을 발휘하여 노래하고 춤추고 공동체 속에서 자기 발산을 즐겨 축제를 더욱 흥겹고 신나는 장을 만들었다.

일제하에서는 축제를 낭비, 소모란 이유를 들어 제지, 불허, 백안시했다. 그 주된 이유는 한국인들이 모여 일체감을 다지게 되고 나아가서는 일제에 저항하고 독립운동으로 발전할까 두려워하였으며 화기애애 하는 것을 불온시 하여 정책에서 탄압 제지하였다. 한국인이 동질감에 빠지는 것을 두려워하였기 때문이다. 즉 일제의 식민지의 문화정책에 의하여 우리의 오래 전통

있는 많은 축제 행사가 수난을 당하고 단절되는 불운이 있었다. 일제에 의해서 단절된 축제를 발굴하고 재현하면 민족적 활력을 찾을 수가 있고 동질 의식을 찾을 수가 있을 것이니 축제는 발굴하고 권장해야 한다.

축제를 하려면 물자가 소비되고 시간의 낭비도 있어 경원시하는 일도 있으나. 축제를 통해서 심신에 활기를 재충전하여 새로운 활력소를 얻을 수 있으니 축제는 꼭 있어 왔고 지금도 행해지고 있다. 따라서 축제는 생산적 의미로 이해하여 적극적으로 권장하고 육성하여야 한다. 그래야만 전통문화는 계승되고 마을 사람들은 일체감, 동질감에서 서로 협력하고 새로운 문화를 창조하게 되고 문화민족의 대로에 합류하여 21세기의 세계문화에 동참할 수 있을 것이다.

장승과 일본황성日本皇城의 수호신守護神

-대장군신앙大將軍信仰을 중심中心-

1) 대장군사大將軍社의 수數와 분포分布

일본日本에는 대장군사大將軍社 또는 당堂, 사祠, 지址라 부르는 신처神處가 도처에 있으니 그 수數와 분포分布는 다음과 같다.

1) 數 : 778社(暫定數)이나 今後의 古文獻과 현지 調査에 依하여 더 增加될 것이다.

2) 分布 : 滋賀縣　238으로 가장 많고

和歌山縣 119

宮崎縣　117

福井縣　74

鳥取縣　59

大阪府　38

京都府　32으로 일본의 고대 首都였던 京都와 그 주변에 集中되어 있음을 알 수 있다.

3) 特徵은 (1) 以上은 7 府・縣이 全國의 87%를 차지하고 있다.

(2) 中央都에 集中되어 있고, 岐阜縣以東은 全無하다.

(3) 주로 渡來人의 住居地域에 集中되어 있음을 알 수 있다.

* 日本書紀에 의하면 다음과 같은 기록이 있어 百濟遺民들의 정착상황을 짐작

할 수 있다.

◦ 天智天皇 4年(665) 二月. 百濟百姓男女四百余人 居于近江國神 崎郡

◦ 天智天皇 5年(666) 十月. 百濟男女二千余人 居于東國

◦ 天智天皇 8年(669) 十二月. 佐平鬼室集斯等 男女七百余人 近江 國蒲生郡遷居

2) 대장군신大將軍神의 기능機能

1) 方除(防塞)神으로서의 大將軍

道家. 占術家의 陰陽說에 의하면 八神將이 있고 그 중에 大將軍이 있음 大將軍 方位인 東北方과, 鬼門인 東北方은 不吉하므로 忌避한다.

東北方의 鬼門막이로　賀茂大將軍神社가 있고

西北方의 疫疾막이로　大將軍八神社를 세움(案內文)

南方에　藤森信社를 세움(案內文)

*** 平城宮의 秋篠寺의 末社에 大將軍社가 있음

2) 社靈神으로서의 大將軍

若狹一에서는 神靈으로 여기고 所在하는 위치가 野山에서 집 근처로, 다시 울안으로 이동하고, 심지어는 방안으로 이동 좌정하고 있다. 거의 모든 가문이나 가정에서 위하고 있다.

3) 牛馬神으로서의 大將軍

九州一帶에서는 守護神이면서 가축인 牛馬를 지키는 신으로 여기고 있다.

4) 守護神으로서의 大將軍

災殃, 疾病으로부터 보호해 주는 守護神으로 普遍的이다.

5) 防疫神

疾病은 두렵고 특히 痘瘡은 무서워 병마에서 보호하는 神이다.

3) 대장군大將軍의 유래由來

1) 大將軍八神社. 賀茂大將軍神社의 案內文과 기록에 의하면 桓武天皇이 도읍을 奈良에서 京都로 遷都(794)하여 平安宮을 짓고, 皇城鎭護神으로 宮城의 東西南北의 사방에서 大將軍을 迎入했다.

2) 大阪天滿宮의 大將軍神社의 案內文과 기록에 의하면 孝德天皇(645~655)이 豊碕宮의 皇居護神으로 奉祀했다.

이상으로 보아 일본에서는 大將軍이 이미 7세기 중반부터 皇城을 지키는守護神으로 認識되어 있었음을 알 수 있다.

4) 평안궁平安宮의 조영造營

1) 遷都의 要人은

災殃이 延發하여 민심이 騷亂했다. 즉

延曆 3年에 黑蝦蟆 2萬마리가 難波를 떠나 南行하는 이변이 있었고

8年에 皇太后 高野新笠이 逝했고

9年에는 皇后 藤原乙牟漏 後宮 坂上大宿禰又子가 逝했고

11年에는 長岡宮 이 洪水로 큰 피해를 입었다.

以上의 災殃의 原因은 早良新王의 怨靈의 탓이란 陰陽師의 進言에 의하여 遷都하기로 함

2) 造營

新宮의 造營은 百濟人의 후손들의 參與가 두드러지다.

- 占地는 百濟 渡來人인 風水師 船連田口이 山背(京都)로 占地했고
- 造宮使는 百濟都慕王의 10世孫 貴首王 後孫인 從3位로 宮內卿과 常陸守를 지낸 管野朝臣 眞道가 맡았다.
- 造宮大夫에 新笠처럼 百濟系女人에서 태어난 從3位의 和氣朝臣淸麻呂 民府

卿이 맡았다.

3) **遷都는 桓武王, 延暦 13年(794)에 이루어 졌다.**

5) 백제문화百濟文化의 영향影響

일본日本의 황궁진호신皇宮鎭護神인 대장군大將軍은 한국韓國의 장승으로 백제문화百濟文化의 영향影響 아래 이루어진 것이니 그 이유는 다음과 같다.

1) 韓國의 장승(天下大將軍)은 현재 조사되어 있는 곳이 611所이며 , 그 中 全羅道 238, 忠淸道 189로 百濟의 故土에서 全國의 68%를 차지하고 있다.
2) 韓國에 있어서는 大將軍(장승)이 百濟의 故土에 많고, 日本에서는 渡東한 百濟人들의 定着地域에 집중되어 있다.
3) 平安宮의 選地와 造營에 百濟의 技能人의 參與로 百濟의 文化意識이 添加 되었을 것이다.
4) 平安宮을 造營한 桓武天皇은 百濟渡來人 和乙繼의 딸 新笠의 몸에서 태어나 少年時代를 外家인 百濟家庭에서 成長했으며 新宮城의 鎭護의 神 으로 母系의 神을 迎入했을 蓋然性이 많다.
5) 大將軍의 機能이 方除, 防疫, 鎭護, 家畜繁殖, 豊作, 境界의 機能이 있는 점은 同一하고 日本에 있어서는 祖靈의 機能이 添加되어 있는 점이 다르다.
6) 일본에 있어서의 大將軍信仰은 神道와 褶合하여 傳承되고 있다.

이상以上은 문화전파과정文化傳播科程에서 볼 대에 대장군신앙大將軍信仰은 백제인百濟人들이 이국異國에 가서 고국故國의 문화文化를 생활화生活化하여 정착定着시켰으니 자연自然스런 문화文化 전파현상傳播現象이라 할 수 있다. 특히 백제百濟와 혈연血緣이 있는 환무천황대桓武天皇代에 궁성진호신宮城鎭護神으로 채택採擇된 후로 일본日本에 있어서 그 전파傳播가 빠르고 왕성旺盛했을 것이다.

10장
사제지간의 정

제자의 편지
제자의 수필
제자의 시詩
학계의 평
국정교과서에 수록된 글

제자의 편지

교단에 오래 서다 보니 제자로 부터 편지를 받는 일이 있다. 그 중에서 인상에 남아 있는 편지를 소개한다. 인생을 어떻게 살 것인가 진로나 좌표에 대해서 의논하는 일도 있고 소란스러운 시대에 어떻게 살아야 할 것인가 진로를 모색하는 경우도 있고. 의기양양하게 자신을 가지고 당당한 편지도 있다.

오늘 여기에 그 중에서 인상에 남아있는 편지를 소개한다.

1) 한 상 훈

교수教授님께 올립니다.

삼복三伏더위가 맹위猛威를 떨치고 있습니다.

근년에 없던 염열炎熱인가 합니다.

무더운 날씨에 교수教授님 강녕康寧하옵신지요?

방학이 시작된 지도 한 달이 되었습니다만 이제야 글월을 올리게 되었읍니다.

피서에 관심이 없는 사람조차 "피서는 분수에 맞게" 그리고 "피서는 오락이 아니라 내일을 위한 원동력原動力이 되게 합시다"라고 계속해서 떠드는 매스컴 때문에 과히 마음 설레이게 만들기도 하는 것 같습니다. 5년간

학업을 쉬고 복교復校하였더니 여러 가지 걱정이 많았습니다. 그 동안 책冊을 읽지 않았는데 과연 남들에게 뒤지지나 않을까 염려하였는데 교수님의 가르침 덕분에 훨씬 좋아 졌읍니다.

77년도 1학기에 복교復校하기 전에 정외과政外科를 졸업卒業한 어느 선배先輩를 만났는데 대화중對話中에 교수님에 대한 존경尊敬의 말씀을 하여 주셨습니다. 지나친 표현 같습니다만 교수님의 그림자도 안 밟았다고 하시더군요. 그리고 교수님께서 정경대학政經大學 반에서 강의講義하실 때 사용使用하신 분필도 선배先輩가 교수님께서 손에 분필가루를 묻히시도록 하지 말아야 교수님께 대한 존경尊敬의 표시라고 하기에 테이프로 포장을 해서 교수님께서 사용使用하시도록 하였는데 만족하신 것 같아 한결 제자의 마음 기뻤읍니다.

한국에서는 아직도 충효사상忠孝思想이 으뜸인 것은 누구나 다 아는 사실인데 점차 무너지는 것 같습니다. 스승님에 대한 존경尊敬도 충효忠孝와 같다고 생각합니다.

글월 중에 혹시 내용內容이나 문장文章에 있어 오류誤謬를 범하지 않았나 염려됩니다.

혹 실수가 있더라도 아직 배우는 학생이라 생각하시고 너그러이 이해하여 주시기 바랍니다.

2학기에는 더 노력하여 가르치심에 좋은 성적으로 보답 하겠읍니다

항시 제자를 위하여 염려 하시는 교수님의 강령康寧을 비오며.

77. 8. 4.

정경대학政經大學 1학년學年 반班

제자弟子 1327151024 한상훈韓在勳 삼가 올립니다.

제자의 수필

우리 것 소중함 일깨운 햇살 같던 분

성의제(단국대학 부총장)

예산농고 은사 임동권 선생님

선생은 있으나 스승이 없고, 학생은 있으나 제자가 없다는 말이 나도는 각박한 세태에 나는 그분들이 계셨기에 오늘의 내가 있다는 생각과 함께 선생님들의 고마운 은혜를 영원히 간직하고자 한다.

3·3·7 하면 금방 응원의 박수를 연상하지만, 6·3·3·4하면 어리둥절 하는 사람도 더러 있을 것이다. 이것은 초등학교 6년, 중학교 3년, 고등학교 3년, 대학 4년의 학제를 말한다. 이 16년 동안의 학창 생활에서 모시고 배운 스승님의 면면을 어찌 다 헤아릴 수 있으랴?

초등학교 6년을 다니면서 일제 치하에서는 일본인 선생님 밑에서 가다가나·히라가나를 배우기도 했지만 그분들께 미운 감정을 느끼지는 못했다. 그분이 일본인이기 이전에 나의 스승이었기 때문이거나 아니면 내가 너무 어려 세상 물정을 모르는 철부지였기 때문이리라.

하여튼 우리들의 초등학교 시절에는 스승보다 높고 훌륭한 분은 없었다.

선생님의 그림자도 밟을 수 없다는 의식 이전에 선생님은 너무나도 훌륭하고 고결해 그런 선생님이 화장실에 드나드실 것이라고는 감히 생각할 수도 없는 일이었다. 그러다 해방이 되어 가갸거겨 우리말과 우리 역사를 배우다 그 6년을 마쳤다.

중학교에 들어가 제복과 제모를 쓰고 다니며 배우는 A · B · C · D. I'm George 등 혀꼬부라진 영어가 신기하기만 했는데 갑자기 6 · 25가 터져 학교에 가면 따발총과 포격 소리를 들으며 장백산 줄기가 어쩌구 저쩌구 하는 등의 노래만 부르던 3개월도 있었다.

중학교부터 우리를 가르쳐 주시는 선생님들이 시간마다 과목마다 바뀌었으니 많은 선생님들을 접하며 나름대로의 기호에 따라 좋아하는 선생님과 싫어하는 선생님을 가르기 시작했다. 내 구미에 맞는 과목을 담당하는 선생님에게는 호감이 갔지만 내 입맛에 맞지 않는 과목의 선생님에게는 별로 호감이 가지 않았다.

인지상정이라 하겠지만 선생님을 모시는 제자로서의 바람직한 태도나 자세는 아니었다.

단 하루를 배워도 선생님은 어디까지나 선생님이 아니던가. 지금에 와서 생각하면 다 고맙고 고마운 분들이 아닐 수 없다. 그러나 내 기억과 추억 속의 선생님들 가운데 사랑으로 우리를 가르쳐 주시며 자기 학문에 열중하시던 스승다운 스승님들도 많았다. 그러나 어떤 선생님은 약주를 좋아하시거나 오락, 기타 다른 취미에 몰두하는 것 같은 그런 분이 없었던 바도 아니다.

그러나 비록 존경의 대상으로서의 선생님은 아니었을지는 몰라도 이분들도 다 반면교재反面教材로서의 교육적 존재 가치가 있었을 것이다. 훌륭하고 존경스러운 선생님을 대할 때면 나도 저런 훌륭한 선생님이 되었으면 좋겠다는 바램이 생겼고, 그렇지 않은 선생님을 대할 때면 나는 저런 선생님은 닮지 말아야겠다는 생각도 가졌다.

칭찬의 미학에 정통하신 분

나의 중·고등학교 시절 내게 가장 큰 영향을 끼쳐 주신 분은 중학교 때의 담임 선생님이자 고등학교 때의 국어선생님이셨던 월산月山 임동권任東權 선생님이시다. 선생님은 항상 인자하고 온화하신 표정에 자기 전공인 국문학, 그 중에서도 민속학에 대한 연구에 몰두하셨다. 성적이 좋지 못하고 말썽만 부리던 나까지도 사랑해 주셨다.

호랑이 같은 선생님도 있어야겠지만 양 같은 선생님도 얼마든지 제자에 대한 덕화德化의 교육을 하실 수 있다는 실례를 선생님은 몸소 실천해 보여 주셨다. 추상같은 호령과 꾸중도 필요하겠지만 선생님은 바람과 해의 내기에서 승자가 된 햇님 같은 훈훈한 스승이셨다.

과제를 낼 때면 교과서 안에서의 숙제보다 그 지방에 산재한 민요나 설화·전설·방언 등을 수집해 오라는 주문이 많았다. 그것이 후에 선생님의 전공에 연구 자료로 학문적 숙성에 밑거름이 되었는지는 모르겠으나 그런 숙제를 통해 우리 고유의 것이 소중함을 깨닫도록 해주셨으니 일석이조의 교육적 효과를 함께 거두신 것이라 생각된다.

꾸중을 모르고 자상한 교학과 사랑의 관용으로 칭찬에 인색치 않으시던 선생님. 그 선생님은 칭찬을 해주시면서도 그것이 자만이나 나태로 흐르지 않도록 해주시고 겸손과 격려로 승화되도록 하셨으니 칭찬의 미학에까지도 정통하셨던가 보다.

고등학교를 졸업하고 대학에 다닐 무렵, 선생님도 시골 학교를 떠나 서울 어느 대학의 교수님이 되셨다.

중·고등학교 시절 열심히 가르쳐 주시고 자기 전공에 몰두하시던 선생님들 가운데 많은 분들이 후에 대학의 교수가 되셨는데 선생님께서도 한눈 팔지 않고 외길로 초지일관初志一貫·일이관지一以貫之하면 뭔가 이루고야 만다는 실재를 보여 주신 것이다.

언제인가 그 선생님을 댁으로 찾아뵈었다. 사면 벽이 장서로 가득한 선생님 댁에서 대학생이 된 제자가 이렇게 여쭈어 보았다.

"선생님은 어떻게 이렇게 유명한 학자와 사계의 대가가 되셨습니까?"

"십년 이상 한 우물만 팠더니 남들이 대접해 주더군 그래. 하지만……"

평범하다면 평범한 사제간의 대화속에 스승의 엄청난 계시가 내포되었던 것이다.

스승이 있기에 나도 있다

그 제자가 성장하여 이제 교단에서 선생님과 함께 머리가 하얘져 가고 있지만 선생님과 나를 비교해 보면 부끄러워짐을 금할 수가 없다.

선생님과 전공이 달라 학회같은 곳에서 자주 뵈올 길이 없어 일 년에 한 번 세배나 드리고 있지만 선생님은 365일 내 마음 높은 곳에 항상 자리하고 계시다.

몇 년 전인가 선생님의 송수기념논문집 증정식이 으리으리한 호텔에서 있다는 초청장을 받았다.

"아닌데……우리 선생님이 그런것 별로 좋아하실 분이 아닌데……"

이런 생각과 함께 그 장소에 크나큰 충격과 깊은 감명을 받았다. 주최측이나 측근에 의해 과대 포장된, 조작된 행사가 아니라 진정 제자들의 마음 깊은 곳에서 우러난 의미심장한, 근래에 보기 드문 행사였기 때문이다.

가식과 분식이 없는 행사장을 만사기 어려운 시절에 정말 마음과 마음으로 마련된 분위기는 지금도 나를 경건하게 만들어 주고는 한다.

청출어람青出於藍이니 후생가외後生可畏니 하는 말이 우리 선생님에게는 통하지 않음을 절감했고 지금도 절감하고 있다.

대학을 졸업하고 중국으로 유학의 길을 떠났는데 거기서도 나는 훌륭한 선생님 밑에서 공부하는 행운을 얻었다. 공맹학孔孟學의 대가이신 웅공절熊公哲, 진대제陳大濟 선생님과 내 논문을 지도해 주신 문화평론의 왕몽구王夢鷗 선생님들은 학문과 교학을 위하여 이 세상에 태어나신 분들이시다. 노령에도 불구하시고 하나라도 더 가르쳐 주시려는 열성과 심도 있는 강의는 물론, 진지한 삶의 태도를 어찌 존경하고 따르지 않으리.

선생은 있으나 스승이 없고, 학생은 있으나 제자가 없다는 말이 나도는 각박한 세태에 나는 그분들이 계셨기에 오늘의 내가 있다는 생각과 함께 선생님들의 고마운 은혜를 영원히 간직하고자 한다.

그리고 타계하신 은사님의 명복과 노익장을 자랑하시며 학문에 정진하고 계신 스승님의 만수무강을 빌리라.

제자의 시詩

임이 만든 하늘

李姓教

한 평생을 소중한 마음으로
가꾸어 온 보람.

임이 만든 하늘에는
소리개가 높이 떴습니다.

휘휘 휘파람소리 같은 것이 들려옵니다.
그 소리로 해가 뜨고 달이 돋고
별이 반짝입니다.

오, 임이 쌓은 國學의 높은 산봉우리.
어쩌면 소나무가 그리 청처어 푸릅니까.

한 평생을 골방에서 어둠을 풀며
물레로 잣아올린 노래.

우리 모두의 노래로
깊은 골을 울립니다.

임이여, 당신이 만든 하늘에
새빛이 찬란히 열려옵니다.
부디 소나무 같이 푸르소서
백학같이 고우소서.

찬양의 자리

허영자

우리나라의
산과 강과 들에는
우리나라의 아름다운 노래와 이야기들이
무지개처럼 걸려있습니다.

우리나라 사람들의
깊은 마음 속에는
아름다운 노래와 이야기를 싹티우는
눈부신 빛이 스며있습니다.

아름다운 노래와 이야기
그 밑의 눈부신 빛을 찾아
한평생을 외길 걸어오신
선생님

오늘 그 크신 업적은

민족의 긍지로 우뚝 서고
집념과 정성은
후학을 인도하는 등불입니다.

길없는 곳에 길을 내시고
향방없는 곳에 이정표를 세우시니
외로웠던 긴 세월
이제 더는 외롭지 않습니다.

스승의 잉크

趙南翼

하늘에서 퍼내오시는 당신의 잉크
코발트빛 群靑色을 거느렸습니다.

殉敎者의 피보다 더 神聖한
學者의 잉크에서는
아스라이 뭇별이 뛰놀았습니다.

하늘에서 땅으로
文明에서 原始속으로
原始에서 다시
生金의 民謠속으로

당신의 잉크가 둥굴린 사랑
거기 당신의 民俗學이 있었고
거기 언제나 신선했던 尊敬이 있었고

비 오고 바람 불어도
우리가 간직해 오는 스승의 잉크
핏줄처럼 이어져 오고 있었습니다.

그래서 선생님 화갑연의 이 자리는
만사람이 덕담으로 기리는 자리
만사람이 영광을
찬양하는 자리입니다.

민들레 피듯 鶴이 날 듯

朴利道

인생을 살아 가다
맞이하고 헤어짐은
세월의 수레같아
인정의 아쉬움을 더하나니
가는 세월 막지 못함은
우리의 허무인가요

아침 안개 자욱한 들밭
풍성한 오곡이 익는 계절
소나무 밭 큰 가지에
사뿐히 날아와 앉은
목이 긴 학이여
맑고 깊은 눈매로써
이 나라 구석구석
수천, 수만의 발길을 마다 않고

풍진 세상의 가락 채록하시니
어느새 저녁 놀빛이구나

보람에 찬 그 뜻
흐트러짐이 없이
아흔 아홉 고개를 넘으시듯
단숨에 지나 온 평생의 꿈
오늘은 조용히 돌아 보세요
양지바른 지붕에
빨간 고추를 말리고
호박을 썰어 말리는
가을의 조용한 뜨락에
멍석을 깔고
모두 모여 앉아
세월을 돌아 보세요

누에 실처럼
솔바람 소리같이
이어지는 민요가락을
하나하나 불러보세요

하늘이 저리 높은 것은
어디선가 봄이 기다림이니
훈풍에 탄생하는
민들레 꽃이든
오래 오래 우리 가슴에 남아 있을
님이십니다 님이십니다

任東權先生 壽筵頌

咸東群

先生의 모습에서는
고향 가는 사람이
저 세월의 다리 넘어
떠 있는 달을 확인하듯
빈 들판에서 오랜 시간을 인내하고서
며칠새 깡마른 얼굴이 손에 느껴지게
하늘을 나르는
학을 생각게 하신다
先生의 마음에서는
큰산의 허리가 물에 잠겨
봉우리의 윗부분만이 떠있는 형국으로
홀로 떨어져 홀로 잠깨어 있는 것 같으면서도
따스한 情은
지나가는 새도 날아오게 하신다
先生의 말씀에서는
늘 낮았지만
바람처럼 넓게 퍼져가면서
山川草木을 흔들고 깨우는
우리네 風俗을
둥둥 북소리로 울리고
굵은 붓으론
學問을 닦으신다

달이 뜨는 풍경

李鄕莪

높푸른 視線은 반공에 두고
천상을 날 듯,
지상을 걸어가시는
선생님은
鶴이십니다.

들밖에는 사시사철
달이 뜨는 풍경.
달 아래는 사시사철
깃을 치는 풍경.
선생님은 달 뜨는 봄날,
온유한
山이십니다.

순풍 위에 돛배를 놓아요.
그 지치지 않는 유려한 음성.
우리나라 텃밭에서
우리나라 노래를 가꾸시는 분.
선생님은
정결하게 굽이치는
유구한,
江물이십니다.

분격하시는 모습은 뵈온 적 없습니다.

절망하시는 모습은 뵈온 적 없습니다.
미워하시는 모습은 뵈온 적 없습니다.

이리하여
이리하여
그 거목의 발치
순행하는 무지개
꽃무리져 피어나고
뭇새들이 날아와
화락의 둥지를 트는
오늘.

믿기지 않아라
저 젊으신 선생님의
回甲.
홍안 소년같은 미소로
유전하는 세월을
내다보시는 분,
무궁무궁 청청하실,
月山 林 東 權 선생님.

그 발길 그 마음

慎達子

어디엔들 닿지 않았어라
두뫼산골 오솔길
한적한 섬

하늘너머 또 하늘
해저무는 땅끝 어디에도
그 발길 닿았어라

우리 말
우리 뜻
우리 정신 찾으려고
우리 시
우리 가락
우리 정서 만나려고
그 발길 그 마음
우리땅을 돌았어라

눌린자의 한
눈물삼키는 서름 사이에
묻히고 떠도는
노래 캐면서
역사 캐면서
한 생애 묵묵히 걸어 온 발길

찾았어라 만났어라 전했어라
고요한 이순(耳順)의 마루턱까지
멈추지 않았던
그 발길 그 업적
이 나라 학문의 깃발하나
크게 펄럭이네
눈부시네.

월산(月山) 임동권(任東權) 선생 고희송(古稀頌)

뭔가 모자란 듯한 부족함이 좋아
바람 부는 쪽으로 가지 뻗은 팽나무처럼
서낭당을 에워싸는 낮은 소리가 되셨습니다
대보름 당제와
우리의 풍속 전설 습관을 학문으로 닦으신
학자의 뜻과 보람을 같이한 고희
빨리 가야할 때는 돌아서
눈을 들면 딱 이마에 와 머무는
붉사상
물이 되어 만나거나
비가 되어 만날 수밖에 없는 우리들의
삶과 함께 한 고산 선생님
하나도 변하지 않으셨습니다
이제부터 귀신을 보시고
신선의 수염을 쓰다듬으십시오

온 산하 밝히고도 눈부시지 않은 달처럼

이향아

선생님!
우리는 오늘 비로소
일흔이라는 말뜻을 알 것 같습니다

쉰 지나면 예순,
예순이 지나면 일흔이 아니고

지식이 넘치면 예도에 통하고
예도가 다하여 덕성에 이르는 길
아! 일흔이라는 길이
사랑의, 정성의
아름다운 길이라는 것을 알 것 같습니다

선생님!
우리는 오늘에사 처음으로
일흔이라는 나이가 얼마나
그윽한 것인가를 알 것 같습니다

인생 칠십이란
초하루가 지나 여드레 지나 보름으로 가는 일
보름께로 가는 길에
달을 보는 일
달을 보면 산허리 춤에 푸른 이내 끼이고
청태 같은 이내가 상서로운 일

月山 임동권 선생님
당신은 온 산하 밝히고도
눈부시지 않는 달
어제처럼 오늘처럼 정정하게
서있는 산
맑은 달도 떠오르는 유유로운
산이십니다

선생님은 단아한 학처럼 걸으시어서

선생님은 잔잔한 물결처럼 말씀하시어서
한 올 티가 없는 비단 같은 명예
그 명예 지키고도 남아도는 향기입니다

축하합니다, 선생님
자랑스러운 선생님을 둔 우리는
오늘 덩달아서
가슴이 꽃숭어리처럼 붉게 붉게 타오릅니다

우리들 큰 스승

이성교

맑은 바람
밝은 달
청풍명월의 슬기로
오늘 크게 섰습니다

우람한 산맥
큰 깃발로 섰습니다

큰 교육자로
민속학의 대가로
칠십 고희 큰 산마루에 섰습니다

열매도 많았습니다
향기도 많았습니다
노래도 많았습니다

그 중에서 가슴 깊이 떠올리는 민요도 많았습니다

선생님은 큰 학문을 하셔서
큰 저서를 남기다
오늘 큰 자리에 앉으셨습니다

산넘고
물건너 오신
숱한 뜻있는 이들
오늘 모두 모여
선생님의 업적을
기리고 있습니다

선생님의 언저리에는
온화한 바람이 불고 있습니다

밝은 빛이 서리고 있습니다.
오, 우리들의 큰 스승
국학의 대가여!
선생님은 우리들의
큰 자랑입니다
거울입니다
빛입니다
맑은 바람
밝은 빛이 이는
큰 산맥에 서서
더 큰 역사를 이루소서

만수무강 하소서

우리 가락, 우리 몸짓

-임동권님 고희를 기리며

박리도

대나무 숲 뒤울에서
키가 자라던 푸름 꿈이어니
목이 긴 두루미 한 마리
오늘은 짧은 가을볕 들판에 섰네
농악대의 뒤를따라
흥을 돋우시던 그 날이
멀리 해그림으로 비춰오네

민속 경연대회장에
모여드는 팔도 풍류장이
어릿광대가 되어도 보고
상쇠가 되기도 하며
우리 가락, 우리 몸짓

찾아내어 기리시던
평생의 노고를
이제 가을바람에 삭이십시오

흰 두루마기에 짚신 신고
훠이훠이 고개에 올라
너른 들을 바라보는

키가 큰 아저씨
오직 곧은 대나무 성품 하나
님의 모습 전부이시네

오늘 대나무 숲 뒤울안에
가을 바람 가을 별이
속삭이는 한 때
님의 음성 전부이시네

학계의 평

1) 김병철 교수

(1) 탐구의 길, 젊은 우리 대학원 학생들에게

'남이 하지 않은 연구를 10년이상 끈덕지게 한다는 정신자세가 중요하나, 그 10년은 피눈물 나는 노력으로 일관해야 합니다'

제목부터가 대단히 건방진 제목입니다. 나이를 먹었다고 해서 제목만큼은 의젓한 제목이지만 이 글을 쓰는 사람은 무명지사라 도대체 '김병철'이란 사람은 뭐하는 사람이냐고 목을 갸우뚱할 것입니다. 그렇습니다. 나는 나이만 고희가 되도록 먹었지 자타가 공인할 정도로 무명지사인 별로 업적이 없고, 학벌도 무엇 하나 자랑할 것이 없는, 해방 덕택에 대학교수가 된 사람이올시다. 원고 청탁을 받았을 때에는 어리둥절하는 틈에 수락하고 말았지만 곰곰이 생각해 보니 안 쓰는 것이 좋겠다고 생각하여 대학원 출강 때 중대신문사를 찾아가 청탁한 기자를 찾았지만 볼 수 없어 오늘(4월 12일 금요일)이 마감이라 저쪽이 태산같이 믿고 있을 것을 생각하니 쓰지 않을 수 없어 무자격자인 내가 쓰기 싫은 글을 감히 쓰고 있는 바입니다.

나이는 먹을 대로 먹고, 그동안 본 것도 학생들보다는 조금 더 보았으니 내가 평소에 생각한 '학자상'을 여기 적어 여러분의 질타를 받고자 합니다.

첫째, 학자에겐 학구적 업적이 있어야 합니다. 또한 그것이 오래가야 합니다. 그러하려면 남 하지 않는 분야를 개척해야 합니다. 예를 들어 보겠습니다. 외국의 저명한 학자라는 모두가 그렇습니다. 국내 학자의 경우도 이것은 마찬가지입니다. 김정호 선생의 '대동여지도', 김두종선생의 '학국의학사'가 바로 그런 것입니다. 이것은 우리 대학에서도 눈에 띄입니다. 남의 대학 이야기를 할 것도 없습니다. 임동권선생의 『한국민요집』(전6권 1961~1981)과 심우준선생의 『일본방서지』(1988)가 바로 그런 것들입니다. 둘 다 자료집이지만 특히 임선생의 책은 1백년 후에 가서야 더욱 빛날 책입니다. 이 책이 나오지 않았다면 우리의 민요는 사멸되고 말았을 것이기 때문입니다. 독일의 그림형제가 23년이나 걸려 '독일문법' 제1권을 펴낸 것과 흡사합니다.

둘째, 남 하지 않는 분야를 적어도 10년이상 죽어라고 달라붙어야 합니다. 이 끈덕진 노력이 절대로 필요합니다. 1,2년 내에 책을 내는 사람들이 있는데 그것은 자기 기만일 뿐 아니라, 남도 속이는 일이 됩니다. 양은 냄비는 빨리 끓기도 하지만 식는 것도 빠릅니다. 1,2년 걸려 쓴 책은 1,2년 내에 식고 맙니다. 파브르는 그의 곤충기 10권을 완성하는데 15년이 걸렸고, 코호는 폐결핵균을 발견하는데 10여년이 걸렸고, 괴테는 『파우스트』 완성에 30년을 바쳤고, 일본의 제교절차는 그의 『대한화사전』 14권에 30년을 바쳤습니다. 그리고 끝내는 실명하고 말았습니다. 우리의 석주명은 그의 『조선산접류도감』에 10년을 바쳤고, 임동권은 그의 『한국민요집』에 40년(수집과 집필 · 간행)을 바쳤고, 심우준은 그의 『일본방서지』에 20년을 바쳤습니다.

그래서 나는 여기서 다시 한 번 강조합니다. 학자 지원의 젊은 학도들이여. 남이 하지 않는 일을 10년 이상하면 반드시 성공한다고. 위에 든 예는 한강의 모래 하나만한 예에 지나지 않지만 그들의 업적은 불후의 공적으로 오래 남고 있지 않은가? 국내외의 명저치고 그 서문에 1,2년 걸렸다고 쓴 책이 어디 있습니까? 단명의 많은 책을 쓸 필요가 없습니다. 나는 비교문학을 대학원에서 강의하고 있는데, '타고르의 이입과 한용운'이라는 페이퍼를

써 오라고 하고서 참고서를 열거해주던 중 김재현의 『한용운 연구』에 이르러 그 운연구에 초점을 맞춘 타고르와의 특이한 비교문학적 방법론(남이 하지 않은 방법론)에 감동하고 말았습니다. 한용운 연구에 있어 가장 명저라고 나는 생각합니다.

실례일지는 몰라도 우리 중앙대 대학원 학생에게는 학문하는 데 있어 이러한 정신자세가 퍽 중요하지 않을까 생각합니다. 교수도 그렇고 학생도 그렇고 우리나라에선 우리 대학이 2류대학이라서 무조건 2류의 대우를 받습니다. 그 2류의 딱지를 떼어버리려면 임동권 선생이나 심우준 선생 같은 책을 쓰면 됩니다. 학자의 평가는 그 업적에 좌우됩니다. 칸트의 평가는 그 학문적 업적 때문이지 그가 명문대학을 나왔기 때문은 아닙니다.

남이 하지 않는 연구를 10년 이상 끈덕지게 한다는 정신 자세가 퍽 중요는 하나, 그 10년 동안은 피눈물 나는 노력으로 일관되어야 합니다. 요령이나 부리고 빽이나 쓰면 죽어서 남는게 아무것도 없습니다. 공수래공수거는 칸트와는 아무런 관계가 없습니다. 양주동은 영원히 살고 있습니다. 영원히 살고 있는 학자는 한결같이 동서양을 막론하고 내가 강조하는 정신자세로 연구에 몰두한 사람이었습니다.

김병철 문학박사는 1921년 개성생으로 보성전문, 중국 중앙대 대학원, 본교 대학원을 거쳐 1954년 본교 영문과 교수로 재직하다 1987년 정년퇴직하셨다. 주요 저서로는 전 4권으로 된 서양문학이입사연구, 헤밍웨이 문학의 연구, 문학의 이론 등 50여권의 역·저서가 있다.

(2) 나의 삶, 나의 철학

이글은 내가 근 40년 동안의 교수생활을 거친 후 60고개를 바라보는 문턱에서 후회와 자책으로, 학문의 길에 들어서려는 젊은 후진들에게 꼭 하고 싶은 이야기이자 내 삶을 이어온 좌우명이라 할 수 있다. 그리고 다시 젊어져서 30대의 교수로 다시 한 번 학문 연구의 길에 들어선다면 꼭 이렇게 하겠다는 생각을 피력해 보려는 것이다.

아직까지 나의 좌우명이 「세월 속에 씨를 뿌리며 남이 하지 않는 일에 10년 이상을 바친다.」이며 30대의 젊음으로 되돌아간 나의 제2의 삶의 좌우명도 역시 다를 것이 없다.

어려운 이야기는 그만 두고 보기 둘만 들어보겠다.

며칠전 모 TV방송의 9시 뉴스 시간에 82세나 되신 김삼순박사께서 『한국버섯도감』을 82세의 고령에 저술했다는 인터뷰 화면을 본 적이 있다.

바로 이것이다. 이 책을 내시느라 김박사께서는 세월 속에 얼마나 많은 씨를 뿌렸을 것이며, 그 일은 누구나가 다 해낼 수 있는 일이 아니다.

인간이 가질 수 있는 미덕 중에서 노력이라는 분야에서 온몸을 내던져 학문(버섯연구)에 쏟은 인고는 인간이 쏟을 수 있는 피와 땀의 한계선에까지 도달한 희열을 내포한 인고의 극한이었을 것이다. 박사께서는 그 일을 하시느라고 10년, 아니 20년, 자기도 모르는 사이에 80의 고령에 이르렀을 것이다.

또 하나, 나는 임동권박사의 『한국민요집』(전5권)을 높이 평가한다. 20대부터 시작한 박사의 민요 수집에 바친 인고는 김삼순박사의 그것에 비해 조금도 손색이 없고, 그 학풍이 독일의 그림 형제가 『독일문법』(1819~1837)에 쏟은 학품을 방불케 한다.

임박사는 예부터 우리 민족 속에 깊이 흐르고 있는 가장 민속적인 것에 애착을 느끼고는 거기에 온갖 정열을 경주했다. 참된 민족적 얼의 발로라고 생각되는 민요의 수집과 그 역사적인 연구라는 것이 임박사의 일생을 바치게 한 변화없는 연구 목표이다. 이러한 희열에 가득 찬 인고의 도정을 40년을 걷고도 모자라 머리에 백설을 인 오늘도 임박사는 걷고 있다.

임박사의 『한국민요집』은 앞으로 시간이 흐르면 흐를수록 더욱 빛날 업적이다. 비록 자연인 임동권은 지하에 묻혀도 이 책만은 지상에 영원히 남으리라고 굳게 믿는다. 그는 세월 속에 씨를 뿌리며 남이 하지 않는 일에 10년 이상 정열을 쏟았기 때문이다. 임박사가 이 일을 하지 않았던들 우리의 민요는 그 보유자의 사멸과 동시에 사멸했을 것이기 때문이다.

내가 만일 30대로 되돌아가 학자 생활을 다시 계속한다면 김박사나 임박사를 본따 유한적인 가치를 지닌 수필류, 개론, 주석본 따위에 시간을 보내지 않고, 무한적이며 초월적 가치를 지닌 『한국버섯도감』이나 『한국민요집』 같은 책을 쓰는 데 온갖 노력을 경주하겠다. 제1의 삶에 실패한 바보의 쓰라린 독백이다.

학자가 되려는 젊은이들, 이들에게 가장 중요한 것은 업적이다. 그 업적은 남이하지 않은 일, 앞서 설명했던 『한국버섯도감』이나 『한국민요집』 따위를 말할 수 있다. 그리고 그 일에 10년, 아니 20년, 30년을 바쳐야 한다. 한국뿐이 아니라 세계적인 학문적 업적은 그렇게 해서 산출된 것이다.

특히 학벌이 좋지 못한 경우일수록 더욱 절실하게 요망될 것이라 생각된다. 우리가 칸트를 기억하고 있는 것은 그의 업적 때문이지 그의 학벌 때문은 아니라고 알고 있다.

세월 속에 씨를 뿌리며 남이 하지 않는 일에 10년 이상을 바치는 삶이야 말로 무언가를 이루어낼 수 있다고 믿기 때문이다.

2) 민제 교수

간행사刊行辭

월산月山 임동권任東權 교수의 송수기념논문집頌壽紀念論文集을 봉정奉呈하게 된 것을 크게 영광으로 생각한다.

임任교수를 처음 뵙게 된 것은 지금으로부터 10여년餘年 전前 서라벌예술대학藝術大學이 중앙대학교中央大學校로 병합併合되면서부터였다. 그후 선배先輩교수로서, 때로는 동식同識교수로서 가까이 모셔온 나로서는 이 시점에서 무한無限한 감회感懷를 가지게 된다. 그리 긴 시간時間은 아니었지만 조석朝夕으로 임任교수를 대할 때 마다 아직 정정하시고 젊으시다는 인상印象은 그대로 변함이 없었는데 벌써 화갑華甲을 맞이하셨다니 과연 세월歲月의 빠름을 새삼 실감하게 된다. 그 분의 바르고 온화穩和한 성품性稟과 학자學者로서의 폭넓은 연찬研鑽은 늘 우리에게 말없는 가르침이 되어 왔다. 전자의 경우 풍천豊川 임씨任氏의 전형적인 사족士族으로서 지켜온 가풍家風때문이라 사료思料되며, 후자의 학자學者로서의 업적業績은 민속분야民俗分野의 수 많은 논문論文과 『한국민요사韓國民謠史』, 『한국민속학논고韓國民俗學論攷』, 『한국민요연구韓國民謠硏究』, 『한국부요연구韓國婦謠硏究』, 『한국민속문화론韓國民俗文化論』 등 모두가 학계學界의 정평 있는 저서著書들로써 후학後學들에게 귀중한 길잡이가 되고 있다. 특히 『한국민요집韓國民謠集』 6권卷은 한국韓國의 민요民謠를 총집대성總集大成한 독보적獨步的인 업적業績이라고 생각된다.

어느덧 교단생활敎壇生活 30여년餘年, 그 동안 교수敎授로서, 대학大學의 학장學長으로서, 문화재위원文化財委員으로서, 전통예술심의위원傳統藝術審議委員으로서, 수 많은 제자弟子들을 훈도薰陶 육성育成하셨고, 이 나라 대학발전大學發展과 문화예술文化藝術의 발전發展을 위해 공헌貢獻하신 바 지대至大하시다.

이러한 임任교수의 업적業績을 기리는 한편, 더욱 강녕康寧하시기를 축원祝願하고자 학계學界의 동학同學과 제자弟子들의 뜻을 모아 송수기념논문집頌壽紀念論文集을 간행刊行하게 되었다. 임任교수의 인품人品에 연유緣由한 탓이겠지만 예상豫想 밖으로 많은 원고原稿가 모여 간행위원회刊行委員會에서는 배열문제로 장시간 고심苦心하게 되었다. 몇차례의 회합會合을 거쳐 책명冊名을 『송수기념논문집頌壽紀念論文集』으로 정定하고 다시 수록收錄 원고原稿의 내용內容에 따라 민간신앙民間信仰과 민속예능民俗藝能을 1책冊으로 묶어 민속학편民俗學篇으로 하고 국어국문학國語國文學과 구비문학口碑文學 부문部門을 1책冊으로 묶어 국어국문학편國語國文學篇으로 하여 2책冊으로 출간出刊하기로 하였다.

옥고玉稿를 보내주신 여러 교수님께 감사感謝를 드린다.

병인년丙寅年 신춘新春에 화갑華甲을 맞이하신 임任교수는 물론 우리 모두에게도 학운學運과 건강健康이 함께 하기를 바라면서 송수기념논문집간행위원회頌壽紀念論文集刊行委員會를 대표代表해서 외람되이 하서賀序의 글을 적는다.

1986년年 3월月 일日

월산月山 임동권박사任東權博士
송수기념논문집간행위원회頌壽紀念論文集刊行委員會
민제閔濟

3) 장주근 교수

하사賀詞

월산月山 임동권任同權 교수와 나는 같은 길을 걸으면서 교분을 쌓아 온 지 이제 40년이 된다. 50년대에 같이 한국문화인류학회의 발기인으로 참여한 이래로 민속학회, 문화재위원회, 전국민속예술경연대회, 한국민속종합조사, 국립민속박물관 설립 작업 등 많은 일에서 우리는 서로 어울리고 도우며, 시대의 변화와 추이를 숱하게 겪으면서 같은 길을 오래 걸어왔다.

그간 임 교수는 온화하고 너그러운 성품을 한결같이 견지해 왔고, 언제나 쉬임없이 부지런한 노력을 지속해 왔고, 늘 흐트러짐이 없는 착실한 삶의 자세를 지켜왔다. 그 온화한 성품은 풍천豊川 임씨任氏의 선비 가문에서 성장해 온 가풍으로 말미암은 바가 큰 것이겠으나, 한마디로 임 교수는 전형적인 충청도 양반 중에서도 그 사표라고 할 만한 분이다.

임 교수가 늘 부지런했다는 것은 우선 30권이 넘는 그 저술에서 누구나 실감하지 않을 수가 없다. 그 중에서도 『한국민속학논고』, 『한국민요연구』, 『한국민속문화론』, 『한국세시풍속연구』 등은 중량감 있는 역저들이고, 특히 『한국민요집』 7권은 한국민요를 총집성한 독자적인 업적이라고 해야 할 것이다. 물론 그 밖에 논문이나 논설들이 또한 이루 헤아릴 수가 없을 만큼 많다.

임 교수는 고희를 맞는 지금껏 대학원 강의를 지속하고 있으며, 많은 학생들의 논문지도에도 자상한 배려를 게을리 하지 않았다. 민속예술경연대회의 심사에도 거르지 않고 내내 심사위원장을 맡아서 주도적 역할을 해오고 있다. 또 문화재위원으로서도 강강술래나 강릉단오제, 은산별신제, 안동차전놀이 등 대표적인 것 외에도 도합 14건의 조사 지정작업을 해 왔고, 지금도 문화재위원회 부위원장과 제4분과 위원장직을 수행하고 있다.

또 오래 전부터 한・중・일 3국의 민속학계의 교류에도 남다른 열의를 가지고 몸소 뛰어다니며 주도적인 노고를 아끼지 않고 있다. 그 밖에도 임 교수는 그 식견과 덕망으로 학술원상 심사위원, 한국문화예술상 심사위원, 국민의 축일 제정위원, 세종문화대상 심사위원, 국악대상 심사위원, 5・16 민족상 심사위원 등을 역임하며 문화계에도 공헌해 왔다. 이렇듯 그는 부지런할 뿐만 아니라 적극적인 긍정성도 아울러 지니고 있다.

임 교수는 또한 오래도록 학교법인 국악학원의 이사장을 지내왔으나, 그가 많은 공을 기울인 것은 23년간 민속학회 회장으로서 민속학회를 육성해 온 일이었다. 학회란 다 가난할 수밖에 없는 것인데, 10여년 전 그가 학회장으로 있을 때 그는 그의 폭넓은 사회활동에서 애써 얻은 기부금들을 모아서 꼬박꼬박 학회지를 간행하였다. 그러면서 학회로서는 거액의 저축까지 하고 있는 데에 놀란 일이 있다. 위에서 임 교수가 늘 착실한 길을 걸어왔다고 했는데, 그 학회의 살림은 내 집 살림 못지않은 알뜰하고 견실한 살림이었다. 그 밖에 임 교수는 상훈으로 외솔상(학술부문), 서울시 문화상(인문화학), 문화훈장(화관장), 사회교육문화대상, 5・16민족상(학술부문), 국민훈장(모란장) 등을 받은 바가 있다.

이상 임 교수의 업적과 행보를 대표적 부분들만 살펴보았다. 그 모두가 임 교수의 너그러운 성품과 착실한 삶의 자세와 그리고 무엇보다도 잠을잘 틈인들 있었을까 싶은, 쉬임없는 근면성 탓이 큰 것으로 여겨진다. 이것은 학문의 길은 물론, 모든 사회생활에도 큰 사표가 되지 않을 수 없는 일이다. 그리고 그 근면성은 고희를 맞는 지금도 쉴 줄 모르고 계속되고 있으니, 이는 민속학계를 위해서도 크게 다행한 일이 아닐 수 없다.

임교수는 가정적으로도 2남 2녀를 둔 다복하고 단란한 집안의 가장이다. 이제 다 장성하고 자리잡은 그 준총俊聰들과 더불어 길이 더 단란하시고, 그 근면성과 건강을 유지하면서 민속학계의 큰 어른으로서의 활동 또한 길이 계속해 주시기를 축원해 마지 않는다.

1996년 4월

장주근張籌根

4) 황패강 교수

임동권이 지은 『대장군 신앙의 연구』

1991년 11월, 일본 자하현滋賀縣 일야정日野町의 귀실신사鬼室神社에서 열리는 대제大祭를 보기위해 渡日하였던 저자는 그 곳에서 뜻밖에 대장군신사大將軍神社를 발견하였다. 세습무녀世襲巫女가 사는 무인촌巫人村(原마을)에 가는 도중 산杣이란 마을을 지나가다 신사神社입구(鳥居)에 "대장군신사大將軍神社"라고 쓴 현판을 보게 되었다. 이를 본 순간 우리나라 장승 "천하대장군天下大將軍"을 연상하게 된 저자는 마을 노인을 찾아가 이 마을에 얽힌 여러 가지 이야기를 듣게 되었다. 마을 이름자 '산杣'은 벌목伐木꾼이나 목수木手를 뜻하는 바, 7세기에 나라奈良의 동대사東大寺를 지을 때 이곳 산인杣人들이 벌목과 건축을 담당하였는데, 그들이 백제 유민들이었다는 것이다. 660년대에 백제百濟가 나당연합군羅唐聯合軍에 패망하자 백제의 왕족, 귀족, 기술자들이 대거 일본에 망명하여 이 곳(蒲生一帶)에 정착하였다고 하며, 그 때 그들의 수가 1,100인에 이르렀다고 한다. 백제 왕족의 후예인 귀실집사鬼室集斯의 사당이 지금도 이 곳에 있다. 우연히 보게 된 대장군신사大將軍神社와 이 고장의 내력을 듣게 된 저자는 한일 양 민족의 대장군신앙大將軍信仰에 모종의 교섭관계가 있을 것으로 생각되어 관심을 품고 이를 조사, 연구하게 되었던 것이다. 그 결과를 묶어서 출판한 것이 본저이다.

본저에서 저자는 먼저 우리나라 "대장군"신앙을 고찰하였다. 보림사寶林寺의 장생표長生標를 위시한 "장승"의 역사적 변천을 개괄하였는데, 이들은 사찰寺刹과 관련된 비보장생裨補長生으로 목주木柱, 석주石柱, 석적石磧으로 되어 있었는데 그 이전에 이미 목인형상木人形狀의 신상神像이 있었음이 알려졌다. 장승은 보통 등신대等身大이나, 더 큰 것도 있고 부적符籍처럼 휴대할 수 있는 소형도 있었다. 장승은 축귀逐鬼, 제화除禍, 치역治疫의 기능을 가졌던 것으로 보인다. 현전하는 장승은 대개 천하대장군天下大將軍, 지하여장군地下女將軍, 상원주장군上元周長軍, 하원당장군下元唐長軍 등으로, 석石장승의 경우는 이를 각자刻字하고, 목木장승에는 묵서墨書하였는데, 장승을 대장군, 또는 천하대장군으로 부른다. 장승이 서 있는 장소는 동구洞口 노변路邊, 사찰寺刹 입구入口가 일반적이다. 이로써 동내洞內와 사찰寺刹에 부쟁不爭 유입을 막고, 잡귀雜鬼의 출입을 제지하려고 했던 조치였음이 알려진다. 장승은 그 기능에 따라 벽사辟邪장승, 수호守護장승, 이정표里程標장승, 비보裨補장승으로 나뉘며, 장승을 기준으로 삼아 마을간의 경계가 지어지고, 이와 관련한 금기禁忌와 징벌懲罰이 오랜 세월 성원들에 의하여 지켜져 내려왔다. 장승제祭의 제계祭季는 상원上元과 그 전날이 압도적으로 많고, 10월과 연말에 있음을 보아 도작농경의례稻作農耕儀禮와 무관하지 않았던 것으로 보인다. 저자는 국내 장승제의 사례들을 소상하게 소개함으로써 위와 같은 장승신앙의 전통적 의미를 고찰한 위에서 일본의 대장군 신앙을 이에 비교 검토하고 있다.

저자에 따르면, 일본에서의 대장군신앙의 역사는 오래였으나, 이에 대한 일본 학계의 관심은 미약했던 것으로 보인다. 대장군에 관한 전국적인 분포(표)도 아직 작성되지 않았고, 다만 몇 개 지방에 국한한 연구가 있는 데 그쳤다. 저자는 이에 자극받아 일본의 대장군신앙의 전국적 분포표를 작성하기로 작성하고, 현지조사와 문헌연구를 끈질기게 진행하여 마침내 전국적인 분포표分布表와 분포도分布圖를 작성, 본저에 부록하였다(부록 Ⅰ·Ⅱ). 그는 이들 자료를 바탕으로 일본의 대장군과 그 신앙에 관한 논의를 전개하였다. 당초 일본의 율령제律令制에 의하면 대장군大將軍은 삼군三軍을 통솔하는 지휘관이며, 삼천인三千人 이상으로 편성된 군을 일군一軍으로 하여 장군將軍을 두고, 삼군三軍을 합하여 통솔하는 대장군大將軍을 두었다. 가마쿠라시대鎌倉時代 이후 무로마치室町, 에도江湖시대까지는 무가정치武家政治의 장長을 대장군大將軍이라 불렀는데, 다른 한편 음양방채신陰陽防塞神으로서의 대장군大將軍의 존재를 역사에서 볼 수 있다. 환무천황桓武天皇이 헤이안쿄平安京로 환도還都(794년)하면서 왕성의 사방에 대장군을 세워 진호신鎭護神으로 삼으니, 이는 방제신防除神의 기능을 부여한 것이었다. 그리고 축인방丑寅方의 귀문鬼門에 해당함에 거기에 동탑東塔을 세워 흉해凶害를 막고, 비예산比叡山을 황제본명도장皇帝本命道場으로 삼았다.

음양설陰陽說에서 대장군은 서북방을 지키는 방제신防除神이기에 포창신疱瘡神으로 예정되어 있었다. 교토京都의 대장군신사大將軍神社와 난파難破의 장병풍기궁長柄豊碕宮이 모두 서북방에 위치하고 있음은 서북에서 한풍寒風과 역신疫神과 재앙災殃이 들어온다는 인식에서 이의 방제防除를 생각하였기 때문일 것이다 대장군신앙은 시대가 흐름에 따라 민속신앙으로 확대, 보급되었다. 대장군이 귀문鬼門은 물론 재앙, 질병도 제압하고 풍작豊作, 풍어豊漁까지 관여하게 되었고, 방채防塞 외에도 역질疫疾, 가화家禍, 재앙災殃 등을 방제防除하는, 폭넓은 기능을 가지게 되었다. 조령祖靈이 되고, 우마신牛馬神이 되고, 때로는 자하현하滋賀縣下의 예처럼 토지를 조사調査 측량測量하고 땅 속에 기구 등을 파묻은 검지표檢地表 구실을 하게 되는 경우도 있었다. 대장군은 당초 방채신防塞神으로 귀문鬼門을 막았던 것이었으나, 오늘날에는 교통안전, 혼인, 진학 등과 같은 일상의 사소한 문제까지도 담당하는 보편적普遍的인 신격으로 신앙되어 오고 있다. 대장군 또는 대장군사大將軍社의 형태는 신사神社, 사祠, 사社, 총塚, 석탑石塔, 입석立石, 석비石碑 등이 있으며, 입구나 경내에 석주石柱를 세워 음각자陰刻字로 대장군사大將軍社임을 표시하고 있다. 제계祭季는 지방에 따라 다르다. 대장군 신사의 제계祭季는 1월, 8월, 11월이 두드러지며, 8월은 중추절인 15일, 11월은 23일에 의식이 거행되고 있다. 23일은 만월滿月을 중심으로 반달이 되는 날이며, 약협若狹 등지에서는 조령祖靈을 제사하는 날로 되어 있다. 사방四方을 지키는 방채신防塞神으로서의 대장군大將軍 인식은 한국의 경우, 천하대장군인 장승이 동네 입구 또는 길목에 세워져, 그 방위에 따라 동방청제東方青帝, 서방백제西方白帝, 남방적제南

方赤帝, 북방흑제北方黑帝라 불러 사우四隅의 방채조防塞祖임이 드러나 있거니와, 일본에서는 이 것이 8세기에 이미 수용되었음을 알 수 있다. 태백성太白星은 팔장군중八將軍中의 대장군으로 하늘에서 지상으로 내려와 사방을 지키는 것으로 되어 있다. 사오년巳午年년은 동쪽, 신유술申酉戌년은 남쪽, 해자축亥子丑년은 서방, 인묘신寅卯辰년은 북방에 위치하여 3년마다 위치를 바꾸어 돌아간다고 하는데, 대장군이 드는 해는 삼년채三年塞라 하여 토역土役, 이사移徙 등을 비롯한 만사萬事를 금기禁忌하고, 근신하는 해로 여겨왔다. 궁기현하宮崎縣下에서는 대장군신大將軍神을 우마牛馬의 번식繁殖을 돕고, 우마를 역신疫神으로부터 보호하고, 농작의 풍양豊穰을 보장하는 제신祭神으로 받들어졌다. 복정현福井縣 약협지방若狹地方에서는 대장군이 신사형식神社形式을 갖추지 않고, 소박한 민속신民俗神 형태로 석탑石塔, 석비石碑, 암석巖石, 수하樹下 등에 소규모의 신처神處를 갖는 경우가 많다. 마을의 공동신共同神이 아니고, 개인의 조령신祖靈神으로서 울안이나 집 근처에 처소를 마련한 것이다. 따라서 이 지방에서의 대장군신앙은 일족끼리 조출하게 제사를 지내며, 따라서 한 마을 안에 수십의 대장군이 있을 수 있게 되어 있다. 또 농경과 관련하여 대장군은 풍양신豊穰神의 기능을 지니며, 수신성水神性을 아울러 인정하여 이를 수난방지신水難防止神으로 위하여 받드는 경우도 있다.

저자는 몇 가지 제례祭禮를 소개하였는데, 교토시京都市 가미교구上京區 일조통어전서입一條通御前西入에 있는 대장군팔신사大將軍八神社의 경우는 매우 시사적示唆的이다. 이 신사의 약기略記에 의하면, 환무천황桓武天皇이 헤이안천도平安遷都하던 794년 칙원勅願에 의하여 방위수호方位守護의 신神으로 내리內裏의 북서각北西角 땅에 권청勸請한 것으로 전한다. 헤이안조平安朝 이후 왕성진호王城鎭護의 신神으로 조정朝廷의 두터운 숭경崇敬을 받았으며, 민간民間으로부터는 건축, 이사, 혼인, 여행 등에 있어 재액災厄을 막아주는 신神으로 신봉되었다. 대장군팔신사大將軍八神社의 제신祭神은 스사노오素盞嗚尊과 그의 팔자신八子神과 역신曆神의 팔신八神이 습합習合하여 대장군팔신궁大將軍八神宮으로 불러오다가 메이지시대明治時代에 대장군팔신사大將軍八神社로 불리게 되었다고 한다.

저자는 문헌조사와 현지조사를 아울러 진행하여 일본에서의 대장군수 667례例를 밝혀냈다. 이는 이제까지 일본 학계에 알려진 371례例에 300례例를 추가하는 숫자로 매우 의미깊은 작업이었다고 하겠다. 저자가 전국 분포의 대장군 사례 667례를 분석한 것을 보면, 긴키近畿 지방이 420례(63%), 큐슈지방九洲地方 140례(21%), 호쿠리쿠지방北陸地方 91례(13%), 쥬고쿠中國・시고쿠四國가 2%이다. 긴키近畿 지방에서 시가현滋賀縣이 249례로 전체의 37%를 차지하고, 다음이 미야자키현宮崎縣이 121례로 전체의 18%를 차지하고, 나머지는 시가현滋賀縣, 미야자키현宮崎縣, 후쿠이현福井縣, 와카야마현和歌山縣의 순으로 편재偏在해 있다. 현縣과 무관하게 같은 권역圈域이라 할 비와호琵琶湖를 중심으로 325례, 전체의 48%가 이 지역에 집중적으로 편재偏在해 있음을 볼 수 있고, 나니와難破지방을 중심으로 한 150례의 대장군도 무시할 수 없는 숫자다. 시가현滋賀縣 249례에서 가모우군蒲生郡이 15시군市郡 중 가장 많은 것도 주목된다. 이미 앞에서 시사했듯이 이곳은 665년(天智 4년)에 백제인 남녀 400여餘 인이 이웃 신전神前 일대에 정착했고, 4년 후 백제인 남녀 700인이 가모우蒲生에 이주한 곳이다. 이렇듯 4년 사이에 도합 1,100인의 백제인이 이주, 정착한 곳이다. 이들 가운데는 왕족, 귀족을 위시한 각종 계층과 각종 분야의 전문 인력들이 포함되었던 것으로 알려져 있다. 이들에 의하여 백제 문화가 정착한 곳에 대장군이 많다는 것은 단순한 우연일 수 없다고 보고, 저자는 이를 해명할 필연적인 사실을 찾아보는데 노력을 집중하였다. 저자는 우연히 목도하게 된 원原마을 길목의 산대장군杣大將軍이 마을 입구 길목에서 부정不淨을 막는 구실은 한다는 점에서 한국의 장승과 동형同型임을 간파하였다. 일련의 고찰을 통해 저자는 다음과 같은 결론을 내리고 있다.

> 大將軍은 日本 全國에 분포되어 있는 것이 아니라, 滋賀縣, 宮崎縣, 舊難破 一帶에 偏在해 있는데, 세 곳이 고대에 百濟・新羅에서 渡東한 遺民들의 定着地란 點이다. 즉 大將軍은 主로 韓國에서 渡東한 遺民들과 그 後裔들에 의하여 傳播되고

信仰되었던 것이다.

대장군신사大將軍神社의 제신祭神도 매우 다양하다. 아마테라스 오미카미天照大神, 니니기 노미고토瓊瓊杵尊, 이자 나미고토伊奘諾尊 등 일반 신사의 제신들인 경우가 있는데, 저자는 이를 후세後世의 와전訛傳이거나 신도神道가 강력强力한 힘을 가지게 된 메이지明治 이후에 그렇게 되었다고 했다. 그러나 평자評者의 생각에는 1869년 신불분리神佛分離의 일환으로 실시한 <신사神社고치기(神社改め)> 때 전국적으로 신사神祠를 검분檢分하고, 제신명祭神名을 국가신화상國家神話上의 신神으로 대체代替하게 한 일이 있었는데, 아마도 그 때 대장군사大將軍社의 신神도 국가신화상國家神話上의 신神으로 강제强制 대체代替되었을 것으로 믿어진다. 저자는 원래의 대장군신大將軍神이 있었을 것으로 보고, 조사한 가운데 여러 곳에서 암巖(磐)장원명長媛命으로 된 제신祭神의 존재를 찾아보고 주목하였다. 이 역시 일본신화상의 신명神名이다. 대산기명大山祇命의 맏딸로, 추녀醜女로 알려진 여신女神이다. 이예국풍토기伊豫國風土記에는 오오야마 스미노미코토大山祇命의 딸이다. 백제산신百濟山神의 딸이 대장군신사大將軍神社의 제신祭神이라는 점을 주목하여 저자는 '또 한번 백제百濟와의 관계가 짙어지게 된다'고 하였다. 그러나 기기記紀 양서兩書에서 오오야마 쓰미노카미大山津見神(大山祇命)의 백제百濟 도래渡來에 관한 언급을 전혀 볼 수 없다. 다만 강림후降臨後의 천손天孫이 동생 고노하나노사쿠야히메木花之佐久夜毗賣에게 구혼하니 부신父神은 자매姉妹를 함께 공진貢進하였다. 천손은 동생만 취하고, 언니 이와나가히메石長毗賣(巖長媛命)를 용모가 '흉추凶醜'하여 돌려보낸 때문에, 부신父神의 저주咀呪로 역대歷代 천황天皇의 단명短命이 이에 빌미하였다고 한다. 기紀의 일서一書는 이를 이와나가히메磐長姫(巖長媛命)의 저주咀呪로 기술하고 있다. 여신女神은 비록 '흉추凶醜'한 용모였으나, '恒如石而常堅不動坐'(紀)로 바위와 같이 영구불변永久不變의 여성女性이었다. 그렇건만 이를 마다한 天孫의 선택은 길이 비극적悲劇的임이 시사示唆되고 있다.

환무천황桓武天皇이 헤이안쿄平安京로 천도할 때 헤이안궁平安宮의 진호신鎭護神으로 나라奈良의 춘일산록春日山麓에서 대장군신大將軍神을 권청勸請한 것으로 보아 대장군신앙大將軍信仰은 환무대桓武代 이전부터 춘일산春日山에 있었다고 하겠고, 대장군팔신사大將軍八神社 방덕전方德殿에 있는 대장군大將軍의 목상木像이 100여餘 체體가 있는데, 그 중의 79체體는 중요문화재重要文化財로 지정되어 있다. 이들은 헤이안말기平安末期에서 무로마치시대鎌倉時代의 작품이라 하며, 10세기에서 12세기에 제작된 신상神像으로, 천 년이 넘은 것이 있고, 추상적抽象的이던 대장군신大將軍神을 구체화具體化한 것들로, 무장상武裝像 50체, 속대상束帶像 28체, 동자상童子像 1체가 있다. 무장상武裝像 중에는 오른손에 칼을 든 집도상執刀像이 있는데, 한국 당진내도리唐津內島里의 장승상을 연상케 하는 것도 있다. 환무천황桓武天皇은 어머니와 아내가 백제百濟 여인이었다. 새 궁성을 조영하면서 모계신母系神인 대장군을 진호신鎭護神으로 삼았을 가능성可能性이 충분하다. 따라서 대장군大將軍은 백제百濟에서 전한 도래신渡來神일 개연성蓋然性이 있다. 한편 한국韓國에서 장승이 주로 서해안인 백제百濟의 구토舊土인 충청忠淸, 전라도全羅道에 편재偏在해 있는 것도 이와 관련하여 생각할 수 있다고 보았다. 그러나 유감스럽게도 저자는 백제시대百濟時代의 대장군신大將軍神에 관한 문헌기록文獻記錄을 찾지 못하였다. 우리 민속에 장승은 흔히 천하대장군天下大將軍, 지하여장군地下女將軍 등으로 묵서墨書되어 있음을 보아 속칭 장승이 대장군임을 알겠으나, 과연 언제부터 대장군으로 불러 왔는지는 아직 미해결의 과제로 남아있다. 한국의 장승은 고대에 사찰이나 마을 입구에 석주, 석표, 또는 목주로 있었고, 오늘날에도 여전히 야외에 있다. 일본에서는 불교와 신도神道와 혼합되어 사전社殿을 갖추었고, 제의祭儀도 신도식神道式으로 형식화되고 엄격한 격식을 갖추어 왔다. 제신도 앞에서 본 반장희명磐長姫命을 비롯한 신화상의 인물, 역사상의 인물로 구체화, 다양화되었음은 개술槪述한 바와 같다. 대장군이 한토韓土에서 전파했을 가능성을 저자는 다음과 같이 지적하고 결론지었다.

① 명칭(장승, 大將軍)과 기능(防塞神, 防疫神, 鎭護神, 牛馬神 등) 면에서의 유사성

② 일본 桓武代 平安遷都시 궁성 사방에 대장군상을 세운 것이 大將軍神社 普遍化의 계기가 되었고, 桓武朝와 百濟王氏와의 관계, 百濟系, 渡來人에 의한 文化傳播 등 사실과 함께 장승 도입의 蓋然性

③ 일본의 대장군 분포지역(滋賀縣, 宮崎縣, 福井縣… 등)이 百濟 遺民이 集團的으로 移住, 定着한 곳으로 故鄕神인 大將軍을 영입, 신앙했을 가능성

④ 고대의 문헌에서 大將軍神은 陰陽道의 星辰信仰, 혹은 佛敎와 관련되어 있는 바, 불교와 음양도는 中國에서 성립되어 韓土를 거쳐 百濟人에 의하여 일본에 전파되었다.

⑤ 한국에서의 장승 분포는 舊百濟圈(全南, 忠南)에 집중되어 있다(60%).

⑥ 일본의 大將軍祭儀는 神道式 절차로 거행되고 있으나, 일부 지방(若狹, 泉州, 宮崎)의 大將軍祭와 大將軍神社의 祭儀와 供物 등은 한국의 서낭당제나 장승제와 類似性이 많다. 京都 西賀茂의 大將軍神社(平安京의 鎭護神)의 新興行列은 固形을 유지하고 있는 바, 한국의 鄕土神祭(장승제… 등)와 같은 맥락에서 이해될 만하다.

⑦ 大將軍神에 관한 양국의 인식상의 차이점은 韓國이 裨補, 里程標, 境界標, 踏神, 日本은 土地 測量 후에 기재를 묻어두는 檢地表로 이해하고 있는 곳도 있다.

저자는 한일 양국의 대장군 신앙의 역사적 전개과정을 대비, 검토하는 가운데, 위와 같은 문화전파의 궤적을 구명해 냈다. 이를 위해 저자는 일본에서의 면밀한 현지답사와 각종 도서관과 민속자료관에서 향토사료들을 섭렵하는 노력을 아끼지 않았으며, 이로써 일본에서의 대장군신의 전모를 밝혀내고, 우리 장승과의 역사적 관련을 검토하여 두 민족 사이에 일찍이 있었던 민속신民俗神의 공유共有와 공질화共質化(coessentialize) 사실을 깊이 있게 이해할 수 있게 하였다. 저자는 본저 뒤끝에 중국의 대장군에 관하여도 간단

한 소개를 잊지 않았다. 이국異國에서의 외로운 현지조사를 이만큼이나마 혼자서 수행하였던 저자의 학구적 열정과 노력에 깊은 경의를 표한다.

1999년 한국민속학 31호

국정교과서에 수록된 글

1) 중학교 국어 교과서 “오월단오”

음력으로 5월 5일을 ‘단오’라고 하는데, 수리 또는 천중 가절이라 부르기도 한다.

단오란 ‘단’은 ‘처음’이요, ‘오’는 ‘다섯’을 뜻하는 글자로서, 첫째 번 5일이라는 뜻이다. 옛날 중국의 음약 철학에 의하여 생긴 이름이다. 홀수를 ‘양’이라 하고 짝수를 ‘음’이라 하여, 홀수가 겹치는 날은 생기가 왕성한 날이므로, 이 날을 명절로 삼았다. 단옷날을 천중절이라 부르는 것은, 일 년 주에서 양기가 가장 왕성한 계절인 때문이다.

단오를 명절로 여겨 온 것은 중국의 한나라 때부터인데, 우리나라에서는 신라 이후의 풍속이다. 단오는 설, 한식, 추석과 함께 큰 명절의 하나로서, 여러 가지 풍속이 전해 오고 있다.

옛날 단옷날에는, 이른 아침에 사당에 여러 가지 음식을 차려 놓고 단오 차례를 지내어, 조상을 추모하고 감사하는 마음을 잊지 않았다. 이 때에는 남녀가 모두 새 옷을 입고 하루를 즐겼다.

단옷날에는 창포를 삶아 그 물에 머리를 감는 풍습이 있다. 이렇게 하면, 머리털이 윤이 나고 숱이 많아진다고 하여, 남녀가 모두 창포탕을 사용했다. 또, 창포를 잘라 아낙네들을 비녀삼아 머리에 꽂기도 했으며, 이 비녀에는 수복의 두 글자를 새기기도 하고, 이것으로 연지나 곤지를 찍기도 했으니, 이는 나쁜 귀신을 물리치는 데 효과가 있다고 믿었기 때문이다.

단오 때가 되면 더위가 시작된다. 더위에는 부채가 소용되므로, 단옷날에는 서로 부채를 선사하여 정의를 표시하는 풍습이 있다. 옛날에는 나라에서 부채를 만들어 신하들에게 나누어 주었다. 이것을 '단오부채'라 불렀다. 이 부채에는 서화를 그려 멋을 보였는데, 주로 산수나 화조를 그렸다. 부채의 빛깔도 여러 가지여서, 흰빛은 노인이나 상제, 푸른빛은 청년용이고, 그 밖의 여러 가지 빛깔은 부인과 어린이용으로 되어 있다. 부채는 만드는 재료, 빛깔, 모양에 따라 여러 가지 이름이 있다.

단오놀이에는 그네, 씨름, 풀싸움이 있다. 단오 때가 되면 어디를 가나 큰 나뭇가지에 그네를 매고 허공을 나는 낭만적인 풍경을 볼 수 있다. 늘 집안에만 갇혀 있던 부녀들도 이 날만은 야외로 나가 그네뛰기를 즐겼으니, 이도령과 춘향이가 만난 것도 이 그네 뛰는 데서였다.

그네뛰기는 북방 민족 사이에 즐기던 것이 고려 때에 전해 온 것으로, 바람에 치맛자락을 날리며 나는 모습은 활발한 기상을 보여 주며, 마치 선녀의 나는 모습 같아서, 옛 사람들은 유선희라 불렀다.

그네가 여성의 놀이인데 반하여, 씨름은 남성의 놀이다. 이날, 잔디밭이나 모래밭에 모여 씨름을 한다. 한 사람씩 맞붙어 힘과 기술로써 상대자를 쓰러뜨려 승부를 결정하는 씨름은 오랜 전통을 가지고 있다. 즉, 말타기, 활쏘기와 함께 무예의 하나로 진취적 기상을 기르고 굳센 몸을 만들려는 뜻에서 장려되었다. 씨름에서 우승한 사람은 장사로 대접하고 황소를 상으로 주었다.

단오 때가 되면 풀과 나무는 자라서 산과 들을 덮는다. 이 때에 소년과 소녀들은, 여러 가지 식물을 뜯어다가, 누가 많이 뜯었는가 내기를 한다. 또, 질경이를 뜯어다가 서로 얽어 잡아당겨 누구의 것이 끊기지 않고 센가 내기를 하는데, 이를 풀싸움이라 한다. 풀싸움은 식물의 식별과 채집의 훈련이 되는 재미있는 놀이다.

이 날 오시에 뜯은 쑥과 익모초는 약이 된다고 해서, 농가에서는 이것을 뜯는 일을 잊지 않는다. 쑥은 쌀가루와 버무려서 떡이나 송편을 만들기도 하는데, 약용으로 사용한 것은 이미 단군 신화에 기록되어 있다. 익모초는 날것으로 짓찧어서 그 물을 짜내어 마시는데, 쓰기가 이를 데 없으나 식욕이 없을 때 입맛을 돋우고 여름철에 더위를 막아 주기 때문에 약으로 많이 복용한다.

또, 이 날 오시에 농촌에서는 도끼로 과일 나무의 가지를 치고 또 '대추나무 시집보내기'라 하여 대추나무 가지 사이에 돌을 끼워 둔다. 이렇게 하면, 그 해에 열매가 많이 열고, 결실이 좋다고 한다. 양기가 왕성한 이 날 오시를 기해서 대추나무를 시집 보냄으로써 많은 수확을 시도하였으니, 옛사람들 생활 속의 낭만을 엿볼 수 있다.

여름철은 더위가 심하고 장마가 계속되어 건강을 해하기 쉬우므로, 이것을 막기 위하여, 이 날 붉은 물감으로 부적이나 귀신 쫓는 글을 써서 붙였으니, '천중적부'라 불렀다. 이와 같은 풍속은 신라 처용랑[1)]의 고사에서 유래했다고 전한다. 또, 임금이 구급약을 가까운 신하들에게 나눠 줘 오색 실에 꿰어 차고 다니게 한 것도, 역시 화를 면하고 복을 바라는 목적에서였다.

단오 때에는 만물이 무성할 뿐 아니라 더위가 시작되므로, 신록을 즐기는 반면에 더위를 피하려는 여러 가지 일들이 세시 풍속으로 굳어져 생활화하기에 이르렀다. 때로는 조상에게 바치고, 그네와 씨름으로 심신을 단련하기도 했다.

2) 고등학교 국어 교과서 "우리민족의 풍습"

어느 민족이건 그 민족 고유의 풍습을 가지고 있다. 오랫동안 같은 자연적 조건과 역사적 운명 속에, 같은 사회를 형성하며, 같은 복장服裝을 하고, 같은 언어를 쓰며 살아오는 가운데 자연히 같은 풍습을 지니게 되었다. 우

---

1) 신라 제49대 헌강왕 때의 사람으로 전해짐.

리가 날마다 되풀이하는 생활 풍습은 요즈음에 돌연히 생긴 것이 아니고, 예로부터 유구한 역사를 지니고 전해 온 것이다. 우리의 언어나 의복衣服이나 집 구조가 남과 다르고 사고방식思考方式이나 관념觀念까지도 다른 경우가 있으니, 이러한 것은 모두 풍습과 직결直結되는 것이다.

한국을 가리켜 '동방예의지국東方禮義之國'이라 불렀다. 예禮는 언행言行의 척도尺度로, 개인에 있어서만이 아니라, 사회나 국가에 있어서도 꼭 지켜야 할 규준規準이었다. 반드시 가정이나 사회나 국가는 예에 의하여 질서가 유지되고, 협조와 호양互讓의 아름다운 생활 습관을 가지게 되었다.

한민족韓民族은 옛날부터 신을 믿고 제사하는 경건한 마음을 가지고 있었으니, 단군신화檀君神話를 비롯하여 신라, 고구려, 백제의 건국신화建國神話가 그러하거니와 사직의 번영을 제가 한 여러 가지 제천의식祭天儀式의 여러 기록에서도 엿볼 수 있다. 나라의 중대한 일을 의논하고, 생명의 안전을 꾀하며, 농곡農穀의 풍년들기를 기원하는 간절한 마음에 하늘에 제사한 것이니, 이는 두터운 신앙에서 한 일이다.

우리는 농사짓는 일을 본업으로 삼아 왔다. 비록 관官을 우러러보고 농공상農工商을 천한 것으로 여기는 생각이 지배적이었으나, 대부분의 사람들이 농사일에 종사했으며, 생활 풍습은 이 농경생활農耕生活을 위주로 하여 이루어졌다. 달마다 두 절후節侯씩 들어있는 이십사절二十四節을 비롯하여 월력을 사용했고, 신사神事나 오락, 점복占卜 같은 것도 농사일과 관계가 깊었으니, 풍년들기를 기원祈願하고 또 풍년에 대한 감사를 표시하는 일들을 생활의 가장 절실한 문제로 삼았었다. '오월농부五月農夫 팔월신선八月神仙'이란 말이 있거니와, 오뉴월엔 논밭에서 땀을 흘리면서 고되니 농사일을 하나, 팔월에 들어 추곡秋穀을 거두면 봄까지는 신선처럼 평안히 지내게 된다. 사랑방에서 새끼 꼬고 이야기책을 읽어가며 시간을 보내는 것은 한가한 농촌의 풍경이었다.

힘든 농사일 중에서도 틈틈이 노래와 춤을 즐기는 낙천성樂天性을 가졌었으니, 옛날 중국 문헌에서 '속희가무俗喜歌舞'라고 평한 것도 당연한 일이다.

사르르 선線이 움직이는 춤이나, 정서를 담뿍 담은 가락이나, 마음을 호소呼訴하는 노래들은 오랜 생활 속에서 이루어진 것이다. 설화說話나 고대 소설에 의하면, 이야기가 전개되어 나아가는 과정過程에 비극적인 곡절이 있으면서도 종말終末에 가서 해피엔드로 끝나는 것은 마음에 악惡 없는 증거이며, 또 희망의 세계를 묘사한 것이니, 이와 같은 생활관은 우리의 풍습을 형성하는데 근본적으로 작용했다. 과장이 없는 수줍음 속에 마음을 전달하였으니, 압축된 순진성純眞性이 시조나 민요民謠 속에 가득히 나타나 있으며, 풍자나 해학諧謔을 즐겨 어려운 살림 속에서도 웃고 체념하는 습성이 생겼다.

풍습을 집약集約한 것은 명절이다. 명절이 되면 상가商街는 경기景氣를 띠고 교통기관은 초만원을 이룬다. 그것은 객지에 있는 사람도 명절엔 고향에 돌아가 부모 형제와 단란한 가정의 분위기를 맛보려 하기 때문이다. 새 옷으로 갈아 입고 계절에 알맞은 맛있는 음식을 만들며, 그네뛰기, 널뛰기, 윷놀이, 연날리기, 종경도從輕圖놀이, 탈춤추기, 씨름하기, 불놀이 같은 오락을 즐긴다. 때로는 명절에 액厄을 쫓고 재앙을 예방하여 복을 부르기를 꾀하는 일도 있다. 설날이나 추석 같은 명절에는 차례茶禮를 지내며 성묘를 하고, 조상께 천신薦新하여 추원보본追遠報本을 잊지 않는다. 또, 설날의 세배와 섣달 그믐날의 묵은 세배는 어른께 해가 바뀌는 인사가 되니, 어른을 공경하는 마음의 표시다. 조상의 은혜를 생각하는 마음이 두터워 제사를 후히 하고, 풍수 사상에서 명당明堂을 찾아 지기地氣를 이용하려는 민속民俗이 생겼다.

문명이 발달하지 못하고, 오늘날과 같은 교육 기관이 없었던 옛날에는, 인간 교육이 가정에서만 이루어졌다. 침침한 등잔불 밑이나 화롯가에 앉아 밤을 구워 먹으며, 할아버지 할머니에게서 듣던 옛날 이야기와 수수께끼나, 속담 등은 많은 지식과 교훈을 내포하고 있어서, 이를 통하여 살아가는 지혜와 철학을 배우게 되었다. 딸은 어머니한테서 길쌈을 배우고, 아들은 아버지한테서 필요한 여러 가지 기술을 배웠다. 갖추어야 할 교양도 이러한 분위기 속에서 이루어졌다.

남존여비男尊女卑와 적서嫡庶차별의 가족 제도는 많은 희비극喜悲劇을 자아

냈으니, 아들 낳기를 바라는 민속을 이루었을 뿐 아니라, 혼인이나 제사에 있어서는 물론, 모든 절차와 사고에 있어 남성을 중히 여기는 풍습을 이루게 하였다. 두 남편을 섬기지 못하니 개가改嫁란 있을 수 없으며, 굳은 정조貞操가 요망되었고, 열녀烈女는 만인의 거울로 우러러 받들어졌다. 또 선비의 갸륵한 충성과 지극한 효성은 많은 전설傳說을 남겨 오늘날까지 전해 오고 있다.

우리가 언제부터 지금과 같은 온돌방에 살아 왔으며 지금과 같은 옷을 입고 살아 왔는지는 알 수 없다. 또, 김장이나 장을 담그는 방법이 언제부터 시작되었는지 알지 못한다. 그러나 오랜 생활에서 이루어진 것만은 사실이다. 수정과, 다식, 식혜, 유밀과油蜜果, 떡, 탕류湯類들은 오래 전승傳承된 것이다. 음식과 양념은 문화와 살림의 척도를 말하는 것으로, 우리의 음식물에 많은 양념을 사용했다는 것은 그 문화의 정도를 말해 주는 것이라 하겠다.

우리에게는 기념할 만한 날이 많다. 백일, 돌, 생일, 환갑, 제일祭日 등이 있는데, 이 날을 위하여 여러 가지 음식을 차려 상을 벌이고 일가 친척은 물론, 이웃이나 과객過客까지 청하여 자리를 같이 해서, 후한 인심을 보여 주었다.

사람은 혼자서 살 수는 없으니, 마을을 단위로 집단을 이루고, 일손이 모자라면 '두레'를 구성하여 공동 작업을 했고, 계를 모아 상호 부조하며, 공동 추렴으로 도로 공사道路工事나 교량수리 같은 일을 하고, 때로는 동신제洞神祭를 지내어 마을의 안태安泰를 빌었다. 마을의 질서는 향악鄕樂으로 다스렸으며, 서로가 협조하여 평화스러운 마음을 유지維持하려는 이러한 미풍양속美風良俗을 우리는 더욱 발전시키도록 노력해야하겠다.

3) 단오端午

음력으로 5월 5일은 '단오端午'다. 단오의 '단端'은 '처음'이요, '오午'는 '다섯'을 뜻하는 글자로서, 단오는 첫째 번 5일이라는 뜻이다. 예부터 사람들은 홀수를 '양陽'이라 하고 짝수를 '음陰'이라 생각하여 왔다. 그리고 홀수가 겹치는 단오를 일 년 중中 생기生氣가 가장 왕성한 때라고 생각하였다. 단오를 천중절天中節이라고 부르는 것도 이 때문이다.

단오는 설, 추석과 함께 우리나라의 큰 명절 중의 하나로서, 이 날과 관련된 여러 가지 풍속風俗이 전해져 온다. 이 날에 행해진 풍속들을 알아보기로 하자.

단오에는 조상祖上에게 차례茶禮를 지냈다. 사람들은 이 날 아침에 깨끗한 옷을 입고, 사당에 여러 가지 음식을 차려 놓고, 조상들을 생각하며 그 은혜에 감사하였다. 또, 사람들은 여러 가지 놀이와 경기를 하며 이 날을 즐겼다. 어린이들은 누가 여러 가지 풀을 더 많이 뜯는가 내기를 하기도 하고, 풀싸움을 하기도 하였다. 풀싸움은 두 어린이가 질경이 줄기를 서로 얽고 잡아당겨서 끊어지지 않는 편이 이기는 경기다.

여자女子들은 그네를 뛰었다. 그네는 큰 나무에서 옆으로 뻗은 가지에 매거나, 큰 통나무 둘로 기둥을 세우고 매었다. 그네는 주로 소녀少女들이나 나이가 찬 처녀들이 즐겨 뛰었다. 우리 조상들은 여자들이 바람에 치맛자락을 날리며 그네를 뛰는 모습에서 선녀가 나는 듯한 아름다움을 느꼈다.

남자男子들은 씨름을 하였다. 이 경기는 마을에서 가까운 넓은 잔디밭이나 모래밭에서 벌어졌다. 씨름에서 우승한 사람은 상으로 황소를 받고 장사壯士로 대접을 받았다. 그러므로 건강하고 힘센 남자들은 이러한 영광을 차지하기 위해 단오를 기다렸다. 씨름 경기가 벌어지면, 마을 사람들은 어느 마을에서 장사가 나오나, 누가 장사가 되나 가슴을 죄며 씨름을 구경하였다.

단오에는 더위를 피하고, 건강을 유지하며 질병을 예방하기 위한 행사行事가 있었다.

이 날, 사람들은 서로 부채를 선물로 주었다. 부채의 빛깔은 받는 사람에 따라 달랐다. 예를 들면, 청년靑年에게는 푸른 부채를 주고, 노인이나 상제에게는 흰 부채를 주었다. 그리고 임금은 신하臣下들에게 자연 경치, 꽃, 새 등을 그린 부채를 선물하였다.

단옷날에 사람들은 창포물에 머리를 감았다. 창포물은 연못이나 개울가에서 무성하게 자라는 창포를 깨끗이 씻어서 삶은 물이다. 이 물에 머리를 감으면, 머리털에 윤이 나고, 숱이 많아지며, 머리카락이 빠지지 않는다고 생각하였다.

아낙네들은 창포를 잘라 비녀삼아 머리에 꽂았는데, 이렇게 하면 나쁜 귀신을 물리칠 수 있다고 믿었다. 붉은 물감으로 귀신을 쫓고 복을 비는 글을 써서 붙이기도 하였다. 임금은 신하들에게 구급약을 나누어 주었는데, 신하들은 이것을 오색五色실에 꿰어 차고 다녔다. 단옷날 한낮에는 쑥과 익모초를 뜯었다. 쑥은 쌀가루와 버무려서 떡을 만들기도 하고, 약으로 쓰기도 하였다. 익모초는 날 것을 짓찧어서 그 물을 마셨다. 이것은 더위를 타지 않게 하고 입맛을 돋우는 효과가 있다. 여름에 심한 더위와 장마가 계속되면 여러 가지 병이 퍼지고 몸이 쇠약해지므로, 이러한 풍속이 생겼던 것으로 생각된다.

풍성한 과일 수확을 비는 풍속도 있었다. 한낮에 과일 나무의 가지를 자르고, 또 '대추나무 시집보내기'리 하여 대추나무 가지 사이에 돌을 끼워두었다. 이렇게 하면 그 해에 열매가 많이 열린다고 생각하였다.

이와 같이, 우리의 조상들은 단오를 큰 명절의 하나로 삼으면서 여러 가지 풍속을 이어 왔다. 신록을 즐기며 더위를 피하기도 하고, 재미있는 놀이도 하고, 그네뛰기와 씨름으로 심신心身을 단련하기도 하였다. 그리고 조상에게 제사를 지내며 풍성한 수확을 빌기도 하였다.

우리는 단오와 관련된 여러 가지 풍속을 통하여 우리 조상들의 생활과 문화를 더욱 깊이 이해할 수 있다.

4) 상달

10월은 「상달」이라 부른다. 상달이란 「높은 달」 또는 「원달」이란 뜻을 지니고 있어 1년 중에서 가장 높은 달로 여겨 왔다. 그 까닭은 10월에는 천신을 제사하는 달이기 때문이다.

중국의 옛 문헌인 『동의전東義傳』에 의하면 마한馬韓에서는 10월에 농사일을 마치고 하늘을 제사 하였으니 많은 사람들이 모여 배불리 먹고 술을 마시고 춤추고 노래하여 밤낮을 가리지 않고 쉬지 않고 계속 하였다. 예나라에서도 10월 농사일이 끝나면 하늘을 제사하고 밤낮을 가리지 않고 먹고 마시고 노래하고 춤을 추어 축제를 벌여 즐겼던 것이다.

이와 같은 기록으로 보아 우리 조상들은 이천년 전부터 10월에는 하늘을 제사하고 음주 가무하여 즐기는 세시풍속이 있었음을 알 수 있다.

왜 10월에는 신을 섬기고 음주가무하는 축제를 벌였을까.

사람이 살아가는데 있어 가장 중요한 일은 배불리 먹는 일이다. 우리는 지금 의식주라 해서 의를 앞세우고 있으나, 생활문화 수준이 높아져서 예의를 존중하는 말이고, 가장 중요한 것은 생존의 첫째 조건인 풍요롭게 먹고 사는 일이다.

10월은 가장 풍요로운 계절이다. 봄에 파종하고 여름에 성장하여 가을에는 익어 수확을 거두게 된다. 곡식이며 과일들의 수확을 마치는 때가 10월이다. 최대의 소원인 풍요한 수확을 거두었으니 만족스러워 마음의 여유가 생기고, 풍요를 가져다 준 신에게 보답하고자 하는 순수한 생각에서 천진을 제사하여 감사의 뜻을 전달하고, 또한 다음해에도 풍작이 되도록 기원하는 제의를 올리게 되었으니 「무천」, 「영고」, 「동맹」 등으로 불렀다.

사람에게 먹을 것을 마련해 준 천신을 모셔다 제사하는 10월은 천신이 가까이 있는 달이니 일년 중에서 가장 소중한 「높은 달」이란 뜻으로 상달이라 불렀고 하늘은 제사하고 아울러 국중대회를 열어 나라의 중요한 일과 정사政事를 결정하는 계기로 삼아 왔다.

농가월령가에서는 10월령에서 다음과 같이 노래하고 있다.

듣거라 아희들아

농공을 필하여도

남은일 생각하야
집안일 마저하세

우리집 부녀들아
겨울옷 지었으냐
술빚고 떡하여라
강신날 가까웠다
꿀꺾어 단자하고
모밀어서 국수하소
소잡고 돝잡으니
음식이 풍비하다
노소차례 틀릴세라
남녀분별 각각하소
삼현한패 어디오니
화랑이 줄모히라
북치고 소래하니
여민악이 제법이라

10월은 천신을 모시고 음주, 가무하는 축제의 달이었다. 강신날이란 신을 하늘 높은 곳에 있는데, 10월엔 인간세상에 데려와 잠시 머물고 대접을 받는 것으로 알려져 있다. 서울 근교에서는 지금도 10월에 당산제, 당제, 산신제를 지내고 있는 것은 제천의식의 전승이며, 동민들이 모여 소, 돼지를 잡고 무당을 불러 굿을 하고 있으니 상달이기 때문이다. 농가에서는 10월 말날에 떡을 해서 가을 고사를 지내고 있어 상달의 풍속은 지금도 살아 전해지고 있다.

농가에서는 집터를 지키는 터주를 뒤뜰이나 장독대에 모시고 있으며 또 대청마루나 방 다락에 성주단지를 모셔 두었는데, 가을 수확을 거둔 다음

단지 안에 있는 묵은 곡식을 꺼내고 새 곡식으로 갈아 넣으니 곡신穀神을 모시는 셈이다. 곡신은 풍요와 가내 태평을 지켜주는 신으로 이해되고 있다. 터주와 성주 곡신이 그 집의 길흉화복을 지켜 좌우하고 있어 상달을 맞아 재앙을 물리치고 제화초복除禍招福하는 경건하고 소박한 의식이 10월에 있었던 것이다.

10월은 종교적으로 의미가 있을 뿐 아니라 인간의 화목과 협동생활에도 큰 뜻이 있었다.

상달을 맞아 각 가정에서는 고사를 지내기 위해서 정성껏 음식을 마련한다. 고사가 끝나면 이 음식을 이웃간에 서로 나누어 먹는다. 내가 만든 음식을 이웃에 돌려 주고 이웃 음식을 받아서 먹게 된다. 서로 주고받으며 대화를 하게 되고 정이 두터워져서 화목해 진다. 화목은 서로의 신뢰를 낳게 되고 마음의 벽을 헐고 열린 마음으로 지낼 수가 있다. 그래서 옛 사람들은 「개문만복래」라 해서 대문을 활짝 열어 놓으면 온갖 복이 온다고 하였으니 오늘 날의 「문단속 시대」와는 대조적이다.

10월에 당제를 지내고 또 씨족끼리의 시제를 지내려면 규모가 크니까 서로 일의 분담이 있어야 했다. 제관, 화주, 축관, 집사가 선발되고 같은 신, 같은 조상을 모신다는 공감이 있고 협동심이 생긴다. 소속원들이 정성을 다하면 신도 감동해서 복을 내리지만 그렇지 못할 때에는 재화가 있을 수 있으니 모두가 합심하고 협력하게 된다. 이러한 분위기가 마을의 협동, 씨족간의 협동을 조성해서 그 마을, 그 씨족, 나아가서는 사회전반의 협동을 마련하게 된다.

따라서 10월은 같은 신을 섬기므로 서로의 은애와 협동을 다지는 계기가 되기도 했다. 이와 같은 상달의 뜻이 오늘날에도 계승 된다면 사회는 정화되어 다정하고 협동하고 서로 마음 터놓고 살 수 있을 것이므로 상달의 정신은 계승되기를 바란다.

월산月山 선생님을 생각하며

조사

중국민속학회 조문서신(唁函)

임동권 교수님을 추모하여

『경향신문』 [여적] 민속학자 임동권

『연합뉴스』 민속학 개척 임동권 명예교수 별세

조사

월산 임동권 선생님!

좀 더 우리 후학들을 위해 충고와 격려를 더 해주시고 가시지, 어찌 서둘러 가시려고 하십니까. 서운하고 슬픈 마음 금할 길이 없습니다.

선생님은 남들이 깨닫지 못한 사이에 민속학이라는 학문을 일찍이 개척하시고 선구자의 역할을 다 하셨습니다. 그러므로 인해 많은 후학들이 배출되었고, 현재 각처에서 활동하고 있습니다. 선생님 참으로 고맙습니다.

선생님이 남기신 수많은 저서와 논문들은 지금 저희들의 피가 되고 살이 되어 굼틀거리고 있습니다. 우리 몸의 양분이 되어 학문의 토대를 닦는데 도움이 되고 있습니다. 선생님 참으로 감사합니다.

올해로서 선생님이 민속학을 연지 60여 년이 되었습니다. 반세기가 지난 오랜 세월동안 한 방향으로만 줄곧 달려온 선생님의 그 늠름하신 자세와 학문의 태도는 우리의 귀감이 되고도 남습니다.

이향아 씨가 선생님의 고희기념으로 쓴 축시 한 단락을 읽겠습니다.

선생님은 단아한 학처럼 걸으시어서
선생님은 잔잔한 물결처럼 말씀하시어서

한 올 티가 없는 비단 같은 명예
그 명예를 지키고도 남아도는 향기입니다.
자랑스러운 선생님을 둔 우리는
오늘 덩달아서 가슴이 꽃송어리처럼 붉게 붉게 타오릅니다.

마치 민속학을 위해 이 세상에 태어나서 민속학을 위해 평생을 바치신 선생님, 그동안 쉴 새 없었으니 얼마나 피곤 하셨겠습니까, 이제는 하늘나라에서 신선이 되어 편히 쉬옵소서. 그리고 우리를 굽어 살펴 주소서.

인자하시고 후덕하신 사모님, 이정원 여사를 먼저 보내시고 이제 선생님은 그 뒤를 밟습니다. 주님의 품에서 두 분이 이곳은 잊으시고 편히 계시옵소서.

후학들과 제자들은 선생님의 남기신 업적을 기리며 그것을 기반으로 하여 학문을 더욱 발전시키겠습니다.

선생님, 주님의 따스한 품안에서 편히 쉬시기를 기원합니다.

2012년 11월 28일 아침
최인학

중국민속학회 조문서신(唁函)

한국민속학회 및 임동권 교수님 가족에 드림:

임동권 교수님께서 별세하셨다는 소식을 듣고, 아주 놀라고 슬펐습니다. 장례식 날 너무 멀리 떨어져 있어, 오직 선생님의 유영遺影을 향해 숭고한 예를 올릴 수밖에 없었습니다. 우리는 삼가 중국민속학회를 대표하여 진심 어린 조문을 드립니다.

임동권 교수님은 한·중 수교 이래 첫 번째로 중국을 방문하시고, 강연하시고, 현지조사를 하신 한국 민속학자이십니다. 또한 중국민속학계의 노년, 중년, 청년 3대에 걸친 학자들의 존경을 받는 친구이시기도 합니다. 지금 임동권 선생님께서 멀리 떠나가셨지만, 선생님의 민속학정신은 밝은 등불과도 같이 한·중 양국의 민속학자들이 함께 모여 선배 민속학자들이 마치지 못한 사업들을 완성하도록 이끌어주실 것입니다.

일생문속유전범(一生問俗留典範), 팔순역경파가풍(八旬力耕播嘉風)

평생 민속을 연구하여 모범(典範)을 이루셨고,

팔십여 년 힘껏 경작하여 가풍(嘉風)을 심으셨네.

중국민속학회에서 임동권 교수를 애도함

중국민속학회 모든 회원은 임동권 교수께서 평생을 민속학연구와 교육에 헌신하신 것에 대해 최고의 경의를 표하고, 서거하심에 깊은 애도를 드리며, 임동권 교수님의 가족에게 위로를 드립니다.

임동권 선생님의 정신은 우리 마음속에 영원히 살아계실 것입니다.

중국민속학회 회장 차오거진(朝戈金)
중국민속학회 비서장 이에타오(葉濤)

비통한 마음을 가눌 길이 없습니다.

2012년 11월 29일

임동권 교수님을 추모하여

며칠 전 임교수님께서 타계하셨다는 가슴 아픈 소식을 접하였습니다. 그날 『임동권민속학론문집』(중국어판) 출판문제를 상의하기 위하여 도립번교수님께 전화를 드렸는데 그분이 인터넷을 통하여 우연히 소식을 알게 되었다는 것입니다. 그때는 이미 장례식도 끝난 후였습니다. 슬픈 눈물이 삽시에 쏟아졌고 도교수나 저는 제때에 소식을 접하였다면 기어이 서울에 날아갔을 것인데 우리에게 부고를 보내주지 않은 그쪽 관계부문에 은근히 유감스러움을 감출 수 없었습니다. 물론 그쪽의 사정이 있었겠지만 이것도 우리가 교수님의 타계를 너무나 안타깝게 생각한 나머지 하소연이 아니겠습니까. 우리가 간다고 돌아가신 교수님이 아실 것도 아니지만 그분의 마지막 가시는 길에 우리 중국민속학계 동인들의 깊은 애도의 마음을 전하려는 것 뿐입니다. 눈물로 흐려진 나의 눈앞에 교수님을 마지막으로 만났던 모습이 우렷이 떠올랐습니다. 2년전, 장정룡교수의 초청을 받고 강릉단오제에 갔다가 돌아올 때 서울 교수님댁에 들렸습니다. 회의기간에 교수님의 건강상황이 좋지 않다는 소문을 들었고 그 2년 전에, 입원해계시는 사모님을 면회하려 갈때 교수님은 이미 옛모습을 전혀 찾아볼 수 없었던 생각을 하니 나의 발걸음은 무겁기만 하였습니다. 예상한대로 눈앞에 나타난 교수님의 모습은 앙상한 겨릅대같았습니다. 그때는 사모님께서 이미 돌아가시어 교수님께서는 고독이 심한데다 금방 수술을 받고 식사도 제대로 못하여 원기를 회복할 수 없었습니다. 작별인사를 나누고 돌아설 때 이것이 마지막 대면일수 있다는 예감을 느끼면서 눈물이 앞을 가리웠습니다. 그렇듯 인자하시고 멋지고 신사다운 풍채는 어디에 사라지고 지금은 저렇듯 초췌하고 불상한 모습만 남았을까!

박상규교수님은 언젠가 임교수님의 젊었을 때의 이야기를 들려주면서 이렇게 말씀하셨습니다. "교수님은 우리학생들에게 대단히 인기가 높았어요. 숫한 여학생들이 반했지요. 우리 한국사람들은 멋진 남자를 학같다고 하는데 모두들 그분을 학같다고 했지요. 그리고 얼마나 자상한데요" 박교수님의 학생시절 때부터 임교수님은 이미 한국민속학의 중심에 서계셨고 수많은 제자들을 우수한 민속학자로 키워냈을 뿐만 아니라 그분의 일생을 통하여 남기신 수많은 저작과 논문들은 한국과 국제민속학계에 막대한 영향을 미쳤습니다. 중국학자들은 중한민속학계의 최초의 접촉과 서로의 교류를 위하여 애쓰신 그분의 공로와 몇 차례의 방문을 통하여 중국학자들에게 남긴 진정한 학자의 풍모와 인격을 높이 평가하고 있습니다. 그분의 신변에서 안내와 통역을 해드리면서 서로들 다투어 그분과 기념사진을 찍을 때 중국의 많은 학자들이 그분을 존경어린 눈길로 흠모하던 모습들이 나의 두 눈에 역력히 남아있습니다.

임교수님의 존함을 처음 알게 된 것은 지난세기 80년대였습니다. 그때 대학에서 민간문학 강의를 맡게 된 저에게는 너무나 생소하고 버거운 임무였습니다. 세상이 다 아는 사실이지만 10년 동란 이후 새롭게 개강하는 새로운 영역이었고 대학시절에도 이과목이 설치되지 않아 배운 적이 없는데다 교재나 참고서들도 없는 형편이었습니다.

이런 상황에서 북경도서관(지금은 국가도서관)에 드나들면서 우연히 한국민속학의 유명한 교수들인 임동권 장덕순 김태곤 등 여러분들의 저서들을 발견하였지요. 그러나 그 책들을 빌려내올 수도 없었으니 얼마나 갖고 싶었는지 모릅니다. 그 무렵 마침 북경사범대학에서 중국민속학회 회장이시며 권위학자이신 종경문교수님을 비롯한 중국민속학계의 원로교수님들을 초빙하여 꾸린 민간문학・민속학강습반이 개최되어 그곳에서 연수할 수 있는 기회가 생겼습니다. 이 연수기간에 종경문 교수님께서 저에게 임동권교수님의『한국민속문화론』저서를 주면서 그 책의 주요한 내용들을 알려달라고 하였습니다. 그분의 말씀인즉 이 책은 일본민속학회 회장을 통하여 자기에게 전해진 것이라고 하였습니다. 그러므로 이 책은 그 당시의 3국민속학회의 세 분 회장의 손을 거친 귀중한 책이었습니다. 그 책에는 임동권교수님의 명함이 붙어있었고 교수님댁 주소도 상세히 박혀있었습니다. 그때만해도 우리는 한국을 남조선이라고 불렀고 이념을 달리하고 있는 나라로서 서로 대방에 대하여 전혀 이해하지 못하여 종교수님께서도 무척 호기심이 있는 것 같았습니다. 나도 이 책을 보면서 이분을 통한다면 북경도서관에서 본 욕심나는 책들을 얻을 수 있을 것같은 단순한 마음에서 겁도 없이 편지를 띄웠습니다. 나는 교수님의 도움을 받고싶은 생각과 중국민속학회 그리고 종경문교수님 문하에서 연수하고 있는 사실들을 솔직하게 말씀드렸습니다. 그러나 편지를 보내고 나서 무척 걱정되었습니다. 함부로 남조선에 편지를 썼다는 사실과 받을 수 있을지 그리고 그렇게 유명한 교수님께서 나의부탁을 알아주겠는지 편지 쓴 것을 후회하기까지 하면서 기대하지 않기로 하였습니다. 그런데 뜻밖에도 한 달도 못되었 회답이 왔고 제1차로 책도 몇 권 보내왔습니다. 진실은 통하게 마련인가 봅니다. 교수님께서는 중국북경에도 자기민족의 전통문화를 연구하려는 학구자가 있으며 내가 중국민속학회와 연계를 맺을수 있는 끈이라는 점을 희귀하게 생각하셨던 것입니다. 이때로부터 교수님께서는 수차례 많은 자료들을 보내주었고 한국에 가서 배울 수 있는 기회도 마련하여 주었습니다. 이리하여 1989년 8월의 제18회 아시아민속학학술회의에 초청해주었고 한국학술교류재단의 지원을 받는 방문학자의 기회도 마련해 주었습니다. 그 기회를 성사시키느라 교수님께서는 음으로 양으로 물심양면으로 얼마나 애쓰셨는지 그 은혜를 나도 다 모르지만 한 번도 잊은 적은 없습니다. 그번 학술회의에 중국의 종경문교수님 장자신교수님 우빙안교수님 엽도교수와 저까지 여러분을 초청하였지만 아직 양국간의 수교가 안된 상황이라 우빙안교수(독일에서 초빙교수로 계시었기에 그곳에서 비자를 받음)와 저의 친척방문비자만 한국에 입국할 수 있었습니다. 이렇게 임교수님은 일찍부터 중한민속학계의 교류와 우의를 위하여 애쓰셨고 그후 교수님의 임직기간(지어는 정년퇴임 하신 후에도)에 수많은 중국학자들에게 한국을 방문하여 교류할 수 있는 기회를 만들어 주었습니다. 임직기간에 교수님께서는 종경문 회장님을 만나셨고 그분의 90주년 탄진에 선물을 보내왔으며 많은 학자들을 만나 교류하면서 그들과의 우의를 돈독히 하였습니다. 교수님의 친절하고 해박하신 인간적 매력과 덕망은 중국학자들에게 깊은 호감과 인상을 남겼습니다. 그들이 교수님께서 돌아가신 소식을 접한다면 가석하게 생각하지 않는 사람이 없을 것입니다.

근30년간 교수님과 오가면서 교수님과 사모님께서 저에게 준 배려와 사랑은 영원 히 잊을 수 없는 기억으로 남을 것입니다. 교수님 신변에서 배우는 기간 "연구비를 아꼈다가 집에 돌아가 생활에 보태 써"라고 하시면서 함께 식사하는 기회에 단 한 번도 제가 돈을 쓰는 것을 허락하시지 않았습니다. 교수님의 그 고마운 마음을 저는 눈물로 받아들였습니다. 교수님의 이런 곤란한 사람을 도와주시는 성품은 학생들을 사랑하고 배려하시는 데서도 표현된다고 들었습니다. 교수님은 담배도 술도 색도 모두 멀리하시는, 오직학문에만 전념하신, 학문과 덕망을 겸비하신 당대한국의 걸출한 학자이시고 인격자로서 손색없는 분입니다. 또한 한평생 교육사업에 몸을 담고 학계의 수많은 중견학자들을 키워낸 일대의 스승이기도 합니다. 교수님의 위업은 이제 그들에 의하여 훌륭하게 계승될 것입니다.

한평생 덕을 쌓으신 교수님의 영혼은 저세상의 가장 아름다운 곳에 모셔질 것입니다. 길이 안식하시기를 합장하여 빕니다.

2012년 12월 중국 북경에서

김 금 자

『경향신문』 [여적] 민속학자 임동권

지난 25일 민속학의 개척자 월산月山 임동권 박사가 86세를 일기로 세상을 떠났다. 임 박사는 병상에서 의식을 잃기 전까지 자서전 『남기고 싶은 말』을 완성하지 못하고 누워 있는 자신을 한탄했다. 50권의 저서를 남기고도 후학들에게 지식을 전하고픈 그의 욕심은 아무도 말릴 수 없었다. 국립민속박물관에 3만여점의 사진과 1만여권의 서적을, 중앙대에 1만6000여권의 책을 기증하고도 자택의 방 3개가 책과 사진으로 가득하니 그럴만도 하다.

임동권을 모르는 이도 "우리의 '설날'을 있게 한 사람"이라고 하면 단번에 알 만큼 그의 업적은 우리 생활에 녹아 있다. 1980년대 초까지만 해도 설날은 서양의 설날인 양력 1월 1일이었다. 군사정권 당시 공휴일 제정위원장을 맡은 그는 음력설 부활을 주장했지만 기독교계와 재계의 반발에 부딪혔다. 기독교인들은 음력설을 미신적인 관습이라 폄하했고, 재계에선 이중과세가 생산과 수출 일정에 막대한 지장을 초래한다며 반대했다. 월산은 음력설은 '이중설'이 아니라 '설이 제자리를 찾는 것'이라 강조했고, 결국 음력설은 1985년 '민속의 날'로 지정된 후 1990년 '설날'이 됐다.

고인은 늘 사라져가는 민족의 흔적들을 안타까워했다. 일제식민과 급속한 산업화로 역사의 갈무리가 이뤄지지 못함을 아파했고, 박제화되는 전통문화를 발굴·복원하고 민족의 고유성을 찾기 위해 60여년을 바쳤다. 전국의 민요와 연희를 채집해 문화콘텐츠로 정립한 고인은 민족의 놀이에 머물던 강강술래, 강릉단오제, 은산별신제, 안동차전놀이 등을 중요무형문화재로 거듭나게 한 주인공이다.

월산은 또 학문으로 인정받지 못하던 민속학을 학술적으로 정립하고, 대학 민속학과 설립의 기초를 마련했다. 현대인의 삶을 '민속'이라는 키워드로 풀며, 친근한 상상력을 담아 민속학을 설명하곤 했다. "아파트에 이사간 후 고사떡을 돌렸더니 젊은 주부가 '미신을 믿지 않는다'며 떡을 거절했다. 그런데 그런 주부들이 자식의 건강과 학업성적을 위해 책가방에 부적을 붙인다"면서 "우리 문화유산을 꼼꼼히 기록해 미래 세대에게 전할 수 있다면 그게 민속학의 존재 이유"라고 했다. 숨을 거둘 때까지 미완의 자서전을 걱정하던 노학자의 집념이 아름답다. '월산 철학'의 고고한 향기가 영원히 우리 곁에 머물기를.

2012년 11월 26일
유인화 논설위원

『연합뉴스』 민속학 개척 임동권 명예교수 별세

국내 민속학계 최고 원로인 월산月山 임동권 중앙대 명예교수가 25일 노환으로 별세했다. 향년 86세.

1926년 충남 청양에서 태어난 고인은 국내 민속학 연구를 개척한 '1세대 민속학자'다.

국학대 국어국문학과와 경희대 대학원을 졸업하고 우석대에서 문학박사, 미국 컬럼비아대학에서 명예 문학박사 학위를 각각 받았다.

1954년 국내 최초로 국학대에서 민속학 강의를 시작했으며 서라벌예대 교수를 거쳐 중앙대 교수로 봉직하면서 학문 연구와 후진 양성에 힘쓰며 국내 민속학의 기틀을 닦았다.

고인은 사라져 가는 전통문화를 연구하고 보존하는 데 일생을 바쳤다.

우리 민요와 굿, 놀이 등을 찾아 전국 방방곡곡을 누볐다. 2008년에는 현장에서 보낸 50여 년의 민속학 인생이 고스란히 담겨 있는 사진 자료집 『월산, 사진으로 민속을 말하다』를 펴냈다.

1964년 문화재위원으로 위촉돼 30여 년간 문화재위원을 지냈으며 민속학회 회장, 민요학회 회장, 국악학원 이사장, 문화재보호재단 이사, 중앙대 민속학연구소장, 비교민속학회 고문 등을 역임했다.

고인은 50여 권의 저서를 남긴 대학자였다.

저서로는 『한국민요사』, 『한국민요집』(7권), 『한국의 민속』, 『한국민속학논고』, 『한국세시풍속연구』, 『한국민요연구』, 『한국부요연구』, 『한국민속문화론』, 『일본안의 백제문화』, 『한일궁중의례의 연구』 등이 있다.

2003년에는 사재를 털어 월산민속학술상을 제정해 후학들을 격려해왔다.

외솔상, 화관문화훈장, 5·16민족상, 국민훈장 모란장, 제16회 일본 후쿠오카 아시아문화상, 은관문화훈장 등을 받았다.

유족으로는 아들 장혁(중앙대 민속학과 교수), 딸 선혁·영옥씨가 있다.

2012년 11월 25일
문화부 황윤정 기자

연보年譜

1926년 5월 22일	충남 청양군 적곡면 분향리 451번지에서 임철순任哲淳 선생의 4남 3녀 중 3남으로 출생, 본관 풍천
1940년 4월~1943년	초등학교를 마치고 중학은 일본에 유학, 문학에 탐닉함
1944년 2월~1945년 8월	징용되어 중천광업 청양광산에서 해방을 맞이함
1946년 3월~1947년 8월	국학전문학교 국문학과에 다님. 문학과 철학 사이에서 방황함
1947년 9월~1951년 8월	국학대학 국문학과에 다님. 작가가 되는 것을 포기하고 학문을 택하여 민요연구에 뜻을 두고 민속학적 방법을 택함
1951년 5월~1953년 3월	예산농업고등학교 교사, 향토 민요 수집에 주력하고 「민속학으로 본 색채관」을 집필
1953년 3월	국학대학 전임강사
1954년 3월	국학대학에서 민속학강좌 개설
1956년 10월	국학대학 조교수 국문학과장
1959년 9월~1961년 8월	경희대학교 대학원에 다님
1961년 10월~1971년 3월	서라벌예술대학 학장
1964년 7월~1999년	문화재위원회 위원
1964년 7월~12월	국학대학 관선이사장으로 수도의과대학과 병합하

	여 우석대학교로 개편작업을 담당함
1968년 2월	우석대학교에서 『한국 민요의 사적 연구』로 문학박사 학위를 받음
1969년 10월~1992년	민속학회 회장
1970년 1월	미국 콜롬비아대학에서 명예문학박사 학위 받음
1971년 4월	중국민속학회 초청으로 중국 학계와 민속학계 시찰, 문화원대학, 담강淡江대학, 중국민속학회에서 강연
1971년 11월~2003년	서울시 문화재위원회 위원
1972년 8월	대한민국 문화예술상 운영위원
1973년 2월~1991년	중앙대학교 교수
1974년 7월	일본국제교류기금 초청으로 대마도 대치도의 민속조사
1974년 10월	대한민국 문화예술상 심사위원
1975년 7월	국제민속학대회에서 강연하고 국제교류기금 초청으로 류큐琉球 민속 조사
1976년 7월	한일민속공동조사로 일본의 큐슈九州 및 이즈모出雲지방 민속 조사
1976년 8월~현재	국립민속박물관 민속자료심의위원회 위원
1977년 5월~1981년 5월	중앙대하교 인문학연구소 소장
1979년 4월~1980년 9월	백제문화연구원 원장
1979년 4월~1988년	학교법인 국악학원 이사장
1979년 12월	일본대학 초청으로 '한국의 민속문화' 집중 강의
1980년 2월	외솔회 학술상 받음
1981년 7월~1984년 6월	중앙대학교 일본연구소 소장
1981년 1월	중국 대만 고산족 민족 조사
1981년 5월	사회교육문화대상 받음

1981년 12월	서울시문화상 인문과학부문상 받음
1982년 12월	문화훈장 화관장 받음
1984년 7월	서울신문사 주최 대마도 학술조사단장으로 1개월간 현지 조사
1984년 8월~1985년 8월	일본국제교류기금 초청으로 1년간 '한일고대가요의 비교연구' 및 민속조사
1985년 7월	필리핀, 싱가포르 태국 홍콩 등 동남아시아를 여행함
1986년 4월	일본 3대 도시(도쿄東京 · 오사카大阪 · 교토京都) 학술 강연
1987년 7월	민속학회의 일본 대마도對馬島 민속조사단장으로 현지 조사
1987년 10월	태국 방콕에서 개최된 CIOFF대회에 참가
1988년 5월	5 · 16민족상 학술상 받음
1988년 6월~1991년 7월	중앙대학교 한국민속학연구소장
1989년 6월~1994년	남부 문화학술교류협의회 위원
1989년 6월~1993년 6월	한국민요학회 회장
1990년 7월	중국, 몽고 민속조사단장으로 참가
1991년 8월	사할린에서의 남북민속문화제 참가, 에스키모 민속조사 러시아정변으로 급거 귀국함
1991년 8월	중앙대학교 정년퇴임함 중앙대학교 명예교수 국민훈장 모란장 받음
1991년 11월	고산유적답사단장으로 해남, 환도, 보길도, 진도 여행
1992년 8월	은산별신제 국제학술대회 주재하고 기조강연
1992년 10월~현재	민속학회 명예회장
1992년 12월	중국 동남대학초청으로 강연하고 남경, 상주, 무석

	등 강소성 농촌을 답사
1993년 5월	학술원 학술원상 심사위원
1994년 1월	미국 하와이, 서부를 여행, LA에서 대지진을 만남
1995년 3월	뉴질랜드, 호주 여행 처와 동행
1995년 8월	중국의 상해, 계림, 서안, 북경과 내몽고의 후허하오터呼和浩特, 희랍목인묘希拉穆仁廟 등지에서 말 문화[馬文化]조사
1995년 9월	일본 외무성 초청으로 아시아전통문화보존 국제회의에서 참가 강연함.
1995년 11월	한국민요학회 명예회장
1995년~1999년	고대, 연대, 성대, 단대, 경희대. 충남대. 숙대. 서울여대, 성신대에서 민속학 강의
2003년 5월	월산민속학 학술상 제정

임동권林東權

1926년 충남 청양 출생

국학대학 국문학과・경희대학교 대학원 수료, 문학박사(1968)

국학대학 교수・이사장, 민속학 회장, 한국민요학회 회장, 서라벌예술대학 교수・학장, 중앙대학교 교수 역임

성균관대학교・고려대학교・연세대학교・경희대학교・숙명여자대학교・성신여자대학교・단국대학교 등에서 민속학 강의

문화재위원회 부위원장, 국립극장 운영위원, 세종문화회관 이사

서울시문화예술진흥위원회 위원장, 서울시문화재위원회 위원

중앙대학교 명예교수, 민속학회 명예회장, 국립민속학박물관회 회장, 문화재보호재단이사, 비교민속학회 명예회장 등 역임

[상훈] 외솔상, 서울시 문화상(인문과학부문), 5・16 민족상(학술상), 문화훈장(화관장), 국민훈장(모란장), 문화훈장(은관장), 아시아문화상대상(일본)

[저서]

『한국민요집』 Ⅰ(1961)
『한국민요사』(1964)
『조선의 민속』(日文)(1969)
『한국의 풍속』(共著)(1970)
『한국민속학논고』(1971)
『한국의 민담』(1972)
『한국세시풍속』(1973)
『옛날 옛날에』(1973)
『한국민요연구』(1974)
『한국민요집』 Ⅱ(1974)
『한국민요선』(1975)
『한국의 민속』(1975)
『한국민요집』 Ⅲ(1975)
『끈떨어진 뒤웅박』(1978)
『한국민요집』 Ⅳ(1979)
『한국민요집』 Ⅴ(1980)
『한국의 민요』(1980)
『한국민요집』 Ⅵ(1981)
『한국민요연구』(1982)
『한국민속문화론』(1983)
『여성과 민요』(1984)
『한국세시풍속연구』(1985)
『민속학에서 본 고대 한국과 일본』(共著)·(日文)(1988)
『민속문화론』(共著)(1989)
『비교민속론』(共著)(1990)
『서울의 민간신앙』(1990)
『몽골민속』(共著)(1992)
『한국민요집』 VII(1992)
『서울의 세시풍속과 놀이』(1993)
『산속조사』 上(1993)
『천일창天日槍』(共著)·(日文)(1994)
『일본안의 백제문화』(1994)
『서울의 구전가요』(1994)
『산속조사』 下(1994)
『한·일 궁중의례의 연구』(1995)
『대장군신앙연구』(1999)
『민속의 슬기』(2000)
『마음의 씨앗』(2000)
『민속문화의 탐구』(2001)
『달이 피네』(2002)
『속담사전』(2002)
『민속문화의 현장』(2003)
『한·일 민속문화의 비교연구』(日文)(2003)
『한국에서 본 일본의 민속문화』(2004)
『통신사와 문화전파』(2004)
『한국민요논고』(2006)
『민속문화의 전승』(2007)
『민속문화의 과제』(2008)

남기고 싶은 말

초판1쇄 발행 | 2013년 1월 25일

지은이 임동권 펴낸이 홍기원

주간 박호원
총괄 홍종화
디자인 정춘경 · 김정하
편집 오경희 · 조정화 · 오성현 · 신나래 · 정고은 · 김민영
관리 박정대 · 최기엽

펴낸곳 민속원 출판등록 제18-1호
주소 서울 마포구 대흥동 337-25 전화 02) 804-3320, 805-3320, 806-3320(代) 팩스 02) 802-3346
이메일 minsok1@chollian.net 홈페이지 www.minsokwon.com

ISBN 978-89-5638-0408-4 93380